正倉院文書と日本古代銭貨

栄原永遠男

清文堂

凡例

・『大日本古文書（編年）』は大日古と略称する。大日古の巻ページは2ノ721のように省略して示す。
・東京大学史料編纂所編『正倉院文書目録』（東京大学出版会）は『史料目録』と略称する。
・宮内庁正倉院事務所編『正倉院古文書影印集成』（八木書店）は『影印集成』と略称する。
・断簡番号や接続関係は、正集・続修・続修後集・続修別集・塵芥・続々修一～十六帙については、『史料目録』によった。続々修十七帙以降については、主に東京大学史料編纂所「正倉院文書マルチ支援データベース（SHOMUS）」によった。
・「　」内の文書名は大日古による。『史料目録』の文書名と異なる場合には〈　〉内に後者の文書名を併記した。ただし、解などの案であることを示す「～解（案）」などの部分のみが異なる場合は、併記を省略した。
・史料の引用は大日古をもととし、写真によって補正した。改行その他の字配りや文字の大きさは、写真によってできるだけ原文書に近づけるように心がけた。朱筆は『　』で示した。
・関係文献の提示は、各章のもととなった論文の刊行時までのものとし、それ以後のものは補記しない。ただし、その後著書等に収録された場合は、その情報を補充した。
・敬称は、謝辞等以外は原則として省略した。初出論文において敬称を記している場合でも、本書所収にあたってすべて取り除いた。
・史料の引用は、以下によった。
『続日本紀』　新日本古典文学大系
『日本書紀』　新編日本古典文学全集

正倉院文書と日本古代銭貨

序

本書は、正倉院文書に関する前著『奈良時代写経史研究』（塙書房、二〇〇三年〔平成十五〕五月）以後に執筆した写経所文書に関する論考を収録したものである。一九九九年（平成十一）から二〇二二年までの間に、折々の機会にその時の関心に基づいて執筆したものばかりであるが、結果的にみると、個別写経事業研究がほぼ一段落したことをふまえて、さらなる研究の進展を模索したものが多い。それぞれの出典や執筆の経緯については「あとがき」に記した。

「第Ⅰ部　正倉院文書研究の意義」には、写経所文書研究の現状把握とその問題点にかかわる論考を収めた。このような試みは、これまでにも「序　正倉院文書研究の課題」（『奈良時代の写経と内裏』）、「序　正倉院文書研究の動向と個別写経事業研究の意義」（『奈良時代写経史研究』）その他において繰り返し行ってきた。

「第一章　正倉院文書研究の現状と課題」では、それ等との重複をできるだけ避けて、具体例をあげて接続の確認による史料復原の意義、個別写経事業の検討によって見えてくる政治・宗教的状況などについて検討している。

「補論　大阪市立大学における写経所文書研究」は、写経所文書研究にかかわったいくつかの機関・組織の一つとして執筆依頼をうけ、大阪市立大学で行われた写経所文書研究の事例を紹介したものである。しかし、それだけにとどまらず、一九八〇年代以降の関西における正倉院文書研究の動向を俯瞰することも心がけた。

「第Ⅱ部　写経所文書の検討」には写経所文書を素材とした論考を収めた。

「第二章　正倉院文書と続日本紀」は、巨大な存在であるにもかかわらず、写経所文書に影絵のように見え隠れするだけで、その実態をなかなかつかめない内裏系統の写経機関を、『続日本紀』という別の回路を通じて把握しようと試みたものである。また「第三章　華厳経関係経典の書写」は、華厳経や花厳経疏についての個別写経事業の検討を積み重ねたうえで、華厳思想の普及の盛衰を考える素材を得ることをめざした。

「第四章　写経所の施設とその変遷」「第五章　日本古代の写経所における紙の文書と木簡」は、個別写経事業の検討からいったん離れて、皇后宮職・造東大寺司系統の写経機関における写経事業とは別の側面を考えようとした。

前者では、写経所とはどのような施設なのかを考えることをめざした。敷地の在り方や、そこに写経堂・宿所その他どのような施設が存在したのか、その建物規模や継承関係などを意識しつつ、通時的に検討し、隔離的な施設を必要とした意味を考えた。後者は、写経所の事務運営の実態解明に迫る一環として、木簡は写経所内でどの程度使用されていたのか、また紙の文書と木簡の関係などを具体的に考えている。

「第六章　佐保宅の性格とその写経事業」「第七章　正倉院文書から見た弥努宮・和泉宮」は、それぞれ写経所文書に見える特徴的な存在でありながら、これまで深く考えられてこなかった佐保宅や弥努宮・和泉宮の実態や性格をほりおこし、それらにまつわる写経事業について検討している。

「第Ⅲ部　古代銭貨と正倉院文書」は、正倉院文書に現れる古代銭貨の存在形態や機能の解明をめざした論考を収めた。

「第八章　石山寺増改築工事の財政と銭貨」は、天平宝字六年（七六二）における石山寺の増改築工事の財政と銭貨との関係について検討している。この工事において銭貨が占めていた位置については、古く福山敏男の研究があるが概括なものにとどまっているので、全体的な検討をこころみた。それと同時に、石山寺の工事現場から銭貨がどのように地域的に普及していったのかという問題を考えることもめざしたが、とりわけ勢多荘の機能・性格の解明が不十分に終わった。

この章の素材として使用したのは造石山寺所文書であって、これまでの各章で使用してきた写経所文書とは異なる史料群である。しかしこれは、写経所文書に包摂された文書群でもある点で、本書の他の章の素材と共通する側面を持っている。

「第九章　月借銭解に関する基礎的考察」と「第一〇章　月借銭と布施」は相互に関係が深い。写経所文書に含まれている多くの月借銭については、銭貨を用いた高利貸という興味深い事例であることから、古くから多くの研究者の関心をあつめてきた。その運用の実態いかん、月借銭は写経生・写経所にとってどのような意味があったのか、という基本的な点について議論が積み重ねられてきたが、なかなか一致点が見いだせない状況が続いていた。

前者は、幸いにも月借銭解の原本調査の機会を得ることができたので、その所見にもとづいて、まずもって基礎的事実の解明をめざしたものである。継目裏書の重複や朱による貸付・返済の記録の色の違いなどに着目して検討して、事務的な運用のシステムそのものの解明をめざした。それに基づいて、月借銭とは何であったのかを考察している。後者は、前者をふまえて、布施の支給と月借銭との関係についてさらに検討を加えて、月借銭が写経所と写経生の双方にとって何であったのかを考えている。

「第一一章「種々収納銭注文」をめぐる二、三の問題」は、丹裏古文書という史料群に含まれている一群の「種々収納銭注文」について検討したものである。この史料からうかがえる銭貨の収納すなわち知識銭の実態を検討し、聖武天皇による盧舎那大仏造顕への知識参加の呼びかけと、それに応じた知識銭献納の実態について考えた。本章は、写経所文書とは異なる宝物付属文書に分類される史料群を素材とする点で、他の各章とは異質であるが、銭貨を取り扱っているところから、収録することとした。

以上の各章は、新稿である第三章と日本語新稿である第五章をのぞいて、いずれも文章を整えたり誤記を訂正したりしたが、原則として論旨は変更していない。また「凡例」に示した方針に基づいて、正倉院文書の出典の表記の統一を図った。

第Ⅰ部　正倉院文書研究の意義

第一章　正倉院文書研究の現状と課題

一　正倉院文書研究の現段階

正倉院文書は、どのような種類の文書群から成りたっているのか。その中心にある写経所文書（正倉院宝庫の中倉に伝わったので中倉文書ともいう。造石山寺所文書を含む）は、八世紀における本来のかたちから、どのような経緯によってどのように変化して現状になっているのか。本章の前提をなす点について、簡単に述べておきたい。(1)

現在のレベルにおける正倉院文書研究の起点が、一九八三年（昭和五十八）秋からはじまった皆川ゼミにあることは言うまでもない。(2)このゼミは、当時、東京大学史料編纂所教授であった皆川完一が、同じ東京大学の人文社会系大学院において担当した演習の授業である。このゼミは皆川の定年退官によって一九八八年三月に終了するまで、四年半という比較的短期間だけ開かれたものであった。(3)しかし、このゼミによって、正倉院文書の研究は、まさに劇的に転換した。

この大転換とは、ひと言であらわすと、公文類の研究から写経所文書の研究へと言うことができる。皆川ゼミがはじまるまでは、正倉院文書の研究というと、もっぱら戸籍・計帳・正税帳その他の律令国家の公式文書（公文）そのものの研究や、それらを用いた研究、あるいは造石山寺所文書による建築史学的な研究などが中心であった。しかし、皆川ゼミにおいて、一気に写経所文書の研究が推し進められたのである。

戸籍その他の公文類は、その裏面の白紙部分が、写経所文書（その実態は、事務帳簿が中心をなす）を作成する際に、案主等の事務官（以下、案主で代表させて述べる）によって再利用されたために、偶然残ったものである。つまり、写経所文書からみると、公文類は二次的なものにすぎない。

以上の表裏関係からすると、まず最初に写経所文書の研究が行われるべきであった。それを通じて、写経所において事務帳簿がどのように作製されたのかを明らかにする。それによって公文類の背面の使用のされ方がわかる。そのことを踏まえつつ公文類の研究を行うというのが、本来の手順であるべきであった。

しかし、研究史の流れはそのようには進んでこなかった[4]。公文類の研究ばかりが先行し、写経所文書の研究は大いに遅れた。その理由は、写経所文書に関する情報があまりに乏しく、研究しようにもできなかったところにある。ところが、皆川ゼミでは、写経所文書を中心にすえた研究がはじめて可能となり、さかんに行われるようになった。写経所文書の研究は、皆川ゼミで始まったと言うことができる。なぜそれは可能であったのか。

このことを理解するためには、写経所文書研究の前提条件について述べる必要がある。正倉院文書の現状は、全体として「断簡」の集積したものと言うことができる。そのようになってしまった原因は、江戸末期から明治期に行われた「整理」にある[5]。

そこで、写経所文書の研究を行うためには、なによりも帳簿や、個々の文書を貼り継いだ「継文」（これも帳簿と見ることができる）を、奈良時代に写経所の案主が作成したかたちに復原しなければならない。別の言い方をすると、ばらばらになってしまった「断簡」を、もとのように並べ直さなければならない。奈良時代において一つの「断簡」が次の「断簡」とまちがいなくつながっていたこと（これを「接続」という）を確認しながら、帳簿を復原していくのである。

その際、決定的に重要なことは、「接続」を確認するということである。「接続」の確認とは、内容的に連続しそうであると推定することとはまったく別のことである。それはたんなる推測にすぎず、研究の基礎とはならない。一つの「断簡」の端部と次の「断簡」の端部の状況を両方とも調べ、両者が奈良時代にまちがいなくつながっていたことを確かめて、はじめて「接続」を確認したと言えるのである。

そうすると、「断簡」の端部の状況を調べることが、写経所文書の研究にあたって、まず最初に行わなければならない基礎的な作業であることがわかる。しかし、それが思うようにはできないのである。写経所文書を誰でも自由に見ることができない現状では、写真によるほかない。

ところが、写経所文書の「断簡」の端部は、写真には写っていない。その部分には、「整理」の過程で、多くの場合「白い紙」が上から貼られてしまっているからである。「断簡」の端部は、その下に隠れてしまっているから、写真には写らない。写真から端部の情況が確かめられない以上、写真によって写経所文書を復原することは不可能である。つまり、研究しようにも、その第一の前提がクリアできないのである。写経所文書の研究ができなかったのは当然である。

その後ようやく、この端部の状況を原本によって確かめて、ある「断簡」がどの「断簡」と「接続」しているかを確認した情報（接続情報という）が提供されるようになった。実は、皆川ゼミこそが、一部分とはいえこの情報がまとまって提供されたはじめての場なのであった。(6) 皆川ゼミで写経所文書の研究が劇的に進んだ理由はここにある。

これを受けて、東京大学史料編纂所は、一九八七年から継続的に接続情報を提示しつづけている。同所編『正倉院文書目録』一～九である(7)（史料編纂所が編纂した目録という意味で『史料目録』と称する）。これには、接続情報のみならず、原本調査によって得られた情報も示されている。

この接続情報は、東京大学史料編纂所やその前身組織が、長年にわたって蓄積してきた貴重な原本調査の成果である。この『史料目録』によって接続情報が与えられている場合には、それに依拠して、写経所の事務帳簿を復原することができる。したがって、研究を進めることができるのである。

この『史料目録』と連動して、宮内庁正倉院事務所編『正倉院古文書影印集成』一〜十七[8]（以下『影印集成』）によって鮮明な画像と、原本に関する貴重な諸情報とをあわせ見ることができる。

『史料目録』と『影印集成』により、正集・続修・続修後集・続修別集・塵芥および続々修の一部については、研究環境は飛躍的に良好となった。

二　「断簡」の「接続」の確認が意味すること

以上のことをふまえて、具体的な事例を取りあげたい。注目したのは「東大寺写経所解」である。これは、天平十九年（七四七）十二月十五日の文書として、大日古9ノ632〜636に収録されている。ここには三つの「断簡」が並べられているが、それらにはいずれも日付の記載はない。大日古がどうしてこの文書をこの日付としたのか、この三つの断簡だけではわからない。しかし、大日古は、二つ目と三つ目の断簡の間に、
〇コノ間ノ闕文ハ、巻之二第七二二頁ニ収メタル続修十五裏書ナリ、宜シク併セ観ルベシ、
と注記している。そこでその部分を見ると「写疏所解」（2ノ721〜728）という文書が収録されていることがわかる。ここには五つの断簡（五つ目の断簡がさらに二断簡にわかれるので、実は六断簡）が並べられているが、その五番目の断簡に先の日付が書かれているのである。
大日古が提示している断簡に関する情報は、以上だけである。しかし、これだけでは、前者の第二断簡と第三断簡の間に、本当に後者の五（六）断簡が入り、全体で一つの同じ文書となるのかどうか、前者の三断簡や後者の五（六）断簡どうしの配列順は大日古のとおりでよいのか、またそれぞれ「接続」しているのか、など、多くの問題が明らかではない。大日古をそのまま信用することは、とうていできない。

これらの点にこだわるのは、実はこの文書が「東大寺」の初見史料とされているからである。この文書の冒頭に「東大寺写経所解　申請経師等布施事」とある。この「東大寺」という文字は、もし大日古による「断簡」の配列が正しければ、「天平十九年十二月十五日」の時点のものであることになる。これは、現時点では、「東大寺」のもっとも早い史料ということになる。

周知のごとく、東大寺は、聖武天皇によって建立された巨大寺院で、その本尊である盧舎那仏とともに、日本における国家仏教の中心をなす。本尊の大仏は、はじめは紫香楽に造立することになり、そこで工事も開始された。しかし結局中断され、あらためて天平十七年後半から、平城京外の東に接する現在の地で作られたものである(9)。

しかし、大仏造立工事が始まった時、まだ「東大寺」という名称はなく、「金光明寺」と称されていた。金光明寺とは、天平十三年二月十四日の詔(10)によって各国ごとに建立が命じられた国分寺の僧寺であるから、この寺は、この時は大養徳国の国分寺であったことになる。つまり、諸国の国分寺と形式上は同格であった。

しかし、聖武天皇が、仏法の恩をあまねく行きわたらせ、仏教の力によって動物や植物に至るまですべてが栄えるようにという願い（天平十五年十月十五日の大仏発願の詔(11)）を込めた盧舎那仏を、その本尊として造顕することになったことにより、他の諸国の国分寺に比して、一歩抜きん出ることになっていった。首都である平城京がある大養徳国の国分寺であることも、この傾向を押しすすめる要因となったであろう。

したがって、この寺は、いずれは諸国の国分寺より上位に位置する寺院として位置づけられることになるはずであった。そうなった時には、金光明寺という寺名はふさわしくなくなる。したがって、金光明寺から東大寺への寺名の変更は、この寺院が名実ともに国家仏教の中心寺院として位置付けられたことを示すなによりの証しなのである。東大寺という寺名がいつ成立するかは、きわめて重要な問題である。

この点からすると、大日古の示す「断簡」の配列が妥当であるかどうかは、重要な問題となる。正倉院文書においては、写真の持つ力はきわめて大きい。自由に原本を見ることができない現状では、当然のことである。そこで、「断簡」と「断簡」との「接続」関係は、写真で確認すればよいと考えてしまうのは、これまた当然である。

　しかし、写経所文書のような二次文書については、先に述べたように、それは不可能である。つまり、『史料目録』によって提供される接続情報が決定的に重要なのである。『史料目録』から得られる接続情報による全九断簡の相互関係は、次のように整理することができる。

大日古巻ページ	種別・断簡番号	接続情報	関連記載
ⓐ　9ノ632～635	正集3⑫(2)裏		「東大寺写経所」
		接続カ	
ⓑ　9ノ635	正集4②裏		
		接続カ	
ⓒ　2ノ722～723	続修15⑥		
		接続カ（表裏接続カ）	
ⓓ　2ノ721～722	続修15⑦		
		接続カ（表裏接続カ）	
ⓔ　2ノ724～726	続修15④		
		接続ス（表裏接続カ）	
ⓕ　2ノ723～724	続修15⑤		
		続ク（中間僅欠、欠行ナシ）	
ⓖ　2ノ726	続修15③(1)		

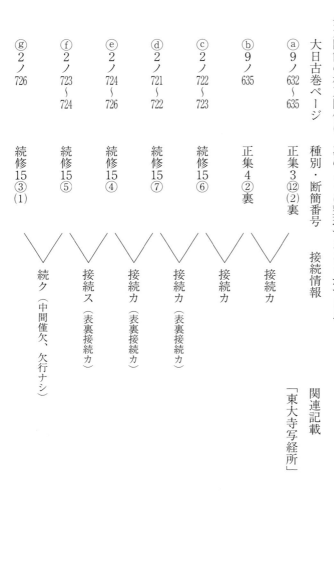

「天平十九年十二月十五日」

貼リ継ガル

ⓗ2ノ727〜728　続修15③⑵

接続カ

ⓘ9ノ635〜636　正集3⑫⑴裏

これについては、用語・記号について説明しておく必要がある。ⓐ〜ⓘは、各断簡ごとにつけた便宜上つけた記号、それらの行間に接続情報を記している。

「続修15」その他は、その「断簡」が現在所属している続修というグループ（種別）の第15巻にあることを示す。その「⑥」などは「マル番号」と言う。続修15は、現状では六枚の「白い紙」を間にはさんで七つの「断簡」を貼り継いでできている。このように白い紙で区分される「断簡」につけた番号である。

ⓖなどに見える「続修15③⑴」の「⑴」は「カッコ番号」と言い、マル番号で示される「断簡」がさらにいくつかの「断簡」にわかれる場合に用いる記号である。続修15の③断簡は、原本調査によってさらに二つの「断簡」にわかれることがわかったので、③⑴および③⑵で示されている。

「接続ス」は、奈良時代において「接続」していたことが確実な場合、「接続カ」は「接続」を推定しうる場合である。ただし、この場合の推定とは、原本調査にもとづく推定であり、記載内容からの単なる推定とは異なることに注意する必要がある。つぎに「続ク（中間僅欠、欠行ナシ）」は、前後の配列が内容上明らかで、文字には欠行がないが、用紙がわずかに切りとられたかで紙と紙とが直接しない場合、「貼リ継ガル」は「断簡」が直接に貼り継がれている状態を示している。

これによると、ⓐ〜ⓕ、ⓗ〜ⓘは、原本調査の結果、接続していたか、もしくはそのように推定されている。ⓕとⓖも、「接続」はしていないが、欠行なしで連続していたとされている。したがって、これらの断簡配列は、『史料目録』に示されている接続情報によれば、ほぼ確かめられている。

問題はⓖとⓗの間が「貼リ継ガル」とされていることである。これは、ⓖとⓗが現状で貼り継がれていることを言うのみであり、その貼り継ぎがいつの段階のものかは明らかにされていない。その貼り継ぎが幕末以降の「整理」によるものであれば、ⓐ～ⓖとⓗ～ⓘとが奈良時代につながっていた可能性は、かなり薄いものとなるのである。

そうすると、ⓐにある「東大寺」の文字が書かれた日付が、ⓗの「天平十九年十二月十五日」である可能性も薄くなる。このことは、この文書が東大寺の初見史料であるとは言えなくなるかも知れないことを意味するので、影響するところが大きい。この点については、これまできちんと検討されたことがないので、ここであらためて考えてみたい。

この部分の一次文書を見ると、天平十七年四月二十一日「右衛士府移」である（2ノ426～428、大粮申請継文）[12]。これは、大日古は何も記していないが、『史料目録』が記すように、続修15③⑴裏と⑵裏の二「断簡」にわかれている。『影印集成』第七巻によると、原本調査の結果としてこの両者は「直接貼継」であるとしている。また『史料目録』は「続ク（中間二行分欠）」としている。

これらによっても、ⓖ―ⓗ間の継ぎの時期は依然としてはっきりしないが、次のような経緯を推定することができる。すなわち、写経所の案主は、大粮申請継文の巻物を広げて適当な長さで切り取り、裏返して背面の白紙部分を利用して、問題の「東大寺写経所解」をⓐ部分から順次書いていった（「東大寺写経所解」の背面はすべて大粮申請継文）。

その記述がⓕ部分の終りに近づいたところで、ⓖに相当する大粮申請継文（2ノ428の三～一一行目）を切り取り、裏返して記載を続けた（続修15③⑴裏）。そしてⓖ部分の記載が紙の終りに近づいたところで、ⓗに相当する大粮申請継文（2ノ426～428の二行目）を切り取り、裏返してⓖの左側に張り継ぎ、記載を続けた（続修15③⑵裏）。しかし、ⓖの記載を続けている間に、大粮申請継文では、別の使途のために約2行分が切り取られ、その後に

ⓗに相当する部分が切り取られた。このため、ⓖとⓗの間は、大粮申請継文（右衛士府移）の記載は「中間二行分欠」けているが「直接貼継」となっている。

以上の推測が妥当であるとすると、ⓖⓗ間の「貼リ継ガル」は、奈良時代に写経所の案主によって行なわれたことになる。これにより、ⓐ〜ⓘはすべて「東大寺写経所解」の「断簡」であり、この順序で接続・連続していたとみられることになる。

こうして、ⓐの「東大寺写経所」という文字はⓗの「天平十九年十二月十五日」（ただし日付の部分は白い紙の下に隠れていて、写真では見えない）に書かれたとほぼ推定できることとなった。すなわち、「東大寺」という寺名は、ぜったい確実とは言えないかもしれないが、「天平十九年十二月十五日」には成立していた可能性はかなり高いのである。

なお、この「東大寺写経所解」は、天平十九年九月一日から同年十二月十五日の期間を対象とする布施申請解の案である。したがって、東大寺という寺名は九月一日に成立していた可能性はありうる。しかし、今のところそれを裏づけることはできない。おそくとも十二月十五日には成立していたと推測されるのである。

また、大日古は、ⓐ—ⓑ—ⓓ—ⓒ—ⓕ—ⓔ—ⓖ—ⓗ—ⓘの順に並べている。しかし、原本調査の結果によると、ⓓとⓒ、ⓕとⓔの配列に問題がある。大日古をそのまま信用できない一例である。

正倉院文書は、幕末から明治期の「整理」によって「断簡」の集合体となった。その二次面側（主として写経所文書）について研究を進める際には、原本調査にもとづく接続情報が不可欠である。それがあって初めて研究を進めることができるのである。

この「東大寺写経所解」の場合、幸いにも九断簡のすべてについて接続情報が提示されている。そのために、東大寺という寺名の成立時期に関する貴重なデータを得ることができた。もしⓐ〜ⓗ間のどこか一断簡でも接続情報がなければ、このことはできなかったのである。しかし、いつもこのようにうまくいくとは限らない。

これは、むしろ好運な事例であろう。

三　記載内容が意味すること

つぎに、正倉院文書に記載されている内容について研究することの意義について考えたい。正倉院文書を用いてどのような研究ができるのか。この点についての私の回答は、広大ということである。歴史学のみならず、仏教史・仏教学・国語学・国文学・政治史・経済史・情報学・統計学・食物史・衣料史・物品研究などが即座に思い付く。テーマの立て方によって、さらにさまざまな分野の研究に寄与できるであろう。ここでは、仏教史や政治史とのかかわりを示す事例を取りあげて検討したい。

正倉院文書の中心をなす写経所文書を研究する上で重要なことは、それらの多くが写経事業の事務帳簿であるという点と、写経所が事務帳簿を作成する場合、原則として写経事業ごとに新しく一セットの帳簿（継文を含む）を用意したという点である。

もちろん、ごく小規模な写経事業の場合、他の写経事業とあわせて帳簿が造られたり、食口案（食米支給の月別・日別集計記録）や上日帳（出勤の集計記録）、告朔解（業務報告書）その他のように、複数の写経事業にまたがって作成されることはある。しかし、全体として、写経事業ごとに帳簿が用意されるのが基本である。

そこで、個々の写経事業（個別写経事業という）を研究するためには、まずその写経事業の帳簿を、写経所の案主が作成した状態に復元しなければならない。そのためには、関係する「断簡」を集め、それらの「接続」を確認していく必要がある。この点については、前節で述べたところである。

この作業について注目したいのは、写経所文書は「断簡」の集積体であるから、これを進めることは、「断簡」の山を個別写経事業ごとに仕分けていくことを意味する、という点である。つまり、個別写経事業研究は、

「断簡」の「整理」・復原のための研究方法として有効であり、基本的な方法の一つなのである。[13]

しかし、個別写経事業研究は、そのためだけに行なわれるのではない。個別写経事業それ自体の研究が、奈良時代の仏教、政治その他さまざまな研究にとって重要な意味を持つことがある。この観点から、具体例を取りあげて検討したい。ここでは、小規模なものであるが、これまで見のがされてきて、まだ検討されたことのない写経事業を取りあげることとする。

注目したいのは、天平十七年十二月一日「写経所解」（8ノ582〜584、続々修41ノ4①）である。

写経所解　申奉写注陀羅□　(1)
　合肆仟巻　(2)
　　見用紙肆伯張以一張写十巻　(3)
　　　准麁経当二千張紙以二巻充一紙　(4)
（中略）
　右、依字数、准麁経如前、以解、　(5)
　　　　天平十七年十二月一日　(6)

とある。これは、端裏書に「経師等布施文」とあるように、写経所の「布施申請解案」である。これは、個々の写経生の仕事量とそれに対する布施（給料）の額を列記し、上級官庁に請求する解（上申文書）の案（控え）である。写経の対象は「注陀羅□」（(1)行目、以下同じ）とあって、陀羅□の注経である。[14] 数ある陀羅尼の中のどの陀羅尼であるのかはわからない（以下、注陀羅尼という）。しかし、四〇〇〇巻(2)の大量写経であり、写経所文書の中では時期的にも比較的早いものであるので、陀羅尼信仰の浸透を考える手がかりとなる。

これは間写[15]の一つである。どのような間写の写経事業が行なわれたかは、薗田香融「天平年間における間写経一覧」[16]（いわゆる薗田目録）によって知ることができるが、この一覧表には見えない。この写経事業は、この写経事業がこれまでほとんど注目されてこなかった一因ではないか。

この史料から知られるこの写経事業の概要を押さえておこう。まず、実際に写されたのは四〇〇張である(3)。その一張には注陀羅尼が一〇巻写された(3)（一紙に注陀羅尼が一〇回繰り返し写された）。これは注経であるので一張に書かれる文字数は、通常の写経（ふつうは特に呼称はないが、注経と区別する場合には麁経という）の場合よりも多い。そこで、布施の計算は、通常の写経の基準に換算して行なわれた。

それによると、この場合の注経四〇〇張は麁経二〇〇〇張に準ずるという(4)。すなわち、注経の一張は麁経五張に相当するという計算である。したがって、注経一張に注陀羅尼一〇巻を写すのであるから、麁経一張に注陀羅尼二巻の割合となる(4)。これが(5)の「字数に依りて、麁経に准ず」の意味するところである。

中略した部分には、経師一〇人、装潢四人、校生二人について、それぞれの仕事量、それを麁経に換算した場合の張数、その張数にもとづいて計算した布施の布の分量が書かれている。

通例、ある程度以上の規模の写経事業の場合、まず「用度申請解」（見積書兼請求書）が作成され、その写経事業に必要な紙・筆・墨・人員（経師・装潢・校生・題師・案主・舎人・優婆塞・優婆夷・駈使丁など）・食料その他の量が算出され、発願主に請求される。その請求に応じて人員・諸物資が確保されると、本経（写経対象の経巻）・未写の巻物（これから写していくための白紙の巻物）・筆・墨などが経師に支給され、「充本帳」や「充紙帳」に記録される。

写経事業の進行にともなって、これ以外にもさまざまな帳簿が作成されるが、終り近くになって作成されるのが、この史料のような「布施申請解」である。この写経事業でも、さまざまな帳簿が作成されたであろうが、現在残っているのは、この一点だけである。

「布施申請解」を作成するにあたっては、経師・装潢・校生からそれぞれ「手実」が提出される。これは、一定期間における仕事量を自己申告するものである。提出された「手実」は張り継がれて「手実帳」という継文にされ、案主が他の帳簿とつきあわせてチェックを行なう。「布施申請解」はその結果に基づいて作成される。

したがって、「布施申請解」の日付は、その写経事業の終わり近くの時期を示している。すなわちこの注陀羅尼四〇〇〇巻の写経事業は、天平十七年十二月一日には終わりかけていたと見られるのである。

では、この写経事業はいつから開始されたのであろうか。この点について、他に手がかりとなる史料に乏しい。そこで、この「布施申請解」からさらに考えるしかない。この陀羅尼の注経四〇〇張は通常の麁経の二〇〇〇張に相当した。経師は一〇人であるから、一人平均麁経で二〇〇張となる。経師一人一日の麁経の書写量は平均八～九張であるから、これは二十二～二十五日で写せる分量である。個人差や休日、従事期間のずれなどがあるであろうから、全体を写し終わるのに一～二ヵ月程度を要したと見ることができる。

その前に装潢によって数日程度の準備が必要で、そのさらに前に見積もりと予算請求があったはずである。また、経師の書写が終わったものから順次校生によって校正されたが、それが終わるのは経師の書写終了よりは遅れたであろう。校正が終わったものは、装潢によって表紙・軸・緒などが取り付けられて経巻として体裁を整えられ、最後に題師が題経（経巻の外題）を書き込んで完成する。

これら全体の所要日数を推測することは、不確定要素が多く難しいが、全体で二～三ヵ月と見て、それほど狂いはあるまい。そうすると、この写経事業がはじまったのは、だいたい天平十七年の八～九月ごろということになる。

これによると、この写経事業の持つ意味は、にわかに大きなものとなる。じつは、聖武天皇はこの年の八月二十八日に難波宮への行幸に出発した。翌九月十七日の勅で、しばらく前から病気であることを明らかにした。『続日本紀』にはこの順序で記されているが、実際は逆で、おそらく体調を崩したので、生命力を奮い起こす力のある場所と考えられていた難波に行幸したものと考えられる。

この時の病気はかなり深刻であったらしく、九月十九日には平城宮と恭仁宮の警固、孫王（天智天皇と天武天皇の孫）たちの召集、平城宮に置かれていた鈴印の取りよせ、薬師悔過の実施、賀茂社と松尾社での祈禱、放生、三八〇〇人の大量出家の許可などが、つぎつぎと命じられた。さらに九月二十日には、八幡神社への奉幣、大般若経一〇〇部六〇〇〇〇巻もの大規模写経、薬師仏像七体の造像と薬師経七巻の写経、二十三日には大般若経の読経など、多くのことが行われた。

また、『続日本紀』には記されていないが、難波宮に着いた直後の九月一日に勅で大般若経一部の写経を命じている。(17) これらのためかどうかわからないが、この時聖武天皇は危機を脱し、九月二十五日に難波宮を出発し、翌二十六日に平城宮にもどっている。

この経過によると、注陀羅尼四〇〇〇巻の写経事業は、聖武天皇の病気の最中に始められた可能性があることになる。このことは『続日本紀』には記されていないので、あらたな事実の発掘と言うことができる。このとき講じられたさまざまな処置をみると、護国経典である大般若経の写経や読経とともに、薬師悔過が行われ、薬師如来の造像と薬師経の写経がセットで行われるなど、薬師如来の功徳で病苦から聖武天皇を救おうとしたことがうかがえる。

これらの所依の薬師経は、義浄訳の「薬師瑠璃光七仏本願功徳経」であるとされているが、そうすると、この経典には、薬師経の訳経としては初めて陀羅尼を伴っていたことが注意される。これとともに注陀羅尼が四〇〇〇巻も写されたのは、陀羅尼の呪力によって聖武天皇の病気回復を実現しようとしたことを示している。

注陀羅尼四〇〇〇巻の写経という個別写経事業を検討することによって、天平十七年当時、陀羅尼による修法が宮中で行われていたことを知ることができた。これは、奈良時代の宮廷における陀羅尼の普及を考える上で、重要な目安となる事実である。

四　正倉院文書研究の今後

最後に、正倉院文書研究の今後について述べたい。まず『史料目録』と『影印集成』の刊行が進むことにより、多くの接続情報があらたに提供され、「断簡」の「接続」がさらに確認される。すなわち写経所の帳簿類の復原がすすむ。それによって写経所文書研究は進み、冒頭で述べたさまざまな分野の研究が進展する可能性がふくらむ。

本章では、まず写経所文書研究の前提である「断簡」の「接続」を検討することの意味を考えた。すなわち九断簡にわかれてしまった「東大寺写経所解」の各断簡が接続していることを確認または推定したが、そのことが、東大寺が国家仏教の中心寺院として確立した時期を明らかにすることになった。これによって、奈良時代における国家仏教の進展過程に一つの定点を置くことになった。

二節ではふれなかったが、じつはこの「東大寺写経所解」については、さらに述べておくべきことがある。必要部分を示すと、次のようである（(1)～(6)は先にあげたⓐ「断簡」、(7)～(9)はⓗ「断簡」の記載である）。

東大寺写経所解　申請経師等布施事　(1)
合奉写経一千四百三巻　(2)
華厳経三百六十〔七十〕二巻依良弁師今年八月廿五日宣奉写廿部之内　（薗田目録98）　(3)
観世音経一千巻依出雲臣屋麻呂今年八月十六日宣所奉写　（同97）　(4)
大潅頂経一部十二巻依山田史姫嶋今年十月十八日宣所奉写　（同99）　(5)
千手千眼経廿一巻依犬甘命婦八重今年七月廿六日宣所奉写　（同95）　(6)
（中略）

以前、起今年九月一日尽十二月十五日、奉写(7)
間経布施之物、所請如前、謹解、(8)
天平十九年十二月十五日他田水主(9)

（下略）

これによると、この文書は「布施申請解」の案であるが、布施を請求する対象である写経事業は、(3)〜(6)の四つで、それらの布施がまとめて請求されている。

(3)は、聖武天皇に近い良弁の宣による六十華厳経二〇部一二〇〇巻の写経事業、(4)は、皇后宮職少属（第四等官）の経歴を持つ出雲臣屋麻呂の宣による観世音経一〇〇〇巻の写経事業、(5)は、孝謙天皇の乳母である山田史姫嶋の宣による大灌頂経一二巻の写経事業、(6)は聖武天皇の側近であった県犬養宿祢八重の宣による千手千眼経二一巻の写経事業である。それぞれの宣は、それを発した人物個人の意志というよりは、その背後にいる人物の意を受けて発せられている可能性がある。

それぞれの写経事業の詳細について述べることは省略するが、これらがどのような状況のもとで、何を意図して写経されたのか、そのためになぜその経が撰ばれたのか、写経巻数にはどのような意味が込められているのか。これらを明らかにするためには、さまざまな研究分野からの検討が必要であるが、とりわけ仏教学・経典研究の立場からの研究が重要であろう。

つぎに、注陀羅尼四〇〇〇巻の写経事業を取りあげた。関係史料を検討して、この写経事業の開始時期が天平十七年八〜九月と考えられることを明らかにした。それにより、この写経事業が聖武天皇の病気平癒を祈願するために行われたこと、その当時、宮中で陀羅尼による修法が行われていたこと、したがって、宮中における陀羅尼普及を考える目安となること、などが明らかになった。注陀羅尼がいかなる種類の陀羅尼かがわかれば、さらに研究をふかめることができるはずである。

写経所文書に見える多くの個別写経事業について、以上のような観点からの研究は、これまで十分ではなかった。今後それが押し進められることにより、奈良時代の国家仏教、それと王権との関係その他が明らかになっていくはずである。それはまた、政治史その他の分野の研究の深化にもつながるであろう。

〔注〕

(1) 栄原永遠男『正倉院文書入門』(角川叢書五五、角川学芸出版、二〇一一年十月)参照。

(2) 私は、幸いにも一九八三年後期から翌年前期の一年間、このゼミに出席することができた。

(3) 正倉院文書のゼミは、その後、石上英一氏をへて山口英男氏に引き継がれている。

(4) 栄原永遠男「正倉院文書関係文献目録(1)~(4)」(『正倉院文書研究』一、二、三、一〇、一九九三年十一月~一九九五年十一月、二〇〇五年六月)には、発表年月順に関係文献を表示しているので、研究史の流れを概観することが可能である。

(5) 正倉院文書の現状は、この「整理」の結果である。その状況は下表のようである。

種別	巻数など	整理者	『史料目録』の巻数	『影印集成』の巻数
正集	45巻	穂井田忠友	1	1～4
続修	50巻	浅草文庫	2	5～8
続修後集	52(43)巻	〃	3	9～11
続修別集	50巻	〃	4	12～14
塵芥	39巻3冊	内務省図書局	5	15～17
続々修	440巻2冊(47帙)	宮内省正倉院御物整理掛	(1～4帙)6 (5～7帙)7 (8～12帙)8 (13～16帙)9	未刊
合計	667巻5冊			

(6) 次に述べる『史料目録』の刊行に向けて、その原稿をゼミで点検する意味が込められていた。このため、皆川ゼミでは「目録原稿」と称していた。

(7) 東京大学史料編纂所編『正倉院文書目録』一正集(東京大学出版会、一九八七年三月)、同二続修(同、一九八八年三月)、同三続修後集(同、一九九四年五月)、同四続修別集(同、一九九九年三月)、同五塵芥(同、二〇〇四年五月)、同六続々修一(同、二〇一〇年三月)、同七続々修二(同、二〇一五年四月）、同八続々修三（同、二〇二〇年三月）、同九続々修四（同、二〇二三年三月）。

（8）　宮内庁正倉院事務所編『正倉院古文書影印集成』一正集巻一～二一（八木書店、一九八八年五月）以下、同十七塵芥文書　裏巻一～三九他（同、二〇〇七年八月）まで。

（9）　『東大寺要録』本願章、縁起章。

（10）　『続日本紀』天平十三年三月乙巳（二十四日）条、『類聚三代格』天平十三年二月十四日勅。後者および『続日本紀』天平十九年十一月己卯（七日）詔により、国分寺建立の詔は天平十三年二月十四日に出されたとみられる。

（11）　『続日本紀』天平十五年十月辛巳（十五日）条。

（12）　大粮申請継文については研究が多いが、さしあたり櫛木謙周「天平一七年大粮申請文書の基礎的研究」（『日本古代労働力編成の研究』塙書房、一九九六年二月、もと「天平十七年大粮申請文書についての覚書」『古代文化』三三―一、一九八〇年一月）参照。なお、栄原「後期難波宮の内実」（『難波古代史研究』和泉書院、二〇二二年七月、もと『大阪歴史博物館研究紀要』一八、二〇二〇年三月）参照。

（13）　個別写経事業研究の意義については、栄原「正倉院文書研究の課題」（a『奈良時代の写経と内裏』塙書房、二〇〇〇年三月）、同「正倉院文書研究の動向と個別写経事業研究の意義」（b『奈良時代写経史研究』塙書房、二〇〇三年五月）、同「個別写経事業の進行」（『正倉院文書入門』注（1））でも述べた。

（14）　経の本文にたいして細字で注が付けられているもの。この場合は陀羅尼に注が付けられているものである。

（15）　写経所における写経事業の骨組みをなす一切経の写経事業を「常写」（「常」と略される場合もある）と称した。その間にはさんで行われる写経事業は「間写」（「間」）と呼ばれた。

（16）　薗田香融「間写経研究序説」（『日本古代仏教の伝来と受容』塙書房、二〇一六年二月、もと「南都仏教における救済の論理（序説）―間写経の研究―」『日本宗教史研究』四、法蔵館、一九七四年四月）。

（17）　栄原永遠男「難波之時御願大般若経について」（注（13）b著書、もと『大阪の歴史』一六、一九八五年九月）。

補論　大阪市立大学における写経所文書研究

一　市大ゼミの前段階

筆者は、一九八一年（昭和五十六）四月に大阪市立大学文学部に助教授として着任した。まず、大阪市立大学における筆者と正倉院文書とのかかわりについて述べる（以下、適宜付表を参照されたい）。

着任後数年の間は、学部の「国史特講」や大学院（マスターコースMC）の「日本社会史研究」などの授業で、散発的に講義として正倉院文書を採りあげたが、ゼミ型式の授業は行っていなかった。

その間、一九八三年度（昭和五十八）後期に、皆川完一氏の御好意で、いわゆる皆川ゼミに出席させていただいた。これは、翌八四年度前期にも、立教大学文学部野田嶺志氏のもとへの内地留学の形で継続することができた。その成果の一部は、八四年度後期の授業で講義の形で示した。しかし、その後の三年間（一九八五〜八七年度）は、かえって授業の題材として正倉院文書を取りあげることはほとんどなかった。

二　市大ゼミの開始

一九八八年度（昭和六十三）から、筆者は大学院（MC）において「国史学研究演習」「国史学研究」を担当することになった。これが大阪市立大学における正倉院文書ゼミのはじまりである（以下、市大ゼミ）。これらはMCの授業であったが、DCの院生も出席し、実態はMC・DCを通じたゼミであった。

ゼミ第一年度目は、ちょうど前年三月に東京大学史料編纂所編『正倉院文書目録　一　正集』（東京大学出版会）が刊行され、宮内庁正倉院事務所編『正倉院古文書影印集成』（八木書店）が出版され始めた直後に当たる。これを受けて、報告担当の大学院生が、正集のうちから一巻を選び、『正倉院文書目録』『正倉院古文書影印集成』の記載を確認する形で報告し、その報告について検討する、という形で進めた。

第二年度目の一九八九年度（平成元）は、『正倉院文書目録　二　続修』（東京大学出版会）が続いて一九八八年三月に刊行されたことから、選択の対象を正集のみから正集・続修にまで広げた。

このように、正集・続修のなかから一巻を選んで検討するというやり方は、筆者が参加していた頃の皆川ゼミのやり方である。これにならって市大ゼミでも同じ方式をとったのである。

皆川ゼミは、当初、上記『正倉院文書目録　一　正集』の刊行の準備として、皆川氏が作成したその原稿を検討することを目的として始められた、という。このためゼミ参加者には、そのコピー（「目録原稿」と称されていた）が配布された。報告担当者は、正集のなかから任意の巻を選び、断簡の配列を検討することを通じて、「目録原稿」の検討を行っていった。市大ゼミでは、当初このやり方を踏襲したわけである。

しかし、市大ゼミでは、はじめから写経所文書の研究に重点を置いていた。これに対して正集は、主として公文類に注目して、天保年間に穂井田忠友によって整理されたものである。このため、その一巻を選んで検討するという方式では、写経所文書の検討にそぐわないところが生じる。

三　ゼミ方式の転換

このため、第三年度目の一九九〇年（平成二）からは、やり方を変更して、個々の写経事業を検討することを主眼とし、そのために『正倉院文書目録』の接続情報や『正倉院古文書影印集成』の諸情報を利用することとした。そして、これを個別写経事業研究と称した。

その意図は、第一に、正倉院文書の「整理」の過程でバラバラにされ、なかにはその性格がわからなくなってしまった多くの断簡を整理することにある。写経所では、新たな写経事業を始めるごとに、原則として新しい帳簿を用意してそれに記帳し始める。このことに着目すると、ある写経事業について検討を進めることによって、その写経事業に関わる断簡を集めて復原案を作ることになる。つまり、個別写経事業の研究を進めるということは、とりもなおさず、断簡の山を個別写経事業ごとに仕分けていき、性格不明断簡がどの写経事業に関わるものであるのかを明らかにすることを意味する。

意図の第二は、どのような個別写経事業が行われたのかを把握することは、その個別写経事業ごとの関係文書を把握することにほかならない。それは、写経所文書がどのような文書群から成りたっているのか、その構造の一部を明らかにしていくことである。すなわち、写経所文書の構造の把握をめざしているのである。

このように個別写経事業の研究を進めていくに際して重要な目安となったのが、薗田香融「南都仏教における救済の論理（序説）―間写経の研究―」（日本宗教史研究会編『救済とその論理』日本宗教史研究四、法蔵館、一九七四年四月、のち「間写経研究序説」と改題して『日本古代仏教の伝来と受容』塙書房、二〇一六年二月に再録）に付されている「天平年間における間写経一覧」という表（いわゆる薗田目録）であった。

これは、天平三年（七三一）から天平宝字八年（七六四）の間に行われた間写経二一二件について、それぞれ「No.」「経論名（部・巻数）」「開始～終了」「備考」「出典巻・頁」の五項目を表示したものである。市大ゼミでは、この「No.」を「薗田ナンバー」と称して、個別写経事業のIDとして用いることとした。

市大ゼミは、おおむね次のような手順で行われた。①ゼミ報告担当者は、薗田目録のなかから任意の個別写経事業を選ぶ。②その写経事業に関する断簡を収集する。③その接続関係を確かめて断簡を配列する。④接続に関する情報がない場合（『正倉院文書目録』『正倉院古文書影印集成』が未刊行）は配列案を推定する。⑤短冊（断簡の配列、表裏関係を一覧するための図表）を作成する。⑥その個別写経事業の全体像を示すレジュメおよび資料を作成して報告する。⑦その報告について検討し、議論する。

四　写経所文書研究会の発足

このような形のゼミは、その後筆者の定年退職後二年目の二〇一二年度まで約二二年間にわたって続けられた（全体としては二五年間）。その間、一九九四年度からは、DCの授業としても開講されることとなり、名実ともに大学院全体のゼミとして位置付けられることとなった。

市大ゼミにおいて個別写経事業の研究が蓄積し、写経所文書に対する理解が次第に深まるなかで、ゼミの成果を何らかの形で記録しておきたい、あるいは公表したいという気持が、筆者を含めてゼミ参加者のなかに高まっていった。どのようにしたらよいか、いろいろと相談をくりかえすなかで、ゼミとしてそれを行っていくことには、いろいろな制約があることも明らかとなった。

そこで、ゼミはゼミとして継続しながら、それとは別に、ゼミとほぼ同メンバーで研究会を作ることとなった。この研究会の第一回目は、二〇〇〇年（平成十二）一月十八日に行われたが、その時には「間写経研究会」という名称であった。この名称は三月末まで用いられていたことが確かめられるが、同年七月一日の第二回目には「写経所文書研究会」という名称に改められている。その後二〇〇三年十月まで続けられ、後述のSOMODA（ソモダ、後述）の準備作業が本格化したため、そこに吸収された。

この研究会では、過去のゼミのレジュメ・配付資料を収集整理するとともに、個別写経事業に関する研究発表、ゼミの成果の公表の仕方など、多面的にわたって検討が進められた。その中で、データベースを作成して、Web上で公開するという方向性が次第に大きな流れとなっていった。そして、二〇〇二年の前半ごろには、データベース科研を申請することが、写経所文書研究会ならびにゼミのメンバーによって合意されるに至った。

五　ＳＯＭＯＤＡ科研

正倉院文書に関わっている機関には、宮内庁正倉院事務所をはじめ、東京大学史料編纂所・国立歴史民俗博物館があり、それぞれに研究の蓄積がある。Ｗｅｂ上で公開するとなると、これらの諸機関の御理解と御協力が不可欠である。そこで、二〇〇二年の後半から、それぞれに御説明と御相談を始めた。さいわいいずれも御理解を賜り、覚書をとり交わすことができ、また責任者から承認のお言葉をいただくことができた。

　こうして、二〇〇三年の前半は、ＳＯＭＯＤＡ（正倉院文書データベース、Shosoin Monjyo Database の略称）と名づける予定のデータベースの設計についての議論を繰りかえし、後半に申請書を提出した。この申請はさいわい採択され、二〇〇四〜六年度の三年度にわたって作業が進められ、二〇〇七年三月に公表した。

六　解移牒会と写経事業目録の作成

　これとは別に、筆者とゼミのメンバーの一部、国語学・国文学の研究者との間で、正倉院文書にふくまれるいくつかの解移牒案を読んでいきたいという希望がかねてからあった。これが具体化し、二〇〇七年（平成十九）五月から「解移牒会」という名称でスタートし、毎月一回のペースで現在も継続中である（二〇一四年三月現在でちょうど七〇回）。

　これは、市大ゼミや写経所文書研究会とはいちおう別のものである。しかし、メンバーに重なる部分もあり、また筆者がかかわる正倉院文書の研究としても重要なものであるので、記録にとどめる意味で、ここに記しておきたい。

　筆者は、二〇一〇年三月末をもって、大阪市立大学を定年退職したが、その後も特任教授として授業を担当することが認められた。これにより、市大ゼミは二〇一三年三月まで継続して終了した。これにともない、市大ゼミの成果をまとめることが問題となった。

そこで、二〇一二年（平成二十四）四月から、薗田目録の改定作業にとりかかった。そこに、市大ゼミと写経所文書研究会における個別写経事業研究の成果を盛り込む計画である。たとえば薗田目録は、原則として私願経や一切経を省いているが、市大ゼミや写経所文書研究会では、これらについての研究発表も行われた。また、訂正や欠落の指摘もなされてきた。これらを盛り込んだ改訂版を作ることができれば、市大ゼミやこれに関係する研究会におけるこれまでの多くの報告を活かすことになるし、今後の写経所文書の研究に資するところが大きいと考えたのである。

この作業は、結局正倉院文書の断簡を見なおす作業となり、思いのほかの時間と労力をかけながら、二〇一四年四月から三年度目に入っている。現時点では、薗田目録改訂の域を超えて、写経事業目録として蓄積されつつある。

〔補記〕以上は、栄原が大阪市立大学特任教授を退職した二〇一三年三月末までを対象としている。大阪市立大学における正倉院文書ゼミの記録としては、これにて終了してしかるべきであるが、その後の関西における正倉院文書研究の動向を簡単に補記しておきたい。

二〇〇七年五月からスタートした「解移牒会」は、その後二〇一五年九月に通算八五回をもって終了した。それに伴って、参加メンバーによる論集『正倉院文書の歴史学・国語学的研究―解移牒案を読み解く―』（和泉書院、二〇一六年六月）が刊行された。その「序」に「解移牒会」の詳細を記録しておいた。

「解移牒会」の終了後、二〇一六年一月から有志によって「正倉院文書を読む会」が立ちあげられ、続いて二〇一七年八月から「正倉院文書の研究会」が始められた。前者は、対象を当初は「解移牒会」で読んだ以外の天平宝字六年の文書、のちには天平宝字年間の文書に拡大し、毎月一回適宜取り上げて検討するもの、後者は、年二回、正倉院文書を対象とする研究やそれを用いた研究の発表であり、両者はセットで運営されている。二〇二三年末段階で前者は七七回、後者は一三回になっていて継続中である。会場は主として奈良学園大学だが、遠隔地からの参加者があり、また新型コロナ感染症拡大後は、オンラインもしくはオンラインと対面のハイブリッド形式で行われている。

一方、二〇一二年四月から始められた薗田目録の改定作業は、次第に目的が写経所文書データベース（ShaDa、シャダ、Shakyojo-monjo Database の略）の作成へと明確化していった。二〇一三年四月から二〇二二年三月までの長期間、大阪市立大学文学研究科ならびに日本史教室のご好意で、文学部増築棟二六五室を利用して週一日のペースで継続することができた。しかし新型コロナ感染症拡大に伴って二〇二〇年三月以後中断を余儀なくされたが、同年六月からオンライン形式で再開した。二〇二三年末時点で通算四三〇回を超えて継続中である。二〇二一年初めごろから ShaDa の公開をめざして検討を始め、二〇二三年五月に試行版 Ver. 1を公開し、その後も同年七月に Ver. 2、同年一〇月一七日に Ver. 3と改定を続けている（大阪市立大学大学院文学研究科特設サイト）。

関係年表

年	紀	『正倉院文書目録』	『正倉院古文書影印集成』	ゼミ等
1981	昭和56			4大阪市立大学着任
1982	昭和57			
1983	昭和58			10皆川ゼミ後期出席
1984	昭和59			4皆川ゼミ前期出席
1985	昭和60			
1986	昭和61			
1987	昭和62	3正集		
1988	昭和63	3続修	5影印1（正集1～21）	4市大ゼミ開始
1989	平成1		1影印3（正集1～21裏）	
1990	平成2		1影印2（正集22～45） 9影印4（正集22～45裏）	
1991	平成3		4影印5（続修1～25）	
1992	平成4		2影印7（続修1～25裏）	
1993	平成5		6影印6（続修26～50）	
1994	平成6	5続修後集	3影印8（続修26～50裏）	
1995	平成7		8影印9（続修後集1～22）	
1996	平成8		8影印10（続修後集23～43）	
1997	平成9		8影印11（続修後集1～43裏）	
1998	平成10			
1999	平成11	3続修別集	8影印12（続修別集1～22）	
2000	平成12		12影印13（続修別集23～50）	1写経所文書研究会開始
2001	平成13		8影印14（続修別集1～50裏）	
2002	平成14			
2003	平成15			
2004	平成16	5塵芥	12影印15（塵芥1～20）	4SOMODA科研
2005	平成17			4SOMODA科研
2006	平成18		1影印16（塵芥21～39）	4SOMODA科研
2007	平成19		8影印17（塵芥1～39裏他）	3SOMODA公表 5解移牒会開始
2008	平成20			
2009	平成21			
2010	平成22	3続々修1（1～4帙）		
2011	平成23			
2012	平成24			4薗田目録改訂、ShaDa作成開始
2013	平成25			3市大ゼミ終了
2014	平成26			
2015	平成27	4続々修2（5～7帙）		9解移牒会終了
2016	平成28			1正倉院文書を読む会開始 6『正倉院文書の歴史学・国語学的研究』刊行
2017	平成29			8正倉院文書の研究会開始
2018	平成30			
2019	平成31・令和1			
2020	令和2	3続々修3（8～12帙）		
2021	令和3			
2022	令和4			
2023	令和5	3続々修4（13～16帙）		5ShaDa試行版公開

第Ⅱ部　写経所文書の検討

第二章　正倉院文書と続日本紀
――国家的写経機関の検討――

はじめに

写経所文書は、奈良時代に行なわれた公私の写経事業の内実を知ることができる唯一最良の史料群である。しかし、その写経所文書にしても、いくら分析を積み重ねても、奈良時代の写経事業の一部分しか明らかにすることはできない。なぜなら、この時代の写経事業は、写経所文書を残した皇后宮職・造東大寺司系統の写経機関（以下、職司系統の写経機関と称す）だけでなく、内裏系統の写経機関や皇族・貴族の家に付属する写経組織によっても進められたからである。

したがって、この時代の写経事業の全貌を明らかにするためには、国家的な写経事業と私的なそれとに場合をわけ、それぞれを検討した上で総合する必要がある。これらは、本来並行して進められるべきものだが、ここでは、ひとまず国家的写経事業を考察の対象とする。

国家的写経事業を担当した国家的写経機関としては、職司系統の写経機関と内裏系統のそれとがある。このうち前者については、近年かなり研究が進んできたが、それに比べて後者の研究は、史料的な制約がきびしいため、相当に立ち遅れているといわねばならない。しかし、後者の活動内容が明らかにならないと、前者のそれと総合して、国家的写経事業の全体を見通すことができないのである。内裏系統の写経機関そのものの実態とその活動内容を、ぜひとも明らかにする必要がある。

この観点から、わたくしは、これまで内裏系統の写経機関を追ってきた。(1) しかし、内裏系統の写経機関の関係帳簿・文書がほとんど残っていないため、その解明にはつねに困難がともなう。

内裏系統の写経機関の研究は、写経所文書を通じて追究するしかないが、もちろんそれには大きな限界がある。内裏系統の写経機関は、経巻物品の貸し借りや人員の融通などで、職司系統の写経機関と交錯した場合にしか、写経所文書に姿を見せない。そして、そのような場合は、ごく稀にしか起こらないからである。また、写経所文書以外では、内裏系統の写経機関に関する史料は、いまのところ、後掲する表3の二条大路木簡の一点のみであり、ほとんどなきに等しい。内裏系統の写経機関について新知見を得ることは、きわめて困難なのである。

では、内裏系統の写経機関を、これ以上追究することは困難なのであろうか。これを捕捉しうる方法は、他にはないのであろうか。わたくしは、『続日本紀』を媒介にして写経所文書を分析することによって、わずかではあるが議論を前進させることができると考えている。

一　内裏系統の写経機関の存続

1　『続日本紀』の写経関係記事

『続日本紀』には、表1のように、①～⑬の合計一三例の写経関係記事が見える。(2) まず、これらの写経事業の遂行主体と写経が行なわれた場所に注目したい。すると、「毎国」(④⑤)、「天下諸国」(⑤⑦⑬)、「四畿内七道諸国」(⑥)、「京師及諸国」(⑨)、「国別」(⑫) のように、④⑤⑥⑦⑨⑫⑬の各例では、京職や国などの地方

表１　『続日本紀』の写経関係記事

番号	年．月．日	写経地	写経する経巻
①	養老６．11．丙戌（19）	（中央）	華厳経80巻、大集経60巻、涅槃経40巻、大菩薩蔵経20巻、観世音経200巻
②	神亀３．８．癸丑（８）	（中央）	法華経
③	神亀５．12．己丑（28）	（中央）	金光明経64帙640巻
④	天平９．３．丁丑（３）	毎国	大般若経１部
⑤	天平12．６．甲戌（19）	天下諸国、毎回	法華経10部
⑥	天平12．９．己亥（15）	４畿内７道諸国	観世音経10巻
⑦	天平13．３．乙巳（24）（前半）	天下諸国	金光明最勝王経10部、妙法蓮華経10部
⑧	〃　（後半）	（中央）	金字金光明最勝王経71部
⑨	天平17．９．甲戌（20）	京師諸国	大般若経100部、薬師経７巻
⑩	天平20．７．丙戌（18）	（中央）	法華経1000部
⑪	天平勝宝８．12．己酉（30）	（中央）	梵網経62部
⑫	天平宝字２．７．戊戌（28）	国別	金剛般若経30巻
⑬	天平宝字４．７．癸丑（26）	天下諸国	称讃浄土経

写経地欄の（　）は推定。

行政組織に対して写経が命じられていることがわかる。それでは、残る①②③⑧⑩⑪の六例の写経事業は、どこで、いかなる組織を遂行主体として行なわれたのであろうか。

まず①は、元明太上天皇の一周忌の供養のために、元正天皇が発した詔によって命じられた写経事業である。その詔中に、

故奉為太上天皇、敬写華厳経八十巻、大集経六十巻、涅槃経卌巻、大菩薩蔵経廿巻、観世音経二百巻、造灌頂幡八首、道場幡一千首、着牙漆几卅六、銅鋺器一百六十八、柳箱八十二、即従十二月七日、於京并畿内諸寺、便屈請僧尼二千六百卅八人、設斎供也、

とある。華厳経以下を写し、灌頂幡以下を造って、京畿内の諸寺で法会を行なうというのである。これには、写経をどこで行なうのか明記されていないが、中央と見てよい。

つぎに、②は、『続日本紀』に左のように見える。

奉為太上天皇、造写釈迦像并法華経訖、仍於薬師寺設斎焉、

元正太上天皇の病気回復を祈るために、法華経を写し、釈迦像を造って法会を設けたという。これもどこで写経したか記されていないが、中央であろう。

③の『続日本紀』は、

金光明経六十四帙六百卌巻頒於諸国、国別十巻、（中略）至是、写備頒下、随経到日、即令転読、為令国家平安也、

というものである。これによると、金光明経を「写し備え」、国別一〇巻ずつ「頒ち下す」としている。したがって、中央で写経したものを諸国に配布したのである。

⑧は国分寺建立の詔であるが、その一節に、

朕、又別擬、写金字金光明最勝王経、毎塔各令置一部、

とあって、聖武天皇が金字の金光明最勝王経を写させて、各国の国分寺の塔に各一部ずつ安置させるとしている。

この写経事業については、写経所文書に関係史料がある。たとえば、天平十八年（七四六）十月十七日「写金字経所解案」（9ノ294〜299、続々修41ノ4③(2)）には、

(1)写金字経所解　申請経師等布施事

合奉写金字最勝王経一百七十九巻

（中略）

題経七百十巻

（中略）

以前、国分最勝王経料布施如件、以解、

天平十八年十月十七日阿刀酒主

とある。また、天平二十年十月二十五日「写経所解」（3ノ127〜128、続々修41ノ5③(6)）にも、つぎのように見える。

(2)写経所解　申請金字経布施事

合奉写金字最勝王経十巻

（中略）

以前、国分最勝王経七十一部之内、因誤更写加一部料、応賜布施、

顕注所請如件、以解、

天平廿年十月廾五日史生阿刀酒主

この写経事業については、これ以外にも一連の関連史料があるが、[3] (2)によると、最勝王経は全部で七一部写されたことが明らかである。(1)でも題経の合計数は七一〇巻であり、やはり七一部である。

当時の国数は、天平十五年二月に佐渡国が越後国に併合された時点で六一ヵ国となっている。この写経事業は、六一ヵ国になる以前から計画されていたようであるが、国数の変化に応じて総計画部数も変更されたのであろう。いずれにせよ、各国一部ずつ、中央一〇部の割りふりで写経するように写経所に聖武の意志が伝えられ、写経事業がスタートしたと見られる。以上から、この写経事業が職司系統の写経機関で行なわれたことは明らかである。

つぎに⑩は、『続日本紀』には簡単に、

奉為太上天皇、奉写法華経一千部、

とだけある。著名な千部法華経の写経事業である。

この写経事業については、かつて検討したことがある。[4] それによると、写経所文書では、[5] この写経事業は天平二十年正月から始まり、四月下旬にいったん中断し、九月下旬に再開されていることがわかる。中断は、元正太上天皇が同年四月二十一日に寝殿で没した（『続日本紀』）ことと関係があろう。

これによると、『続日本紀』の記事は、時期的にこの中断期にあたることになる。再開時期とややずれてい

るが、やはり写経事業の再開にかかわるものであろう。したがって、写経事業の開始にかかわるものではなく、また完成を記したものでもないのである。なぜ開始や完成のことではなく、再開のことだけが『続日本紀』に記事として見えるのか判然としないが、この写経事業が職司系統の写経機関で行なわれたことは明らかである。

⑪は、『続日本紀』天平勝宝八歳（七五六）十二月己酉（三十日）条に、

勅、遣皇太子及右大弁従四位下巨勢朝臣堺麿於東大寺、（中略）請梵網経講師六十二人、其詞曰、皇帝敬白、朕自遭閔凶、情深荼毒、宮車漸遠、号慕无追、万痛纏心、千哀貫骨、恒思報徳、日夜無停、聞道、有菩薩戒、本梵網経、功徳巍々、能資逝者、仍写六十二部、将説六十二国、始自四月十五日、令終于五月二日、是以、差使、敬遣請屈、願衆大徳、勿辞摂受、（下略）

とあり、聖武太上天皇の冥福を祈るために、六二ヵ国分の梵網経六二部を写し、中略したが東大寺以下の諸大寺に使者を派遣して講師六二人を招き、諸国で説かしむるように指示している。したがって、この梵網経六二部の写経事業は中央で行なわれたと見てよい。

このように、①②③⑧⑩⑪は、いずれも中央で写経事業が行なわれたのである。このうち①②③からは、なんらかの写経組織が中央に存在したことが推測されるが、その実体は不明である。これらは、時期的に職司系統の写経機関の成立以前、すなわち写経所文書の存在しない時期のものであるので、『続日本紀』と写経所文書とを対比して検討するための材料として適当でない。これ以外の⑧⑩⑪のうち、⑧⑩は、写経所文書に関係帳簿が残っているので、明らかに職司系統の写経機関で写経された。

ところが、最後に残った⑪は、これとは異なっている。写経所文書に関係史料が見あたらないのである。このことは、この写経事業が中央で行なわれたにもかかわらず、職司系統の写経機関で行なわれたのではないことを物語っている。では、⑪の梵網経はどこで写されたのであろうか。この点にこそ、内裏系統の写経機関を考えるヒントが隠されている。

2　仁王会と仁王経

そこで、検討を進めるために、仁王経の講説に注目したい。『続日本紀』には、仁王経の講説関係の記事が、表2のa～jのように合計一〇回見える。(6) しかし、これらの記事には、その講説に用いる仁王経がどのように用意されたのか、まったく記されていない。ところが、なかには別の史料によって、新しく写した経巻を用いたことがわかる場合があるのである。

まず、b『続日本紀』天平十八年三月丁卯（十五日）条には、

　勅曰、興隆三宝、国家之福田、撫育万民、先王之茂典、是以、為令皇基永固、宝胤長承、天下安寧、黎元利益、仍講仁王般若経、（下略）

とあって、仁王般若経を講ずることが命じられている。この講経が実際に行なわれたことは、「天平十八年具注暦」（2ノ570～574、正集8①(1)＋続修14②(3)～(4)）の同日条に「天下仁王経大講会」とあることで確かめられる。ところが、この仁王会で用いた仁王経については、写経所文書のなかに、つぎのような関係帳簿を見いだすことができるのである。

(1)「経疏料紙受納帳」（9ノ64～69、続々修37ノ2(1)）

　十八年二月受仁王経六一部料黄紙三千張三百八十張法花経二部料
　　　　　　　　　　　　　　　　　　　　　六十六
　　　　　　　　　　　　　　　　　受秦秋庭ミミ　田辺史

　（下略）

(2)「写経充紙帳〈仁王経充本充紙帳〉」（2ノ495～496、正集30②裏）

　天平十八年二月廿三日写仁王

　（下略）

表2　『続日本紀』に見える仁王経講説記事

記号	巻	年．月．日．条	内　容		場　所
a	10	天平１．６．庚申（１）	講仁王経		朝堂、畿内七道諸国
b	16	天平18．３．丁卯（15）	講仁王般若経		
c	17	天平19．５．庚寅（15）	講説仁王経		南苑、天下諸国
d	18	天平勝宝２．５．乙未（８）	講仁王経	請僧一百	中宮安殿、左右京四畿内七道諸国
e	19	天平勝宝５．３．庚午（29）	講仁王経	設百高座	東大寺
f	19	天平勝宝８．12．甲申（５）	転読仁王経	請僧一百	東大寺
g	20	天平宝字１．７．庚午（24）	講仁王経	設斎	宮中
h	22	天平宝字４．２．庚申（29）	設仁王会		宮中、東大寺
i	30	宝亀１．１．戊寅（15）	設仁王会		宮中
j	32	宝亀３．６．甲子（15）	設仁王会		宮中、京師大小諸寺、畿内七道諸国分金光明寺

(3)「仁王経料黄紙納并校帳〈仁王経料黄紙納帳・仁王経校帳〉」

（9ノ71～74、続修13①裏）

仁王経料紙黄納帳　天平卄八年二月卄三日始

（中略）

卄九部　上一

已上卅四部南堂

仁王校帳

（下略）

などである。(7) これらによれば、このときの仁王経は、(3)に「已上卄九部南堂」とあるように、この時点の写経所の南北両堂で写されたことは明らかである。また「写経雑物収納帳」（24ノ328～329、続々修44ノ10㉗(1)）には

（天平十八年三月）五日受綺緒卄四丈従仁王会司充送者　収酒主

とあり、この仁王会を執り行なうために、仁王会司が設置されており、写経費用の一部がここから出ていることがわかる。

以上のような関係史料が写経所文書のなかにあることから見て、この仁王経が職司系統の写経機関で新たに写されたことは明らかである。

つぎに、c『続日本紀』天平十九年五月庚寅（十五日）条には、

於南苑講説仁王経、令天下諸国亦同講焉、

とあり、南苑で仁王経を講説し、また諸国でも講ぜしめたことがみ

える。このとき使用した仁王経については、「写一切経紙検定帳〈間紙検定并便用帳〉」（9ノ370〜380、正集42①(3)裏）にみえる。

仁王経六十一部料〔受〕黄紙二千六百卅四張疏所借用
用二千七十四張二千十三張正用／六十一表料　破卅七張
残五百卅〔三〕張四百三張借用先一切経料受酒主　装潢秋庭
十九年五月廿九日　阿刀酒主
志斐

これによると、少なくとも南苑で使用した分については、職司系統の写経機関で新写されたことがわかる。

さらに、e『続日本紀』天平勝宝五年三月庚午（二十九日）条には、つぎのようにある。

於東大寺設百高座、講仁王経、是日、飄風起、説経不竟、於後、以四月九日講説、飄風亦発、

すなわち、この日、東大寺で一〇〇の高座を設けて仁王経を講ぜしめたが、途中でつむじ風が起きたので四月九日に延期した。ところがこの日にもまたつむじ風が起きた、というのである。

このときの仁王会の挙行にあたっては、仁王会所・装束司が設けられたことは、正倉院伝来の木簡（12ノ428〜429）によって知られる。(8) 使用された仁王経は、その一部がやはり職司系統の写経機関で新たに写されたことが、つぎの帳簿などによって確かめられる。

(1)「納仁王経紙并装潢充帳」（12ノ421〜423、続々修9ノ6全）

五年三月九日納穀紙千百張経并凡紙料
右、依次官佐伯宿祢、判官大蔵伊美吉天平勝宝五年三月九日宣、仁
王経卅二部六十四巻奉写料、
納上馬養

（中略）

五年三月十二日自紫微中台来色紙玖佰壹《千八十八》張

（中略）

右、依飯高笠目天平勝宝五年三月十一日宣、奉写仁王経六十四巻

之料、

納呉原　上馬養

（下略）

(2)「経紙出納帳」（3ノ595～612、続々修37ノ4③(9)）

（上略）

（天平勝宝五年三月）十五日納色紙壹伯捌拾柒張

白紙百五十張　浅紅卅七張

右、並奉写仁王経卌部之料為仁王会日

収呉原生人　上馬甘

（下略）

以上によって、b天平十八年、c天平十九年、e天平勝宝五年の仁王会の場合、それに用いられた仁王経が、いずれも新写されていたことが確かめられた。なお、aについては次の関係史料がある。

a『続日本紀』天平元年六月庚申朔条には、

講仁王経於朝堂及畿内七道諸国、

とあり、仁王経を朝堂と全国で講じたという。このとき使用した仁王経に関しては、写経所文書には見えないが、天平十九年二月十一日の「法隆寺伽藍縁起并流記資財帳」（2ノ579～633）に、

仁王経弐巻
　右、天平元年歳次己巳、仁王会時、平城宮御宇　天皇請坐者、(2ノ583)
とあって、同年に聖武天皇によって法隆寺に奉納されたことがわかる。おそらく仁王会に使用した後の処置であろう。

3　仁王経の新写と写経機関

以上に検討したb天平十八年、c天平十九年、e天平勝宝五年の場合、使用された仁王経がいずれも新写であったことからすると、一般に仁王会で使用する仁王経は、同じものを何度も使用するのではなく、その都度新写されたと判断してよいと思われる。そうすると、a天平元年、d天平勝宝二年、f天平勝宝八歳、g天平宝字元年、h天平宝字四年、i宝亀元年、j宝亀三年の仁王会の場合も、同じく新写されたのであろう。

このように、仁王会に用いる仁王経は、その都度新写されるのが例であったとすると、それはどこで行なわれたのであろうか。bceの場合は、職司系統の写経機関で行なわれたことは、先の検討から明らかである。しかし、dfghijの場合は、写経所文書の存続期間内にもかかわらず、その中に関係史料を見いだすことができなかった。したがって、これらの年の仁王会に用いる仁王経は、職司系統の写経機関では新写していない可能性が高い。またaの場合は、職司系統の写経機関が成立する以前であるので、ここで新写されたはずはない。

それでは、それらはいったいどこで新写されたのであろうか。この点を証明できる史料は今のところ見いだせないが、dの場合もあわせて考えよう。

仁王会に関する『続日本紀』の表現の仕方を見ると、表2のように、a〜gとh〜jでは異なっている。前者は仁王会で仁王経を講じたことを記すのに対して、後者は仁王会を設けたことを記している。この違いは、

『続日本紀』の編纂事情に根ざすものであって[9]、実態としては根互に矛盾するものではなかろう。

そこでa～gを見ると、fに仁王経を「転読」したとある以外は、いずれも仁王経を「講」または「講説」したとある。fには「請僧一百」とあるが、これはdと同じであり、eの「設百高座」も実質は同じである。すなわち、deとfの仁王会の内容は同様であったと見てよい。fだけが仁王経の扱いが異なっていたわけではなかろう。

これらの点から見て、八世紀の仁王会では、仁王経が転読されるとともに、その講説が行なわれていたとみられる。このことは、仁王会にあたっては、転読と講説のために、仁王経だけでなく、仁王経疏もまた必要であったことを示している。

そこで、dの場合を検討したい。『続日本紀』天平勝宝二年五月乙未（八日）条には、

　於中宮安殿、請僧一百、講仁王経、并令左右京四畿内七道諸国講説焉、

とあり、中宮安殿で仁王経を講じ、京職や諸国にも講説を命じている。写経所文書には、これに関するものとして、つぎのような帳簿がある。

(1)「仁王経疏本奉請帳〈自処々請仁王経疏本帳〉」（11ノ180～181、続々修9ノ4全）

以勝宝二年四月二日請仁王経疏上下並二巻
　　右、自行仙師所請、使調呰万呂、
　亦以同日〔自〕般若寺請中巻、使調呰万呂、
（追筆）「已上巻者、以五月廿日、付行仙師奉返已訖知鴨筆」
四月四日自佐保宮請仁王経疏六巻　三巻色紙青書柚（軸、以下同）中巻表紙穢　三巻白紙紫檀柚
　　知史生阿刀　受筆
（題籤）「自処々請仁王疏本」（表裏同文、尾に付く）

(2)「仁王疏紙筆墨充帳〈仁王経疏充紙本墨筆帳〉」（11ノ190～200、続々修9ノ2全）

（題籤）（表）「仁王疏
充墨筆」
（裏）「仁王疏
紙木
充墨筆」

勝宝二年四月三日始

（下略）

(3)「仁王経疏充紙帳〈仁王経疏充紙筆墨帳〉」（3ノ378～388、続修後集15全）

充仁王経疏紙帳　勝宝二年四月二〔三〕日始

（下略）

これらは、いずれも仁王経疏の書写に関する帳簿であって、仁王経のものではない。写経所文書の中には、このときの仁王会で使用する仁王経の写経関係帳簿は見あたらない。このことは、仁王会にあたって、仁王経ばかりでなく、仁王経疏も新写されたことを示している。

では、それはどこで新写されたのであろうか。職司系統の写経機関は、ｂｃｅの場合は、仁王経のみを写して仁王経疏を写した形跡がなく、ｄでは反対に仁王経疏のみを写して仁王経を写してはいなかった。このことは、職司系統の写経機関とどこか別の写経機関とが、仁王会ごとに、仁王経と仁王経疏とを分担して新写していたことの現れであろう。

職司系統の写経機関とどこか別の写経機関とは、国家的法会である仁王会に使用する経巻を分担して準備するという重要な役割を果たしていた。このような役割の重要さから見て、どこか別の写経機関とは、内裏系統の写経機関をおいてほかに考えることはできない。先にあげた表1⑪では、梵網経六二部が中央で写されたに

表3　国家的写経機関の変遷

年．月	写経機関名	出　　典
天平１．６		（仁王会 a）
〃　６	写経司	「聖武天皇勅旨写経御願文」（24ノ45）
〃　７～８	写一切経司	『平城宮発掘調査出土木簡概報（30）二条大路木簡４』
〃　13．４	写一切経司	「写一切経司移」（７ノ513）、「写経請本帳」（７ノ88）
〃　15．９	写一切経司	「写一切経司本経返送文」（24ノ221～３）
〃　18．３		（仁王会 b）
〃　18．12ごろ	写一切経司	「送書并請経勘検継文」（24ノ389～90）
〃　19．５		（仁王会 c）
〃　19ごろ	写経司	「経律奉請帳」（10ノ319～）
勝宝２．５		（仁王会 d）
〃　５．３		（仁王会 e）
〃　８．12		（仁王会 f）
宝字１．７		（仁王会 g）
〃　２．６～６．12	写御書所	初見「造東大寺司移案」（13ノ334～５）
〃　４．２		（仁王会 h）
〃　６．12～勝雲１．８	奉写御執経所	初見「奉写御執経所請経文」（５ノ308～９）
景雲１．８	奉写一切経司	初見『続日本紀』神護景雲元年８月丙午（29日）条
宝亀１．１		（仁王会 i）
〃　３．６		（仁王会 j）

もかかわらず、写経所文書に関係帳簿は見あたらず、職司系統の写経機関とは別の写経機関で写されたと推定された。この梵網経を写したのも、やはり内裏系統の写経機関であったのであろう。

すなわち、仁王会で用いられる仁王経と仁王経疏とは、職司系統と内裏系統の二つの国家的写経機関において、その都度新たに用意されたと考えられる。ということは、仁王会が行なわれたａ～ｊの時期には、内裏系統の写経機関が存在していたと推定できることになる。この点をふまえて、内裏系統の写経機関について整理したのが表３である。

内裏系統の写経機関について、従来は断続的にしかその存在は明らかでなかった。特に天平勝宝～天平宝字初めごろや宝亀年間は、存在を確認することができないまま、今日に至っているのである。しかし、仁王会と仁王経・仁王経疏の新写との関係を媒介にして、内裏系統の写経機関は、表３のように、天平元年から宝亀三年までの間、ほぼ継続して存在していたことが推定できることとなったのである。

二　国家的写経機関の変遷

1　職司系統の写経機関の変遷

前節では、仁王会に用いる仁王経の写経事業と写経所文書を媒介にして、内裏系統の写経機関の存続について考察したが、つぎに、その成果をふまえて、国家的写経機関がどのように変遷したのか、考えることとする。

まず、皇后宮職では、おそくとも天平三年（七三〇）七月以前から、経師や装潢が活動していた。[10] 彼らの一部は、図書寮や中務省その他から出向していたことは確かめられるが、[11] すべての経師・装潢が同様であったかどうかは不明である。全体としてどのような写経組織が存在したのか明らかではない。

なお、皇后宮職の成立に先立って、藤原光明子家で写経が行なわれており、その写経組織が皇后宮職に引き継がれた可能性が強い。しかし、光明子家での写経事業は国家的色彩をおびているが、あくまでも貴族の家での写経事業であって、[12] それをもって国家的写経事業そのものと同列に論じることはできない。

この皇后宮職の写経組織が行なっていた写経事業は、どのような性質のものであろうか。「写経目録」（7ノ5～32、続々修12ノ3）は、この組織の活動を記録したものである。これによると、表4のように、「内進」と注記される経巻が多い。「内進」とは、表中に一例あるように「内堂進納」の略で、内裏にある内堂に納める意味である。そうすると、皇后宮職の写経組織は、すでに天平三年十一月というかなり早い時期から、内裏の所用経の写経を行なっていたことになる。

この組織は、やがて一切経（五月一日経）を写すようになる。五月一日経の写経事業の開始時期は明確ではな

表4　「写経目録」にみえる「内進」経巻

年. 月. 日	内進記載	経　　巻
天平 3. 11. 5	内匚	涅槃経30巻、法花経8巻、雑匚
5. ③. 10	内進	円弘章4巻
5. ③.	内進	最勝王経1部
5. 2. 30	内堂進納	薬師経7巻、阿弥陀経10巻、随願往生経10巻、阿弥陀経230巻
	納進	正法華経1部
5. 4. 7	進	弁中弁論3巻
5. 8. 28	内進	心経抄1巻
5. 8.	内進	仏名経1巻、七倶胝仏母心経1巻、八名経1巻、六時行道1巻
	内進	無垢称経6巻
8. 1. 15	内進	法華疏10巻
9. 10. 30	内進	無垢称経疏6巻
4. 29	内進	唯識疏20巻
9. 10. 30	内進納	法苑林章14巻
9. 9. 28	内進(抹消)	唯識論10巻
9. 9. 28	進納	測法師唯識論10巻

「内進」およびそれに相当するとみられるものを表示した。
「内進」等の文字が掛かる経巻の範囲は、写真によって適宜判断した。

いが、天平五年ごろには行なわれていたと指摘されている。[13] 天平十二年五月一日付の願文（2ノ255）には、尊考尊妣の冥福を祈るために一切経を写したことが見えている。五月一日経の写経目的の一つが、当初から光明子の父母の冥福を祈るためであったとすると、この写経事業の開始は、天平五年正月十一日の県犬養三千代の死以後と考えるべきこととなる。この一大写経事業の開始にともなって、皇后宮職の写経組織は整っていったと考えられる。[14]

このように、皇后宮職の写経組織は、早い時期から写した経巻を内裏に納めていたが、五月一日経の写経事業の進展とともに、職司系統の写経機関として確立していったと考えられる。

職司系統の写経機関のその後の変遷は、山下有美の研究に詳しいのでそれにゆずる。[15] 同機関は、天平宝字八年（七六四）九月の藤原仲麻呂の乱を契機として、天平神護元年（七六五）三月にはいったん活動を停止したが[16]、神護景雲四年（七七〇）六月に奉写一切経所として復活し、宝亀七年（七七六）六月まで活動し、同月末をもって約五〇年に及ぶ歴史を終えた。[17]

2　内裏系統の写経機関の変遷

以上の職司系統の写経機関に対して、内裏系統の写経機関の成立過程は、どのようなものであったのであろうか。この点について、われわれはほとんど何も知ってはいない。

すでに国家的な仏事は七世紀後半には行なわれており、王権も仏教との関わりを深めていた。したがって、経典に対する需要はしだいに高まっていったであろう。これに応えて、経巻がどのように整えられたのかはっきりしない。たとえば、『日本書紀』天武二年三月是月条には、

　聚書生、始写一切経於川原寺、

とある。この「一切経」の内実は不明であるが、ある程度まとまった数の経巻を写し集めることが意図されていたと思われる。そのためには、なんらかの写経組織が形成されていないと実現不可能であろう。しかし、それがどのような組織であるのか、また、この「一切経」の完成とともに解散されたのか、それとも存続して他の経巻の写経を行なったのか、明らかでない。さらには、これらの写経活動が、内裏のもとで行なわれたのか、治部省・玄蕃寮の前身組織のもとで行なわれたのかは、これまた不明とせざるをえない[18]。

内裏系統の写経機関が史料に現れるはじめは、「聖武天皇勅旨写経御願文」（24ノ45）に見える「写経司」である。この願文の末尾には、つぎのようにある。

　天平六年歳在甲戌始写
　　　写経司治部卿従四位上門部主

この写経司は、天平十三年四月の「写一切経司解」（7ノ513、続々修16ノ2⑤）に、つぎのように見える[19]。

　写一切経司移皇后宮職
　（中略）

天平十三年四月十九日主典従七位下土師宿祢犬養
判官正七位上巨勢朝臣「人主」

後者によると、写一切経司には「主典」「判官」がいるので、四等官制を備えていたことは明らかである。これによれば、前者の史料の治部卿門部王は、写経司の長官であったと見てよかろう。

この写一切経司は、表3に示した天平十五年九月、同十八年十二月、同十九年の史料に見えるものと同じと考えられること、これらが治部卿を長官とし、薬師寺に存在していたことがすでに指摘されている。(20)

その後、内裏系統の写経機関について注意すべきは、写御書所の出現である。この写御書所は、天平宝字二年六月に初見するが、(21)その直前の天平宝字元年七月には仁王会gが行なわれており、前述のように、そのときには内裏系統の写一切経司が存続していた可能性が高い。そこで、写御書所と写一切経司の関係が問題となる。まず、写一切経司は、四等官制をもつ令外官として、遅くとも天平六年から連続して存在してきた。これに対して、写御書所やそれを引きついだ奉写御執経所は、四等官制をもたない「所」であった。(22)これによると、両者は官司の系統を異にしているらしい。また、「所」から四等官制をもつ令外官への発展は考えやすいが、その反対は相定しにくい。これらからすると、写一切経司と写御書所とは、ともに内裏系統の写経機関ではあるが、両者を連続的に考えることは簡単にはできない。

そもそも写御書所は、前稿(23)で明らかにしたように、内裏にあった某一切経を本経として、景雲一切経を写していた。そこで、わたくしは、写御書所は、景雲一切経の写経事業を行なうことを目的として設置されたと考える。五月一日経の写経事業を円滑に進めるために東院写一切経所が設置されたのと似た事情を想定するのである。

景雲一切経の写経事業が、孝謙女帝の意志によって進められたことからすると、写御書所の設置にも、孝謙の意志が強く働いていたと推定される。景雲一切経が、五月一日経につぐ勅定一切経として位置づけられてい

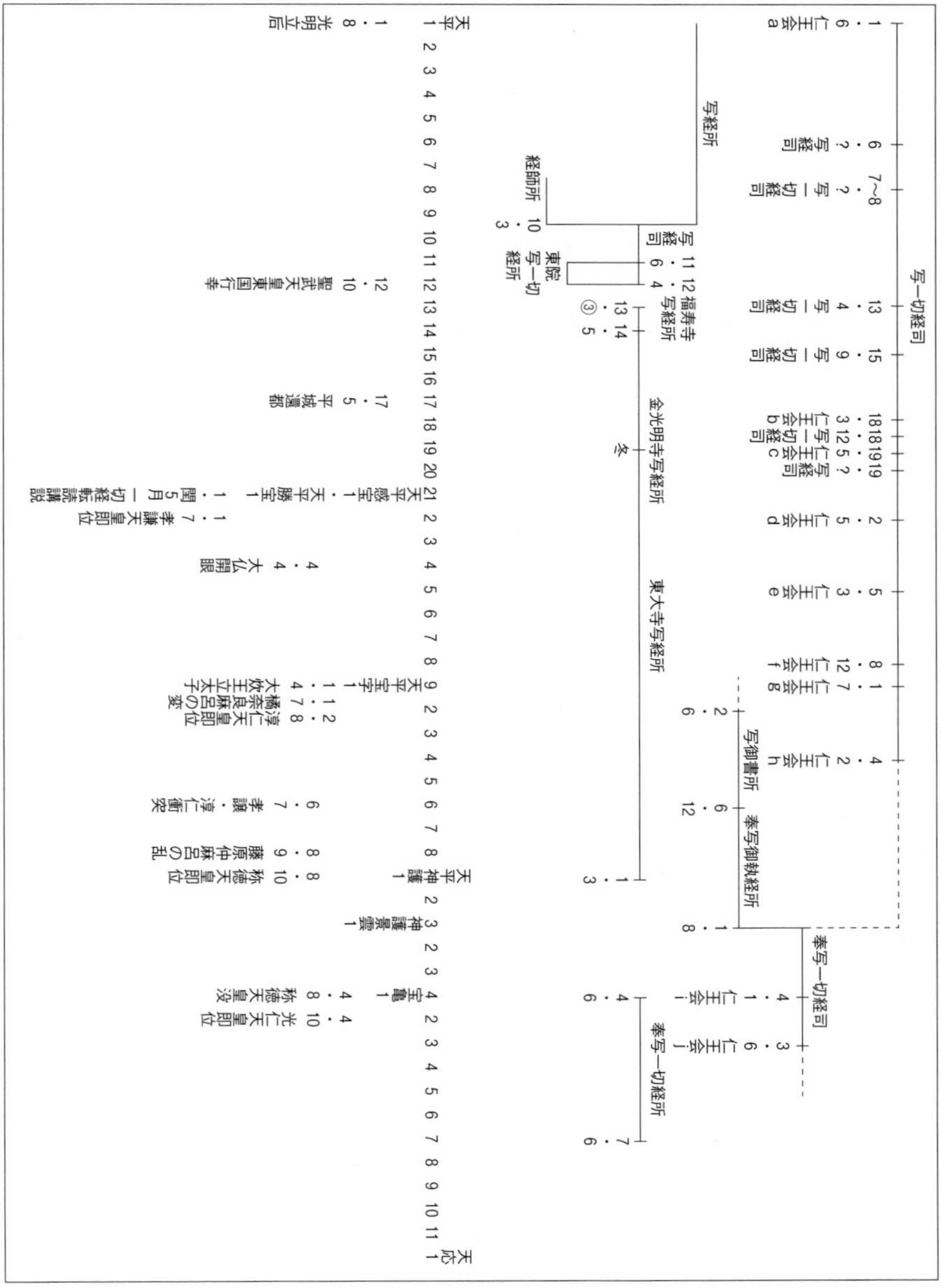

図1　国家的写経機関の変遷

たとする山下有美の見解によれば[24]、景雲一切経の写経事業の開始は、五月一日経の写経事業が終了する天平勝宝八歳九月以降のことであろう。これによれば、写御書所の設置も、それ以後のことと考えられる。

写御書所が存続している時期にあたる天平宝字四年二月の仁王会hでは、仁王経が内裏系統の写経機関で新写されたと考えられた。しかし、写御書所の設置目的や活動内容が以上のようであるとすると、写御書所がこの新写を行なったとは考えがたい。従来から存続してきた内裏系統の写経機関である写一切経司で行なわれたと考えるべきであろう。

以上から、写御書所は、内裏系統の写一切経司が存続する上に、天平勝宝八歳九月から天平宝字二年六月までの間に、景雲一切経の写経事業を行なう目的で設けられたと考えるべきであろう。内裏系統の写経機関が二系統になったとみるのである。

内裏系統の写経機関のうち、写一切経司の系統が、天平宝字四年二月以降どのような経過をたどったのか、今のところ明らかにできないのは残念である。これに対して、内裏系統の写経機関のもう一つの系統である写御書所は、天平宝字六年十二月ごろ、奉写御執経所へと名称をあらためた[25]。

内裏系統の写経機関にかんするつぎの大きな変化は、景雲経の経律論賢聖集の勘経が終了に近づいていた景雲元年八月ごろに、奉写一切経司が成立したことであろう[26]。その意義について、旧稿では、疏までを含む景雲一切経の全体的な完成をめざすためと考えた[27]。また、近藤毅大は、写御書所という「所」から令外官司となった点を重視している[28]。これらの見解は、ともに妥当ではあるが一面的である。奉写一切経司成立の意義は、内裏系統の写経機関の一本化にあるとみるべきであろう[29]。

以上、国家的写経機関の変遷を検討してきたが、それを図示すると、図1のようになる。

三　国家的写経機関における写経事業

前節までに、職司系統と内裏系統の国家的写経機関の存続と変遷を明らかにしてきた。では、これらの国家的写経機関では、どのような写経事業が行なわれていたのか、つぎにこの点を検討したい。しかし、その膨大な全体像を明らかにするところまで、研究史の現段階は、残念ながらまだ到達していない。もちろん筆者の力量もこの課題には応じられない。そこで、一切経を中心に見通しを述べることとする。

職司系統の写経機関では、天平〜天平勝宝年間までに、五月一日経、先写（大官）、後写の合計三部の一切経が完成され、五月一日経の勘経も行なわれた[30]。ついで神護景雲末年から宝亀七年までには、先一部、始二部、更二部の計五部が完成された[31]。したがって、全体で計八部の一切経を完成させたのであった。これらの一切経については、細部に不明な点はあるものの、大要は明らかにされつつある。

これに対して、内裏系統の写経機関については、その活動内容はほとんど明らかでないが、聖武天皇発願一切経（以下、聖武一切経）と景雲一切経を、勘経までふくめて完成させたと考えられる。しかし、この二つの一切経の写経事業については、まだ全体像を把握するに到っていない。とりわけ聖武一切経については、不明な点がはなはだ多い。

聖武一切経については、かつて検討したことがあるが、そこでの結論は、現存経巻付属の願文（24ノ45）にみえる天平六年（七三四）の「写経司」と、「写一切経司移」（7ノ513、続々修16ノ2⑤）や「写経請本帳」（7ノ88、続々修16ノ8②⑹）にみえる「写（一切）経司」とは一連のものであり、これらで聖武一切経が写されていた、というものであった[32]。このことは、従来から推測されていたことであったが、前稿ではその可能性をわずかに高めたにすぎなかった。

聖武一切経のその後については、山下有美の指摘がある。[33] 山下は、「写一切経司本経返送文」（24ノ221〜223、続々修16ノ6①）の、

(1)返送薬師寺「写一切経司」本経惣十八部三百三〔四〕巻　帙卅一枚

（中略）

右、以天平十五年九月十四日所奉請、受使辛国人成料

という記載は、大官一切経の本経を薬師寺にある写一切経司に返送した記録であるとし、この本経を聖武一切経としている。また、天平十九年ごろの「経律奉請帳」（10ノ319〜326、続々修14ノ5①）にみえる、

(2)摩鄧女経一巻在薬師寺写経司 便可請　治部判了

という記載や、天平十八年十二月ごろの「送書并請経勘検継文〈経巻奉送注文〉」（24ノ389〜390、正集43①(2)裏）の、

(3)禅院寺経目録一巻可送写一切経司

の記載などから、写一切経司が摩鄧女経や禅院寺経目録を借り出したのは写経のためで、その写経とは聖武一切経のそれであろうとした。

このうち、(1)の理解には賛成である。すなわち、内裏系統の写一切経司は、天平十五年九月の時点で、職司系統の写経機関に対して、聖武一切経を三百余巻も貸し出しているのである。

しかし山下は、(2)(3)から、天平十八年末や十九年ごろにも、まだ聖武一切経の写経事業が行なわれていると考えた。これによると、それ以前の(1)では、写経事業途中の聖武一切経の一部を本経として貸し出したことになる。そのようなことは決して行なわれないとは言い切れないが、やはり聖武一切経の写経事業は、(1)の時点ですでに完成していたために貸し出しが行なわれたと見たほうが自然であろう。

それでは、聖武一切経完成後の(2)(3)の時期に、内裏系統の写一切経司が摩鄧女経や禅院寺経目録を借り出したのは、いったい何のためであろうか。わたくしは、聖武天皇が打ち出した一切経の転読講説と関係があると

考える。

聖武天皇は、譲位直前の天平感宝元年（七四九）閏五月二十日に発した詔で、中央の一二大寺（大安寺・薬師寺・元興寺・興福寺・東大寺・法隆寺・弘福寺・四天王寺・崇福寺・香山薬師寺・建興寺・法華寺）に、それぞれ莫大な絁・綿・布・稲・墾田地を喜捨し、

因発御願曰、以花厳経為本、一切大乗小乗経律論抄疏章等、必為転読講説、悉令尽竟、

と述べている（『続日本紀』）。これらの一二大寺で、莫大な施入を財源として、それぞれ華厳経を本として一切経の転読講説を行なうことを命じているのである[34]。

山下有美は、職司系統の写経機関で行なわれた先写一切経と後写一切経は、この一切経転読講説体制に向けての整備として理解しているが、これは妥当であろう。そうすると、このために職司系統の写経機関で用意された一切経は、五月一日経をふくめて三セットであったことになる。

さきの一切経の転読講説を実現するためには、少なくとも一二セットの一切経を準備する必要がある[35]。このうち、職司系統の写経機関で用意された三セット以外の少なくとも九セットは、これとは別の写経機関で写されたことになる。そのうちの何セットかは、内裏系統の写経機関で写されたのではないか[36]。

さきに掲げた(1)(2)によると、天平十八〜九年の時期に、内裏系統の写一切経司で写経事業が行なわれていた。このとき行なわれていた写経事業が、右の一切経の写経事業の一部にあたるのではないか。職司系統と内裏系統の写経機関では、おそらく天平十八年ごろから、一二大寺における一切経の転読講説の準備のために、手分けして一切経の写経に取りかかったのであろう。

職司系統の写経機関が、内裏系統の写経機関で行なわれた一切経の写経事業のために、五月一日経を貸し出した事実はない。この点からすると、内裏系統の写経機関で行なわれた一切経の写経事業の本経は、聖武一切経をおいて他に考えられない。

天平神護元年（七六五）三月から神護景雲四年（七七〇）六月の間、職司系統の写経機関は完全に活動を停止する。これに対して、内裏系統の写経機関のうち、写御書所―奉写御執経所―写一切経司では、天平宝字初年から景雲一切経の写経と勘経とが行なわれた。

その後、神護景雲四年六月から宝亀七年（七七六）六月の間、称徳天皇発願の一〇部一切経が、活動を再開した職司系統の奉写一切経所と、内裏系統の奉写一切経司とで、五部ずつ分担して写された。前者で写されたものは、先一部、始二部、更二部一切経と呼ばれた(37)。この一〇部一切経は、発願者称徳天皇の意識においては、父聖武天皇のめざした一切経の転読講説の実現のためであったと考えられる。

むすび

内裏系統の写経機関は、国家的写経事業にしめる重要性にもかかわらず、職司系統の写経機関に比べてかなり研究が遅れている。史料が乏しいため、その実態を明らかにすることが容易でないのである。本章は、『続日本紀』の写経関係記事を媒介にして、内裏系統の写経機関に少しでも迫ることを試みた。かなり推測もまじえざるを得なかったが、検討の結果、つぎの諸点が明らかになったと考える。

(1)　仁王会に用いる仁王経と仁王経疏とは、仁王会ごとに新写されたが、職司系統と内裏系統の写経機関が、その新写を分担して担当したと推定される。そうすると、仁王会の行なわれた時期には、内裏系統の写経機関が存在していたと考えられることになる。

(2)　従来、内裏系統の写経機関は、特に天平勝宝～天平宝字初めごろや宝亀年間には、存在したことを確認することができず、その存在は断続的にしか明らかでなかった。しかし、(1)によって、天平元年（七二九）から宝亀三年（七七二）までの間、ほほ継続して存在していたと推定されるに至った。

(3)　皇后宮職の写経組織は、成立後の早い時期から写した経巻を内裏に納めていたが、天平五年正月以降の五月一日経の写経事業の進展とともに、職司系統の写経機関として確立していった。同写経機関は、天平神護元年（七六五）三月にいったん活動を停止したが、神護景雲四年（七七〇）六月に奉写一切経所として復活し、宝亀七年（七七六）六月末まで活動した。

(4)　写御書所は、内裏系統の写一切経司が存続する上に、天平勝宝八歳（七五六）九月から天平宝字二年（七五八）六月までの間に、景雲一切経の写経事業を行なう目的で設けられたと考えられる。これによって、内裏系統の写経機関は二系統になった。

(5)　神護景雲元年八月ごろに、奉写一切経司が成立したが、これは、内裏系統の写経機関が一本化されたことを意味する。

(6)　内裏系統の写経機関で、天平六年以来進めてきた聖武一切経の写経事業は、天平十五年九月までには終了していた。その後、天平十八年ごろからは、聖武天皇が発願した一二大寺における一切経の転読講説を実現するために、職司系統と内裏系統の写経機関は、分担して一切経の写経に取りかかった。内裏系統の写経機関における一切経書写の本経は、聖武一切経であろう。

(7)　内裏系統の写御書所―奉写御執経所―奉写一切経司では、天平宝字初年から景雲経の写経と勘経とが行なわれた。

(8)　神護景雲四年〜宝亀七年までの間、称徳天皇発願の一〇部一切経が、活動を再開した職司系統の奉写一切経所と、内裏系統の奉写一切経司とで、五部ずつ分担して写された。この一〇部一切経の写経事業は、発願者称徳天皇の意識においては、父聖武天皇のめざした一切経の転読講説を実現するためであったと考えられる。

〔注〕

(1) 栄原a「天平六年の聖武天皇発願一切経―写経司と写一切経司―」(『奈良時代の写経と内裏』塙書房、二〇〇〇年三月、もと続日本紀研究会編『続日本紀の時代』塙書房、一九九四年十二月)、同b「内裏における勘経事業―景雲経と奉写御執経所・奉写一切経司―」(同、もと門脇禎二編『日本古代国家の展開』下、思文閣出版、一九九五年十一月)、同c「写御書所と奉写御執経所」(同、もと『続日本紀研究』三〇〇、一九九六年三月)。

(2) ⑦⑧は、同じ詔の中に見えるものであるが、写経事業としては別であるので、わけてカウントすることとした。

(3) いくつか例示しておく。天平十八年(七四六)十月十七日「写金字経所解案」(9ノ294〜299、続々修41ノ4③⑵)、天平二十年十月二十五日「写経所解」(3ノ127〜128、続々修41ノ5③⑹)その他。

(4) 栄原永遠男「千部法華経の写経事業(上・下)」(『正倉院文書研究』一〇・一一、二〇〇五年六月・二〇〇九年二月)。

(5) 天平二十年(七四八)九月六日「写経所解〈千部法華経布施文案〉」(3ノ70〜73、正集38①裏)、天平勝宝三年六月「写書所解案」(12ノ22〜29、続々修5ノ4②)その他がある。

(6) 『日本書紀』の斉明六年(六六〇)五月是月条、天武五年(六七六)十一月甲申(二十日)条、持統七年(六九三)十月己卯(二十三日)条にも仁王経の講説のことが見えるが、写経所文書との対比が主眼であるので、ここでは検討の対象からはずれる。なお、仁王会・仁王経については、中林隆之「日本古代の仁王会」(『日本古代国家の仏教編成』塙書房、二〇〇七年三月、もと『正倉院文書研究』六、吉川弘文館、一九九九年十一月)がある。

(7) このほか、天平十八年(七四六)二月二十三日「仁王経奉写注文〈応奉写仁王経用紙注文〉」(9ノ75、続々修2ノ4⑷裏)などがある。

(8) これらの木簡については、東野治之「奈良平安時代の文献に現われた木簡」(『正倉院文書と木簡の研究』塙書房、一九七七年九月、もと奈良国立文化財研究所『研究論集』Ⅲ、一九七四年三月)、柳雄太郎「正倉院伝世の仁王会関係木簡」(『ミュージアム』三二一、一九七七年十二月)参照。なお本書第五章参照。

(9) 表2のa〜gはいずれも、現行『続日本紀』巻一〜二〇の部分に含まれている。この部分は、はじめ淳仁朝に曹案三〇巻として作成され、光仁朝の編纂で天平宝字元年紀を欠く二九巻として奏進され、さらに桓武朝の再編集で延暦十六年(七九七)二月に二〇巻として奏進された部分である。これに対してh〜jは、現行『続日本紀』の巻二一〜三四の部分に属する。これは、光仁朝に二〇巻にまとめられたが、桓武朝に一四巻に再編集され、延暦十三年八月に奏進されたものである。a～gとh～jの違いは、『続日本紀』の二つの部分の記載方針の違いによるとみられる。

(10)「写書雑用帳」(1ノ393～395、続修16②裏)。

(11) 天平三年(七三一)八月十日「皇后宮職移」(1ノ442～443、続修16①)、後欠「皇后宮職移」(1ノ444、続々修24ノ5①)その他。

(12) 栄原「藤原光明子と大般若経書写―「写経料紙帳」について―」(注(1)著書、もと上田正昭編『古代の日本と東アジア』小学館、一九九一年五月)。

(13) 山下有美『正倉院文書と写経所の研究』(吉川弘文館、一九九九年一月)第三章「勅旨写一切経所について―皇后宮職系統写経機構の性格―」(もと『正倉院文書研究』四、吉川弘文館、一九九六年十一月)。

(14) この点については、山下有美注(13)著書第一章、第三章で詳細に検討されている。なお、栄原「初期写経所に関する二三の問題」(注(1)著書、もと岸俊男教授退官記念会編『日本政治社会史研究』上、塙書房、一九八四年五月)でも検討を加えた。

(15) 山下注(13)著書第一章。

(16) 栄原「天平宝字八年における御願大般若経の書写―藤原仲麻呂の乱と関連して―」(『奈良時代写経史研究』塙書房、二〇〇三年三月、もと亀田隆之先生還暦記念会編『律令制社会の成立と展開』吉川弘文館、一九八九年十二月)。

(17) 栄原「奉写一切経所の写経事業―奈良時代末期の一切経書写―」(注(16)著書、もと『追手門学院大学文学部紀要』一一、一九七七年十二月)。

(18) 内裏系統の写経機関の成立過程については、つぎの機会にあらためて考えることとしたい。

(19) 栄原注(1)a論文。

(20) 山下注(13)著書第三章。

(21) 初見は、「造東大寺司移案」(13ノ334～335、続々修34ノ10②(4)裏)である。この史料については、山本幸男「天平宝字二年における御願経・知識経書写関係史料の整理と検討(上下)」(『正倉院文書研究』一・二、吉川弘文館、一九九三年十一月、一九九四年十一月)参照。

(22) 近藤毅大「八世紀における「所」と令外官―奉写御執経所と奉写一切経司の検討から―」(『史学雑誌』一〇六―三、一九九七年三月)。

(23) 栄原注(1)b、c論文。

(24) 山下注(13)著書第三章。

(25) 栄原注(1)b、c論文。初見は、天平宝字六年(七六二)十二月二十一日「奉写御執経所請経文〈奉写御執経所奉請文〉」(5ノ308～309、続修別集3①)である。

(26)　福山敏男「奈良朝に於ける写経所に関する研究」（『寺院建築の研究』中〔福山敏男著作集二〕中央公論美術出版、一九八三年十月、もと『史学雑誌』四三―一二、一九三二年十二月）。奉写一切経司の初見は、『続日本紀』神護景雲元年（七六七）八月丙午（二十九日）条、また写経所文書での初見は、神護景雲元年九月二十六日「造東大寺司牒」（17ノ77～78、続々修17ノ7裏㉗）。

(27)　栄原注(1)b論文。

(28)　近藤注(22)論文。

(29)　本章の初出論文では、この次に、近藤毅大注(22)論文に依って、内裏系統の奉写一切経司が宝亀四年ごろまで存続していた、とする一文を記していた。しかしこの点について、森明彦氏から詳細な御批判をいただいたので撤回する（森明彦「奈良期末期の奉写一切経群と東大寺実忠」『正倉院文書研究』七、二〇〇一年十一月）。これと連動して図1を修正し、「むすび」(5)の関係部分を削除した。

(30)　皆川完一「光明皇后願経五月一日経の書写について」（『正倉院文書と古代中世史料の研究』吉川弘文館、二〇一二年十一月、もと坂本太郎博士還暦記念会編『日本古代史論集』上巻、吉川弘文館、一九六二年九月）、山下注(13)著書第三章。

(31)　栄原注(17)論文。

(32)　栄原注(1)a論文。

(33)　山下注(13)著書第三章。

(34)　中林隆之「護国法会の史的展開」（『ヒストリア』一四五、一九九四年十二月）、注(6)著書。

(35)　すこし時代は下るが、西大寺には四部の一切経があった。宝亀十一年（七八〇）十二月二十五日「西大寺資財流記帳」（『寧楽遺文』中巻、訂正版、東京堂出版、一九六二年九月）。一切経の転読講説に用いられる一切経が各寺一セットずつであれば、全部で一二セット用意すればよいが、複数の一切経を用いたとすると、用意すべき一切経の数は多くなる。また、山下は注(13)著書第三章で、先写一切経は大安寺へ、後写一切経は豊前大神宮寺へ奉納されたとしている。これによるとすれば、豊前大神宮寺は一二大寺には含まれないから、この場合も用意すべき一切経が増えることになる。

(36)　元興寺には、天平十五年（七四三）八月以前に、元興寺北宅一切経すなわち藤原北夫人発願一切経が納められた。この一切経は、北大家写経所という藤原北家に関係の深い写経機関で写された（この一切経については、栄原「北大家写経所と藤原北夫人発願一切経」〔注(1)著書、もと虎尾俊哉編『律令国家の政務と儀礼』吉川弘文館、一九九五年七月〕参照）。この一切経が、さきの一切経の転読講説に用いられたか否かは判断の材料がない。

(37)　栄原注(17)論文。

第三章　華厳経関係経典の書写

はじめに

奈良時代には、公的機関である写経所[1]でおびただしい数の華厳経関係経典[2]が書写された。正倉院文書中の写経所文書を分析して華厳経関係経典の全貌を明らかにすることによって、奈良時代におけるその受容・普及の一端を明らかにすることができる。[3]しかし、その作業量は膨大であり、これまでのところ完了していない。本章では、六十華厳経・八十華厳経と各種の華厳経疏の写経事業に対象を絞って検討することとする。

その場合、注意したいのは、一切経とその勘経の関係史料に見える華厳経関係経典である。一切経に所属するものとして、華厳経関係経典の経と論は、奈良時代にたびたび書写された。また疏も五月一日経の所属経典として写された。これらの一切経の所属経典としての華厳経関係経典は、それ自体の書写を目的としたものではない。したがって、その需要・普及の一翼を担っていることはたしかであるが、本章の意図するところを直接示しているとは言いがたい。

また、天平宝字六年（七六二）から神護景雲三年（七六九）にかけて、景雲一切経の勘経が内裏で始められ、内裏系統の写経機関である奉写御執経所・奉写一切経司に受けつがれた。そのために、写経所は五月一日経を貸し出した。[4]その請求と送付に関する文書類にも、華厳経関係経典が見える。これらの一切経の勘経も、本章の目的とは直接対応しない。

そこで、以上の一切経の書写とその勘経に関係する華厳経関係経典を、検討の対象から除くこととする。本章では、間写経としての華厳経関係経典の書写に注目する。

間写経あるいは間写とは、初めてその意義を明確にした薗田香融によると、「官営写経所の主務とされた歴代御願の一切経」の写経事業たる常写に対して、「その時々の皇室（とくに光明皇后）の命令による経典の書写を意味した」。そして薗田は著名な「天平年間における間写経一覧」を作成した[5]。したがって、間写された華厳経関係経典を分析することにより、その受容・普及の実態の一端に迫ることができるのである。

華厳経関係経典の写経事業に関する研究は、これまでいくつか行われてきたが[6]、個々の写経事業の研究にとどまっており、全体的な把握に至っているものはない。本章もまた全体像を明らかにしたとは言えないが、奈良時代における華厳経受容・普及の実状の一端を明らかにできるように心がけたい。

なお本章では、関係史料の文書名、大日古の巻・ページのみをあげるにとどめ、史料の該当部分を示すことは煩をさけて省略した。

一　華厳経の書写

1　八十華厳経

光明皇后の母の県犬養三千代の一周忌は、天平六年（七三四）一月十一日である。その法会のために、光明皇后は一連の経巻を写させた。そのリストが「写経目録」（7ノ5～32、続々修12ノ3全）にあげられている[7]。その中に大方広仏華厳経八〇巻が見える（7ノ7）。これは、呉桃染紙一五三〇張に写され、紫紙の表紙が付けられていた。[8]

この写経事業では、大方等大集経を初めとして一八種の経巻がセットして書写された。その中にこの八十華厳経が含まれているが、六十華厳経は見えない。

2　紫紙八十華厳経

天平十一年（七三九）四月二十六日「写経司啓」（2ノ167～169、続修45②）によると、大般若経六〇〇巻以下九種の経が紫紙で写されたことが見える。そのなかに「大方広仏花厳経八十巻」（紫紙一三二七張）が含まれている。同じことは「写経用紙注文」（7ノ177～178、続々修17ノ1⑥(6)）の別筆にも見える。これは紫紙であるので、当時書写が進められていた五月一日経のものではない。[9] また、ここでも六十華厳経は見えず、八十華厳経の方だけが見える。

3　行弁八十華厳経

後欠「金光明寺写経所解」（9ノ321～322、続々修42ノ1④）によると、天平十八年（七四六）九月十日の市原王の宣により、行弁師のために華厳経八〇巻の書写が命じられた。これは「間の仰せに依りて」写されたものである。

天平十八年十月一日付で「行弁大徳の為に写し奉る経」の布施申請解案（「写一切経所解」）が作成されている（2ノ533～535、正集27③(1)裏）。それによると、写されたのは華厳経八〇巻で、用紙は一九六〇張であった。宣から約二十日という短期間で写されたことになるが、それは経師が二〇人も従事したことによって実現された。

「写一切経紙検定帳〈間紙検定并便用帳〉」（9ノ370～380、正集42①(3)裏）には、天平十九年五月二十九日付で華厳経八〇巻の検定結果が記されている。それによると、写経所は白麻紙を受けたが、その張数は記されていない。見用一九六〇張、表紙四〇張とあり、空・破・残は空欄のまま記入されていない。また「装潢公万呂」とある（9ノ372）。このうち見用張数は布施申請解案の張数と一致する。布施申請解案によると、装潢は玉祖公麻呂が担当したことがわかるので、この点も合致する。したがって、ここで検定された華厳経八〇巻は、「行弁八十華厳経」と見てよい。そうすると、この書写に使用された紙の質は、白麻紙であったことが判明する。表紙も同じであった。

天平十八年三月十六日「写経所解」（9ノ137〜139、続々修41ノ4②）は、良弁大徳の所願経である法華経二部の布施申請解案である。布施物は「寺」（東大寺）から来たとされている。この文書の奥の余白部分に、仁王経一部料の布施についての異筆書き込みがある（天平十八年三月十八日付）。これは「大徳の為に写し奉る経」とされているが、「大徳」と「奉写経」にそれぞれ「行弁」「私」と傍書されている。

大日古はこの「行弁」に「ママ」と注記している。これは「行弁」は誤りであるがそのまま掲出するという意味である。上記の布施申請解案も、大日古は「行弁大徳」の「行」に（良カ）という傍注を付している。この両者から、大日古は、行弁を良弁の誤りと理解していることがうかがえる。

しかし、「金光明寺写経所解」、布施申請解案、「写経所解」と三か所に「行弁」と明記しているので、行弁を良弁の誤りとは簡単には言えない。むしろ別人の可能性が高い。仁王経の布施物も「寺より来る」とあるところからすると、行弁も東大寺僧であった可能性がある。

4　二十部六十華厳経

天平十九年（七四七）八月二十五日の良弁の宣で開始された六十華厳経二〇部一二〇〇巻の写経事業については、渡辺晃宏の研究[10]がある。これにもとづいてその概要をまとめる。

九月二十七日に写経所に紙が送られてきて写経所は動きだした。写経所の東堂と西堂で一〇部ずつ分担して作業が進められた。東堂分の一〇部六〇〇巻の書写・校正は天平二十年中に完了したと考えられる。しかし、西堂分については、天平二十年の夏季以降、なしくずし的に中断してしまったようである。その後、天平勝宝四年三月に至って突然再開され、残る一四四巻の書写、装丁作業が進められた。

この写経事業が最終的にいつ終了したのかはっきりしないが、四月には完成したものとみられる。天平勝宝四年の写経事業は、同年四月九日の東大寺大仏開眼会における華厳経講説に間に合わせるために、天平二十年以来中断していたものを急遽再開して完成させたものであった。

なお、天平二十年三月から八十華厳経一部の書写が行われ、六十華厳経二〇部と合わせて二一部と総称されることがあった(11)（「経紙出納帳〈間紙納帳〉」3ノ485、正集1⑥(1)裏）。

5　八十華厳経

「写一切経紙検定帳」（前出）によると、天平二十年（七四八）三月十九日に「華厳経一部八十巻」の検定が行われた。それによると、受け取ったのは麻紙一八〇〇張で、これは六十華厳経の分を使用したという。内訳は正用一六二〇張、空二三張、破一二張、残一四五張で、このうち残紙は「六十華厳経に還用」すなわち返したとある（9ノ375〜376）。

ところが、「間経校帳」によると、それより後の天平二十年四月一日に「華厳経一部八十巻」の校正作業が校生七人によって行われたことがまとめられている。その用紙数一六二〇張は上記と一致する（9ノ637、続々修26ノ10①(3)）。

検定と校正の日付が逆転している事情は明らかではないが、両者は同じ写経事業と考えられる。これ以外に関係史料は見当たらないが、天平二十年三〜四月ごろ、八十華厳経一部の写経事業が行われたとみられる。

6　大安寺華厳

天平感宝元年（七四九）閏五月から六月にかけて、八十華厳経一〇部八〇〇巻の写経事業が行われた。これについて渡辺晃宏の研究(12)によって概要を述べる。

写経所では、閏五月七日から紙の継・打・界の作業が始められ、同十日から大安寺に送り始められた。これをうけて大安寺で書写が開始された。六月七日には完了しているので、一ヵ月に満たない短期間の写経事業であった。

この書写に従事した経師・校生は、写経所から移動したものとともに新規に募集された。装潢はみな写経所から移動した人たちであった。これは、単なる写経生の貸し借りではなく、写経所の写経機構そのものが大安寺に移動したととらえられる。

本経には、大安寺本のほか、山階寺本、薬師寺本（唐本・新羅本）などが使用され、官大寺の協力があった。単に大安寺のための写経という意味あいを越えたもののように思われる。

7　御願八十華厳経

「御願八十華厳経用紙筆墨帳〈御願八十花厳経帳〉」（11ノ178〜180、続々修6ノ2全）によると、天平勝宝二年（七五〇）三月二十八日に「御願八十華厳経」が始められたとある。「御願」とあるので、孝謙天皇の発願なのであろう。この帳簿は充本帳と充紙筆墨帳の内容を合わせ持つもので、八人の経師に一帙から八帙までが割りふられたことがわかる。

その奥には、四月十六日に政所から華厳料の筆三個を受けたことが記されている。また背面には、四月三日から五日に、準備作業をへて装潢から案主に計四〇巻が上げられたこと、九月二十日に表紙七三張を政所から受け取ったこと、「料給了」すなわち布施の支給が終了した旨が記されている。これらが「御願八十華厳経」にかかわるものとすると、造紙や書写が四月以降進んだことをうかがわせる。ただし、造紙は四〇巻しか見えないので、三月末に造紙が行われ、一部書写も始まっていた可能性がある。

経師のうち田辺樫実に紙一〇巻が充てられたが、用一九三張、空四、破二のほかに「宮進納一枚」とあることが注意される。他の七人の経師にはこのような記載はないが、この書写のための紙が「宮」（孝謙天皇の居所）から支給されたことを物語るのではないか。このことは、「写書所食口帳案」の天平勝宝二年三月の食口（11ノ175〜176、続修14②裏）のうちに、「卌一人写華厳」「二人校華厳本」とあるが、そこに朱筆で「宮」と注記されていることと関係すると思われる。これらは、この写経が「御願」とされたことと対応している。また「写書所食口帳」の四月と五月の食口（11ノ227〜229、続々修38ノ1③）に見える華厳経の書写、造紙、校正はこの写経事業にかかわるものと見てよい。

以上によると、「御願八十華厳経」の写経事業は、孝謙天皇の発願で天平勝宝二年三月末から始められ五月まで行われたらしい。しかし、表紙つけは九月以降にずれ込んだようである。紙は孝謙天皇のところから支給されたとみられる。

8　金字八十華厳経

天平勝宝三年（七五一）三月十一日付で金字華厳経の用度申請解案が作成された[13]（「写書所解（金字花厳経請用度文）」11ノ497〜499、続修別集37全）。それによると、書写の対象は八十華厳経一部で、紫紙一四八〇張、凡紙一二七張、金涅四七両一分一銖、銀涅二分二銖、銭一貫一〇文その他が請求されている。紫紙の内訳は、見所写一四〇〇張、儲料四〇張、表紙料四〇張である。紫紙に銀涅で界線を引き、金涅で文字を書く体裁で、表紙も紫紙とする計画である。

この史料には紫紙、凡紙、銀涅について「請了」という異筆の書き込みがあるので、この請求後、実際に写経所に納入されたとみられる。これと対応するのが、天平勝宝三年三月十一日に政所より紫紙一四九六張（金字華厳料、そのうち二五張が破）、凡紙一二七張を受けたという記述である。また同二十一日には同じく政所から銀墨二分二朱（界料）を受け取っている（「装潢受紙墨軸等帳」11ノ161～162、続々修37ノ4③⑸⑹）。[14]

同年三月の行事案（「写書所解案」11ノ529～534、続々修38ノ2③⑸）の「月中請物」の項には、金字華厳経の関係として、紫紙一四九六張、凡紙一二七張、銀墨二分二銖、炭一斛五斗（界料の阿膠を温める）があがっている。これをうけて、紫紙は同日のうちに装潢にまわされて、継打界の作業が行われ、三月二十九日にはその一部の四四巻分が出来上がった（「金字華厳経紙墨納充帳〈金字花厳経料紫紙墨等納并充装潢帳〉」11ノ496～497、続々修6ノ3全）。

同年四月の行事案の「請物」の項には、金字華厳経経師等料として浄衣一三具が見える（「写書所解案」11ノ528、続々修38ノ2③⑷）。そして、五月告朔案に至って、金涅四五両（うち一両返上）、銭六四四文（兎毛筆一六箇、界料鹿毛筆二箇）、阿膠二斤、綿一屯、猪牙一七隻、銅佐良六口、炭八籠（五斗入り、阿膠を温める料）を受け取っている（「同」11ノ521、続々修38ノ2③⑴）。

金涅の納入をうけて、五月十五日から六月三日にかけて、本経と紙・筆・金墨が経師に対して支給され、書写が行われた。写しあがった新写の経巻は、五月二十六日から装潢に充てられ始め、巻物に仕立てられ始めた（「充華厳経本帳〈金字花厳経充紙墨并充本充装潢帳〉」11ノ550～552、続々修6ノ4⑵、「充華厳経紙墨帳〈同前〉」11ノ552～555、続々修6ノ4⑴）。

行事案・告朔案・食口案では、経師は五月～六月、装潢は三月～六月、瑩生が五月～六月に活動したことが見え、造紙・書写・瑩・装丁の作業が行われたことがうかがえる。校生が五月にみえて六月に見えないのは不審であるが、おおむね三月～六月に装丁まで終了したことがうかがえる。ただし、六月時点では緒までは取り付けられず、緒用の綺一三丈六寸は十月十九日ごろに請求されているので（「写書所解」25ノ40～41、続々修40ノ1③⑵裏）、六月時点では緒までは取り付けられていなかったことになる。

「写書所解」は紫紙・金涅・銀涅の用残報告書であるが（12ノ6～7、続々修40ノ1③⑷裏）、日付が欠けている。しかし、残は皆六月九日に返上したと追記され、それぞれの残の箇所にも「検納次官」と追記されているので、この用残報告書の日付は、六月九日かその直前であろう。すなわち、その時までに書写の行程は終了していたことになる。

この写経事業は、紫紙金字銀界という豪華な経巻であり、紫紙・金涅・銀涅は、造東大寺司の厳しい管理のもとにおかれていたことから、発願主体はかなり重要人物であったと考えられるが、それがどのような人物であるのか、手がかりはない。

9　六十華厳経

「装潢受紙墨軸等帳」の天平勝宝三年（七五一）十月十三日条によると、当日、胡桃紙一七五〇張（そのうち一五〇張は浅白紙、一張は様）、凡紙五〇張が写経所に納入された（11ノ165、続々修37ノ4③⑻）。これは六十華厳経一部料であるという。

その部分には、異筆の書き込みがある。それによると、翌十四日に一二〇〇張が装潢能登忍人に充てられ、残りが五五〇張であること、九月二日に七二〇張が上紙されたとある。後者の日付については、何らかの誤りがあるものと見られる。

同年十月から四年二月の食口案（11ノ506～510、「写書所告朔案帳」、続々修38ノ2①⑴⑵、3ノ560～563、「写書所解〈写書所食口案〉」、続修別集24②・①⑴）には、この装潢への充紙も含めて、六十華厳経の写経事業への従事が見えないが、天平勝宝四年三月～五月、七月～十月食口（3ノ565～566、3ノ568～569、3ノ570～572、以上いずれも「同〈同〉」続修別集24①⑵⑶、12ノ300～301、12ノ303～38、「写書所食口案帳」続々修38ノ3⑴～⑹）には六十華厳経が見える。その一部がこの写経事業のものである可能性はあるが、期間が長すぎるので、別の六十華厳経の写経事業も含まれている可能性が強い。

10　新旧華厳経各一部

「装潢受紙墨軸等帳」（前出）によると、写経所は天平勝宝四年（七五二）六月十二日に六十華厳経一部・八十華厳経一部料として胡桃紙三〇五〇張、凡紙三二張を納入している（11ノ169）。

同年七月～十月の食口に六十華厳経が見え、十一月食口に八十華厳経が見えるが（12ノ303～310、「写書所食口案帳」続々修38ノ3(3)～(6)）、これがこの二部華厳経に対応するのかも知れない。

11　色紙六十華厳経三部

天平勝宝四年（七五二）から開始された六十華厳経三部の写経事業については、佐々田悠の研究[15]がある。これによって概要をまとめる。

三嶋宗万呂・大原魚次・辛浄足の能筆三人に六十華厳経を各一部ずつ割り充てて書写が行われた。大原魚次には葉藁紙（胡桃染め）[16]が天平勝宝四年十月から五年十二月にかけて充てられ、三嶋宗万呂には葉藁紙[17]が天平勝宝四年五月から五年十二月にかけて充てられ、辛浄足には緑紙（金箔敷）が天平勝宝五年二月から十一月にかけて充てられた。これらによって、六年正月ごろには、それぞれ第三帙までの書写・校正・装丁が終わったようである。

その後、天平勝宝六年二月ごろからは、三人の経師は法華寺外嶋院に出向して書写作業を行い、その後の校正・装丁は外嶋院で行われた。すくなくとも外嶋院で写された分については、飯高命婦の宣によって写されたことがわかる。

全体が完成した時期ははっきりしないが、天平勝宝六年内には終了したとみられる。

12　八十華厳経初帙・第二帙

「間経并疏文造充装潢帳」（12ノ319〜330、続々修28ノ16(2)）によると、天平勝宝四年（七五二）十一月三日に八十華厳経初帙一〇巻の用紙一六九張が能登忍人に充てられ、十二月一日に造上された（12ノ319〜320）。これは「写書所充文造装潢帳」（12ノ317〜319、続々修27ノ4⑳）にも見える（12ノ317）。

八十華厳経初帙については、同年十一月食口にも見える（12ノ309、「写書所食口案」続々修38ノ3(6)）。そこには、装潢について「四人造八十花厳初帙紙」とある。食口に帙数まで記すのは異例であり、上記の史料も初帙と断っているので、八十華厳経の全体でなく初帙のみの書写が計画されたのではないか。

つぎに「経紙并軸緒納帳」（12ノ333〜342、続々修37ノ5(1)〜(5)）の天平勝宝四年八月二十四日条（12ノ333〜334）には、八十華厳経第二帙料として麻紙二〇〇張と、故信勝尼師のために写す法花経一部料として檀紙一九九張が内裏から納入された。これは善光尼師の宣による書写であった。

以上の初帙と第二帙との関係は不明であるが、後者は第二帙のみの書写と見られるので、別の写経事業とみるべきであろう。

13　法華寺大尼師八十華厳経

天平勝宝五年（七五三）八月二十八日付で造東大寺司政所が写経所に充てた「政所符」（13ノ3、続々修37ノ7(4)、「造東寺司紙筆墨軸等充帳」のうち）によって、飯高命婦の宣によって、法花寺の大尼師のために華厳経を写す料として、紙一五五〇張（そのうち五〇張は凡紙）が支給された。法花寺の大尼師が誰か不明であるが、法花寺の三綱や政所の上に立ち、これらを代表する地位の尼であるとみられる。(18)

この符は紙の送り状であったとみられ、「経紙出納帳」（3ノ394〜612、続々修37ノ4③(9)のうち3ノ601〜602）、「経紙并軸緒納帳」（前出のうち12ノ341）の同日条によると、これに対応する写経所側の納入が記録されている。これらによると、紙の質は穀紙であったことがわかる。

ついで、翌八月二十九日には、政所から華厳経一部八〇巻料として、兎毛筆八管と墨五挺を納入している記録がある（「写書所請間写筆墨帳」12ノ278〜286、続々修34ノ7全のうち12ノ281）。日付が連続することや華厳経料であることから見て、同じ写経事業のものであろう。そうすると、この写経事業は八十華厳経を対象とするものであったことがわかる。

「間経并疏文造充装潢帳」（前出）の天平勝宝五年九月二十六日条と二十九日条には、八十華厳経四〇巻ずつが装潢能登忍人に充てられている（12ノ322）。その用紙の合計は一三七六張で、次にあげる布施申請解案と一致するので、この写経事業の八十華厳経と見てよい[19]。

天平勝宝五年十月二日付で華厳経一部八〇巻の写経事業の布施が申請されている（「写書所解」3ノ632〜634、続修別集23②）。用紙は一三七六張で経師は八人が従事したとされている。これには、宣や法花寺大尼師のためのような記載はないが、時期的に見て同じ写経事業であろう。

これによると、この写経事業は、天平勝宝五年八月二十八日から十月上旬の約一ヵ月余で行われたことになる。

14　大般若経・華厳経（新旧華厳経各一部）

天平勝宝六年（七五四）二月十八日「造東寺司解〈造東寺司解（案）〉」（13ノ50〜57、続々修10ノ26②(1)〜(4)）により、大般若経一部六〇〇巻、華厳経二部（一部八〇巻、一部六〇巻）の用度申請がなされた。この写経事業についてはすでに取り上げたことがあるが[20]、そこでは正倉院文書としての解説に力点があった。ここで改めて写経事業として検討する。

この用度申請解案によると、経紙一四三二七張（大般若経料一〇六七九張、八十華厳経料一二三五張、六十華厳経料一一一三張）、凡紙八九七張以下、布施料と浄衣料の布・絁・綿、綺・軸・帙、黄蘗・橡斗、筆墨生菜料の銭、米以下の食料その他が計上されている。また要員として経師三七人・題師一人・装潢三人、校生四人、雑使二人が上げられている。これによると、経紙は黄蘗で染める黄紙、表紙は橡で染める予定であった。

これをうけて同年三月十六日に穀紙一四三二七張が写経所に納入された（「経紙出納帳」前出のうち3ノ604）。またこれより早く三月十二日からは、菟毛筆と界料鹿毛筆の代金の銭、墨、筆が納入されている（「写書所請間写筆墨帳」前出のうち12ノ282〜283）。三月十九日から六月八日にかけて経師に対して紙筆墨が支給された（「大般若并華厳経充紙帳」4ノ1〜12、続修別集36全）。(21)

校正作業は、四月末か五月始めごろから六月七日まで行われた（「経疏間校帳」11ノ16〜39、続々修26ノ7(1)〜(5)のうち11ノ24〜25）。校正が終わった経巻は、順次六月十五日までに装潢に渡されて装丁が行われた（「間経并疏文造充装潢帳」前出のうち12ノ323〜325）。装丁のうち軸については、六月十八日の政所符によって、大般若一部・華厳二部の軸七四〇枝に絵をかく料の雌黄・紫土・膠が支給されている（「造東寺司紙筆墨軸等充帳」前出のうち13ノ9〜10）。上記の用度申請解案には、軸七四〇枝のみで顔料は計上されていないので、予定変更がなされた可能性がある。

「写経料紙用残帳」（13ノ23〜28、続々修26ノ7裏）によると、七月三十日に経紙の使用状況が確定されている（13ノ27）。それによると、この写経用の経紙は穀紙一四三二七張が納入された。その内訳は、見用一三一九七張、表紙一四〇張、空二〇二張、破七八八張であるという。これによると、用度申請どおりの枚数の紙が支給されたこと、使用紙の紙質が穀紙であることがわかる。また表紙用の紙が二三〇張不足しているのが不審である。

この三部の経巻は、天平勝宝七歳二月九日に法花寺西堂に安置され、尼全曜が受けとっている（「外嶋院来牒継文」25ノ178〜185、塵芥25①⑴裏〜⑤⑶裏のうち「法華寺安置経勘受文」25ノ184、塵芥25②⑴裏）。法花寺西堂が嶋院であるなら、それは中嶋院に相当すると考えられる。次に述べる外嶋院のみならず、中嶋院においても華厳経に対する関心があったことがうかがえる。

以上によると、この写経事業は天平勝宝六年二月ごろから始められ、同年六月ごろまでには装丁も終了したと思われる。穀紙の黄紙に書写され、橡染めの表紙が付けられた。軸には何らかの絵が描かれていた。そして、翌七歳二月に法花寺西堂に送られた。

15　中宮周忌斎十部華厳経（新旧華厳経各五部）

天平勝宝六年（七五四）七月十九日に藤原宮子が没すると、これに伴い、梵網経一〇〇部二〇〇巻、法華経一〇〇部八〇〇巻、新旧華厳経七〇〇巻の写経事業が行われた。この一連の写経事業については遠藤慶太の研究[22]があるので、それによって概略を述べる。

まず、逝去直後の同二十四日の飯高笠目の宣によって、写経所に対して梵網経一〇〇部二〇〇巻の書写が命じられた。本経は外嶋院のものが使用され、八月上旬には終了した。色紙七部、白紙九三部であったらしい。出来上がった経巻のうち色紙のものは、薬師寺・大安寺・下野寺に渡された。

梵網経に続けて法華経一〇〇部八〇〇巻の写経事業が始められた。大量の経師が動員され、九月九日の七七日の直前までの一ヵ月足らずの短期間で仕上げられた。本経は山階寺の本が使用された。

その後、新旧華厳経各五部計七〇〇巻の写経事業が行われた。これは御願とあるので、孝謙天皇の発願であろう。同年十一月十日以降、大皇太后のための写経用紙として、波和良紙六六三九張（八十華厳経五部四〇〇巻）、杜中紙五八四六張（六十華厳経五部三〇〇巻）、楸紙三五〇張（一〇部七〇〇巻の全体分）その他が造東大寺司政所から納入された。

また、翌天平勝宝七歳二月六日には墨が納入され、同八日から充紙が始められた。書写は三月中には終わったらしく、続けて校正が二〜三月に行われた。装丁は二月十九日から三月九日に行われたが、綺緒・玉軸・彩帙がそれぞれ三月二十六日、七月十二日、七月十七日に送られてきているので、はじめは表紙付けが行われ、緒付け、軸付けが行われ、彩帙で包まれた。この日程から見て、七月十九日の周忌斎に間に合い、これに供されたのであろう。

16　二千巻経（六十華厳経一〇部六〇〇巻・八十華厳経五部四〇〇巻・観世音経一〇〇〇巻）

天平勝宝七歳（七五五）二月二日の大納言藤原卿（藤原仲麻呂）の宣により、華厳経一〇〇〇巻（六十華厳経一〇部六〇〇巻、八十華厳経五部四〇〇巻）と観世音経一〇〇〇巻の書写が命じられた（「造東寺司紙筆墨軸等充帳」前出のうち13ノ16〜17[29]）。この写経事業は「二千巻経」と通称されている。

これを受けて、三月二十六日に政所から写経所に対して、紙二六三四九張を下し充てる旨の符が出された（同前）。その紙の華厳経と観世音経の内訳はわからないが、うち二三二五五張が見写料、八三四張が表紙料の予定であった。この二六三四九張という数は「経紙出納帳」（前出のうち3ノ610）と一致するので、これによって紙質が穀紙であることが判明する。その後、三月から六月にかけて、写経所は、二千巻経の墨、兎毛筆やその代銭を納入している（「写書所請間写筆墨帳」前出のうち12ノ284〜286）。

「間経并疏文造充装潢帳」（前出）によると、新田部鳥万呂以下四人の装潢に対して、六十華厳経・八十華厳経・観世音経が充てられている（12ノ328〜330）。その巻数の合計は、六十華厳経が六〇〇巻、八十華厳経が四〇〇巻、観世音経が一〇〇四巻となる。これは二千巻経に相当する可能性が高い[23]。

その時期を見ると、四人とも華厳経が先で観世音経のほうが後になっている。華厳経は天平勝宝七歳四月二十九日〜六月八日、観世音経は六月五日以降のことである。それぞれに用紙数が記されているところから見て、造紙の記録と判断される。

また、六月八日の造東大寺司政所の符（「造東寺司紙筆墨軸等充帳」前出のうち「東大寺政所符」4ノ67）によって、「二千巻経に着け奉る料の綺」一二二尺九寸その他が写経所に支給されている。また六月十九日の符（同のうち「東大寺政所符」4ノ68）では、梨軸八二〇枚、綺五六丈二尺一寸、六月二十日の符（同のうち「東大寺政所符案」13ノ149）では綺一五丈六尺が支給されている。梨軸は経軸に使用し、綺は経巻の緒に用いるものである。これらが写経所に支給されていることは、「二千巻経」の装丁が写経所で行われたことを示している。

以上の紙や筆墨の納入、造紙、装丁からすると、用度申請、経師や校生に関する史料、布施申請などはないが、この書写は写経所で行われた可能性が高いと考えられる。

ところが、五月三日以降、外嶋院もしくは外嶋院写経所から新旧華厳経の請求がなされ（観世音経については請求されていない）、それに応じて写経所は順次経巻を外嶋院（写経所）に送っているのである（「経巻出入請軸等文書継文〈外嶋院来牒継文〉」前出25ノ180〜185、「外嶋院牒」三通、13ノ147〜149、続々修40ノ4②(1)〜(3)裏、「写経雑物出納帳〈外嶋院来牒継文〉」のうち4ノ46〜48、「写経所華厳経請外島院帳〈花厳経外嶋院奉請文〉」13ノ135〜142、続々修6ノ15(1)〜(4)）。また、外嶋院（写経所）から写経所へ返送の記録もある。

これらの関係史料を整理すると、五月三日から六月二十六日の間に、写経所から外嶋院（写経所）に、六十華厳経の全巻、八十華厳経の大部分が送られたことがわかる。(24) 写経所からの送付は現存史料では五月三日が最初だが、それがすでに「来牒の旨に依りて」なされている。しかし、この「来牒」（外嶋院（写経所）から写経所あての牒）は現存していない。これによると、五月三日以前にも経巻の借用依頼とそれに応じた送付が行われていた可能性がある。この点を考慮すると、写経所から新旧華厳経の全巻が外嶋院（写経所）に送られたのであろう。なお、観世音経については、送られた形跡はない。

この外嶋院（写経所）の請求、写経所の送付の目的は、天平勝宝七歳六月十九日「外嶋写経所牒」（「外嶋院来牒継文」４ノ46）に「本経に用いんが為」とあるので、外嶋写経所で書写するためであったことがわかる。また、外嶋院（写経所）から写経所へ返送した場合があるが、それは「写し畢り奉るに随いて」（同のうち25ノ180）行われたが、これも外嶋院（写経所）における書写を示している。

そこで問題は、外嶋院（写経所）における新旧華厳経の写経事業と「二千巻経」との関係である。上述のように、「二千巻経」は写経所で行われた可能性が高いと考えられる。写経所が納入した「二千巻経」用の紙筆墨が、写経所から外嶋院（写経所）に送られた形跡はない。また写経所の経師・装潢・校生が外嶋院（写経所）に一時的に移動したことを示す史料もない。

これらが妥当であるとすると、「二千巻経」のうちの新旧華厳経のみが外嶋院（写経所）で行われたとは考えにくい。また、外嶋院（写経所）で行われた写経事業に写経所の経師・装潢・校生が動員されたこともなさそうである。

史料の残存状態がよくないので、確実なことは言いにくいが、わずかに次の点が注目される。すなわち、外嶋院（写経所）が写経所に新旧華厳経を請求するに際して、「写し畢りし巻に随いて」「帙内の巻畢るに随いて」（25ノ180）と述べていることである。外嶋院（写経所）は写経所に対して、書写が終わった巻々を送るように請求している。これによれば、写経所で書写が行われていたことになる。

以上によると、写経所において「二千巻経」はすべて写され、装丁まで行われたと考えられる。そして、新旧華厳経が順次外嶋院（写経所）に送られたが、それは写し終わった巻からであった。したがって、写経所から外嶋院（写経所）に送られた新旧華厳経は、写経所で用いた本経であったと考えるのが妥当であろう。このことは、写経所と外嶋院（写経所）では、同じ本経を用いて新旧華厳経がほぼ並行して写されたことを意味する。

この「二千巻経」の写経事業で注目すべきことは、華厳教学の中心センターである外嶋院が、この時点で機能していることを示す点である。外嶋院におけるこの新旧華厳経の書写がいかなる意味を持っていたのか、最も知りたいところであるが明らかでない。

17　間八十華厳経

先一部一切経関係の手実帳の中に、八十華厳経について「間」と注記されるものが見える（「奉写一切経経師等請筆墨手実帳」続々修29ノ1のうち17ノ494、495、500〜502、「奉写一切経経師帙上手実帳」続々修1ノ5のうち18ノ98〜100、102、「奉写一切経経師請筆墨手実帳」続々修29ノ2のうち18ノ181、197）(25)。これによると、宝亀元年（七七〇）十一月末から宝亀二年三月にかけて、間写の八十華厳経の書写が行われたことがわかる。この写経事業の発願者や発願の事情などに関する史料はない。

小　結

以上、正倉院文書から知られる間写の六十華厳経と八十華厳経の写経事業について検討してきた。これ以外にもまだ書写が行われたことも考えられるが、大規模なもので落ちているものはないと考える。以上に検討した間写経を整理すると、次のようになる。

(1)八十華厳経　天平六年　呉桃染紙一五三〇張（正用）、光明皇后の発願。
(2)紫紙八十華厳経　天平十一年四月、紫紙一三二七張（正用）。
(3)行弁八十華厳経　天平十八年九月〜十月、白麻紙一九六〇張（正用）、市原王宣、行弁のため。
(4)二十部六十華厳経　天平十九年八月〜二十年夏季、天平勝宝四年三月〜四月、良弁の宣、大仏開眼会のため。
(5)八十華厳経　天平二十年三月〜四月、麻紙一六二〇張（正用）。

⑹大安寺華厳（八十華厳経一〇部八〇〇巻）　天平感宝元年閏五月～六月、大安寺に写経機構が移動。
⑺御願八十華厳経　天平勝宝二年三月～五月、孝謙天皇の発願。
⑻金字八十華厳経　天平勝宝三年三月～六月、紫紙一四〇〇張（書写予定張数）金字銀界。
⑼六十華厳経　天平勝宝三年十月、同四年三月～十月、胡桃紙一七五〇張（納入枚数）。
⑽新旧華厳経各一部　天平勝宝四年六月～十一月か、胡桃紙。
⑾色紙六十華厳経三部　天平勝宝四年五月～同六年、葉藁紙・緑紙、法華寺外嶋院にて継続、飯高命婦の宣。
⑿八十華厳経初帙・第二帙　天平勝宝四年八月、十一月～十二月。
⒀法華寺大尼師八十華厳経　天平勝宝五年八月～十月、穀紙一三七六張（正用）、飯高命婦の宣。
⒁大般若経・華厳経（新旧華厳経各一部）　天平勝宝六年二月～六月、六十華厳経一一三三張・八十華厳経一三八五張（ともに黄檗染め穀紙、用度申請）、絵軸、法華寺西堂に安置。
⒂中宮周忌斎十部華厳経（新旧華厳経各五部）　天平勝宝六年十一月～七歳七月、波和良紙・杜中紙・楸紙、玉軸、孝謙天皇の発願、藤原宮子の周忌斎のため。
⒃二千巻経（六十華厳経一〇部六〇〇巻、八十華厳経五部四〇〇巻）　天平勝宝七歳二月～六月、新旧華厳経は法華寺外嶋院に本経を送付、外嶋院でも書写、大納言藤原仲麻呂の宣。
⒄間八十花厳経　宝亀元年十一月～二年三月。

この結果について、注意すべき点はのちに整理して指摘したい。

二　華厳経疏の書写

18　吉蔵疏

天平二十年九月七日「造東大寺司解」（10ノ377〜379、続々修16ノ1①）、「造東大寺司解案」（10ノ374〜377、続修16ノ1①裏）によると、天平十五年（七四三）八月十二日の尼公の宣によって、吉蔵撰の華厳経疏一部二〇巻が写経所で写された。しかし、間の仰せによって写されたこの疏は、天平二十年九月七日の時点で、未奉請、つまりどこにも送られずに写経所に置かれたままになっていた。

ところが、この疏は、天平十九年十一月二十四日の良弁の宣によって平摂のところに奉請されたとある（10ノ375）。このことと上記の未奉請状態の日付とは逆転しているから、平摂にいったん奉請されたが、その後写経所に返却され、そのまま写経所に置かれていたものと判断される。

なお、「写一切経所牒案」（8ノ542、続修8⑪）には、吉蔵疏を平摂に返すべきことが記されている。しかし、その正文を写したと思われる「写一切経所牒」（「写一切経所請経帳」8ノ165〜169、続修16ノ4のうち8ノ169）や「内裏等疏本奉請帳」（3ノ221〜222＋10ノ284〜287、続々修15ノ4①）では法蔵疏となっている。吉蔵疏は上記以外ほとんど写経所文書には見えないので、法蔵疏が正しいのであろう。

19　元暁疏

天平十六年（七四四）に五月一日経として写された一部一〇巻（黄紙二九三張、梨軸）以外では、元暁疏が書写されたことが明確にわかる史料は見当たらない。

20　法蔵疏

「阿刀酒主経師写功帳〈間本充帳〉」（8ノ466、正集33④裏）によると、華厳経疏二部四〇巻が令旨（光明皇后）をうけた進膳令史（高屋赤麻呂）の宣によって写された。〈間本充帳〉に記録され、令旨を受けた宣による書写なので、間写である。その充本は天平十六年（七四四）五月十二日から始められ（8ノ366〜367、写経論疏充本用紙帳〈間本充帳〉、続修32⑥裏）、その第二部目の充本は七月十一日まで行われた（24ノ276〜277、間本経充旧帳〈間本充帳〉、正集32②裏）。次に、校正は六月十一日から七月二十三日にかけて行われた（8ノ201〜202「一切経間校帳」続々修26ノ5(4)＋2ノ353〜354「写疏所勘紙帳」正集28⑩裏＋24ノ211「写疏校正帳」正集26②裏、以上いずれも〈間校帳〉）。「間書充装横（潢）帳」という題籤が付いている「雑書充装潢帳」（8ノ304〜310、続々修28ノ6全）によると、装潢には装丁のために六月二十七日と七月二十一日に一セットずつ充てられた。

その用紙合計は、〈間本充帳〉および「雑書充装潢帳」によると二部合計一七一九張で、第一部八六八張、第二部八五一張であった。これには播磨中紙が用いられた。

天平十年七月二十五日「写疏所解」（2ノ355〜357、正集17②①裏）には、同年閏正月十四日から七月二十三日の間に写された経巻を、「宮一切経（五月一日経）」「間」「写於甲加宮（甲賀宮写経）」の三つに分けて列挙している。そのうちの「間」の中に華厳経二部四〇巻、用白紙、一七一九張というものがある。この張数は〈間本充帳〉と一致し、間写であることも合致するので、両者は同じ書写である。これによると、用紙は白紙であったことがわかる。(26) 染めていない播磨中紙が使用されたことになる。

次に天平十九年六月七日「写疏所解」（9ノ385〜395、続修別集27全）の記載に注意したい。この史料は、その時点での書写済みと未書写の経巻を列挙したものである。その書写済みの疏の部分に、法蔵撰の華厳経疏二〇巻があげられたあと、又華厳経疏二〇巻をあげて法蔵撰であることと市原王の宣によって更に写さしめられた旨が注記されている。

そもそもこの史料は何についての写未写を列挙したものか明らかでないが、この二つ目の華厳経疏は、二部目であることや市原王の宣によって写されたことから、一切経に属するものではない。そうすると、この二セットの法蔵撰の華厳経疏が、これまで検討してきた二部の華厳経疏に相当する可能性はあると考える。発願は令旨（光明皇后）によってなされたが、進膳令史（高屋赤麻呂）の宣によって写経所側に伝えられ、市原王の宣によって写経所の組織が動きだしたと理解できる。

この書写と関連して興味深いのは、「間本経充旧帳〈間本充帳〉」（24ノ278〜280、正集32①(3)裏）によると、華厳経法蔵疏の他にも、七月から九月にかけて、華厳経孔目四巻（真聖撰）（一二五枚）、華厳経一乗教分記三巻（六八枚）、大乗起信論二巻（上下）（白紙二四枚）、大乗起信論二部二巻（旧）（黄紙二九枚、同三一枚）、大乗起信論疏二部四巻（元暁）（黄紙一四七枚）などがいずれも令旨によって写されたことが見えることである。

これによると、光明皇后の意向で華厳経関係の疏が集中的に写されたとも言えるが、これらとともに同じ時期に十一面神呪心経義疏一巻、最勝王経一部一〇巻、弁中辺論一部三巻、肇論一巻、八巻金光明経疏一部八巻なども写されており（同ページ）、特に華厳経関係の書写のみに集中していたと言うことはできない。

なお、先にあげた天平十六年七月二十五日「写疏所解」によると、同年閏正月十四日から七月二十三日の間に、華厳経疏一部二〇巻（法蔵撰）（一〇五七枚）、又八巻（元暁）（二三〇枚）、同経孔目二巻（七六枚）、又一乗教分記三巻（八八枚）、起信論疏二巻（元暁）（七五枚）、起信論疏二巻（恵遠）（八〇枚）、起信論別記一巻（三八枚）などが写されている。これらは宮一切経（五月一日経）のものであるので、書写の動向から華厳経関係の経典に対する関心の動きを探る本章の趣旨からははずす必要がある。しかし、華厳経法蔵疏についていうと、〈間本充帳〉のものが八六八張、八五一張であるのに対して、これは一〇五七枚であり、かなりの開きがある。紙の大きさ、行数等によって所用枚数は異なるので確言はできないが、一八九張、二〇六張の違いは大きすぎる。

「律論疏集伝等本収納并返送帳」によると、天平十六年閏正月十四日と二十日に華厳経疏（法蔵選）を五月一日経の本経として平栄から収納している（8ノ188、正集33①(2)裏）。その第二帙について「本主審祥師所」とある。第一帙もおそらく同じで、審詳師経が平栄のところに貸し出されていたのであろう。これによると、五月一日経の華厳経法蔵疏は審詳師経の一本を本経としたことになる。すると、光明皇后の意向で写経所で間写経として写されたものは、本経が別のものであった可能性がある。

21　寺華厳疏

天平二十年（七四八）九月から天平感宝元年四月にかけて、慧苑撰の続華厳略疏刊定記（新疏）三部と法蔵選の華厳経探玄記（旧疏）二部の計五部の写経事業が行われた。これらは寺華厳疏または寺華厳経疏と総称された。森明彦の研究[27]にもとづいてその概要を記す（森にしたがって、新疏三部をＡＢＣ疏、旧疏二部をＤＥ疏とする）。

新疏の本経は、天平二十年九月十四日から二十二日に一〇巻まで、十一月三日に一一～一六巻がどこかから送られてきた。これをもとにして最初のセット（Ａ疏）が写された[28]。一～一〇巻の本経は十月二十二～二十六日に返却されているので、それまでに書写は終了していたことになる。一一～一六巻については、本経の返却時期が不明であるが、十一月下旬に写されたとみられる。

Ｂ疏・Ｃ疏はＡ疏を本経として書写された。Ｂ疏の充紙は十一月から十二月に行われ、年内には書写をほぼ終了していたらしい。Ｃ疏の充紙は天平二十一年一～二月に行われている。Ｄ疏・Ｅ疏の大部分は三月に充紙されており、四月の充紙もある。ほぼ四月中には書写は終了したと見られる。

書写の終わったＡ～Ｅ疏は装丁された後、ＡＥ疏は標瓊に、Ｂ疏は性泰に、Ｃ疏は厳智に送られた。Ｄ疏の送付先は不明である。

22 慧苑疏

慧遠撰の続華厳略疏刊定記（新疏）三部は、前述のように、寺華厳疏の一部として、天平二十年（七四八）九月から二十一年二月ごろに写されている。

天平勝宝二年（七五〇）十二月二十三日「造東寺司解案」（11ノ439〜447、続々修41ノ3①）によると、吉蔵撰の大品経疏一部一〇巻・宝法撰の涅槃経疏一部一五巻・恵苑撰の華厳経疏一部二四巻の三疏は、天平勝宝元年九月十二日の良弁の宣によって写されたとされている。(29)

しかし、実際は別々の宣によって書写が命じられたらしい。大品経疏は天平勝宝元年八月十九日の大徳の宣（「写書所解案」11ノ374〜376、続々修24ノ3(3)裏）、涅槃経疏（涅槃経義記）は同年九月九日の大徳の宣（「写書所解案」11ノ376〜379、続々修24ノ3(2)裏）、華厳経疏は同年九月十二日の宣（「写書所解」3ノ419〜422、続修別集25②）と見えるからである。三疏とも同年九月十二日の良弁の宣によったというのは、もっとも日付の遅いところにまとめたためと考えられる。(30)

「疏本充経師校生帳」（11ノ89〜93、続々修35ノ8全）には、三疏の充本と校正が記録されている。それによると、大品経疏は八月二十五日から、涅槃経義記は九月十四日から、華厳経慧菀疏は九月十八日から充本が始められ、それぞれ九月十八日、十二月九日、十二月三日に校正が終わっている。(31) すなわち三疏は、別々に書写がすすめられたのである。このうち涅槃経義記は、勝宝二年七月二十一日に装丁にまわされ、九月九日に出来上がった。(32)

また、この帳簿によると、華厳経慧菀疏は、全一六巻のうち二巻、四〜九巻、一一巻、一二巻は本末に分かれている（11／92〜93）。このうち充本の記録が欠けているのは第七巻末である。すなわち第七巻を本末に分けている。同様に第七巻を本末に分けて記している史料は、他に「経疏請返帳〈経疏出納帳〉」（11ノ256〜257、塵芥21④(2)裏）、「請処々疏本帳」（11ノ40〜42、続修15ノ7①(1)・②(2)）がある。特に後者は「第七本末」の「末」の文字のみを抹消している。第七巻が本末に別れていないのであれば、「本末」をともに抹消すべきである。したがって、これは第七巻が本末に別れていることを示すものであろう。

これによれば、以上の史料に見える慧苑疏は、第七巻末を欠くものであったと考えられる。それは、これらの本経がそもそも第七巻末を欠くものであったことによるのであろう。したがって慧苑疏は本来は全二五巻であったと見られる。一方、第七巻とのみ記す史料もある。これは、第七巻末を欠いていることを前提とすれば、第七巻本を単に第七巻とのみ書いたものと理解できる。このことは、二四巻の慧苑疏は、同じ本経によったものである可能性があることを意味する。

では、それはどのような本経であったのだろうか。「請処々疏本帳」（前出）という題籤のある帳簿には、天平勝宝元年九月十七日以降何日かにわたって、華厳経恵苑疏を受け取ったことが記録されている。それは、前述のように、第七巻末を欠くものである。そこには「書主性泰（体）」とある。これは、性泰が所有者ではあったことを示すのではなかろうか。

また、これに貼り継がれている「僧厳智啓」（11ノ42）には、厳智が華厳疏を進上するとしているが、そのうち第二巻本は「借師坐さざれば進上することを得ず」と述べている。「借師」の意味が不明確だが、貸し主であろう。貸し主の了解が得られないので進上できない、という意味ではないか。そうすると、厳智は華厳疏の写経所への進上を行ったが、貸し主は性泰と考えられることになる。

受け取った巻を整理すると、第一〜一六巻のうち第二、四〜九、一一、一二巻が本末に分かれていること、第七末は抹消されていて欠けていることがわかる。これは、「疏本充経師校生帳」（前出のうち11ノ92〜93）の巻別構成と一致する。[33]

この三疏の布施申請は、天平勝宝二年八月に別々に布施申請解案が作成された（「写書所解案」11ノ374〜376、続々修24ノ3(3)表、「写書所解案」11ノ376〜379、同(2)裏、「写書所解」3ノ419〜425、続修別集25②）。後者によると、慧苑疏の経紙の正用は一〇四二張であったことがわかる。しかし、上記の「造東寺司解案」（11ノ439～447）では、天平二十年五月一日から天平勝宝二年十二月十五日までの写経事業の布施がまとめて請求されているので、そのころになってようやく支給されたのであろう。

天平勝宝二年七月二十一日「写書所経并疏惣帳」（11ノ346～347、続々修16ノ6⑥）によると、華厳恵菀疏一部について「奉請法華寺已訖」とある。法華寺のどこに奉請されたのか不明であるが、外嶋院には天平勝宝四年ごろから華厳講師慈訓がいたらしい(34)。この事例は、それより早い時点で華厳経の疏が法華寺に送られた点で興味深い。

次に、天平勝宝四年閏三月二十八日「東大寺写経所返疏文」（12ノ257～258、続々修38ノ3⑸裏）によると、前年の天平勝宝三年九月一日の少僧都の宣によって恵菀撰の華厳経疏一部二四巻をどこかに送ったが、それを「供養大会の日」のために返却してほしい旨を申し送っている。日下の署名や連署は、位階と氏姓名を明記しているので、東大寺写経所の発した文書であるが、造東大寺司外の華厳経疏の送付先に直接送付した文書である。自署もきっちりと書かれているので正文であろう。返却された華厳経疏とともに使者が持ち帰ったと考えられる。供養の大会すなわち大仏開眼会に備えて、送付先から回収したものと考えられる。

これと先に法華寺に送られた分との関係ははっきりしないが、法華寺から戻ってきていないとすると、別のセットの可能性がある。その場合は、写経所ではもう一セットの華厳経恵菀疏が写されたことになる。そして、その巻数は二四巻であるから、性泰の所持本を本経としたとみてよい。

さらに、天平宝字七年四月十七日「造東大寺司牒案」（16ノ374～375、続々修3ノ10①⑷裏）に注目する必要がある。これによると、華厳経恵菀疏一部二四巻、華厳経真聖孔目一部四巻、華厳経七処八会一巻、華厳経開脈義一巻その他を、前日の依頼によってどこかに送付する旨が記されている。

このうち華厳経恵菀疏は、一部二四巻と記しながら、内訳では上中下の三帙に合計二〇巻が納められているとあり、巻数が合わない。一、三、七、一〇巻が記されていない。二四巻とあるから、性泰の所有本を基にしたものであるとみられるが、欠巻が多くなっている理由は明らかでない。しかし、華厳経に対する関心が退潮した天平宝字年間に、華厳経関係の文献をまとめて求めるところがあったことは、注目に値する。

造東大寺司次官佐伯今毛人の天平勝宝六年十一月十六日の宣によって、華厳経疏一二巻その他が華厳宗所に送られ、翌七歳五月三十日に返却されてきた。この華厳経疏について、恵遠師とあり、本文・表紙とも白紙で、第一、三、四、五、六、八、一〇、一二、一三、一四、一五、一六巻からなることが注記されている（「経疏出納帳」のうち3ノ653〜654、塵芥30①(4)裏）。これによると、第二、七、九、一一巻が欠けていることになる。

これと同じ四巻を欠く華厳経恵園疏一部は、神護景雲二年四月二十九日の「奉写一切経司移」（5ノ694〜695、続修別集2③、「経疏出納帳〈奉写一切経司奉請文〉」のうち）に見えている。奉写一切経司はこれを「審詳師所者」と指定し、勘経所の証本に使用するためとしている。これに対して造東大寺司は許可することを決定し、それをうけて写経所が送付した旨を記しているが、そこに先と同じ巻々をあげ、「審詳師経之内」と記している。これは、先に華厳宗所から返却されたものにあたるとみてよい。すると、華厳宗所に送られたのは、審詳師経に含まれる華厳経恵園疏であったことになる。この審詳師経の華厳経恵園疏は、本来は一六巻からなるものであるが、第二、七、九、一一巻の四巻が欠けたものであったのである。

以上によると、天平勝宝四年ごろまでは、性泰所有の華厳経恵苑疏の書写が写経所で行われ、また各所に貸し出しや奉請が行われていた。この動向は、天平宝字七年ごろまで一部で続いていたとみられるが、他方で天平勝宝六年ごろから審詳師経の華厳経恵園疏が注目され、華厳宗所に送られるとともに、奉写一切経司で行われた五月一日経の勘経のためのテキストとして使用されたことがわかる。

これによると、天平勝宝四年から六年ごろに、華厳経恵苑疏のテキストが、性泰所持本から審詳師経に含まれるものに変化したことが推定される。前者は第七巻末を欠くものであったが、後者も第七巻が欠けているので、この変更によって前者の問題が解決するわけではない。むしろ後者のほうが欠巻が多いのである。

この変化の理由ははっきりしない。審詳師経の華厳経恵園疏のほうが、より原本に近いなどの写本としての優位性がまず考えられる。舶載経を多く含み権威あるコレクションとして定評のある審詳師経の一つであることが重視された可能性も考えられる。

23　宗壹疏

宗壹の華厳経疏は「華厳宗布施法定文案」（前出注（2））に一部二〇巻、用紙八〇〇張と見える。五月一日経に写し加えるために疏類を列挙した史料には「在興福寺栄俊師所　八十巻経者」のように記されている（「応請疏本目録〈応奉請疏本所在目録〉」12ノ9、続々修12ノ9②、「応写疏本勘定目録〈応写章疏等所在目録〉」12ノ12、続々修12ノ9③、「応請疏本目録〈諸師疏本所在目録〉」12ノ17、続々修12ノ9①⑴）。しかし、貸出が実現して五月一日経として書写された形跡はない。また、間写経として書写されたこともない。

小　結

華厳経疏に関する正倉院文書の間写の検討結果を整理すると、次のようになる。

⒅吉蔵疏一部二〇巻　天平十五年八月、尼公の宣。

⒆元暁疏一部一〇巻　五月一日経の一部として書写された以外に間写としての書写が明確にわかる史料はない。

⒇法蔵疏一部二〇巻　天平十六年五月～七月、播磨中紙（白紙）八六八張・八五一張、令旨（光明皇后）を受けた進膳令史（高屋赤麻呂）の宣、市原王の宣。

(21)寺華厳疏（慧苑疏三部、法蔵疏二部）　天平二十年九月〜天平感宝元年四月。

(22)慧苑疏　天平勝宝元年九月〜二年七月、一〇四二張（正用）、良弁の宣、天平勝宝二年七月以前に法華寺に送付、天平勝宝六年十一月に華厳宗所に送付、性泰所持本と審詳所持本あり。

(23)宗壹疏　五月一日経としても、間写経としても書写された形跡なし。

むすび

本章では、正倉院文書に間写として見える六十華厳経・八十華厳経および華厳経疏に限定して、その書写の状況を検討してきた。そこで明らかになったことを整理する。まず前者については、第一に、六十華厳経が将来された時期は明らかでない。これに対して、八十華厳経は、『続日本紀』養老六年（七二二）十一月十九日条の元正天皇の詔に、前年十二月七日に没した元明太上天皇の一周忌の法会のために華厳経八〇巻その他を写させたと見えるものが初見である。正倉院文書の間写経では、(1)〜(3)のように八十華厳経の書写が先行して見える。今回の調査では、六十華厳経の間写経はこれより遅れて(4)が最初という結果となった。

第二に、(4)は、天平十九年八月から六十華厳経二〇部の写経事業として始められた。しかしその後、天平二十年三月から八十華厳経一部の書写が行われ、これと合わせて二一部華厳経として認識されることがあった。六十華厳経と八十華厳経をセット関係で認識する早い事例であろう[35]。

第三に、天平勝宝年間における事例は、(6)〜(16)の一一件と全体の約三分の二を占めている。これに(4)の後半を加えると、その集中度はさらにたかまる。また、時期的には(3)(4)も連続している。これらを含めると、天平末年から天平勝宝年間に華厳経の間写が集中していることになる。この点は、後述の第五点と合わせ考えると、さらに際立ってくる。

第四に、天平勝宝年間のものには、金字銀界、色紙、絵軸、玉軸などの装飾的要素の強い写経が目につく。これは、同時期の写経一般に広く見られる現象であるが、華厳経関係経典についても認めることができる。

第五に注目すべき点として、正倉院文書における間写の華厳経の写経事業は、宝亀元（七七〇）～二年の⒄が最後であるが、この事例は時期的に孤立している。天平勝宝七歳（七五五）前半頃の⒃までは、上記のように、華厳経の間写はさかんに行われてきた。しかし、正倉院文書の世界では、間写経として華厳経が書写されることは、天平勝宝七歳後半以降、⒄を例外として途絶えてしまう。[36]

次に、華厳経疏の間写について見ると、第六に、法蔵の華厳経探玄記と慧苑の続華厳略疏刊定記の二つの書写が中心であったと言うことができる。また、この二疏の間写は天平十五年以後、天平勝宝年間の前半までで、それ以後の書写は確認できない。

以上の諸点のうち、これらの華厳経や疏の間写としての書写が天平勝宝年間まででほぼ終了する、という点は、かなり明瞭かつ重要な変化である。

華厳経関係経典は、これら以外にも多くのものがあり、それらが間写として書写されることも多い。その全体の検討を待たねばならないが、大枠として、この傾向は動かないであろう。では、この点はどのように理解することができるであろうか。

天平十二年（七四〇）から始まる金鍾寺・東大寺における華厳経の講説は、天平勝宝三年（七五一）まで続けられた。これによって華厳経が諸経典のなかで重要な位置を占めるようになり、その研究のために法蔵疏や慧苑疏への関心も高まった。それが最高潮に達したのは天平勝宝四年四月九日の大仏開眼会であった。

しかし、それ以後も華厳経への関心は持続され、華厳経の間写は引き続き行われた。その中心人物の一人として慈訓があげられている。彼は、天平勝宝三年～七歳にかけて「華厳講師」となり、やがて法華寺外嶋院に居住し、ついで天平勝宝七歳五月ごろには宮中に移り、聖武太上天皇の看病にあたったとされている[37]。

慈訓が華厳教学・華厳信仰を主導し続けていたとすると、彼が失脚するのは天平宝字七年（七六三）九月（『続日本紀』）であるから、それまでは六十華厳経・八十華厳経・華厳経疏などの間写が引きつづき行われてもよいはずである。しかし、これまで検討したように、そのようなことはなかった。次に、光明皇太后・孝謙天皇発願[38]の華厳経の書写が何回も行われた。光明皇太后は天平宝字四年六月まで生き、孝謙天皇はさらに生きた。この場合も、慈訓と同じ状況である。

これらによると、慈訓・光明皇太后・孝謙天皇らが一斉に華厳経関係経典から離れたと見ないと、上の状況は理解しにくい。このような状況が生じた要因として、聖武太上天皇が天平勝宝八歳（七五六）五月二日に没したことを考慮すべきではないか。聖武天皇・太上天皇こそが、華厳教学・華厳信仰を推進してきたのであり、それに応じて華厳経関係経典の間写も行われてきた。そして、その死とともに間写も止まったと考えられる。

一方、天平宝字年間になると、金剛般若経に対する関心が急速に高まってきた。その象徴とも言えるのが、藤原仲麻呂の宣によって天平宝字二年（七五八）に行われた三六〇〇巻の大規模な写経事業であった。これは、光明皇太后の病気平癒祈願として、当初は金剛般若経一〇〇〇巻と、同じく金剛般若経一二〇〇巻の二つの写経事業が計画されていたが、その間に割りこむように千手千眼経一〇〇〇巻・新羂索経二八〇巻・薬師経一二〇巻、合計一四〇〇巻の写経が行われたのであった[39]。このように、金剛般若経に注目が集まることと、華厳教学・華厳信仰の推進者であった聖武太上天皇の死とは、両者あいまって、華厳経関係経典の間写の衰退をもたらしたであろう。

〔注〕

（1）皇后宮職・造東大寺司系統の写経所は、具体的にはさまざまな名称で史料に現れる。本章では統一的に写経所で表現する。

(2) 本章で華厳経関係経典と言う場合、「華厳宗布施法定文案」(11ノ557~568、続々修41ノ2(1)(2))に列挙されているものをさす。この史料に関する研究は多いが、黒田洋子「「布施勘定帳」の基礎的分析」(『正倉院文書の一研究—奈良時代の公文と書状—』汲古書院、二〇二二年二月、もと『正倉院文書研究』六、一九九九年十一月)参照。なお、正倉院文書では花厳経という表記が多いが、引用文を除いてすべて華厳経で統一する。

(3) 本章と同様の関心による研究に、宮﨑健司「東大寺の『華厳経』講説」(『日本古代の写経と社会』塙書房、二〇〇六年五月)がある。

(4) 栄原永遠男「内裏における勘経事業—景雲経と奉写御執経所・奉写一切経司—」(『奈良時代の写経と内裏』塙書房、二〇〇〇年三月、もと門脇禎二編『日本古代国家の展開』下、思文閣出版、一九九五年十一月)。

(5) 薗田香融「間写経研究序説」(『日本古代仏教の伝来と受容』塙書房、二〇一六年二月、もと「南都仏教における救済の論理(序説)—間写経の研究—」、日本宗教史研究会編『救済とその論理—日本宗教史研究四—』法蔵館、一九七四年四月)。

(6) 先行研究については、それぞれの写経事業ごとに注記する。なお、多くの場合に関係する法華寺・慈訓については、佐久間竜・宮﨑健司・大平聡・鷺森浩幸・山本幸男が検討している。佐久間竜「傍系写経所の一考察」(『続日本紀研究』五—四、一九五八年)、同「慈訓」(『日本古代僧伝の研究』吉川弘文館、一九八三年)、宮﨑健司「法華寺の三「嶋」院」(『日本古代の写経と社会』注(3)前掲、もと『大谷学報』七一—四、一九九二年八月)、大平聡「五月一日経の勘経と内裏・法華寺」(『宮城学院女子大学キリスト教文化研究所研究年報』二六、一九九三年)、鷺森浩幸「八世紀の法華寺とそれをめぐる人びと」(『正倉院文書研究』四、一九九六年十一月)、山本幸男「慈訓と内裏—「華厳講師」の役割をめぐって—」(『奈良朝仏教史攷』法蔵館、二〇一五年十一月、もと『仏教史学研究』五〇—二、二〇〇八年三月)。

(7) 栄原永遠男「光明皇后と山階寺西堂経」(『論集光明皇后—奈良時代の福祉と文化—』ザ・グレイトブッダ・シンポジウム論集第九号、法蔵館、二〇一一年十二月)。

(8) 色紙とりわけ呉桃(胡桃)紙を用いた写経の装飾性とその意義については、小川靖彦「天平初期における呉桃紙を用いた体系的経典書写」(『正倉院文書研究』一三、二〇一三年十一月)参照。

(9) 五月一日経の八十華厳経は、天平十一年(七三九)八~九月ごろ書写された。

(10) 渡辺晃宏「廾部六十華厳経書写と大仏開眼会」

（皆川完一編『古代中世史料学研究』上巻、吉川弘文館、一九九八年十月）。

(11)「経紙出納帳〈間紙納帳〉」（3ノ484～485、正集1⑥(1)裏）」には「宮間写花厳経廾一部料」とある。その次行には、大日古未収だが、継紙の下に「天平廾年四月廾三日阿刀酒主」の文字がある（『影印集成』『史料目録』）。これによると、天平二十年四月に時点で二一部華厳経という認識があったことが確かめられる。

(12) 渡辺晃宏「天平感宝元（七四九）年大安寺における華厳経書写について」（『日本史研究』二七八、一九八五年十月）。

(13) 日付は三月十一日としかないが、関係史料から天平勝宝三年（七五一）のものと確認できる。また表裏に「請金字華厳経用度文」と書かれた題籤が冒頭についている。

(14)「金字華厳経紙墨納充帳〈金字花厳経料紫紙墨等納并充装潢帳〉」（11ノ497、続々修6ノ3全）では三月二十二日となっている。

(15) 佐々田悠「天平勝宝五・六年の華厳経書写と外嶋院」（西洋子・石上英一編『正倉院文書論集』青史出版、二〇〇五年六月）。

(16) 佐々田悠は、大原魚次に充てられた紙について、当初は胡桃紙を充てる予定であったが葉藁紙に変更されたか、もしくは胡桃紙と誤解したか、とした（注(15)論文）。しかしこの点は、紙の品質としては葉藁紙で、それが胡桃で染められていたもの、胡桃染めの葉藁紙と理解すべきである。

(17) 大原魚次に充てられた経紙が胡桃染めの葉藁紙とすると、三嶋宗万呂に充てられた葉藁紙は、ただ葉藁紙とあるだけであるので、何も染めていない白紙の葉藁紙と考えられる。

(18) 注(6)鷺森浩幸論文。

(19)「写書所装潢充紙帳」（12ノ331～332、続々修27ノ4㉓）の九月二十六日条四〇巻、二十九日条三〇巻、十月四日条一〇巻の華厳経が装潢能登忍人に充てられている。その用紙合計は一三七六張で一致するので、これも「法花寺大尼師八十華厳経」であろう。「間経并疏文造充装潢帳」（前出）は、十月二日に布施申請解案を作成する関係上、十月四日条の一〇巻を九月二十九日条に合わせて四〇巻として記したものと思われる（12ノ322）。

(20) 栄原永遠男『正倉院文書入門』（角川学芸出版、二〇一一年十月、太学社、二〇一二年十一月〔翻訳、李炳鎬〕）第二、三章。

(21) これは、「大般若経華厳経充紙筆墨帳〈大般若経一部并花厳経二部充紙筆墨帳〉」（13ノ64～69、続々修10ノ26）を清書したものである。

(22) 遠藤慶太「中宮の追福─藤原宮子のための写経と斎会─」（『正倉院文書研究』七、二〇〇一年十一月)。

(23) 六人部荒角の最後の部分は、破損のために経巻名がわからない。しかし、八〇巻で四〇〇張という数が若宍人百村の場合と一致するので、観世音経と見てよかろう。なお、観世音経の合計が一〇〇四巻となる理由は不明。

(24) 八十華厳経の第一帙三巻、五～八巻、第三帙の八、九巻が見えない。

(25) 宝亀元年十一月三十日「経師高橋春人手実」(18ノ95～96、続々修1ノ5全「奉写一切経経師装潢等手実帳」〈奉写一切経所経師装潢等手実〉の一部)には、第五帙について「別願」とある。宝亀二年正月七日「物部白麻呂手実」(17ノ497、続々修29ノ1)に第三帙について「別」とある。いずれも「間」と同じ意味と理解される。

(26) 播磨中紙は播磨産の紙という以上は不明。8ノ488に「播磨中紙」に「白」の字が右傍書されている。これは、播磨中紙の白紙という意味と取ることができる。この写経の場合と同じである。

(27) 森明彦「大伴若宮連大淵と天平二十年寺花厳経疏の書写(上下)」(『和歌山市史研究』一四、一九八六年三月、同一五、一九八七年三月)。

(28) 李恵栄は、三保忠夫「大治本新華厳経音義の撰述と背景」(『南都仏教』三三、一九七四年)にもとづいて、続華厳略疏刊定記の日本での初書写は天平二十年であるとしている。李恵栄『慧苑撰『続華厳略疏刊定記』の基礎的研究』(同朋舎、二〇〇〇年二月)九二、九八、一〇〇ページ。

(29) 後欠「造東寺司解」(11ノ448～449、続々修40ノ1③(8)裏)は、大日古が指摘するように、本文の「造東寺司解案」と同文であるので、欠失部分があるが、同じことが書かれているとみられる。

(30) 「僧良弁宣写疏注文〈写疏注文〉」(24ノ603、続修後集17全裏)には、大日古によると「少(僧都良弁天平勝宝元年九)月十四日宣」とあるという。(　)内は、破損部分の推測である。九月十四日の宣は、他に見えない。ただし『影印集成』は(　)内を読んでいない。

(31) 天平勝宝三年五月二十一日「写書所解」(11ノ555～556、続々修40ノ1③(6)裏)には、恵苑師の華厳経疏一部二四巻について、「写竟廿巻　未四巻」としている。「疏本充経師校生帳」(前出、11ノ92～93)によると、校生からの「上」の記載のないものが四巻ある。未四巻と関係する可能性がある。

(32) この装丁が出来上がったという天平勝宝二年九月九日という日付は、「写書所経并疏物帳」(11ノ347、続々修16ノ6⑥)に「装潢所上以九月九日造上已訖」という記載と対応している。

(33) 「経疏請返帳〈経疏出納帳〉」(前出、11ノ256～257)によると、天平勝宝二年六月十八日以降にも、再度華厳経恵菀師疏が写経所に送られてきて、それを返却していることがわかる。これは、十一月二十八日の返送分について「知性泰師」とあり、六月二十八日の送付責任者（日下の署名者）が「厳□（智カ）」であるので、前年の場合と同じ性泰の所有するものであったのではないか。その巻を整理すると、一巻は末のみ、五巻は本のみ、七巻は本のみしか見えず、三巻が見えないことが判明する。これを前年の巻々と比較すると、一巻が本末に分かれて本が欠けていること、三巻が欠けていること、五巻の末が欠けていることなどが異なっている。これを厳□が言うように、他人の処にあるので乞い集めることができないためであるとすると、この両者は同じものであった可能性も残る。しかし、その場合、天平勝宝二年の二回目の受け取りと返却が何のためであるのか、今のところ判断できない。

（34）山本幸男注（6）論文。

（35）宮﨑健司注（3）論文では、⑽をあげて、六十華厳経と八十華厳経のセットの例としているが、⑷の事例の方が先行している。

（36）神護景雲四年（七七〇）から宝亀六年（七七五）にかけて、六十華厳経と八十華厳経の書写がくり返されたが、これらは神護景雲から宝亀年間に行われた五部一切経（先一部、始二部、更二部）の一部分としての書写であった。

（37）山本幸男注（6）論文。

（38）飯高命婦（笠目）が孝謙天皇側近の女官とすると、彼女の宣による写経も孝謙天皇の意を受けてのものと考えられる。

（39）この三つの写経事業の詳細については、山本幸男『写経所文書の基礎的研究』（吉川弘文館、二〇〇二年二月）参照。

第四章　写経所の施設とその変遷

はじめに

奈良時代に膨大な写経を行った皇后宮職・造東大寺司系統の写経所[1]には、どのような施設があったのか。それらはいかなる構造の建物で、どのように相互に関係していたのか。また、時期によって変遷していくさまは跡づけられるであろうか。写経所の施設を段階的に整理することによって、写経事業が行われた空間、案主・雑使たち、経師・校生・装潢、仕丁その他の働く場が見えてくるはずである。

写経所に関する研究は長足の進展をとげたが、これまでその所在地や施設のあり方が系統的に検討されることは十分ではなかった。本章では、この点にかんがみて、まずは史料の検討を通じて基礎的な事実の確定をめざし、最後に施設がある形態をとった意味について考える。写経所の施設については、これまで福山敏男[2]が全体を見通し、井上薫がそれを受けた研究を行ったが[3]、ともに写経所全体の系統、相互関係・そこで行われた写経事業などの解明を目指したものであるため、施設に焦点を合わせたものではなかった[4]。福山の研究は洞察に満ちたものではあるが、簡潔を旨とした記述になっており、史料の呈示は控えられている。

このような状況のもとで、渡辺晃宏[5]と山下有美[6]が、写経所の組織構造の解明のみならず、施設についても重要な見通しを示した。渡辺は、金光明寺造物所から造東大寺司への変遷の過程で、天平十九年（七四七）末に南堂・北堂から東堂・西堂への転換があったとし、山下はこれを受けて、移転後も南堂・北堂は存続し、東堂・西堂と併存しつつ宝亀年間に至るとした。この渡辺・山下の研究と従来の研究とを総合することによって、写経所の所在地・施設について一貫した見通しをえることができるようになった。

写経所に関する研究は、近年飛躍的に進んだが、所在地・施設を中心に、それを簡単に整理しておきたい。光明子家の家政機関の業務の一つとして出発した写経事業は、写経所・経師所という組織によって継承され、天平五年ごろから光明皇后が発願した五月一日経を中心に写経を行った。(7) これらは天平十年三月に写経司に統合された。写経司は皇后宮（のちの法華寺）内の中島院や隅院（海龍王寺）で写経を行った。

天平十一年六月には写経司のもとに東院写一切経所が設けられた。この写経司・東院写一切経所は天平十三年閏三月に、福寿寺写一切経所として現東大寺境内の上院地区に移転した。したがって、この移転が、所在地・施設の点では画期となるものであった。

その後天平十四年六月から写経所が皇后宮職から金光明寺造物所に移管されるにともない、金光明寺写一切経所と名称が変更された。この金光明寺写一切経所の施設として同十八、十九年に南堂・北堂が現れる。これは、金光明寺造物所から仮称東大寺造物所をへて造東大寺司へと転換する過程で同十九年末に東堂・西堂へと転換するが、南堂・北堂も存続した。東堂・西堂は、現東大寺の中心伽藍地区付近に存在したとみられるので、この転換は、写経施設が上院地区単独から上院地区と中心伽藍地区とに併存するという変化であった。またこの転換に伴って、写経所の名称は金光明寺写一切経所から東大寺写経所へと変わった。

東大寺写経所の組織は、保良宮の造営に伴って天平宝字六年（七六二）に一時的に石山の地に移り施設を新設するが、もとの施設は奈良の地に存続し、やがて組織もここに戻ってきた。そして写経事業の中断・再開を繰り返しながら、宝亀七年（七七六）六月の廃止に至った。

以上の写経所の変遷を踏まえて、以下順を追って写経所の施設とその変遷を見通したい。

一　光明子家の写経施設

藤原光明子家の文書である「写経料紙帳〈藤原夫人家写経料紙収納帳〉」（1ノ381〜383、続々修4ノ20⑫）には、二つの大般若経その他の写経が神亀四（七二七）〜五年に行われたことが記されているが[8]、それを担当した部署は見えない。前述のように、光明子家の家政機関の業務として行われたのであろう。経紙の受給記録のなかに、

四月廿四日受紙屋紙百張

とある（1ノ382）。この紙屋は図書寮の紙屋の可能性が指摘されており、光明子家関係のものではない[9]。

二　写経司・東院写一切経所の写経施設

長屋王の変後、天平元年（七二九）八月に光明子は皇后となり、同年九月には皇后宮職の職員が任命された（いずれも『続日本紀』）。「写書雑用帳」（1ノ393〜395、続修16②裏）によると、天平二年七月四日以前には経典その他の書写が始まっていたことがわかる。それを担当した組織名は当初は見えないが、山下有美は、のちに写経所と呼ばれる機構が天平初年から成立しており、天平九年九月ごろ外写を主として担当する経師所が設置され、天平十年三月ごろ両者が統合されて写経司が成立した、とした[10]。

1　舗設物・用具類

井上薫は、この「写書雑用帳」に、

舗設物
長畳二枚　短畳五枚　立薦二枚　苫二帙
簀四枚　長席一枚　短机九枝四寺送附安宿熊取見五足
辛櫃七合　又須利一合　𨋳三口　由加六口　叩戸二口
缶一口　壺二口　長机二枝　缶一口

とあることに注目して、施設関係の初見であるとしていることが注意される。これらの配置場所が、写経用の独立の建物か他の業務用の建物の一画かどうかは明らかでないが、これらの写経に用いられる舗設物が置かれていた場所があったのである。

これと関連して、後述するように、天平宝字四年（七六〇）正月十五日「東寺写経所解」（14ノ292〜300、続修後集5全）によって、福山敏男は、折薦畳一枚に経師等二人が座し、宿所では経師から優婆夷まで一人ずつ臥したことを指摘している。また同じく福山は、「充経師等畳帳」（11ノ463、続々修44ノ8全）に、

以勝宝三年正月八日経師等充畳席事
下道主畳一枚　小竹原乙万呂畳一枚　十日川原継万呂畳一枚
十三日秦家主畳一枚　村山首万呂畳一枚　十七日上馬甘畳一枚
廾六日小長谷金村席一枚　柏原大嶋畳一枚　二月十一日安倍万呂席一枚
台万呂席一枚　十八日丹比真君畳席各一枚

とあるのに基づいて、畳と席を重ねて座したのであろうとしている。この史料が写経作業時のものとすると、経師等一人に畳席各一枚ずつとなり、さきの「東寺写経所解」の折薦畳が二人に一枚であったことと異なることになる。両者の畳・席の大きさが明らかでないが、長畳・短畳の用例があることも考慮して、さきのが倍程度の大きさの長畳でこちらは短畳とすると、両者は矛盾せずに理解することができる。これらに基づいて、人

員数や畳・席の数量から写経の場所をある程度イメージできるようになる。

経堂内には案主や雑使の座席があったと考えられる[11]。そこにはいくつかの櫃が置かれており、本経・新写経巻・帳簿類・その他の物品類は櫃ごとに分けて管理されていた。経師・装潢・校生に支給する経紙・筆・墨・凡紙・反古紙はそれぞれ整理され反古箱や棚に保管されていたが、その具体的な保管・管理状況はよくわからない。

経師は経堂内に座席を指定され、折薦畳あるいは畳・席・書机が備えつけられた座席に坐り、小明櫃・下纏が支給された。小明櫃には本経と新写経巻を入れ、下纏に筆墨などの用具をくるんで保管した。書机の上には硯・水滴・小刀などが置かれていた。本経・経紙・式敷・菟毛筆・墨などは事務局から適宜支給された。

装潢も経堂に座席を与えられ、継・界・端継・装丁などの作業を行った。したがってその周辺には新写経巻・軸・緒・発装の竹・大豆糊・小刀・凡紙・端継用の仮軸などがあったであろう。後述するように、装潢は紙屋でも打・染その他の作業を行ったと考えられ、そちらには紙打石・黄蘗や橡・それらを煮る容器・薪などがあった。

校生の座席には校書長机が置かれ、その上に本経と新写経巻を広げて作業をした。周りには筆墨・小刀・硯・水滴などがあった。それ以外に仕丁・優婆夷その他がいたが、彼らの経堂における仕事の内容にはわからないことが多い。

以上の経堂内の状況は、基本的には時期によってそれほど変化しないと思われるので、以後の写経所の施設の検討に際しても念頭に置くこととする。

さて、天平五～九年の布施申請解案（7ノ33～34、1ノ582～583、7ノ39～40、41～44、120～121、123～124）によると、経師は三〇人～四人、装潢は三人～一人と人数に開きがある。同時に何人が従事していたのか不明であるが、天平勝宝六年（七五四）の百部法華経の場合等を参考にして仮に六割程度とすると、多い時で二〇人程度が同時に作業をしていたことになる。これ以外に事務局のメンバーが数人程度いたとすると、写経事業のために二〇数人程度が同時に作業できるほどのスペースが確保されていたと推定できることになる。

2　東院写一切経所の写経施設

史料　天平十一年（七三九）六月に写経司のもとに設置された東院写一切経所の施設については、次のような史料がある。

①天平十一年正月二十八日「写経司解〈造写経殿料銭文〉」（2ノ154～155、続修別集18(1)）
（端裏書）「泉木屋木数注案知」(12)
写経司解　申請材直事
合請銭四貫五百六十二文
写経殿一間
応用庇料柱十六枚　直銭一百九十二文別十二文
簀子卌枚　直銭八百文別廾文
久礼七十枚　直銭一貫五十文別十五文
右件三種（三種）、簷（庇）料
歩板五十枚　直銭一貫七百五十文別卅五文
右、経師等床敷料
「運車十七両　庸銭六百八十文別卌文(13)」
藁卅囲　直銭九十文別三文
右、塗廁(14)壁料

天平十一年正月廿八日史生小野朝臣「国堅」

舎人「市原王」

丸張弓定

②天平十一年六月二十一日「写経司解」（2ノ172～173、続修別集18(1)(2)間の書き込み）

写経司解　申請材直銭事

合請銭一貫五百五十文

応庇⑮八間　籭一所長四長

料七十九枚　運車六両　庸銭二百廿八文

久例卌枚　直銭六百文別十五文

簀子廿一枝　直銭四百廿文別廿文

柱四株　直銭卌八文別十二文

右三種、庇料

久例十四枚文　直銭二百十文

右、籭⑯料

天平十一年六月廿一日史生高屋赤万呂

小野国□

舎人⑰

③天平十一年六月四日「泉木屋所解⑱」（2ノ171～172、続修別集18(2)）

泉木屋所解　申買進上写経所材木事

合請銭肆仟肆伯柒拾弐文

用状

一合買材木壱伯肆拾壱材直并運車壱拾柒両賃銭肆仟肆伯陸拾

捌文　遺返上銭肆文

柱十六枝直銭百九十二文別十二文檜久礼七十材直銭千五十文別十五文

簀子卌枝直銭八百八十文別廿二《合》文二寸半板五十枚直銭千七百文枚別卅四文

（中略）

以前、銭買材木進上如件、録状申送、謹解、

天平十一年六月四日鷲取人継

山浄嶋

④天平十一年六月二十日「写経司解」（7ノ171～172、続々修17ノ1④）

（端裏書）「売木案文」

写経司解　申請材直銭□（事）

合請銭一貫五百五十六文

応造□[19]遅庇一間　籬《ママ》一処長四丈

料材七十九枚　運車六両　庸銭二百廿八文別卅八文

久例卌枚　直銭六百文別十五文

簀子廿一枝　直銭四百廿文別廿文

柱四株　直銭卌八文別十二文

右三種、庇料

久例十四枚　直銭二百十文別十五文

右、籭料

天平十一年六月廿日史生高屋「赤万呂」

小野朝臣「国堅」

舎人「市原」王

⑤天平十一年七月日「写経司解」（7ノ227～228、続々修35ノ1⑹裏）

写経司解　申六月行事事

合所請材直銭六貫一百十八文

買材二百卌株　　直銭五貫八百七十一文

藁卅二囲　　直銭九十六文別囲三文

運車廾二両　　賃銭八百廾五文十七両各卅八文 五両各卅六文

遺銭一百五十一文

買柱廾株　　直銭二百七十二文十六株各十二文 四株別廾文

簀子六十一株　　直銭一貫三百八十四文卌別廾二文 廾一別廾四文

歩板五十枚　　直銭一貫七百文別卅四文

檜久礼一百十枚　　直銭一貫六百九十文七十別十五文 卌別十六文

造物経堂南北庇二間長各七丈

竈屋一間長四丈 広二丈

廁一間長四丈 広一丈

以前、月内行事、顕注如件、以解、

天平十一年七月　日舎人「市原」王

⑥「東院写一切経所受物帳」（7ノ263～270、続々修3ノ1(1)(2)）
東院写一切経所受物
天平十一年六月三日受銭四貫五百六十二文
以前、銭材木直并藁直車功料　知小野国方　阿刀酒主
（中略）
七月五日釘卅隻　受海秋万呂
（中略）
十五日釘八隻　受土師宅良
（下略）

これらの史料の相互関係について簡単に記しておく。まず、①③の間の空白部分に②が追記されている。これと関連して、これまで指摘されてこなかったが、④が存在する。④と②はほぼ同内容である。②は④にもとづいて、④よりも後で①③の間に追記されたのであろう。つぎに③は①の材木（藁をのぞく）が泉木屋所から運ばれた記録として貼り継がれたものであり、そのことは①の端裏に「泉木屋木数注案知」とあることによって知られる。したがって、①と③は続修別集成巻の際に貼り直されているが、その継は奈良時代までさかのぼると考えてよい。

これ等の史料については、写経司と東院写一切経所の相互関係に議論が集中してきたが、施設や所在地の観点からそれを整理すると、まず福山敏男が、⑤によって天平十一年六月中に経堂南北庇二間、竈屋一間、厠一間が造られたことを指摘したのが早い。次にこの時期の写経所について重要な指摘をしたのは山田英雄である。[20]本章とかかわる山田の論点を整理すると次のようである。

(1)　②は東院写一切経所とは別の増築計画の費用の申請である。

(2)　③によって泉木屋所から材木を購入したことが知られるが、これは①と対応する。
(3)　②に見える籬料の久礼一四枚の購入とそのための車一両を減らした。
(4)　①の写経殿一間は、既存の不明の建物に庇を増設したもので新設ではない。
(5)　増築に伴い、また経生を増やしたために竈屋と厠を増設したが、その工事は⑥に釘八隻を受けたことが見える七月十五日にはまだ継続していた。

以下、これらの先行研究を受けて①～⑥を検討したい。これ等の史料の数値には若干の齟齬があるが、その点については山田英雄が種々論じているのでそれに譲ることとして、史料の整理から始める。

写経殿（経堂）　①によると、「写経殿」一間のための材木は庇料と経師等床敷料に充てられている。これについて、山田(4)が、写経殿は既存の不明の建物に庇を増設したもので新設ではない、と指摘している点は妥当で重要である。

この庇は⑤に「経堂南北庇二間長各七丈」とあるものに相当するから、以前から存在していた桁行七丈の東西棟の建物の南北両側に庇を増設したことになる。それに使用した柱が一六本であるから、片側八本である。これによると、一〇尺等間の桁行七間の東西棟の建物の南北に二面庇を付設したと理解できる。庇の東西長は七丈と考えられ、この庇部分は経師等の活動スペースを拡張したもので、床張りであった。ただし、庇の出の長さは不明である。もとの建物の梁行は何間か不明であるが、二間であればバランスが取れている。庇を加えて七間×四間の建物となったと考えられる（図1）。

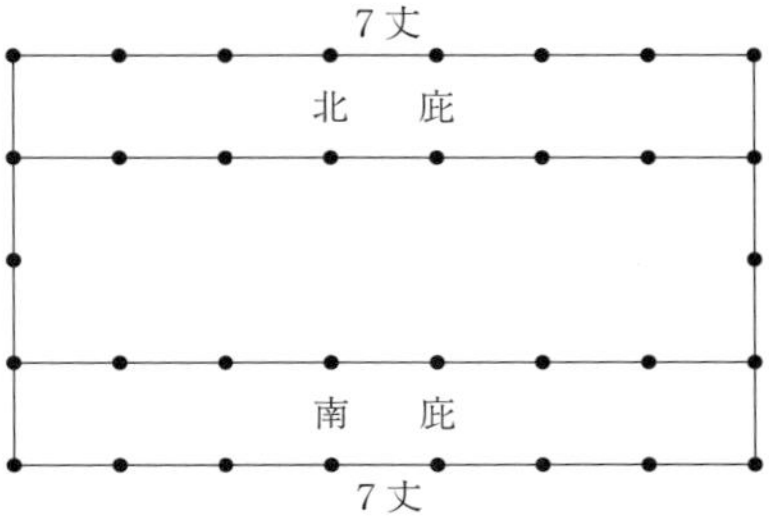

図1　写経司の写経殿の平面模式図

ここで、経堂の規模と収容人員の関係について、見当をつけておきたい。東院写一切経所の経堂は東西棟で身舎（一〇尺等間の桁行七間と梁行二間（一〇尺等間と推定）に両庇が付いたものであった（庇の出を一〇尺と仮定）。この大きさの経堂では、どの程度の人々が同時に働けるのか。

前述のように、折薦畳一枚に経師二人という福山敏男の推定は妥当であった。しかし、当時写経所で使用されていた経師用の折薦畳の大きさが明らかでない。そこで延喜掃部寮式に見える各種の帖に注目したい。官人等に支給される雑給料に注目すると、それにも各種の規格があるが、一般的には長帖一九尺×三・六尺と狭帖八尺×三・六尺という規格であったと理解される。これを参考にして、写経所における折薦畳の一般的な大きさを八尺×三・六尺と仮定することとする。経師一人分のスペースは左右四尺、前後三・六尺となる。ここに書机を置いて座ったのである。

これをもとに、大まかな見当をつけるために、あえて大胆に推測すると、梁行側（南北方向）には前後との間隔を考慮して折薦畳を五〜六枚程度並べられるであろう。これに対して桁行側ではどうか。左右の経師の折薦畳との間隔を適当にとったはずであるから、六〜七枚程度になるのではないか。そうすると、単純に計算すれば、先の規模の経堂には経師用の折薦畳が三〇〜四〇枚程度並べられることとなる。

しかし、経師・装潢・校生、雑使により、それぞれ必要とするスペースは異なっていたはずである。校生は校書長机を使用していたらしく、その規格は不明だが経師の書机とは大きさが違っていたであろうし、それを置く畳の大きさが違っていた可能性もある。事務に必要な各種の櫃やその他の収納具を並べるスペースや、出入り口部分のスペース、水飲み場があったらしいからそのスペース、さらに堂内の通路も必要であった。これらを右の経師用の折薦畳数から差し引かねばならない。どの程度差し引けばよいかは、もはや何の根拠もないが、仮に二、三割とすると大よそ二〇〜三〇枚となる。

これによると、この経堂には、経師等を四〇〜六〇人程度収容できた可能性があることになる。これは、仮定を積み重ねたまったくの推測に過ぎないので固執するつもりはない。しかし、この程度の大きさの経堂一棟で働ける人数の一応の目安として参考としうるのではないか。

厠　①の厠は⑤の厠一間（長四丈、広一丈）に相当するが、これのための資材は⑤藁三二囲（①では藁三〇囲）のみであり、かつ①にはこの藁につき「塗厠壁料」とある。これによると、厠は新設されたのではなく、以前から存在しており、その壁を塗って補修したのである。

竈屋と籬　山田(1)では、②は東院写一切経所とは別の増築計画としている。④②によって□涅庇と籬の工事が申請されたが、確かにこれが写経関連施設であるとは記されていない。しかし⑤は以上の①③と②④の両方を統合した内容になっており、その両方で経堂南北庇・竈屋・厠の工事を行ったとしている。このうち経堂南北庇と厠の工事は①で予算申請されているので、②④で予算申請されたのは⑤の竈屋に相当すると見るべきであろう。

山田(1)が②を東院写一切経所の施設ではないとしたのは、⑥の東院写一切経所受物帳に②の費用一貫五〇六文の受領が記されていないからであると推測される。しかし、これは竈屋の工事が写経司の担当でなされたために工事費用が東院写一切経所にまわされなかったためと考えられる。したがって、そのことをもって④②の施設が東院写一切経所と関係ないとする必要はない。

竈屋とは、竈をもつ施設であろうから、後述する時期の写経所関係施設と比較すると、料理供養所（厨）に相当すると見られる。

この竈屋について④が語るのは、□涅庇一間と長四丈の籬一処を作ることである。②では庇八間と籬一所長四長[21]をあげている。このうち竈屋について行われたのは庇の取り付け工事であるので、竈屋本体は以前から存在していたことになる。また籬のための久礼一四ないし一五枚の購入は、山田(3)が指摘するように実行されなかった。つまり籬は造られなかったのである。この籬は竈屋に付属する目隠し塀のようなものと推測される。

竈屋一間の規模は、⑤に長四丈・広二丈とあり、これは身舎の規模であろう。庇を付設するための材木は、柱四本・久礼四〇枚・簀子二一枚であった。久礼と簀子がそれぞれ屋根板と床板とすると、この庇は壁のない簡素なものであったと想像される。以前から存在していた建物と庇の平面構造はいくつか考えられるが、決定することは難しい。

東院　以上によると、①〜⑥の写経殿（経堂）・竈屋・厠は、いずれも天平十一年六月以前から存在していたものであり[22]、それらに庇を付設し壁塗する工事が行われたことが明らかとなった。これらの建物が以前に写経関係施設として使用されていたかどうかは不明である。

①〜⑥は工事が行われたものについての史料であるから、工事が行われなかった関連建物がそれ以外に存在していなかったとは言えない。以後の時代の例からすると、宿所や湯屋も存在していたのではないか。

これらは東院と称されているので、何らかの区画施設で囲まれて院をなしていたであろう。すなわち、以前から区画施設で囲まれた院が存在しており、その中の一部の建物に補修工事を施して東院写一切経所として使用し始めたのである。これによれば、写経施設のセットとして、経堂・厨・厠・宿所・湯屋各一棟などが区画施設で囲まれて院をなしている姿をイメージできるのではないか。

3　写経司・東院写一切経所の写経施設の相互関係

写経司と東院写一切経所の関係についての研究史の整理は旧稿[23]で行っているので、詳細はそれに譲り、ここでは旧稿における私見とそれに対する批判を簡単に整理しておく。旧稿では次の点を指摘した。

(1)　堀池・井上・山田の検討により、東院写一切経所は写経司に包摂もしくは統括されていたとみられる。

(2)　写経司の所在地は角寺から中嶋院に移った。

(3)　写経司は対外的事務、東院写一切経所は写経事業のほとんどすべてを担当するという分担関係が成立していた。

(4)　写経司の終見と東院写一切経所の活動停止は天平十二年四月半ばのほぼ同時期で、同年四月下番から翌天平十三年閏三月十一日の期間は両者は活動を中断する。

(5)　中断の長期化によって両機関は事実上解体状態となった。その後荘厳が進行もしくは完成していた福寿寺に、皇后宮職管下の福寿寺写一切経所が設置され、天平十三年閏三月から写経が再開された。

これに対して山下有美[24]は、五月一日経と外写の両方が写されていたことに注目して、写経司はかなりの数の外写を行っていた。東院写一切経所は、外写を行う場と切り離して五月一日経の写経を継続して行う場として設置された、とした。また(5)について、写経司という皇后宮職の恒常的な機関の解体を想定する必要はなく、中断期間には皇后宮から福寿寺への移転のための整理や準備作業が行われていた、とした。この山下の批判は、(5)の一部を除いて妥当である[25]。そこでこれを施設の面から受け止めたい。

　この時期の主な写経事業として百部法華経八〇〇巻、福寿寺大般若経六〇〇巻、五月一日経の大般若経六〇〇巻（以下、五月大般若経）その他がある。これらについては別稿で検討したので詳細はそれにゆずり[26]、ここではそのうち時期について再確認する。まず福寿寺大般若経は天平十年三月から開始され、同五月ごろも写されていたがその後中断し、天平十一年八月ごろに再開して同十一月ごろには終了した。その終了を受けて同十一月から五月一日経の大般若経の写経事業が始まり、天平十二年四月ごろまで写されたあと中断したが、残りは天平十三年中には写されたらしい。

　これによると、福寿寺大般若経の写経事業が始まった時、東院写一切経所はまだ成立していなかったから、当然写経司で行われたであろう。これに対して五月一日経の大般若経のほうは、東院写一切経所で始められ、次の福寿寺写一切経所に引き継がれたとみられる。一方、百部法華経の写経事業は、天平十一年二月ごろから始まり、同四月ごろには終了したと見られる。これらは東院写一切経所の設置前のことであるから、写経司において行われたであろう。

これによると、写経司では福寿寺大般若経と百部法華経が写され、東院写一切経所で五月一日経の大般若経が写されていたことになる。また、以上には述べなかったが、手実帳によると、大方等大集経など一七七巻や大宝積経一二部一二〇巻の写経が写経司で行われ、五月一日経は、天平十一年七月下番から東院写一切経所においてさかんに写されていたことが知られる。

その東院写一切経所には、先に検討したような施設のセットが存在していた。これに対して写経司については適切な史料がないのが残念であるが、それに匹敵するような施設セットが存在したと考えるのが穏当であろう。それなしにはこのような写経はできない。

以上の写経司と東院写一切経所の施設群の所在地は、隅寺・皇后宮（のちの法華寺）の中嶋院やその近隣にあったと推定されるが[27]、明確ではない。そこから遅くとも天平十年三月ごろに淵源を持つ福寿寺の付近に天平十三年閏三月ごろ移転した[28]。

三　福寿寺写一切経所・金光明寺写一切経所の写経施設

1　福寿寺写一切経所の写経施設

前述のように、天平十三年閏三月ごろ、写経司・東院写一切経所は、福寿寺付近に移転した。前者の施設が解体・移築されたのか、それとも後者の場所で新設されたのか、明らかでない。

後述するように、私見では、天平十四年五月末日に福寿寺写一切経所は金光明寺写一切経所と改称されたが、これは福寿寺写一切経所の廃止、金光明寺写一切経所新設という大規模な変動ではなく、単なる名称変更である、とした[29]。この点については、皇后宮職管下の福寿寺写一切経所から、大養徳国国分金光明寺の造営機構と考えられる金光明寺造物所管下の金光明寺写一切経所へという組織上の変化を顧慮していない点が問題であるが、施設としては同じものが変化なく継承されたことに注意したい。したがって、福寿寺写一切経所と金光明寺写一切経所とは、施設としての実態は同じであることになる。また所在地や施設の面では、写経司・東院写一切経所から福寿寺写一切経所への移転が重要であったことになる。

福寿寺写一切経所の施設の造営あるいは規模に関する史料は一点も存在しない。これは、福寿寺写一切経所に関する史料そのものがわずかしか残存していないためである。そのため、たまたま施設に関する史料が残らなかっただけで、造営工事が行われたのか、それとも既存の何らかの施設を利用したのか、明らかではない。

2　金光明寺写一切経所の写経施設

金光明寺写一切経所は天平十四年六月一日から天平十九年末まで存在していた。この写経所では、福寿寺写一切経所で行われていた五月一日経や千手経一〇〇〇巻[30]の写経事業が引き続き行われた。このうち千手経は天平十五年四月中に書写過程が終了し、これとほぼ入れ替わるように天平十五年四月一日ごろからは聖武天皇発願の大官一切経の写経事業の上紙や充紙が始められた[31]。一方、五月一日経は天平十五年五月から書写対象が偽疑経・録外経・章疏へと拡大された。大官一切経は同年末で中断するが、天平十八年一月から先写一切経として再開され南堂で写された[32]。またこれと時を同じくして聖武天皇発願の後写一切経の写経事業も北堂でスタートした[33]。これにより、五月一日経・先写・後写の三つの一切経が並行して写されることとなった。これらの一切経の写経は、次の東大寺写経所の時期にも継続された。また天平十七年九月一日に聖武天皇によって発願された難波之時御願大般若経[34]の写経事業は、同年十月末ごろから動きだし、同十八年五月ごろまで続けられた。

主としてこのような写経事業が行われたこの写経所の施設に関する史料は乏しく、その実態をつかむことは難しい。「写官一切経所告朔解案〈写官一切経所解（案）〉」（8ノ222〜227、正集19②裏、「写官一切経所解案」8ノ285〜

290、正集22②裏は案文）は、大官一切経の写経を担当した写官一切経所の天平十五年四～七月の行事をまとめたものであるが、そこに、

従装潢所進上紙六千九百張

とある。この数字は「一切経本充并納紙帳〈大官一切経紙上帳〉」（8ノ171～178、続々修2ノ2①(1)(2)）の同期間の張数合計に合致する。こちらの帳簿は、冒頭に、

天平十五年四月一日始大官一切経紙書写堂上

とあり、「装潢所」が継打界を施した大官一切経に用いる紙を「書写堂」に進上した記録であることがわかる。

装潢所は、大隅亜希子が指摘するように[35]、天平十一年四月から同二十一年二月の間に史料にみえる組織である。紙を書写堂に送るにあたって、ある程度まとまった巻数を誰かに「付」して「送上」「進上」している。大官一切経の写経が天平十五年末に中断するまでに付された人物（上段）を「写官一切経所告朔解案」（下段）と対照すると、次のようである。

尾張	校生　尾張少土
田辺道主	校生　田辺道主
男縄	（見えず）
角	経師　角恵万呂
古頼	経師　古頼小僧
君子	校生　君子真吉
仕丁鴨部乙万呂	（見えず）
主寸	校生　村主五百国
多比（田治比）乙万呂	（見えず）

山部花　　　　　　　経師　山部花
田辺当成　　　　　　校生　田辺当成
勝部大津　　　　　　（見えず）
勝部薬　　　　　　　（見えず）
秦大月　　　　　　　（見えず）
川原　　　　　　　校生　川原人成

これによると、校生に付されている場合が多いが、これは大官一切経を担当する校生が、校生としてではなく雑使として、書写堂から紙を装潢のもとに受取りに行って付されたと考えられる。三名みえる経師も同様であろう。「写官一切経所告朔解案」に見えない人物が数名いるが、かれらは装潢所に関係する人々で、装潢所から書写堂へ紙を運んだのではないか。そのうち仕丁の鴨部乙万呂は付された回数が多い。

これによると、送上・進上された巻物は、書写堂とは離れた場所で用意され、そこから書写堂に運ばれたと考えられる。その離れた場所とは装潢所が管轄する施設で、そこには当然装潢がおり、複数の人物が関係していた。

同様のことは五月一日経や間写経を写経していた写疏所についても言いうる。五月から九月までの五箇月間の行事案である「写疏所解」（2ノ343～347、続修別集25①⑴）に装潢は見えず、紙は「自装潢許所受」とあって装潢の許から受けていた。「装潢の許」とは装潢所のことであろう。

ただし、装潢所から書写堂に送られた紙は、巻数単位、あるいは二〇張の倍数単位（つまり巻物の状態）であるので、継打界ののちに端継を付けてすぐに書写ができる状態にまで準備された紙であった。これらのすべての工程が書写堂とは別の場所で行われたかどうかは、これらの史料からはわからない。継界は書写堂内で行われた可能性もある。しかし準備の最終段階は別の場所で仕上げられて、そこから書写堂に送られた。

大隅亜希子は（36）、難波之時御願大般若経の写経事業に伴って、天平十七年十月ごろ何らかの建物を修理・補修して、装潢の作業場とは別に紙打を行う紙屋が設置されたとしている。前述の装潢所が管轄し装潢その他がいる施設がこの紙屋に相当するのではないか。すなわち紙屋の成立は、天平十五年四月までさかのぼると考えられ、同十七年十月ごろにそれが修理されたのである。

大官一切経の写経事業にかかわる施設がわずかに見えてきたが、さらに上述の「写官一切経所告朔解案」を検討したい。

写官一切経所解　申告朔事
合請物紙一百七十四張 一百卌張敷紙并式下纏苫敷料 卅四張檻子間塞料
筆墨直銭一千七百文筆十七墨十七料便充経師等
筆卅箇
墨廿九廷
紙刀子四柄既充装潢
堺筆十一箇便充装潢
布三丈 一丈手巾二条料 二丈筆拭卅条料
辛櫃五合
机卅六前 廿六前従薬師寺来 十前従官来　廿六前充堂 十前充写疏所
莒卅八合
由加二口　一口堂 一口経師息所
杓二柄
（中略）

以前、七月以往行事、顕注如前、以解、

七月廿九日王国益

辛国人成

これについて福山敏男は、(経)堂、写疏所、経師息所のすくなくとも三棟の存在が知られ、紙三四張が檻子(窓の連子?)の間塞(すき間ふさぎ)の料として記されている、と指摘している。さらに詳しく検討する必要がある。

まず机が堂と写疏所に充てられていることが注意される。堂は書写堂のことで経師その他がいた。写疏所は組織名であるが、ここは写疏所という組織の人員がいる施設の意味で用いられている。ここでは五月一日経が引き続き写されていたであろう。その意味では、これを経堂と言うことができる。次に由加によると、堂は書写堂であるが、それとは別に経師息所があったことが知られる。紙三四枚でふさがれた檻子がどの建物のものなのか記されていないが、後述する天平勝宝五年の例からみて、経堂のものと考えるのが妥当である。すなわち経堂とは、檻子を備えた構造の建物なのである。

以上から、天平十五年ごろの金光明寺写経所には、書写堂、写疏所の存在する施設(経堂)、紙屋、経師息所が存在したことが明らかとなった。その他の施設とともにおそらく一院をなしていたであろう。

ここで注意されるのは、書写堂と写疏所の所在する施設(経堂)の二つである。前者では大官一切経が写されており、後者では五月一日経が福寿寺写一切経所の時から引き続き写されていた。福寿寺写一切経所から金光明寺写一切経所へは、前述のように、名称の変更で施設の新設は伴わなかったはずであるから、この二つの写経の場は、福寿寺写一切経所段階から存在していたのである。おそらく写経司・東院写一切経所から福寿寺写一切経所へ移転するにあたって整えられたのであろう。そしてこの二つは、天平十八年から史料に見える南堂・北堂に相当すると考えられる。

先にこの移転の重要性を指摘したが、それは単に場所の移動だけではなく、一院内における経堂の二堂化という点でも画期なのである。そしてこの一院二経堂は、写経司と東院写一切経所の二院を一院に集約した結果と考えられる。

四　東大寺写経所の写経施設

天平十九年末に金光明寺造物所管下の金光明寺写一切経所は、造東大寺司前身機構のもとに移管されて東大寺写経所となったが、これは南堂・北堂に加えて東堂・西堂の増設を伴っていた。前者は福寿寺・金光明寺の近辺の現東大寺上院地区に存在したと考えられる。後者は、天平勝宝八歳六月九日の「山堺四至図」の「経房」と関係するなら、(37)現東大寺中心伽藍地区の周辺にあったことになる。すなわち上院地区の写経施設セットはそのままにしておいて、中心伽藍地区にもう一つの写経施設セットを設けたのである。そして以後は、主として後者の方が使用されていった。

天平十九年以降の大規模な写経事業としては、天平十九年以降の二〇部六十華厳経、(38)天平二十年からの千部法華経、(39)百部最勝王経、(40)天平勝宝元年からの大般若経一部、同二年からの百部法華経、寿量品四〇〇〇巻(41)などがある。

このうち千部法華経について私は東堂で行われたことを指摘した。(42)また布施申請解案によると、経師・装潢・校生・題師の布施申請人数の合計は、一か月あたり最高で五九人、中断後に再開してからは二〇～五〇人台で推移した。同時に作業をしていた人数はこれより数割程度少なくなるぐらいであろう。それに数名ほどの事務局スタッフを加えて五〇人台程度の座席スペースが必要であった。これは、さきに想定した経堂一棟あたりの収容人数（四〇～六〇人）からすると、東堂一棟で収容可能であった。

1　天平勝宝三年の写経施設

天平勝宝三年（七五一）三月十一日に金字花厳経一部八〇巻の用度申請解が作成され（「写書所解〈金字花厳経請用度文〉」11ノ497～499、続修別集37全）、紫紙の納入と継打界の作業が始められた。界料の銀泥はじめ諸物資も納入され（「装潢受紙墨軸等帳」11ノ162、続々修37ノ4③(6)など）、経師息所も造られた。五月十二日には本経として羂索堂から八十華厳経二部（麁経・注経各一部）を受け取り（「間写経本納返帳」の一部、9ノ604～605、続々修15ノ9②(4)の一部）、同十五日から充本・充紙墨が始まった。当初は経師一三人の予定であったが、実際には八人で行われた。八月食口（「写書所告朔案帳」のうち「写書所解案」11ノ512、続々修38ノ2①(4)）に題師・瑩題が見えるから、この頃には装丁も終わったらしい。ただし緒がつけられたのはそれより遅れて十月以降であったらしい（「写書所解」25ノ40～41、続々修40ノ1③(2)裏）。

「写書所納物帳〈納雑物帳〉」（3ノ537～539、正集8②裏）は、この写経事業のための諸物資の納入帳簿である。それによると、書写開始前の五月三日に、何らかの神事のために弓五枝・大刀五柄・胡禄五具が受け取られており、羂索堂の本経を用いたこととともに、この写経事業による紫紙金字・銀泥界（11ノ498など）の経巻が特別のものであることを示唆する。時期的に見て、大仏開眼会における講説に用いられたのではないか。

この「写書所納物帳」によると、花厳経師の食に備えるために食器その他が納入されているので、食所が存在したことが知られ、「経堂」で用いるため猪牙その他が納入されているので、既存の経堂で写経が行われたと見られる。さらに

　経師曹司料請雑小柱十一枝　榻《板》三百枚　久《檜》礼四枝

　簀子八枝　黒葛一斤　縄廾了

とある（3ノ538）。天平勝宝三年六月一日「写書所解」（11ノ518～523、続々修38ノ2③(1)）は同年五月告朔解案である

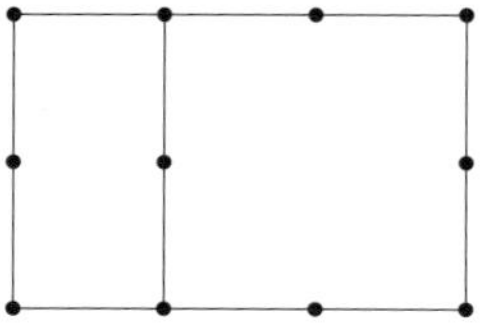

図2　経師息所（経師曹司）の平面模式図

が、その月中雑物の項にこれに対応する記載がある。「経師息所」を造るための木材等が納入されたとある。「経師息所」とは字義からみて「経師宿所」のことであろう。

簀子八村　小柱十一枚
椙板三百枚　檜枌四枚
黒葛一斤　縄十三了三了針縄者
已上造経師息所料

両者を比較すると、縄の数量以外は一致するので、「経師曹司」と「経師息所」で表記は異なっているが同じ建物に関する史料である。特別の経巻の写経に従事する経師等のために宿舎を新築したと見るのがよかろう。この宿舎は、小柱十一枝を用いて建てられたので、桁行三間、梁行二間で中仕切りをもつものと想定される[43]（図2、東西棟か南北棟か不明）。椙板の多さからみて床張りであろう。

天平勝宝三年については、正月から十二月の告朔案・食口案が残っているが、それらの仕丁の散役の項には、食領や仕丁が打紙・食所駆使・沸湯に従事したことが見える。これによると、福山は経師息所が作られたことを指摘するのみであるが、天平勝宝三年には経堂・食所・経師息所（宿所）のほかに紙屋・温屋も存在していたことがわかる。これらは何らかの区画施設で囲まれて一院をなしていたのではないか。

このうち経堂は、二年後の天平勝宝五年の経堂と見られる。後者の経堂は、次に見るように、現東大寺境内の上院地区にあったと考えられるから、天平勝宝三年段階の経堂も同様で、南堂・北堂のいずれかであろう。天平勝宝三～五年にかけては、大規模な写経事業は行われておらず、多くても百数十巻程度の写経であった。したがって、上述の中心伽藍地区の写経施設セットでも、あるいは上院地区のそれでも、十分に対応できたと考えられる。

2　天平勝宝五年の経堂

その二年後の天平勝宝五年八月ごろ、「経堂」の檻（連子窓）が修理された。山下有美は、写書所の同年八月食口に「画師拾人塗緑青経堂檻」とあるとともに、舎人について「十三人洗経堂」とあることを指摘し（12ノ405～406、続々修38ノ4④(3)）、老朽化した経堂を修理・彩色して洗浄したことから、この経堂を上院地区に存在した南堂・北堂のいずれかと考えた(44)。

連子の部分は緑青、辺面（窓枠）部分に赤土が使用されたのであろう。その様態は年欠「写書所解」（13ノ38、続々修40ノ1③(1)裏）によって知られる。

写書所解　申修理経堂檻并用緑青等事
合檻陸間 四間別高四尺四寸　広八尺 / 二間別高六尺　広八尺
連子九十二枝 卌八枝別長八尺 / 卌四枝別高六尺　並四面広別二寸
連子辺面卅八面 八面別高四尺四寸 / 四面別長八尺　八面別長八尺 / 八面別高六尺　並広四寸五分
請緑青弐拾斤伍両大
用拾玖斤玖両弐分
残拾壱両弐分大
膠弐拾斤小 十三斤用緑青塗料 / 七斤用赤土塗料
（以下余白）

これについて福山敏男は、この檻はいずれも窓で、横連子または縦連子・辺面（唐戸面の枠?）を持っていることを指摘し、経堂は白木造ではなく、ある程度の装飾を持っていたと述べている。福山の簡潔な指摘を参考にして、この史料をさらに

表1　経堂の檻

檻	檻の寸法	片面(広4寸5分)	連子（広2寸）
横連子檻4間	広8尺 高4尺4寸	8面〔2面〕 8面〔2面〕	48枝（長8尺）〔12枝〕
縦連子檻2間	広8尺 高6尺	4面〔2面〕 8面〔4面〕	44枝（高6尺）〔22枝〕

〔　〕内は檻1間あたりの数

検討してみたい。

まず、「修理」の意味は必ずしも明らかではないが、檻の新設ではないので、この経堂にはもともと檻がついていたことになる。すなわち経堂とは檻をもつ構造の建物であることを確認しておきたい。

福山が指摘するように、檻は二種類で、大きさは横連子四間（高四尺四寸、幅八尺）、縦連子二間（高六尺、幅八尺）である。これに二寸の角材の連子九二枝がはめられていた。高六尺の四四枝は縦連子として用いられたから、縦連子の檻一間あたり二二枝ずつ使用された。長八尺の連子は横連子として使用されたことになるので、檻一間あたり一二枝ずつの計算となる。連子辺面は、横連子の檻四間に使用されたのが高四尺四寸の八面と、長八尺の八面であるから、縦連子の檻二間には、高六尺の八面と長八尺の四面となる。縦の辺面は檻一間あたり四面ずつとなるので、縦の辺面は左右両端とさらに中間に二面入っていたと考えられる（表1）。以上から、

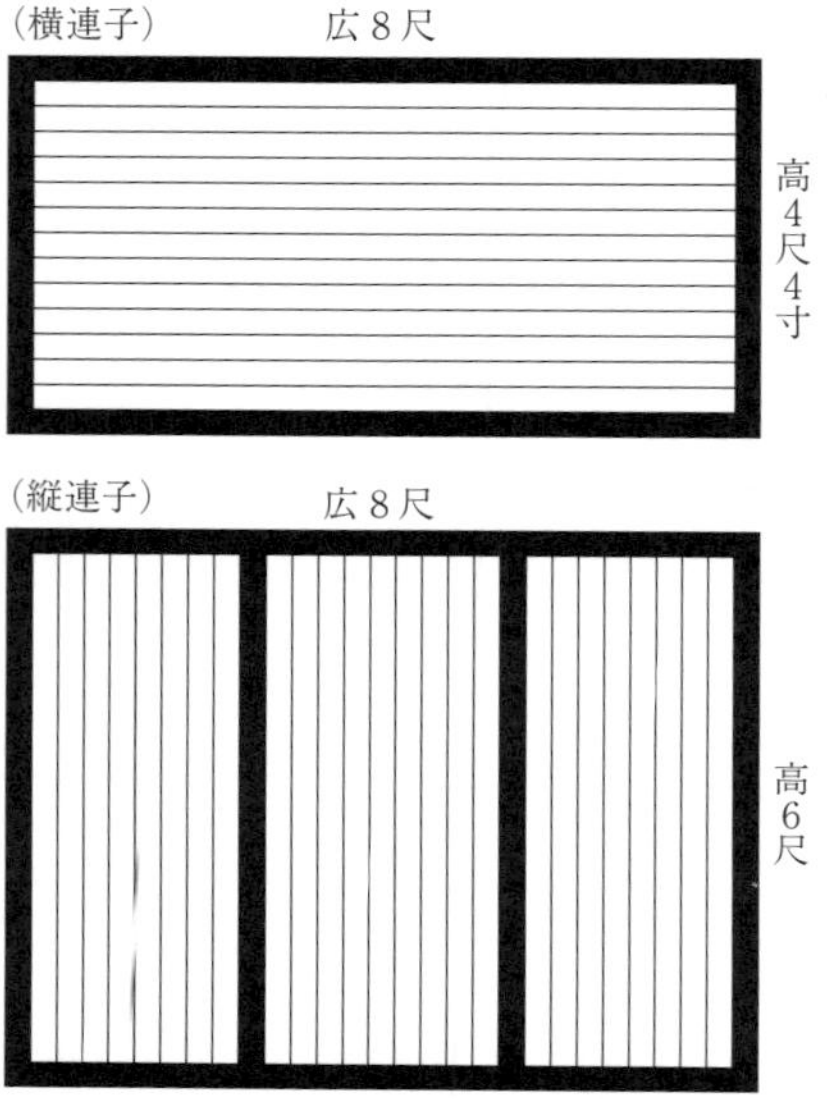

図3　経堂の檻の模式図

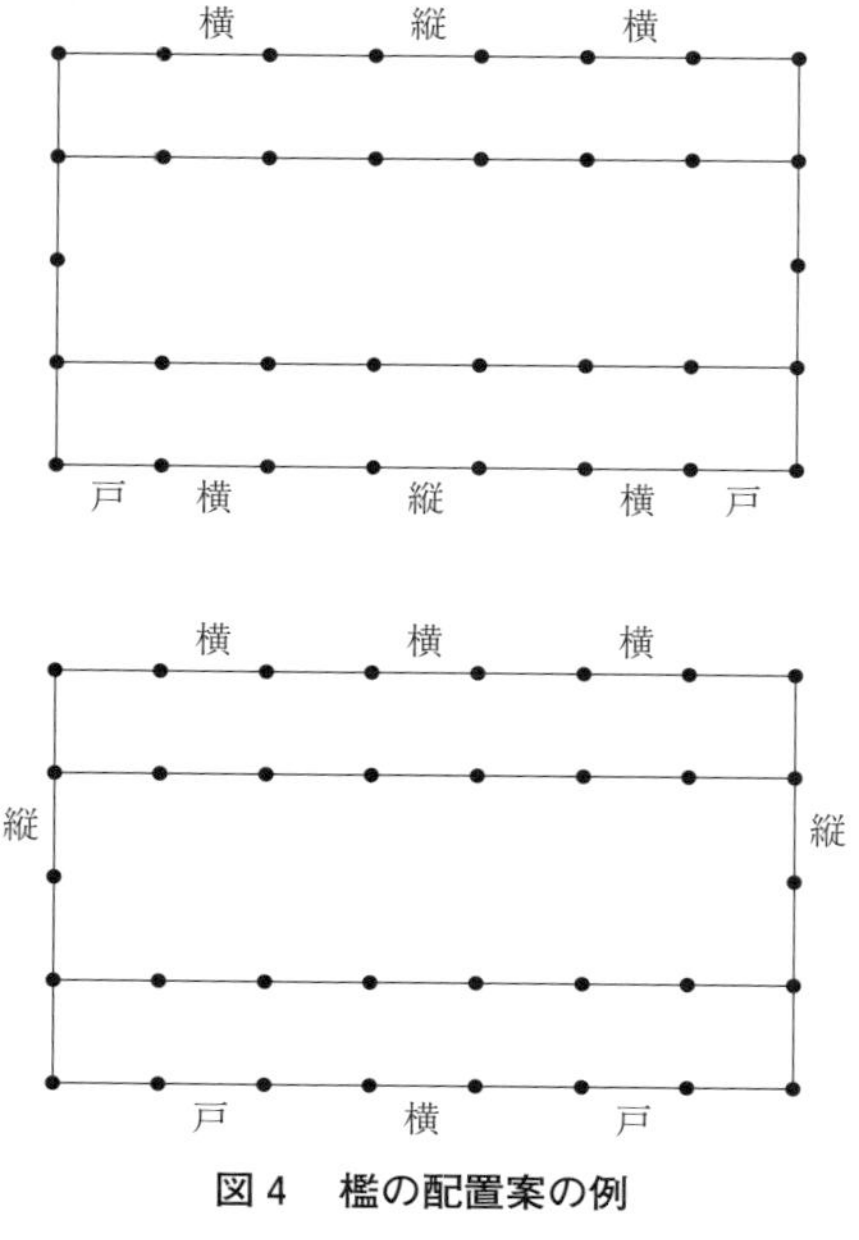

図4　檻の配置案の例

二種類の檻は図3のように復元することができる。

檻の横幅はいずれも八尺である。これが左右両側の柱に直接していれば、柱間は八尺となる。左右の柱との間になにがしかの壁面を想定するなら、柱間はそれより広くなる。

先に見たように、天平十一年の東院写一切経所の「写経殿」の桁行は七間であった。梁行は不明であるが、身舎二間に両庇が付いて計四間と推定した。福寿寺写一切経所の写経殿の規模は不明である。前者を解体移築したのであれば同じ七間であるが、新築されたならば不明となる。しかし、新築されたとしても写経殿としての規格は踏襲された可能性もあるので、福寿寺写一切経所から金光明寺写一切経所へと受け継がれてきたこの「経堂」も桁行七間・梁行四間と推定することができるかもしれない。

これに横連子の横四面、縦連子の横二間が付き、後述する石山写経所の経堂に戸が二ヶ所あったことを参考にすると、これらの配置にはいろいろな可能性が考えられるが、そのうちいくつかを図4に例示する。

天平勝宝五年以降では、同六年～七歳の大皇太后藤原宮子の菩提を弔うための連続して行われた写経事業(45)（梵網経一〇〇部二〇〇巻、法華経一〇〇部八〇〇巻、新旧華厳経各五部七〇〇巻）、同七歳の大納言藤原仲麻呂の宣による二千巻経（華厳経一〇〇〇巻・観世音経一〇〇〇巻）の写経事業などを大規模な写経事業としてあげることができる。これ等の写経事業がどこで行われたのかは明らかでないが、このうち前者については、充紙帳によって同日に紙の支給を受けた経師の人数を知ることができる。梵網経では初日に四九人（13ノ73～77）、法華経六三人（4ノ19～27）、華厳経五〇人（10ノ569～576）である。これに装潢・校生・雑使を加えても、一院二経堂の写経施設セットで十分に対応できる。また、とくに施設の増築に関する史料は見当たらないので、既存の施設を用いることで遂行可能であったのであろう。

3　天平宝字二年の御願経三六〇〇巻の写経事業における写経施設

天平宝字二年（七五八）には相次いで三つの大規模な写経事業が行われた。同年六月十六日の紫微内相宣による金剛般若経一〇〇〇巻（千巻経）の写経事業、七月四日の同宣による千手千眼経一〇〇〇巻・新羂索経一〇部二八〇巻・薬師経一二〇巻、合計一四〇〇巻（千四百巻経）の写経事業、八月十六日の同宣による金剛般若経一二〇〇巻（千二百巻経、後金剛）の写経事業（合計三六〇〇巻）である。またこれと並行して知識大般若経の写経事業も行われた。

これ等の写経事業については、山本幸男の総括的な研究(46)をはじめとして多くの研究があるので、詳細はそれらに譲る。しかし、これらの写経事業が行われた施設については、まとまった史料がないために、これまで全く研究がない。

以下、主な史料について検討する。

「写千巻経所銭并衣紙等下充帳」

①（六月二十二日条）又下手巾柒条 五条堂料 二条曹司料　（13ノ258、続修後集10(4)）

「経師装潢校生等浄衣請来検納帳、写経所軸納帳〈千手千眼并新羂索薬師経料銭并衣紙等納帳〉」

②九月三日自宮来綺廾六丈一尺 使宮門日野麻呂 即下紙屋受能登装潢　（未収、続々修8ノ9(5)）

「千手千眼并新羂索薬師経料銭衣紙等下充帳〈千手千眼并新羂索薬師経料筆墨直銭下充帳〉」

③（七月九日条）又下手巾伍条 四条堂料充 一条東曹司料充　（13ノ366、続々修8ノ7①(2)）

④（八月四日条）四日下紙一万〔九〕一百〔十〕張（中略）

五千五十張 四千一百張紙屋作 付宍人百村　八百廾一張麻紙 又充凡紙五十張端継料　七十張穀

五千六十張四千三百卌一張紙屋作　穀紙六百七十九張　凡紙五十張端継料　付綾部忍国〃〃　七十張綜　（13ノ269、続々修43ノ6②(1)）

（下略）

「後金剛般若経料雑物収納帳」

⑤（十月七日条）七日納菁二囲直銭卅文厨領等買進如件即充厨　（14ノ74、続々修44ノ5①(2)）

⑥（十月二十七日条）廿七日納布乃利二斗西厨進上　（14ノ79、続々修44ノ5③）

「後金剛般若経経師等食料下充帳〈後金剛般若経食物用帳〉」

⑦（九月二十六日条）薪八束又一束湯屋充　（14ノ85、続々修8ノ20(2)）

これらによると、天平宝字二年には、堂（①③）・曹司（①③）・紙屋（②④）・厨（⑤⑥）・湯屋（⑦）が存在したことがわかる。これらはおそらく一院をなしていたであろう。

上記の写経事業で動員された経師・装潢・校生の数を正確に把握することは難しい。山本幸男の充紙帳などの整理に依拠すると、[47]同時に仕事をしていたのは、千巻経では最高四六人、千四百巻経で四三人、千二百巻経で四六人であった。これに装潢・校生・雑使を加えると、千巻経で約六〇人、千四百巻経で六〇数人、千二百巻経で約六〇人程度となる。先の経堂の収容人数に関する目安からすると、経堂一棟でなんとか対応できる人数なのではないか。

次に注意されるのが③「東曹司」である。これは千四百巻経の写経事業が東堂で行われていたことを示すと解される。⑥「西厨」は、布乃利二斗が西厨から案主のもとに納められたことを示す。このことは、後金剛般若経の写経事業が西厨とは別の厨、つまり東厨を使用していたことを意味するのではないか。厨は東西にあり、それぞれ東堂・西堂に関係していたとすると、この写経事業も東堂で行われたことを示唆する可能性がある。この写経事業は、先に見たように、一つの経堂で行われえたらしいことも、この可能性に反しない。

また②では、宮から来た綺が紙屋に充てられ、そこで装潢能登忍人が受け取っている。これは、緒付という装丁の最後の段階が紙屋で行われたことを示している。紙屋では、のちに検討するように、打・染の工程が行われたことが明らかであるが、緒付も行われることがあったことがわかる。

4　天平宝字四年の一三五部経の写経事業における写経施設

天平宝字四年（七六〇）正月十一日に太師の宣が出され、一百卅五部経[48]（法華経・金剛般若経・理趣経各四五部、合計四五〇巻）の「御願経」の写経を行うことが指示された。光明皇太后の発願をうけて藤原仲麻呂が指示したのである。この決算報告書は同年四月二十五、二十六日に作成されているので、そのころまでには終了したであろう。

太師の宣を受けて用度申請が作成された。天平宝字四年正月十五日「東寺写経所解」（14ノ292〜300、続修後集5全）はその案である。これには多くの朱墨の訂正がなされているが、決算書を作成するためのものと考えられる。この「東寺写経所解」に施設に関する記載が見える。必要な部分を次に示す（訂正後の数値を示す）。

東寺写経所解　　申請応奉写経用度物事

（中略）

荒炭六十八斛卌四斛堂料日別五斗
卅四斛料理供養料日別五斗

薪参佰肆拾荷百卅六荷湯沸料日別二荷
二百四荷料理供養料日別三荷

（中略）

仕丁壱拾三人六人紙打　四人膳部
二人雑使　一人湯沸

折薦畳卌四枚十四枚堂敷料
卅枚宿所料

以前、応奉写一百卅五部之経用度之物、所請如件、謹解、天平宝字四年正月十五日主典正八位上安都宿祢「雄足」

次官従五位下高麗朝臣「大山」

これによると、堂・宿所は施設として明記されているが、さらに料理供養・湯沸・紙打をするところがあったことがわかる。それぞれ料理供養所・湯沸所（温屋）・紙打所（紙屋）としてよいであろう。これ以外に厠などもあったと思われる。これらがどのように配置されていたかは不明であるが、何らかの区画施設によって囲まれて一院をなしていたのであろう。

この写経事業に従事した人員は、経師二〇人、装潢二人、校生四人、雑使三人、優婆夷一人、仕丁一三人（うち四人は膳部）であった。同時期に働いていた人数は不明であるが、「四十五部法華経充本帳〈奉写百卅五部経充本帳〉」（14ノ287～292、続々修5ノ14全）から推して、この人数程度であったと見られる。

福山は、前述のようにこの史料の折薦畳の記載から、経堂では折薦畳一枚に経師等二人ずつ座し、宿所では経師以下優婆夷まで一人ずつ臥したことを指摘した。この写経事業の経師から優婆夷までの合計は三〇人で、宿所に充てられた折薦畳三〇枚に合致する。また経師～雑使の合計二九人は、堂敷料の折薦畳一四枚のほぼ倍である。したがって、福山の推定は妥当である。これによると、この写経事業用の折薦畳が、堂には一四枚、宿所には三〇枚敷かれていた。両者が同じ大きさのもので配列も同様であるとすると、宿所には堂の約二倍のスペースが確保されていた計算になるが、堂よりは詰めて敷かれたであろうから、二倍もはなかったと推測される。

次に、堂には、経師・装潢・校生の写経生たちの折薦畳と、事務局の要員である雑使の折薦畳とが一緒に敷かれていたことになり、両者が同じ堂内で執務していたことが確かめられる。案主用の折薦畳については見えない。雑使は事務局員であり、校生が兼務することも多いので、堂に座席を持つ必要があった。装潢については、別棟の紙打所（紙屋）との関係が問題となる。紙屋には仕丁六人が配されていたが、装潢は堂と紙屋との間を行き来しながら執務したと考えられることになる。

つぎに仕丁一三人については、宿所に折薦畳は与えられていないので、それ無しで宿所に寝泊まりしたのか、それとも別の場所で宿泊したのかは不明である。彼らは紙打所に六人、料理供養所に四人、湯沸所に一人配されている。これらの場所で宿泊した可能性もあろう。

5　天平宝字四年の一切経の写経事業における写経施設

太師の宣を受けて天平宝字四年（七六〇）二月十日に一切経[49]の予算見積の作成が命じられた（「坤宮官紙墨筆及雑物送文〈太師恵美押勝宣〉」14ノ308、続々修1ノ6④）。これを受けて作成された「東大寺写経所写経律調度文案」（14ノ365～366、続々修18ノ6①）によると、この一切経は経律からなり三四三三巻の予定であったことがわかる。太師藤原仲麻呂の宣は光明皇太后の意を受けたもので、この一切経の写経事業の発願者は光明皇太后であろう。

これを受けて継打界の作業が一部行なわれたようであるが、二月下旬ごろと推定される光明皇太后の発病の影響と上記の一三五部経の写経が行われていたため、一切経の写経事業は中断した[50]。その後四月十五日に再び太師の宣が出され（「東寺写経所移案」14ノ393、続々修18ノ6②⑮）、写経事業は再開されることとなった。人員が集められる一方、次に述べる施設の造営工事が行われた。しかし、七月十四日に七六〇巻分の布施申請を行い、八月一日に用残報告を作成して、この写経事業は停止した。それは、六月七日に光明皇太后が没したためであると考えられる。

この写経事業に従事した写経生や事務局員の数は全く明らかでないが、一三五部経四五〇巻の約七倍半以上の三四三三巻からなる大規模な写経事業計画であったため、人員の増強は必須であったであろう。そのため施設が拡張された。その関係史料を次に列挙する（いずれも「御願経奉写等雑文案」のうち）。

①「東塔所解案」（14ノ386、続々修18ノ6②⑫）

東塔所解申請銭事
合捌貫壱伯文
四貫八百文椙榑三百材直村別十六文 近江者
一貫三百文楉一百荷直荷別十三文
一貫二百文車十五両賃両別八十文
八百文藁二百囲直囲別四文
右、可奉写一切経一部、経師等宿所并食宿板□
涅葺料銭、所請如件、以解、
天平宝字四年四月廿九日領上馬養
坂田池主
主典安都宿祢

②「東塔所解案」（14ノ389～390、続々修18ノ6②⑭）

東塔所解　申請雑用銭事
合可用椙榑四百村近江者　負車廿両
楉一百荷　藁一百囲已上大炊一間厨一間温屋并三間葺涅料
請銭九千七〔六〕百文
六千四百文榑四百材直村別十六文
一千六〔五〕百文車廿両賃両別八十〔七五〕文
一千三百文楉一百荷直荷別十三文
四百文藁一百囲直囲別四文

以前、大炊并厨温屋等葺渥料銭、所請如件、以解、

天平宝字四年潤四月五日領上馬養

坂田

主典安都宿祢

③「東塔所解案」（14ノ390〜391、続々修18ノ6②⒂）

東塔所解　申請歩板銭事

合銭柒貫陸拾文

六貫買歩板一百枚直枚別六十文

一貫六十文車十四両賃料十二両別七十五文　二両別八十文

右、経師等宿所可敷歩板直并車賃料、且所請如件、以解、

天平宝字四年潤四月十二日領坂田

上馬養

主典安都宿祢

④「写書所解案」（14ノ391、続々修18ノ6②⒂）

写書所解　申請雑材事

梁四枝　桁六枝丸　柱十枝小　古麻比木四□

右、為作室温《レレ》、所請如件、

四年潤四月十三日上

⑤「経所解案」（14ノ391〜392、続々修18ノ6②⒂）

経所解　申請釘事

合陸《柒》拾捌隻各長四寸

卅二隻平頭各長四寸　卅八隻打合各長

右、為打温船二隻、所請如件、

天平宝字四年潤四月廿三日領上

小治

福山敏男はこれらについて、天平宝字四年四月と閏四月の文書によれば、湯屋・湯船が作られ、経師宿所の敷板が作られようとし、一切経を写す経師の宿所・食宿板□・大炊屋一間・厨一間・温室一間の壁が塗られ、屋根板が葺かれようとしていた（14ノ386～392）が、これは、同年二月十日の光明皇太后の令旨による坤宮御願一切経の書写計画により、従来の写経所では狭隘なため、施設を増加したもの、としている。①②③はいずれも東塔所が造東大寺司に材木等の代金を請求する内容である[51]。山本幸男は東塔所が用材購入と造営を請け負ったとするが[52]、これらには造営のための人件費が請求されていないので、用材の購入とその写経所までの輸送を請け負ったと見られる。

まず①と②はいずれも椙榑（共に近江とある）・楉・藁の代金であるので、両者の関係が問題となるが、②には再度請求するというような文言はないので、別個の代金請求と見るべきである。これによると、①②合計で椙榑七〇〇材・楉二〇〇荷・藁三〇〇囲を車三五両で輸送したことになる。このうち楉と藁は②によって大炊・厨・温屋各一間の泥葺（葺泥）に用いられたことがわかり、椙榑は①の経師等宿所の新築に用いられたと推定される。これも泥葺されたかもしれない。経師等宿所は③によって歩板の床が敷かれたことがわかる。この点も経師等宿所の新築を示す。

④によると写書所が温室を作るための材木を請求しているので、新築であろう。その数量によると、温室は桁行三間、梁行二間と考えられる。これに泥葺が施されたのである。その内部には⑤の温船二隻が備えられた。

以上によると、経師等宿所と温室（温屋）は新築されたが、大炊と厨は葺泥が行われただけであるので、既存の施設の補修を行ったと考えられる。これらは光明皇太后発願一切経の写経事業に備えたものとみてよい。

また福山は、天平宝字四年七月の造東大寺司解案には、経所板屋三宇を記していることを指摘している[53]。これは「造東大寺司解案」（前半は25ノ270、軸装79其1（第1〜2紙）、後半は25ノ270〜271、続々修18ノ6④(1)）に次のように見えるものである。

従八位下小治田宿祢年足
　令奉写雑経二千五百六十巻
　令装潢紙二万三千四百七十二張
　　催令作経師所板屋□（三）宇
　　　一宇長八丈一尺　広二丈
　　　一宇長四丈五尺　広二丈
　　　一宇長六丈三尺　広二□（丈カ）
　催令山作東如法院料材七百卌九物歩廊桁等類□
……………………………………
　催令作如法院一区並葺檜皮者
　　供奉礼仏三度
以前、起去年八月一日、尽今年七月卅□
人等考中行事如前、以□
　　　天平宝字四年七月□
　　　　主典□

この文書は前欠で、途中の点線部分で前後二断簡にわかれている。大日古は「連続セルモノ」としている。後半の年紀はたしかであるが、前半は不明である。前半に見える雑経二五六〇巻は、光明皇太后発願一切経七六〇巻と称讃浄土経一八〇〇巻の合計に合致するから[54]、称讃浄土経が完成したはずの光明皇太后七七斎の天平宝字四年七月二十六日以後であることになる。また前半は小治田年足の考中行事の一部であるが、彼は天平宝字四年四月から写経所の要員として見えるので、それ以降の行事であることになる。天平宝字三年八月一日から同四年七月三十日を対象とすると考えると後半と同じとなる。したがって前半と後半は接続するかどうかは不明であるが、大日古のように連続するとするのは妥当である。

そうすると、前半の小治田年足が造作を促した経所の板屋三宇は、この期間のいずれかの時期に造作されたことになる。ただし工事そのものは彼の着任以前から始まっていて、彼はそれを引き継いだ可能性も残る。結局この板屋の性格は不明であるが、かなり規模の大きなものが含まれるので、これらも光明皇太后発願一切経の写経事業に伴う施設増設の一環と見るのが妥当であろう。もしそうだとすると、院の敷地の拡張を考慮しなければならないかもしれない。

6　周忌斎一切経の写経事業における写経施設

天平宝字四年六月七日に光明皇太后が没すると、即日、七月二十六日の七七斎に向けて称讃浄土経一八〇〇巻の写経と阿弥陀浄土画像の製作が命じられた[55]。大量でかつ期限を切られた事業であったため、一一〇人もの大量の経師・装潢・校生が動員された（「奉写称讃浄土経所解案」14ノ403～404、続々修18ノ6②㉑㉒）。同時の勤務人数は不明であるが、上記のように光明皇太后発願一切経のために施設が拡充されていたため、対応可能であったのであろう。

ついで、光明皇太后の一周忌にむけて周忌斎一切経の写経事業が発願された[56]。それがいつのことか不明であるが、諸物資の収納は天平宝字四年八月三日から始まっているので（「後一切経料雑物納帳」14ノ421～440、15ノ85～87、14ノ440～442、続々修2ノ6①⑴～⑹②③、続修20⑥⑤裏、続修22⑥裏）、それ以前に用度申請がなされたはずである。

翌五年三月上旬には書写は五三三〇巻で終り、四月末には装丁もほぼ終り、嶋院に荘重な行列を組んで運ばれた（「奉写一切経所解案」15ノ52～53、続々修3ノ4⑤(3)その他）。

後欠「奉写忌日御斎会一切経所解案」（15ノ63～69、続々修10ノ7(1)裏）が用度申請の案であろう。これによると、

奉写忌日　御斎会一切経所解　申請用度物事

合応奉写大小乗経律論及賢聖集伝壱仟壱拾伍部伍仟

弐伯柒拾壱巻肆伯玖拾玖帙　麁経五千一百十六巻　注経一百五十五巻

（中略）

浄衣弐伯弐拾壱具　一百卌具経師料　十具装潢料　廿具校生料　十二具雑使料　四具膳部料　卅五具駈使丁料

とあり、当初は五二七一巻に対して経師一四〇人、装潢一〇人、校生二〇人、雑使一二人、膳部四人、駈使丁三五人という大量の人員を動員する予定であったことが知られる。同時点の実働人数を知ることはできないが、「奉写一切経所解移牒案」[57]によると、天平宝字五年二月には経師七五人＋一五人・装潢七人・校生十一人・史生一人・雑使一〇人・膳部四人・抜出仕丁一人・火頭一六人が使用する予定の雑物が請求されているので（15ノ19～24、続々修3ノ4③(2)～(5)）、この数が参考となる。このうち経師～雑使の合計一一九人が堂に座席を持っていたであろうから、前述の折薦畳一枚二人の基準では、約六〇枚が敷かれていたことになる。折薦畳の大きさが不明なので明言できないが、天平十九年末以来の東堂・西堂の二棟を使用すれば可能な数と考えられる。その場合は一堂あたり三〇枚となる。

同三月には請求予定人数が題師二人・経師三〇人・装潢七人・校生十一人・史生一人・雑使八人・膳部二人・火頭一七人に急減している（15ノ32～35、続々修3ノ4③(12)～(16)）から、書写の過程は天平宝字五年二月でほぼ終了したのであろう。また前出「奉写忌日御斎会一切経所解案」には、

十八貫三百八十二文薪一千四百十四荷直荷別十三文
　一千一百十荷食所料
　四百四荷湯屋料
四貫四百五十三文一百一箇日料炭九十八斛九斗八升直斛別卌五文
　卅四斛三斗四升食所料日別三斗四升
　六十四斛六斗四升堂料日別六斗四升

とあり（15ノ66、訂正後の数値）、堂・食所・湯屋が存在することが前提とされている。

一方、福山は、天平宝字四年八～十二月の「奉写一切経所解案」（15ノ3～5、続修19④裏＋続修20④裏）に、経堂・熟紙所・炊飯并料理食所・沸湯所・政所が記されていることを指摘している。これは、

奉写一切経所解　申所役駈使事
（火頭・仕丁の内訳省略）
見役三千五百七十人
　熟紙所九人　単一千二百七十人
　炊飯并料理食所十人　単一千四百二十九人
　経堂雑使三人　単三百八十四人
　沸湯所二人　単二百八十八人
　政所雑使二人　単一百九十九人自宮運物并買市生菜等
以前、起去年八月六日、至于十二月卅日、散役駈使等単功、
謹依符旨、具件如前、謹解、
　　天平宝字五年正月十二日案主散位従八位下小治田宿祢

とあるものである。これが先の「奉写忌日御斎会一切経所解案」の記載と関係する。両者を比較すると「経堂」が先の「堂」に、「炊飯并料理食所」が「食所」に、「沸温所」が「湯屋」に対応し、それ以外に「熟紙所」と「政所」が見えることになる。

　熟紙が紙を加工して写経できる状態にすることを意味するなら、この写経事業の経紙と表紙はそれぞれ黄蘗と橡で染められたから（15ノ67）、「熟紙所」とは継打界染を施し端継をつけるなどの作業の一部または全部を行う組織で装潢所に属するものであろう。これらの作業のうち、打と後述の染は紙屋という施設で行われたと推定しておきたい。

　また「政所雑使」については、政所の指示で宮からの物資輸送と市での買いつけに従事したとあるので、この「政所」は写経所の事務機構の意味であって、政所という独立の施設が存在したと考える必要はない。政所は経堂で機能していた組織であろう。

　さらに次の史料がこの「奉写一切経所解案」の記載と関係があると思われる（「奉写一切経所散役駈使等注文」15ノ242、続修22⑧裏）。

紙《経》打《奉》平五《四》人火頭丈部床足　矢集忍万呂　物部人足
　　　　　仕丁宅部宮万呂　物部広万呂〻〻〻〻
煮黄蘗一人火頭物部人足
堂雑使一人火頭丈部真鷹
大炊二人火頭生部真和久
　　　　仕丁財部小黒
沸湯一人仕丁大伴万呂
採薪二人火頭石上部根万呂
　　　　仕丁矢作宮万呂
務所雑使一人火頭辛鍛赤万呂

この背面は、天平宝字五年二月二十七日「賀茂馬養解」（4ノ494〜495）という請暇解で、一般に請暇解の二次利用は早いことからすると、今問題にしている二次面が天平宝字五年とする史料目録の理解は妥当である。そうすると、これは周忌斎一切経の写経事業の末期に近いころのものと判断される。

これは、先の「奉写一切経所解案」と同じく、火頭・仕丁の諸作業への配分を記録したものである。「経奉平（紙打平）」という作業は見慣れないが、作紙を行う打平雇人（11ノ48）、経紙について「依生打返送、好打平欲給」（25ノ348）などの用例によると、打の作業を意味すると考えられる。それに火頭四人があてられたのである。打は紙屋で行われたから、紙屋の施設が存在したと考えられる。

「煮黄蘗」は装潢の仕事である染の一工程である。装潢の座席のある経堂の中で火気を伴うこの作業を行うのは危険で、臭気・煙・騒音等も問題となるから、経堂以外の別の場所で行われたと考えるべきであろう。装潢にかかわる別の施設というと紙屋が考えられるので、煮黄蘗や染の工程は紙屋で行われたと考えたい。「奉写一切経所解案」の記載と対比すると、熟紙所という組織は紙屋で行われた経奉平（紙打平）や煮黄蘗の作業、すなわち打と染に関係すると考えられる。

天平宝字四年八月三日以前の周忌斎一切経の発願に前後して施設の整備が行われた。光明皇太后発願一切経の予定巻数三四三三巻に比して、こちらは当初計画で五二七一巻と約一・五倍の規模であるので、さらなる施設の増強が必要であったであろう。次の史料がそれに対応すると考えられる。

①「写経所解案」（14ノ412、続々修18ノ6②㉔、訂正後）

東寺写経所解　申請板屋事

合壱間長十五間 広四間

右、為作レ師経等厨并湯屋(58)、所請（如件カ）□□、

仍具状、以解、

天平宝字四年七月十六日案主小治田

主典安都宿祢

②「経所解案」（14ノ413、続々修18ノ6②㉔）

経所解　申請墨葛事

合五斤

右、為結所作板《湯》屋垂木、所請如件、以解、

天平宝字四年七月廿日主典安都宿祢

③「安都雄足写経用度注文」（14ノ421、続々修18ノ7②⑵裏）

一（中略）

一東厨屋《乃湯屋》早速令塗、

（中略）

一日雄足

福山敏男は、①の写経所解は、（法華寺阿弥陀浄土院の）板屋一間を経師等の厨ならびに湯屋を作るために請うており、②の経所解は、黒葛五斤を「作る所の湯屋の垂木を結うため」に請求している、としている。

①は写経所が、長一五間、広四間の長大な板屋一間をどこかからもらい受けてきてこれを解体し、経師等の厨と湯屋に作り替えるための請求と考えられる。つまり増築である。福山はこれを法華寺阿弥陀浄土院に請求したとするが、その根拠は明らかでない。②は①の湯屋にかかわるものであろう。また③について山本幸男は天平宝字四年八月一日のものと推定し、同日より①②の厨と湯屋の壁塗りが着手されたとする。[59]

天平宝字四年前半に行われた光明皇太后発願一切経の写経事業の際に、厨は既存のものが補修され、温室は新築されているから、この厨と湯屋はさらに増築されたものであるはずである。その場合③に「東厨屋乃（及ヵ）湯屋」とあることは見逃せない。既存の厨の東側にもう一棟の厨屋が立てられたのであろう。

以上によると、周忌斎一切経の写経事業では、東堂・西堂の両方とも使用され、宿所二棟以上、厨二棟、温室三棟が用意された。天平宝字四年の光明皇太后発願一切経の写経事業の時に院の敷地が拡張された可能性があることを指摘したが、それによれば、これらの施設は院の区画内に納まっていたと考えてさしつかえない。

五　石山写経所の写経施設

保良宮の造営にともなって石山寺の増改築工事が行われた。これと連動して、石山の地で石山寺のための勅旨大般若経一部六〇〇巻と理趣経二巻・観世音経一〇〇巻の写経事業が行われ、そのために石山の地に写経関係の施設が新たに造られた。その経過については、すでに福山敏男(60)・横田拓実(61)が以下のように指摘しているが、施設についてはさらに検討すべき点が多く残されている。

(1)天平宝字六年（七六二）正月十六日に書写が企画され、経紙・帙・綺・軸・麭・刀子・盆・漬菜が内裏に請求された。

(2)写経開始日として二月八日が予定された。

(3)経師らに本経があてられたのは二月十一日からであった。それまでに経堂・経師房等の施設は大略完成したと考えられる。

(4)経師等が写経を行ったのは二〜四月と八月〜十一月であり、その間の四月〜七月には本経は充てられていない。

(5)写経は十二月上旬には完成した。本経・新写の経巻・残物などは順次返却された。

経堂　天平宝字六年八月二十七日「造石山院所労劇文案」（15ノ235〜241、続修37(1)(2)＋続修29⑧裏）には、「作殿廿六宇」のうちの「板葺殿三宇」の一棟として、

経奉写堂一宇長四丈　広一丈八尺　高一丈六尺
在板敷掘立柱

が見えている。これによると「経奉写堂」は板葺の掘立柱の板敷（床張り）で、長四丈・広一丈八尺・高一丈六尺であることがわかる。

一方「造石山寺所雑材并檜皮和炭等納帳」天平宝字六年正月十五日条（15ノ261、続々修45ノ3①(1)）に、

又収納黒木桁八十五枝　柱卅四根　古麻比卅八枝
　佐須卅六枝
　　右、自十五日迄卅七日、自立石山令採如件、採功百卅九人
　　　　主典安都宿祢　　下「道主」

とある。これだけではその使途は明らかでないが、この案文と考えられる「造石山寺所雑材納帳」（15ノ258～259、続々修18ノ3④(3)裏）の天平宝字六年正月十五日～二十七日に列挙されている収納材の数を合計すると、右の数量と合致する。(62)このうち「経堂料」と注記のあるものは以下のとおりである。

廿五日収納黒木桁八枝　黒木古麻比十九枝已上経堂料
　右、雇夫十四人令採、検納如件、
廿六日収納黒木柱八根　桁四枝已上経堂料　右、以雇夫八人令採、
廿七日収納黒木桁四枝、柱八根已上経堂料　右、以雇夫七人令採如件、

この両者を比較すると、経堂料は柱一六根、桁一六枝、古麻比一九枝であり、いずれも立石山で採取された黒木であることが知られる。また「造石山寺所雑材并檜皮和炭等納帳」二月五日条（15ノ263、続々修45ノ3①(1)）には、

又収納椙榑二百五村破五　「経堂并経師房及盛殿料」
　右、自伊賀山買、右兵衛物部東人進上、依員検納如件、

主典安都宿祢　下「道主」

とあり、この榲榑二〇五村のうちに経堂料が一定程度含まれていたことが知られる。これは伊賀山にて購入したものであった。

「経奉写堂」と「経堂」とは同じものとみるのが妥当であるが、前記の柱一六根と長四丈・広一丈八尺から、ヒラ側は六尺間が四間と七尺間が二間の六間、ツマ側は一丈八尺を二分して九尺等間の二間と考えられるのではないか。

つぎに天平宝字六年三月七日「造石山寺所告朔」（二月告朔、5ノ137〜138、続修38⑵裏）に「作紙障子二枚経堂料功三人」とある。この紙障子は窓にはめるものであろうから、経堂には窓が二か所以上あったと推定される。これには、後述のように蔀がついていた。

同年閏十二月二十九日「造石山院所解案」（秋季告朔）は、石山寺増改築工事の決算報告書であるが、その中に経堂に関する記載が次のようにある。

(1)一百卅九隻作板葺経堂一宇料
　打合釘九十九隻
　　八寸□□□（釘八隻）　六寸釘八隻
　四寸釘八十三隻已上打垂木古万比棉梠并長押扇端食等
　平頭釘廾四隻
　　二寸釘十二隻　三寸釘十二隻已上打博風并戸幉等料
　鳫釘十六隻五寸蔀作扇料
(2)（雉楯）一枚打経堂殿戸料
(3)（折鍵）四勾打経堂料

（以上16ノ235、続々修45ノ5②裏）

(4)〈戸坏〉四枚経堂戸二具料
(5)〈戸齊〉四隻経堂戸二具料　（以上16ノ238～239、同前）

このうち釘については「造石山寺所雑物用帳」同年二月七日条（15ノ318、続々修44ノ6①(2)）に、

(6)七日下釘一百六隻　「自経所可報」
四寸打合釘八十一隻卅六隻古万比并垂木料 卅二隻扇四枚端波目料　十三隻棉梠料
八寸打合釘十六隻長押料　三寸平頭釘十六隻比木料
三寸呉釘十五隻比木押并比木蓋料　五寸打合釘二隻梁端継料
五寸鳫釘十六隻扇合作料　戸碓并戸細各八口
鋑四勾
右、作経堂料

とあるのとほぼ対応すると考えられる。これによると、前記の材木を打つ釘類は二月七日に支給されているので、二月十一日の写経開始直前に経堂は完成したのであろう。

これらによると、経堂について(1)垂木・古万比・棉梠・長押・扇・博風・戸鍱・蔀・(2)雉楯・(3)折鍵・(4)戸杯〈(6)の戸碓か〉・(5)戸齋〈(6)の戸細か〉、(6)扇の端波目・比木・比木押・比木蓋・梁端継・鋑などが見える。このうち「戸鍱」が定規縁であるとすると両開きの戸であることになる。また「戸齊〈戸細〉」が大日古のごとく「戸臍」であるとすると、戸のとまらを受ける孔を構成する金具を意味することになる。戸二具につき四隻であるから戸一具あたり二隻となる。[63] これは上下一対を意味するから、この戸二具とは両開きの左右の扉をさすと理解できる。これによれば経堂には両開きの出入口が一か所あったことになる。

前述の二月告朔には二月中の作物が挙げられているが、その中に

作机十七前経机并盛料

とある（5ノ138）。このうち経机は、仏前等に備える経巻を乗せる台としての経机の可能性もあるが、このころ石山寺の工事や大般若経の写経事業は始まるかその直前であるから、そのような台を用意するには早すぎる。経師が使用する机と解すべきであろう。

この直前の同年正月二十四日「造石山寺所符案」には、造石山寺所が田上山作所領の玉作子綿に対して、火急のこととして「机板十枚」を作って進上するように指示している（15ノ143～144、続修後集28⑤裏）。一方「石山院大般若経充本帳」（5ノ107～110、続々修18ノ2⑴）によると、二～三月に充本された経師は一〇人であり数が合う。これにさらに四人が加わるのは九月以降のことである。この机板の数と経師数の一致からみて、机一七前のうち一〇前は経机で他の七前は「盛料」であったとみられる。盛料の机は他に見えないが、後述のように、食事用の机とみられる。

以上によると、石山における写経事業に当たっては、経師等の机は奈良から運んできたものではなく、新調されたことがわかる。奈良の写経所関係施設には、すでに机はなかったのであろう。

紙屋　井上薫は、石山に製紙工房の紙屋があったとするが(64)、すでに述べたように、紙屋は打染、装丁の一部を行う施設である。造東大寺司から石山に紙打石一顆が送られたことは、福山が指摘している。したがって、石山で紙打ち作業が行われたことは確かである。前後の時期には独立の紙屋があり、また作業効率や騒音・振動のことを考えると(65)、石山写経所は臨時的で規模も小さかったとしても、独立棟の紙屋があったのではなかろうか。

経師房　前述の二月告朔に「屏垣二院経師房并政所」（5ノ138）とあり、前掲のように「造石山寺所雑材并檜皮和炭等納帳」に杉榑二〇五村について「経堂并経師房及盛殿料」（15ノ263）とあるので、写経が始まる二月十一日までには経師房が新設されたとみられる。しかしその規模・構造を示す史料はない。

盛殿　「盛殿」については、前述「造石山寺所雑物用帳」の正月三十日条にいくつかの容器類を上げて「備雑工食器並盛所雑用料」とある（15ノ315）。これは造石山寺所のもので写経所のものではないが、食器を備えているので、この「盛所」とは料理供養所のこととみられる。「盛」の文字を共有する「盛殿」も同様であろう。

右記の「造石山寺所雑材并檜皮和炭等納帳」の記載は、この日に収納した椙榑二〇五材が経堂・経師房・盛殿の分であることを示す注記である。このうち経堂・経師房は写経所の施設であるので、盛殿も同じとみてよい。この写経所の盛殿は新設されたのであるが、その規模・構造は不明である。

温屋と温船　天平宝字六年三月七日「造石山寺所告朔」（二月告朔、前出）には「作温船二隻経師等料　功廾四人」とある（5ノ138）。これは、日付・隻数からみて、「造石山寺所雑物用帳」の天平宝字六年二月七日条の、

　又下四寸釘廾四隻平頭十二隻 打合十二隻

　右、作経師温船一隻料

　又下四寸釘廾四隻平頭十二隻 打合十二隻

　右、作僧都御温船一隻料

に対応し（15ノ317）、経師温船と僧都御温船の二隻であることがわかる。その大きさは、天平宝字六年閏十二月二十九日「造石山院所用度帳」（秋季告朔）の木工の項に、

　温船一隻長四尺　広三尺 深二尺五寸　　工七人

とある(66)（5ノ335、続修後集34全）。これは造石山寺所の作物であるから、僧都御温船の寸法であろう。これらの温船はそれぞれ温屋の内部に設置された。この温屋の規模も同じ秋季告朔の木工の項の遷竪雑屋八宇の内に見える（16ノ210、続修36(1)裏）。

　温屋一宇『先』長一丈八尺　広一丈三尺　高七尺 『今加作四丈　広高先同』

これはおそらく勢多荘から遷され、院中に建てられた七宇の建物の一つであり、やはり僧都御温船のための温屋であろう。もとの規模は長一丈三尺であったが長四丈に改造されたという（幅と高さは同じ）。石山写経所

でも経師温船と温屋が作られたとみられる。その温船やそれを納めた経師等用の温屋の規模は明らかでないが、以上の僧都御温船とその温屋の大きさが参考となる。

院（屏垣）　以上によると、石山写経所の施設としては、経堂・紙屋・経師房・盛殿（料理供養所）・温屋が存在した。厠も存在したと考えられるが、はっきりしない。このうち経師房・盛殿・温屋の存在が注意される。これまでにも、これらは写経施設として設けられてきたことを考えると、写経にとって必須の施設として位置づけられていたと見るべきである。

これらの諸施設が相互にどのように配置されていたのかわからないが、「造石山寺所告朔〈造石山寺所解（案）〉」（5ノ137～138、続修38(2)裏）に

　屏垣二院経師房并政所

とあることは重要である。これについて福山敏男は、経師房と写経堂に柴垣を廻らせて一院をなした、としたが、この「政所」は造石山寺所のそれであろう。そうすると、この史料は「政所」と「経師房」の二院があったことを示していると理解すべきであろう。

後者は「経師房」だけが屏垣で囲われていたというのは考えにくいから、これは写経所の諸施設を代表して記されたと見るべきであろう。すなわち写経所の前記諸施設が一院をなし、造石山寺所政所がもう一つの院をなしていたのである。

石山写経所の一院が、奈良への帰還にともなってどうなったかは明らかでない。しかし、これらが解体され、その材が輸送された形跡はなく、後述のように、奈良側にも東大寺写経所の施設は存続していた。したがって解体・移築などはされず、そのままとされたと考えられる。(67)

石山写経所における大般若経などの写経は、天平宝字六年十二月初めには終了し、新写経巻と本経は相次いで奈良に送られた。また仕丁や銭貨や米以下の食料の残りも十二月中に返却された。

六　東大寺写経所の写経施設

1　石山期以前における奈良の写経所の写経施設

天平宝字五年（七六一）三月ごろに周忌斎一切経の写経事業が終了したあと、同六年正月に石山にて大般若経の写経事業が始まるまでの間の奈良における写経所の状況は不明である。しかし、石山では関係施設が新築されているので、奈良における諸施設は解体・移築されることなく存続していたと考えられる。また石山における写経用具等の必要物資は内裏に請求され、机も新造されており、別の場所から石山に運び込まれたということはない。奈良の諸施設の建物は残存していたが、その内部にあった写経関係の舗設具等は、すでに処分されていたのではないかと推測する。これは石山の写経所が活動していた期間においても変わらなかったであろう。

2　石山期における奈良の写経所の写経施設

次に、石山期における奈良における写経関係組織はどのような状況であったであろうか。この点については、すでに次の「法師道鏡牒」（5ノ238～239、正集7②(1)、背空）が注目されている。(68)

牒　東大寺一切経司所

請一切経目録事

在於彼寺経律論並章疏伝

等之目録是也

右、被今月六日内宣偁、
件経律等目録、暫時
令請者、今依宣旨、
差竪子上君麻呂
充使、令奉請、具状
故牒、

天平宝字六年六月七日

法師道鏡

「判行令奉請東大寺一切経目録壱巻
白紙并表、但无軸　付上君万呂

判官葛井連「根道」

主典阿刀連　　」

この牒は、石山で大般若経の写経事業が進行中の天平宝字六年六月に道鏡から造東大寺司に送られ、造東大寺司で道鏡の指示に従う旨の判断がなされ、その旨を「判行」以下としてオクに書き込んで下部組織に回された。この史料が写経所文書として残っているのはそのためである。その下部組織名を道鏡は「東大寺一切経司所」と呼んでいるが、これが正式名称であるかどうかわからない。

以上からすると、写経組織が石山に移っている間も、奈良には造東大寺司管下に、経典に関する何らかの組織が機能していたことになる。右述のように、写経関係の諸施設は、奈良にそのまま存続していたと考えられる。しかしそれがどのような状態であったのか、どの程度の人員が配属されていたのかとなると不明とするしかない。道鏡が「東大寺一切経司所」と呼んでいるのが、この諸施設の管理組織であろう(69)。この組織は、少なくとも経典の出納管理を行っていたと考えられる。

3　奈良帰還後の写経所の写経施設

奈良では、天平宝字六年（七六二）十一月二十一日の法勤尼の宣で灌頂経一二部の写経事業が始められ、同年閏十二月二十一日には書写が終了したらしい。また弓削禅師の宣によって同年十二月二十六日から翌七年正月十五日以前までの間に仁王経疏一〇部が五部ずつ続けて写された。さらに天平宝字六年十二月十六日の少僧都慈訓の宣によって大般若経二部の写経事業が始まった。これを受けて二部大般若経の予算案が作成され、十二月十八日と同三十日に節部省（大蔵省）から調綿を中心に用度物が支給され、同閏十二月十一日に本経と紙筆墨が経師等に支給され、書写が始まった。それが終了したのは同七年三月二十日～二十一日頃で、その後装丁が施され、決算報告書が作成された同七年四月二十三日には終了した(70)。

これらに関する重要な史料として「奉写灌頂経所食口案帳」（16ノ25～50、続々修10ノ7(1)～(3)、続修31⑤裏、続々修40ノ5①(1)～(5)、続修47⑤裏、続修別集8⑤裏、続々修40ノ5②(1)～(4)、続々修43ノ16②(4)(5)裏、以下食口案帳）がある。これは、冒頭に「奉写灌頂経所食口案」とあるように、当初は灌頂経の写経事業の従事者に対する食米の支給台帳として記入されはじめたが、上記のような写経事業の並行状態を反映して、やがて仁王経疏・大般若経の食口案も併せて記されるようになった。それを「灌頂」「頂経」「仁王」「般若」「若」などの注記によって区別した。しかし「難波使」「自節部省綿運」などは二部大般若経に関する食口であるが、これらの注記はない。「書生」も注記はないが仁王経疏の食口である。つまり区別するための注記がないからと言って灌頂経の食口であるとは限らず、注記のないものの中にも仁王経疏・二部大般若経の食口が含まれているのである。

経堂　これら三つの写経事業が、それぞれどの経堂で行われたのかは明らかでない。しかし、経堂を区別して示すような史料はないので、同じ堂で行われた可能性がある。三つの写経事業が並行する宝字六年閏十二月中旬以降においても、経師・装潢・校生・雑使の食口合計人数は約五〇人であるから、東堂・西堂のいずれか一堂で写経することは可能であった。

経堂の規模が推定できる史料として、「奉写二部大般若経用度解案」(16ノ59～68、続々修4―7全)の次の記載がある。これは、慈訓の宣を受けて作成された同写経事業の予算案である。(71)関係部分のみを次に抜きだす。

・経机五十前
・中取四前
・切机四前
・畳八十八枚 卅枚敷堂料 五十八枚宿所料
・薦八十八枚 卅枚敷堂料 五十八枚宿所料

このうち経机は前述のように経師用の机、中取は福山敏男に従って装潢の台板、切机も写経にかかわるものとすると、合計五八前となる。畳と薦は重ねて使用されたが、経堂三〇セット、宿所五八セットとある。その一セットに写経関係の机二前ずつという基準からすると、経堂料の畳薦三〇セットと写経関係の机類の合計五八前とは、数的に対応する。

先に見た東院写一切経所の写経堂の規模は、身舎桁行七間、梁行は南北両庇が付いた四間であったが、その堂内に収納可能な畳数の推定から、経師等四〇～六〇人程度が従事できたと推定した。これら三つの写経事業が仮に同じ一つの経堂で行われたとすると、この結果からみて、この写経堂と同程度の規模と推定すれば無理がない。

なお「奉写灌頂経料雑物下帳」の天平宝字六年十二月二十七日条(16ノ24、続々修10ノ5全)に、

廿七日下紙拾張　右、仁王経疏写所牖張料

とある。これによると牖(窓)のある「仁王経疏写所」なる独立の施設が存在するかに見えるが、必ずしもそうではなく、三つの写経事業が並行して行われている経堂を、仁王経疏の写経事業を中心に見た場合の呼び方、

あるいはそれを行なっている一画をさすのであろう。

板屋　さて、食口案帳によると、十二月二十四日（16ノ30）から数日にわたって木工一人・雇夫七〜九人につき「板屋作」「板屋立」と見える。これについては、どの写経事業に関するものかを区別する注記はないが、二部大般若経の調綿等を収納するための板屋ではないか。

周知のごとくこの写経事業の財源は、すべて節部省から調綿で支給された。十二月十八日に支給され同十九日に写経所が受け取ったのは、調綿一〇九九七屯・租布五五段・白木辛櫃一〇合にのぼった。翌二十日から売却のために官人たちに割り当てられていったが、かなりの数量を一時的に収納しておくスペースが必要であったはずである。しかもこれらは予定額の全額ではなく、同三十日にはさらに調綿五〇四三屯・租布二五段・白木辛櫃二五合が収納されたのである。当初はとりあえずどこかに収納したのであろうが、とうてい全額を収めることはできず、急遽建てられたのがこの板屋であったのではないか。これに続いて見える「屋蔀」は明り取り用に設けられたものであろう。

経師息所　次に食口案帳の閏十二月七日から十一日にかけて三〜七人の雇夫が「般若経師息所作」の食口として見える。この「息所」は「宿所」と同じものであろう。経師息所は、前述あるいは後述のように周忌斎一切経の終了後も存続していた。その建物規模は、周忌斎一切経の従事者の人数（二一〇人）から見て、二部大般若経はもちろん他の二写経事業の経師等を合わせても十分に収容できるほどのものであったはずである。しかしそれから二年近く使用されないままに放置され、痛みも生じていた可能性がある。これらの点から、これは新築ではなく、閏十二月十一日からの二部大般若経の書写開始で急に経師等が増加するのに備えて行われた修理であろう。木工が関与していないことも、この推測を裏付ける。

前述の「奉写二部大般若経用度解案」には、畳と薦をおそらく刺し合わせたものが「宿所料」として五八セット請求されているので（16ノ67）、「宿所」はそれを敷くことのできる広さであったが、具体的な規模は不明である。

料理供養所・紙打殿・温屋　食口案帳には、雇夫が最初の十二月八日から食口として見えるが、合計数のみで仕事の内容内訳まで記されていない。しかし十二月二十四日以降は干・紙打・温沸などと注記されるようになる。おそらく最初からこのような仕事をしていたのであろう。したがって、料理供養所・紙打殿・温屋は、写経事業開始当初から存在していたことになる。厠もあったであろう。

前述の「奉写二部大般若経用度解案」には、

駈使十六人 四人紙打 二人雑使 八人干 二人温沸

とある(16ノ68)。これによっても二部大般若経の写経事業の開始当初から駈使丁が紙打・干・温沸に従事することが予定されており、その施設が存在することが前提とされている。これらから見て、これらは新設されたものではなく、既存のものを利用したことになる。

同年閏十二月十九日の「奉写大般若経所符案」(奉写二部大般若経解移牒案、16ノ112〜113、続々修4ノ21(5))では、泉木屋領の山辺武羽に対して、紙打殿を葺くために杉榑四六村・波多板一四枚を買って進上するように命じたことがみえる。山辺武羽はこれを受けて、二十二日と二十七日に波多板一〇枚、□□(檜榑)四十□村を進上している(「奉写二部大般若経料雑物収納帳」16ノ126〜127、続々修43ノ20(2))。

右記のように紙打殿は既に存在しており、二部大般若経の写経事業もかなり進んだこの段階で紙打殿の新築は考えにくいので、これも既存の紙打殿の屋根の葺き替えあるいは修理のための材木であろう。

小結　以上、写経組織が奈良に帰還して以後の写経事業とその使用施設について検討してきた。それによると、経堂・板屋・経師息所(宿所)・料理供養所・紙打殿・温屋が使用されたことがわかり、厠も存在したであろう。このうち板屋が新設された以外は、いずれも既存の施設を修理しながら再利用したものであった。経堂や紙打殿の存在は、写経事業である以上当然であるが、経師息所・料理供養所・温屋が確保されていたことに注意したい。

これらの諸施設は、さかのぼれば東堂・西堂とそれに付属する施設群と考えられる。書写はそのどちらか一堂のみが使用されたであろう。

以上の灌頂経・仁王経疏・二部大般若経の写経事業は、いずれも天平宝字七年四月までには終了し、そののちは梵網経・法華経・七百巻経・四十巻経その他がつぎつぎと写されたが、それらの施設については不明である。

ついで天平宝字八年（七六四）七月二十八日の少僧都道鏡の宣によって御願大般若経の写経事業が始められ、同年十二月末には完成したとみられる。(72) これに関する「大般若経料雑物納帳〈奉写御願大般若経料雑物納帳〉」（16ノ517～520、続々修4ノ18全）の同年八月六日、七日条には、

六日請板五十枚手水所
七日請板二百六十枚大炊屋（用湯）　已上木工所　並蘇岐
上馬養
又簀子三枚光所之　用湯屋作料

とある。これらは、福山が指摘するように湯屋の修理であろう。また手水所（厠）のためにも板が納入されているので、手水所に関する何らかの工事も行われたのであろう。湯屋と手水所がたびたび修理されながら使用されている実態がうかがえる。

この写経事業が終了したあと、翌年の天平神護元年（七六五）三月ごろ写経所の機能は停止した。

七　奉写一切経所の写経施設

天平神護元年以来ながらく休止していた写経事業は、神護景雲四年（七七〇）五月から再開された。それを担当した奉写一切経所では、宝亀七年（七七六）六月の閉鎖までの約六年間に、五部の一切経、甲部一切経の一部分、少なからざる間写経・私願経などの写経事業が行われた(73)。このうち五部一切経は次の期間に書写が進められた。

先一部　神護景雲四年六月中頃～宝亀二年九月中頃

始二部　宝亀三年二月十五日～同四年六月
（準備作業は宝亀二年十月から）

更一部　宝亀四年六月～同五年五・六月

今更一部　宝亀五年五・六月～同七年六月

この時期については比較的大量の史料が残っているが、その中では⒜～⒳の二四通に及ぶ告朔解案が注目される（表2）。これによってこの写経所における諸物資の受容・配分などの用残、関係人員の状況、そして施設など、さまざまな情報を得ることができる。しかし、この史料群は、五部一切経のうち先一部・始二部が中心で、更一部のはじめ三か月分までしかなく、今更一部に関するものはごく一時期の⒳以外は残っていない。したがって、更一部・今更一部については他の史料で補う必要があるが、残念ながらそれもあまり残っていない。このような史料的限界を意識しつつ、この写経所の施設を検討する。

経堂　まず経堂の所在地について検討したい。これについては次のような記載に注意する必要がある。

⒠葛野蓆廾八枚

表2　告朔解案

記号	年	月	大日古	所　属	対応する一切経
ⓐ	神護景雲4	6～9	6ノ85～107	続々修3ノ7全	先一部
ⓑ	宝亀2	1～3	15ノ126＋6ノ135～160	続修後集42①＋続修後集35全	
ⓒ		③～5	6ノ173～198	続修別集19全	
ⓓ		6～12	6ノ223～247	続修別集12(1)裏	
ⓔ	宝亀3	1～3	6ノ291～307	続修別集13(9)	始二部
ⓕ		4	6ノ317～323	続修別集13(8)	
ⓖ		5	6ノ324～329	続修別集13(7)	
ⓗ		6	6ノ368～374	続修別集13(6)	
ⓘ		7	6ノ374～378	続修別集13(5)	
ⓙ		8	6ノ391～395	続修別集13(4)	
ⓚ		9	6ノ398～403	続修別集13(3)	
ⓛ		10	6ノ407～415	続修別集13(2)	
ⓜ		11	6ノ417～422	続修別集13(1)	
ⓝ		12	6ノ447～463	続修別集12(1)	
ⓞ	宝亀4	1	6ノ469～473	続修別集12(1)	
ⓟ		2	6ノ476～484	続修別集12(1)(2)	
ⓠ		3	6ノ498～508	続修別集12(2)	
ⓡ		4	21ノ484～491	続々修3ノ10①(1)～(3)	
ⓢ		5	21ノ491～497	続々修3ノ10①(3)(4)	
ⓣ		6	21ノ497～503	続々修3ノ10①(5)(6)＋続修別集5③裏＋続々修3ノ10②(1)～(3)	
ⓤ		7	21ノ503～510	続々修3ノ10②(4)～(7)	更一部
ⓥ		8	21ノ511～512＋未収＋512～516	続修別集5①裏＋未収＋続々修42ノ5⑧(1)～(3)	
ⓦ		9	21ノ516～524	続修別集7⑦裏＋続々修16ノ5②(2)(1)裏＋続修26⑥裏	
ⓧ	宝亀6	1	23ノ319～321	続々修40ノ3①(22)裏	今更一部

八枚上経堂請下　廿枚政所請二月十五日　（6ノ302）

ⓛ打紙五百張⿰忄塞帙裏料自上経堂下納　（6ノ409）

ⓟ（仕丁）六十人自下堂於上経堂紙并経運上　（6ノ484）

ⓡ凡紙六百九十張端継并雑用料自上経堂請下奉写時々御願経之残内　（21ノ486）

このうちⓔⓛⓡによると、「上経堂」から諸物資を「下」が受け取っており、ⓟによると、「下堂」から「上経堂」に紙と経を運び上げている。これによると、ⓔⓛⓡの「下」とはⓟの「下堂」のことであり、それとは別に「上経堂」があったことになる。

「上経堂」には、ⓔⓛⓡによると葛野蓆という舗設具、打紙（経紙であろう）、「時々御願経」の残紙である凡紙などが収納されており、ⓟによると、「紙」（経紙と凡紙の別や数量は不明）と「経」を収納している。これによると「上経堂」にはある程度の収納スペースがあった。

ⓐ〜ⓧの告朔解案では、物資のやり取りがあった場合にのみ、送り元もしくは送り先を区別するために「上経堂」「下堂」「下」と表記された。これによると、単に「経堂」「堂」とあれば、それは「下堂」を意味する。つまりⓐ〜ⓧは「下堂」の告朔解案なのである。このことは、五部一切経の写経事業が「下堂」で行われたことを意味する。

また、上下の表記、ⓟの「運上」の用語から見て「上経堂」は「下堂」から離れたところにあり、「下堂」よりも高い位置にあったことになる。山下有美は「上経堂」は上院地区にある南堂・北堂で、『東大寺要録』の下如法院に相当し、「下堂」については、東堂・西堂に相当し、山界四至図の「経房」である、とする(74)。おそらく妥当であろう(75)。

次に、経堂の建物としての構造について検討したい。ⓔには次のような記載がある（6ノ302〜305、傍点筆者）。

(1)葛野蓆廿八枚

八枚上経堂請下　廿枚政所請二月十五日

用尽

畳刺料

(2) 葉薦廿八枚 八枚去季残／廿枚二月十五日請

用尽畳刺料

(3) 歩板六十枚

卅五枝自大仏殿請二月中

十四枚十一日　廿一枚廿九日

廿五枚三月三日請

用尽

卅五枚経、、、、堂北片庇敷料　廿五枚経師等宿所敷料

(4) 釘八十八隻

卌八隻打合 卅二隻長各五寸／十六隻長各四寸

卌隻切釘長各一寸

六十八隻二月中請

廿八隻十一日　卌隻廿七日

廿隻三月廿九日請

用尽

廿八隻固経、、、、堂北板敷打料

卌隻固水麻筒料

廾隻優婆夷宿所戸蔀料

このうち⑶⑷によると、経堂の北側の庇部分に板を敷く工事がなされたが、その工事の時期はⓔの宝亀三年一月〜三月の間としかわからない。これについて⑴⑵によると、おそらく経堂北庇と経師等宿所に葛野蓆と葉薦を刺し合わせた畳のようなものが敷かれたが(76)、それは二月十五日に受け取っているので、北庇の板敷工事が行われたのはこの前後の頃であろう。

この日は、始二部の書写が始まったその日に当たるので、それに合わせて畳などが運び込まれたことになる。そうすると、北庇の板敷工事は、それまでに終了していたはずである。時期から見て始二部の書写開始に伴って行われた工事と考えられる。

この経堂は、先一部の時も使用されていたが、その経師等の人数は、ⓔ以下の始二部とそれほど変わらないので、増築工事をする必要はなかった。⑷に「固経堂北板敷」とあるところを見ると、修理であろう。

経堂の建物としての構造その他は不明であるが、すくなくとも北側に庇がついているので、東西棟であったと考えられる。また、庇部分は歩板を釘で止めて床を張っていたことがわかる。身舎部分も板敷であろう。また「奉写一切経料墨紙筆用帳〈奉写一切経料墨并凡紙鹿毛筆等用帳〉」（6ノ21〜41、続修後集13⑴⑵）の宝亀元年十月二十日条（6ノ30）に

廾日下紙十張経堂間戸張料

とあり、紙張りの間戸（窓）があったらしいが、どのような形状の窓でいくつあったかは不明である。

つぎにこの経堂の規模を推測する手掛かりとなるのは、ここで働いていた人々の実人数である。ⓐ〜ⓧの総単口部分の経師・装潢・校生・舎人の合計数を日数で割ると、一日あたり平均四三人程度である（表3）。

一方、一連の布施申請解案を整理すると、経師等は始二部の時期は六二〜六五人、更一部の時期は五八〜六八人で推移していることがわかる。しかし、これらは二、三か月の各布施申請期間内に少しでも働いたことの

表3　経師等の数と1日平均の人数

記号	経師	装潢	校生	舎人雑使	合計	1日平均	一切経
ⓐ	1179	251	−	340	1770	15	先一部
ⓑ	2634	198	−	220	3052	34	
ⓒ	3916	279	−	300	4495	50	
ⓓ	3706	523	−	795	5024	24	
ⓔ	1403	296	349	257	2305	26	
ⓕ	901	106	134	77	1218	41	始二部
ⓖ	871	99	140	58	1168	39	
ⓗ	848	103	139	55	1145	39	
ⓘ	896	116	146	58	1216	41	
ⓙ	899	132	154	99	1284	43	
ⓚ	800	118	134	115	1167	39	
ⓛ	942	117	190	116	1365	46	
ⓜ	1171	105	218	118	1612	54	
ⓝ	902	117	154	129	1302	46	
ⓞ	35	58	59	83	235	8	
ⓟ	1203	101	151	108	1563	53	
ⓠ	1209	101	180	114	1604	54	
ⓡ	1044	99	138	100	1381	47	
ⓢ	1316	117	178	116	1727	58	
ⓣ	1023	141	188	114	1466	49	
ⓤ	1061	110	98	120	1389	47	更一部
ⓥ	2296	115	211	115	2737	92	
ⓦ	1184	126	161	120	1591	54	
ⓧ	691	51	49	58	849	29	今更一部
						平均43.1	

「一日平均」欄の平均は、最大・最小数を除いて算出。

ある人数であって、同時に働いていた人数はこれとは異なっている可能性がある。

そこで各期間ごとの布施額の平均を算出して比較すると、その半額程度しか布施が申請されていない経師の数が一～三割程度いる。これらの経師は、布施申請の期間中フルに写経に従事していなかった公算が大きい。この点から見て、任意の時点をとってみると、経師の実人数は前記の人数よりも少なかった可能性が高い。上日帳が残っていないので正確には把握できないが、一～三割減の三〇～四〇人台程度であったのではないか。これに領などを加えると、最も多い時で五〇人台であったと考えられる。

先にⓔ⑴⑵において蓆と葉薦を畳刺したものが二八枚用意されたが、一枚に経師等二人という標準に照らすと、これは五六人分となり、右の人数とほぼ対応する。経堂は、この人数を収容できる規模であったのである。経堂の規模を考えるうえで注意したいのが、経師等の机の数である。これについて、先一切経司から送られてきて経所が受け取った諸物資の中に（6ノ458）、

ⓝ書机八十八前請経所
　校書長机四前請経所
　中取六前
　　四前請経所　　二前収正倉『政所』

があることが注意される。(77) これも始二部段階の史料である。この机などの数は、右に見た経師・領などの実人数と約四〇前ほどの差があることが問題となる。

この点については、次のように考えられる。この書机などは、奉写一切経司を閉鎖するにあたって、そこに存在していたものを奉写一切経所に運んできたものであり、必ずしも奉写一切経所側の使用予定数にあわせたものではない。したがって、そのすべてを使用したとは限らない。そもそもこれより前に行われた先一部の写経事業の段階で、すでに経堂には机等は配置されていたはずであるから、奉写一切経司から運ばれてきたこれらの机等は、使用されたとしてもごく一部であろう。したがって、この書机八八前などの数は、経堂の規模を考える史料とはならない。

前述のように、天平十一年（七三九）段階の東院写一切経所の写経殿は、身舎七間×二間に南北庇がついた七間×四間であり、経師等四〇～六〇人程度が収容できたと想定された。

天平十九年（七四七）末以来存続してきた東堂・西堂の規模を示す史料はないが、経堂というものについて当時の人々に一定の了解があったとすると、身舎は七間×二間、両庇付きで七間×四間と標準としたと推測で

きるかもしれない。するとその収容人数は右の程度となる。これは、先に最も多い時で五〇人台であった経師・領などの実人数を、一堂で収容できる規模である。これによると、始二部・更一部の写経事業には東堂・西堂のいずれか一方だけが使われ、もう一方は写経事業の場としては使用されなかった可能性があるのではないか。

前述の使用しない机等や造東大寺司から支給されてくる米や布類やその他の諸物資は、受け取ってもすぐには消費されるわけではなく、順次消費していく間は写経所のどこかに一時的に収納しておき、必要に応じて使用されたと考えられる。経堂として使用されない方がその収納場所とされ、適宜取り出して写経を行っている方の経堂に運ばれたのではないか。

写経事業を進めるためには、食料・紙筆墨その他を円滑に供給することが重要である。上経堂から毎日のように運ぶのは不可能ではないが不便である。下経堂の一つに物資を収納しておいて、隣の写経事業が行われている方の経堂に運んだとする方が考えやすい。

勘経所・校経所　宝亀年間の写経事業では、先一部の場合のみ僧侶が勘経・校経を担当し、僧が別当を務めた。その人数は、ⓑによると別当僧二人・校経僧一〇人、ⓓには別当僧一人・校正僧一三人とある。ⓐのみ「勘経所」と見え、ⓑⓒⓓには「校経所」とある。写経事業の再開にあたり、本経の点検（勘経）とあわせて校正を行ったのが「勘経所」であり、勘経がすんだあと校正を行ったのが「校経所」であろう。

ⓐ～ⓓの惣単口の散の部分に、自進が「勘（校）経所雑使」と「経堂雑使」に分けてあげられているので、勘（校）経所と経堂とは別の施設と見てよかろう。

「勘（校）経所」については、何らかの設備や修理に関する記載は見えない。また「勘（校）経所」という名称そのものがⓐ～ⓓのみにしか見えないところからすると、それ専門の独立の施設とみることは難しい。南堂・北堂のいずれかを利用して勘経・校正作業が行われたので[78]、その堂を一時的に「勘（校）経所」と称したと考えられる。

写経所が勘（校）経僧に対して支給したのは、ⓐの時期には、索餅とその調味料と、鹿毛筆・刀子・明櫃などの校正用具のみであったが、ⓑⓒⓓの時期になると、菁などの植物性食物、紫菜などの海藻類、夏冬の袍袴などの衣料が加わり、ⓓではさらに米が加わっている。米については、ⓐⓑⓒでは惣単口やその散に勘（校）経僧が上がっておらず、ⓓで初めて算入されることと対応している。彼らの勘（校）経の作業に必要な食料・諸物資について、はじめは東大寺と写経所とで分担して支出したが、その後写経所の負担が次第に広げられていったと考えられる。

勘（校）経僧は東大寺僧であろうが、ⓓに米の用途として「一十一石校経僧四百五十九人供養料報上於三綱所」（6ノ231）とあるのが注意される。校経僧の供養料の米を三綱所に送っているところから見て、彼らの食料米は、始めは東大寺の財源から支出されていたのではないか。

勘（校）経僧は先一部のみに従事したが、その後の写経事業にはかかわらなかった。一方、校正作業を担当したものとして、ⓓ以下では一貫して「校生」（実人数は月平均約六人）と見える、惣単口にも算入されているので、始二部からは新たに校生が加わって校正作業を担当するようになった。しかしそのために新たな施設を造営したことはなく、校正作業専用の施設も見えない。新たに参加した校生の作業場所を示す史料はないが、経堂（東堂または西堂）の一画で行われたと考えるのが妥当であろう。これによって経堂における実員が増えたため、前述の経堂北庇を修理してスペースを確保することが必要となったのである。

紙屋　「紙屋」は打紙作業をしたところであるが、[79] ⓜⓝⓞⓡにしか見えない。しかし、自進と仕丁が継続して打紙を行っているので、紙屋も存在し続けた。紙屋が経堂内の一郭なのか別棟の建物なのかを示す史料はないが、打紙は絶えず騒音・震動を発する作業であるから、別棟と考えておきたい。ⓡの楉の項に「卅荷塗紙屋料」（21ノ485）、藁の項に「卌六囲塗紙屋料」（21ノ485）とあって、土壁であったらしいことも、この推定と合致する。

経師等宿所・経師等曹司・経師等房　「経師等宿所」と類似する表記として「経師等房」「経師等曹司」が見える。まず最初に、これらが相互にどのような関係にあるのか検討したい。次のⓙでは（6ノ393）、

ⓙ胡麻油二升
　用尽経師等房炬料

のように、胡麻油について「経師等房炬料」とみえる（6ノ393）。これと同様の記載は、ⓔ～ⓖⓘⓚ～ⓢⓤⓦに見えるが、それらにはみな「経師等曹司炬料」とある。これによると「経師等房」と「経師等曹司」は同じものと考えられる。「房」とは、建物については部屋の意味が基本であろうから、経師等のいる部屋としての側面に注目すると「経師等房」となる。この「房」の語によって「経師等曹司」がいくつかの部屋に分かれていたことが想定される。

なお「高向小祖等連署解」（20ノ329～330、続々修40ノ2④(3)裏）には、

諸房内飯人事
　合壱拾肆人
　　（一四人の人名省略）
右、十四人之食器、為漏失者、依彼数将進、仍
注状具、以解、
　　　宝亀三年十一月十六日（一四人の連署省略）

とある。井上薫は、この史料によって、一房に少なくとも一四人が住んでいたこと、食事は「房」でとったことが知られる、とした[80]。すなわち食事は宿泊施設内で行われていたとするのである。

しかし、経師等の食事は、これまで見てきた各写経所や当の奉写一切経所などすべて「料理供養所」でとる

のが原則であったので、「房」で食事するのがふつうであったとは考えにくい。この史料は、本来「料理供養所」でとるべき食事を「経師等宿所」に食器ごと持ち込んでいたが、何らかの理由で漏失したためにそれを弁償することに関する史料と理解できる。したがって一房に一四人が生活していたとも言い難い。

つぎに「経師等房」と「経師等曹司」が同じとすると、次にはこれらと「経師等宿所」との関係が問題となる。この両者については、同一史料に並んで見えることから、別の施設とする意見が出されている[81]。そのうちの一つがⓠの次のような記載である（6ノ505）。

ⓠ胡麻油一升
　用尽経師等曹司炬料
葛野蓆三枚
葉薦八枚已上二種用尽経師等宿所料

これによると「経師等曹司」と「経師等宿所」とは一見すると別の施設のように見える。この点を確かめるために、これを含めて同様の史料を整理すると、以下の四点がある。

	（曹司料）	（宿所料）	
ⓔ	胡麻油、鎹	折薦畳、歩板、簀子、黒葛	（6ノ301～5）
ⓠ	胡麻油	葛野蓆、葉薦	（6ノ505）
ⓤ	胡麻油	葉薦	（21ノ508）
ⓦ	胡麻油、藁、針縄	葛野蓆、折薦、葉薦	（21ノ519～20）

このうちⓔの曹司料の鎹は「門戸打料」、またⓦの曹司料の藁と針縄は「塗…料」として挙げられているものである。これらを除くと曹司料はみな炬料の胡麻油であるのに対して、宿所料は畳・蓆・薦などの舗設料であることになる。

これによると、寝具等の物品をあげて寝る場所を意識した場合は「宿所」と表現され、炬を灯して何かを行う面に重点を置くと「曹司」と称された可能性がある。これによると、「経師等曹司」と「経師等宿所」は施設としては同じものであったと考えることは可能である。さきに天平勝宝三年の写経施設として、「経師曹司」と「経師息所（宿所）」とは同じ施設であることを示したが、ここでも同じことが考えられる。

次に、経師等宿所の規模・構造について考えたい。まずⓔ（宝亀三年一～三月）には次のような記載がある（6ノ303～305）。

(1)折薦畳廿三枚二重
　用尽
　　経師等宿所料
(2)歩板六十枚
　卌五枝自大仏殿請二月中
　　十四枚十一日　廿一枚廿九日
　廿五枚三月三日請
　用尽
　卌五枚経堂北片庇敷料　廿五枚経師等宿所敷料
(3)簀子二枚
　用尽
　　経師等宿所料
(4)黒葛一了三月十二日請
　用尽

経師等宿所固料
用経師等曹司門戸打料
(5)鎹一勾

このうち(2)の歩板六〇枚のうち二五枚が経師等宿所敷料であるが、これによって経師等宿所が床張であったことがわかる。

(1)に折薦畳に「二重」とあるのは、畳の上に薦を重ねて縫い合わせて一体としたことを意味するが、経師等一人一枚とすると、二三人分となる。前述のように、始二部の経師等の人数は四四～四五人が平均であったので、これはその半数にあたる。補修分または入れ替え分の数量かもしれない。

(4)黒葛は三月十二日に受け取って使用している。また(2)歩板は二月十一日以後に受け取っている。また(1)折薦畳・(3)簀子・(5)鎹などが受け取られているが、これはⓔの記載であるから一月から三月のうちではあるが正確な時期は不明である。黒葛・歩板からみて、二月から三月にかけて経師等宿所の工事が行われた可能性がある。始二部の開始に対応した動きであろう。経師等宿所そのものは先一部の時期から存在していたはずであるので、この工事は補修工事であったのではなかろうか。

(5)の鎹は経師等曹司の「門戸打料」とある。経師等曹司のみを囲う施設に関する史料は見当たらないから、「門戸」は出入り口の「戸」であり、その修理が行われたらしい。

つぎに「経師等曹司」の構造について、次に興味深いのがⓥ（宝亀四年八月二十九日）の記載である（21ノ514～515）。これは更一部の時期の史料である。

榲榑六寸請月中
用尽題師等曹司上葺料

間度木四荷請月中
　用尽題師等曹司作料
椙廾荷請月中
　用尽題師経師等曹司楚料
針縄廾八了請月中
　用尽題師経師等曹司栈料
藁卅五囲請月中『已上五種月中請』
　用尽作題師経師等曹司料

このうち、榲榑から針縄までは「請月中」の文字と「用尽」の行全体が抹消されている。その代わりに藁の項の行間に朱書で「已上五種月中請[82]」と記されている。したがって榲榑～藁の五種すべてについて「用尽作題師経師等曹司料」がかかることになる。素材ごとにいちいち用途を記すことをやめて一括して表示することにしたのである。このような事情での抹消であるから、個々の素材は抹消前の用途に使用されたとしてよい。これを整理すると、

榲榑	題師等曹司	上葺料
間度木	題師等曹司	作料
椙	題師経師等曹司	楚料
針縄	題師経師等曹司	栈料
藁	題師経師等曹司	作料

となる。ここには「題師等曹司」と「題師経師等曹司」の二つの表記が見えるが、熟練の経師が題師を勤める

点から見て、両者は同じものと判断される(83)。

このうち榾榑については、上葺に用いているが少量である。このほかに桁・垂木・小舞などの屋根の構造材は見えないので、この工事は屋根の修理とみるのが妥当であろう。これにより「経師等曹司」は板葺であったことがわかる。また間度木・椛・針縄・藁については壁塗料と考えられる。したがって「経師等曹司」は板葺・土壁づくりであった。

これと関連してⓦ(宝亀四年九月三十日)には(21ノ520)、

藁三囲

針縄五了已上二種請月中

用尽塗経師等曹司料

とあるが、これは右のⓥの八月からの工事の続きであろう。すなわち宝亀四年八月から九月にかけて経師等曹司の修理が行われたのである。

このように、「経師等曹司」は大小の修理を繰り返しながら維持されていたのである。なお、装潢宿所・校生宿所などは見えないので、名称から見て経師・装潢・校生・題師はここに宿泊したのであろう。案主・舎人(雑使)や自進・仕丁がどこに宿泊したのか明らかでない。

優婆夷宿所　優婆夷については、前掲のⓔ釘の項に一度だけ「廾隻優婆夷宿所戸蔀料」(6ノ305)と見え、戸蔀が付いていたことがわかる。一応「経師等宿所」とは別の建物と考えておきたい。優婆夷はたびたび写経所で仕事をしていたことが見えるから、「優婆夷宿所」も一貫して存在していたのであろう。写経所では優婆夷のほかに厮女・雇女・婢などの女性も仕事をしたことがあるが、彼女たちも「優婆夷宿所」に宿泊したかどうか明らかでない。

温屋・湯屋・湯沸所　「温屋」「湯屋」「湯沸所」は同じものであろう。仕丁についてⓐ〜ⓧのすべてに「湯

表4　料理供養所と厨

記号	料理供養所	厨
ⓐ	刀子・明櫃・水麻笥・杓・箕・薪・優婆夷	
ⓑ	刀子・水麻笥・箕・酒船・瓫・堝・杓・薪・松・優婆夷・廝女	
ⓒ	刀子・轆・堝・瓫・箕・小水桶・食薦・松・薪・優婆夷・廝女	
ⓓ	水麻笥・箕・杓・食薦・瓫・堝・薪・優婆夷・廝女	未醤・酢（厨より収納）干芋
ⓔ		大豆（厨より収納）薤・優婆夷・廝女
ⓖ		醤大豆（厨に返上）
ⓗ		醤大豆（厨に返上）
ⓛ		小麦
ⓝ	枚麻笥	醤・酢・滑海藻・大豆・小豆・𤭖・缶（厨に収納）

沸・沸温」に従事したことが見え、また多くの告朔解案に温沸料として薪が計上されているので、温屋は一貫して存在した。

「温屋」はⓡ（宝亀四年四月）の椐の項に「廾荷塗温屋料」、藁の項に「廾為塗温屋料」とあるので（ともに21ノ489）、土壁であったらしい。また、ⓓ（宝亀二年六月～十二月）に「六人雇工作温屋片庇并修理院中」（6ノ246）とあり、片庇が付けられたことがわかる。

料理供養所と厨　経師等の食事については「料理供養所」がある。これと類似するものとして「厨」が見える。この両者はどのような関係にあるのであろうか。

表4は、ⓐ～ⓧの告朔解案に見える両者の記載を整理したものである。これによると「料理供養所」へ支給・配置されたものは、調理用具・燃料・人員に限られ、食器[84]・食材は見えないのに対して、「厨」については基本的には食材が挙げられている。また「厨」から収納したり「厨」へ返上する記載がみられる。特にⓓには「料理供養所」と「厨」の両方が見え、このような区別が明瞭にうかがえる。ただしⓔでは、他の場合には「料理供養所」に配置される優婆夷・廝女が「厨」に充てられており、「厨」を「料理供養所」と同様の意味で用いている場合もあって注意される。

これによると、「料理供養所」と「厨」は同じ建物であるが、その一画には食材を貯蔵する部分があり、そこを意識する場合は「厨」と表現された。また調理する一画があり、そこでは調理用具を用い燃料を使って優婆塞・廝女が調理をしていた。またⓐ～ⓧでは一定数の仕丁が「廝」に従事していたことが知られる。人数から見て調理を主として担っていたのは彼ら仕丁であったと考えられる。これらの調理に重きを置いて表記する場合は「料理供養所」とされた。しかし優婆塞・廝女が「厨」に配置される表現もあるので、「料理供養所」と「厨」の区別は必ずしも厳密なものではなかった。こうして調理された料理が経師等に提供されたが、これを「供養」と表現したと考えられる。経師等は「料理供養所」で食事をとったとみられる。

厠　「厠」と「手水所」は同じものである。これに関して次の史料が注意される。ⓘ（宝亀三年七月）に

　　用尽手水所片庇作料

　椙榑四材　黒木十枝　黒葛一了已上三種月中請

とあり（6ノ376）、ⓙ（宝亀三年八月）に

　榲榑十村

　　用尽手水所片庇并経師等曹司修理料

とある（6ノ393～394）。これらによると宝亀三年七月から八月にかけて、「手水所」に片庇を増設する工事が行われたとみられ、独立した建物であったと考えられる。これは宝亀三年七月以前に、片庇のない形ですでに存在していたことを意味する。

次いでⓠ（宝亀四年三月）には、

　釘一百七十四隻五十隻長各五寸／一百廿四隻長各四寸

　簀子廾七村　椙卌荷

　針縄卅五了　榲榑五十村

　歩板二枚　藁七十囲

黒葛一了　　瓦四百七十枚（四百廿枚筒瓦 五十枚〃瓦）
　　已上九種用尽厠一宇作料
　　　（中略）
三百九十四人仕丁（内訳略）
　　廾二人溝掘
　　十五人筒瓦臥　　十二人採間度木
　　一百八人厠一宇地平桟并塗

とある（6ノ505〜508）。これによると、各資材の数量の多さから見て「厠一宇」を独立の一棟として新たに作ったと考えられる。「厠（手水所）」そのものは、前記のようにこれ以前から存在していたが、この時古いものに変えて新築したのであろう。ⓠには「厠」以外には工事に関する記載はないので、仕丁が従事した溝掘・筒瓦臥・採間度木は、みな「厠」に関する作業と見てよい。「地平桟并塗」は「厠一宇」のものと明記されている。溝は汚物を「厠」から流し出すためのものであったであろう。

　これらによって、「厠」が筒瓦と枚瓦による瓦葺、土壁であり、溝を持つ構造であり、重要な施設として維持されたことがわかる。

「厠」はこの後ⓤⓥⓦ（宝亀四年七月〜九月）にしか見えないが、一貫して存在したと考えるべきであろう。

院　以上から、奉写一切経所の施設として、経堂（南北両庇、板敷、門戸）・もう一つの経堂（物資の一時的保管と供給のために転用）・紙屋（土壁）・経師等宿所（経師等曹司、経師等房、板敷、板葺、土壁）、優婆夷宿所（戸蔀つき）、料理供養所（厨）、温屋（湯屋、湯沸所、土壁、片庇つき）、厠（手水所、土壁、瓦葺）があった。これまでと同様、経師等宿所・料理供養所・温屋・厠が整備されていることが確認される。

　これらの施設がどのように配置されていたのかという点については手がかりがない。しかし、これらのまわりを柴垣が廻っていたことはすでに指摘されている。

ⓚ（仕丁）六人防院廻柴垣

ⓛ（仕丁）五人防院廻柴垣

これらには院の廻りを防ぐ柴垣とあるので（6ノ402、415）、写経所の敷地全体が「院」と呼ばれ、そのまわりを柴垣が廻っていたことがわかる。

むすび

本章では、経師等の働く環境としての写経所という空間の把握をめざしてきた。以下、検討してきたことの要点を簡単に整理し、最後に写経所という空間の意義について考える。

1　要点の整理

(1)天平十年（七三八）三月~同十三年閏三月の写経司の経堂は、二〇数人程度が同時に作業できるほどのスペースが確保されていた。

(2)天平十一年六月に設けられた東院写一切経所には、写経殿（庇を増設）・竈屋（長四丈×広二丈に庇増設、料理供養所）・厠（長四丈、広一丈、壁塗り）が存在した。これらは以前から存在した建物であり、庇が増設されたり壁塗りされたりした。写経殿は桁行七間×梁行二間の東西棟の身舎の南北に庇を増設して桁行七間×梁行四間とした。ここには経師等四〇~六〇人程度が収容できた。このほか宿所・湯屋も存在したであろう。これらは一院をなした可能性がある。

(3)天平十三年（七四二）閏三月ごろ、写経司と東院写一切経所は上院地区の福寿寺付近に移転・統合されて福寿寺写一切経所となり、一院をなした。ここには経堂が二棟存在した。この一院二経堂は、写経司と東院写一切経所が一院に統合されたことに由来する。

(4)福寿寺写一切経所から天平十四年（七四二）六月に名称変更され、施設をそのまま引き継いだ金光明寺写一切経所には、二つの経堂・紙屋・経師息所が存在し、おそらく一院をなしていた。二経堂は天平十八年（七四六）から南堂・北堂として史料に見える。

(5)天平十九年（七四七）末に、山界四至図に経房とあるところに新たに写経のための一院が作られた。その中には東堂・西堂の二経堂があり、一院二経堂の体制が維持された。以前から存在した上院地区の南堂・北堂を中心とする院の施設はそのまま存続した。この両者は上経堂・下経堂と称された。

(6)天平勝宝三年（七五一）の金字華厳経の写経事業は、南堂・北堂の院で行われた。この段階では、経堂・紙屋・食所・経師息所（曹司）・温屋が存在した。同五年段階では、南堂か北堂のいずれかには檻六か所、戸二か所があった。

(7)天平宝字二年（七五八）の御願経三六〇〇巻の写経事業は東堂で行われた可能性があり、そのほか曹司・紙屋・厨・湯屋が存在した。これらは同四年の百三十五部経の写経事業においても維持されていた。

(8)天平宝字四年（七六〇）二月頃に開始された光明皇太后発願一切経の写経事業は、彼女の死によって中止されたが、大規模な計画に合わせて人員・施設の増強が行われ、院の敷地が拡張された可能性がある。経師等宿所・温室・板屋が新設され、大炊屋・厨は屋根が葺かれ壁が塗られた。

(9)光明皇太后の死後、天平宝字四年八月〜同五年三月ごろに行われた周忌斎一切経の写経事業では、東堂・西堂の二堂とも使用され、それまでの施設に加えて宿所二棟以上・厨二棟・温室三棟が新設された。

(10)天平宝字六年（七六二）に、石山寺の増改築に伴って、大般若経一部の写経が企画され、経堂（桁行六間×梁行二間、両開き戸一か所、蔀つき窓二か所以上）・紙屋・経師房・盛殿（料理供養所）・温屋（内部に温船一隻）などの写経施設一セットが新たに建造された。厠も新築されたであろう。これらは奈良の写経施設を移築したものではなく、新築されたもので一院をなしていた。

(11)奈良における写経所の施設は、石山期においても存続していた。その施設を管理する何らかの組織が存在し、少なくとも経典の出納管理を行っていた。

(12)石山から写経組織が奈良に撤収した後、天平宝字六～七年に二部大般若経・仁王経疏一〇部・灌頂経一二部の写経事業が、東堂・西堂のいずれかの同じ堂で並行して行われた可能性がある。その経堂の規模は桁行七間×梁行四間の両庇付きとみられる。経師息所（宿所）・紙打殿・料理供養所・温屋は以前からあるものが使用され、前二者は修理して使用された。また板屋が二部大般若経の財源の調綿などを収納するために新設された。

(13)天平宝字八年（七六四）の道鏡宣による大般若経の写経事業では、湯屋・手水所（厠）の修理が行われた。

(14)神護景雲四年（七七〇、宝亀元年）～宝亀七年（七七六）に活動した奉写一切経所は、五部の一切経その他の写経事業を行った。それは下経堂（東堂・西堂）の院で行われたが、先一部の勘経・校経のみは上経堂（南堂・北堂）で僧侶によって行われた。

(15)始二部の開始で校生が参入したのにともない、東堂・西堂のいずれかの北庇を修理する工事が行われた。この経堂は東西棟の七間×四間で経師等四〇～六〇人程度を収容できたと考えられる。もう一方の経堂は、収納物等の一時的な保管・出納場所として使用された。

(16)そのほかの施設では、(イ)紙屋は土壁の独立の建物で、修理しながら使用された。(ロ)経師等房・経師等曹司・経師等宿所は同じもので、内部が房に分かれていた。板葺・土壁で、始二部の開始に合わせて修理されたらしい。(ハ)優婆夷宿所も存在した。(ニ)温屋・湯屋・湯沸所は同じもので、土壁・片庇の建物であった。(ホ)料理供養所には食材等を収納する一画があり、この部分を意識して厨と称されることもあった。(ヘ)厠は修理され、瓦葺・土壁のものに建て直されて維持された。(ト)経堂を含めて以上の諸施設の周囲には柴垣がめぐらされて一院をなしていた。

2　写経所という空間

以上の整理によると、写経所の施設としては、個々の呼称は時期によって異なることがあるが、経堂・紙屋・経師等宿所・料理供養所・温屋・厠が基本的なセットの施設であった。史料的に確認できない場合でも、このセットはそろっていたものと思われる。また、これらのセットは一貫して区画施設に囲まれて院をなしていたと考えられる。では、なぜこのような施設のセットが維持され、それらは院をなしていたのであろうか。この点については稿を改めたいが、さしあたりの素描として、以下のような方向を示しておきたい。

写経事業においては、経師その他の関係者の衣服が浄衣と称され、給与が布施と呼ばれ、また彼らの食事に肉類を供しないという制限がされたことなどから、宗教的行為と見るべきことが研究史の早い段階から指摘されてきた(85)。

本章では、写経のための施設群は院をなしていたと考えた。律令諸官司がそれごとに院をなすことは普通のことであるが、それらとは異なる写経所の特色は、その主要な構成員である経師等が院内に隔離されたことである。

その結果として、彼らは経師等宿所で寝起きし、料理供養所で食事をし、温屋を利用することとなった。厠も利用したはずである。そして写経に従事している間(宗教的行為に従事中)は、原則として院外に出ることは許されず、一帙の写経が終了した区切りの時に、すなわち宗教的行為の合間に、初めて暇を申請して認められれば院外に出ることができた。つまり宗教的行為としての写経を行っている期間は、経師等が院内の隔離空間で生活していくための施設を整備する必要があったのである。

写経を行っている最中に院外に出ることができた主要な例外は、病気、服喪、神祭・仏事、浄衣の洗濯などであった[86]。前三者はやむを得ないものであるが、浄衣の洗濯が院外に出る理由となりうるのは、現代からみれば奇異である。しかしこれを経師等の清浄を確保するためと考えれば納得できる。これと関連して注意されるのは、写経所の施設として温屋が重要な位置を占めていたことである。これも経師等の身体の清浄を保つためであったと理解されよう。食事の制限も同様である。厠の充実もこれと無関係ではなかろう[87]。

写経所を柴垣で囲って一院とし、その内部に経師等を俗界から隔離し清浄な生活を行わせたのは、清浄な経師たちによって清浄な経巻を生み出すという宗教的行為を実現するためであった。

〔注〕

（1）奈良時代には内裏系統の写経機関、皇后宮職・造東大寺司系統の写経機関を頂点として、貴族の家や寺院に付属するいくつかの写経機関があった。本章で検討の対象とするのは、このうち皇后宮職・造東大寺司系統の写経機関である。以下ではこれを単に写経所と表現する。

（2）福山敏男「奈良朝に於ける写経所に関する研究」（『寺院建築の研究中』福山敏男著作集二、中央公論美術出版、一九八二年十月、もと『史学雑誌』四三―一二、一九三二年十二月）。福山の見解は、断らない限りすべてこの論文による。注（3）井上著書・注（5）渡辺論文についても同様。

（3）井上薫『奈良朝仏教史の研究』（吉川弘文館、一九六六年七月）。

（4）その他の研究は、行論中に適宜あげることとする。

（5）渡辺晃宏「金光明寺写経所の研究―写経機構の変遷を中心に―」（『史学雑誌』九六―八、一九八七年八月）。

（6）山下有美「東大寺写経所と写書所―造東大寺司成立期から天平宝字二年まで―」（『南都仏教』一〇一、二〇二〇年三月）。

（7）五月一日経については、皆川完一「光明皇后願経五月一日経の書写について」（『正倉院文書と古代中世史料の研究』吉川弘文館、二〇一二年十一月、もと坂本太郎博士還暦記念会編『日本古代史論集』上巻、吉川弘文館、一九六二年九月）、山下有美『正倉院文書と写経所の研究』（吉川弘文館、一九九九年一月）を参照した。

（8）栄原永遠男「藤原光明子と大般若経書写――「写経料紙帳」について――」（『奈良時代の写経と内裏』塙書房、二〇〇〇年三月、もと上田正昭編『古代の日本と東アジア』小学館、一九九一年五月）。

（9）大隅亜希子「装潢組織の展開と布施支給の変遷」（『正倉院文書研究』六、一九九九年十一月）。

（10）山下有美注（7）著書一九～二九ページ。

（11）案主の座席がどこにあったかは問題であるが、造東大寺司などの所管官司の政所とともに、経堂内にもあったと考える。以下、事務局以下の座席と用具・物品との関係は、主として渡部陽子「奈良時代写経所の空間構造――〈座席論〉の試み――」（『市大日本史』二〇、二〇一七年五月）を参考にした。

（12）この下方に解読不能の墨書が一字ある。

（13）大日古は「別冊文」を一行前の「経師等床敷料」に懸けているが、誤り。

（14）大日古は「廝」とするが、「厠」の誤り。

（15）④に応造□涅庇一間について庇料としているのを受けて、②で庇としたものであろう。八間については不明。

（16）大日古は「篩」とするが「籬」の誤り。

（17）この左方に異筆で「七十六」とあるが、意味不明。

（18）③は泉木屋所が写経所の材木を買って進上した明細書である。その文書としての構造を簡単に記す。まず受け取った四四七二文をあげ、以下四項目の一つ書きが続く。それを㋑㋺㋩㋥とする。㋑の部分を本文に引用したが、これはいわば総計部分で、買った材木一四一材と運送車両一七両の費用として使用した四四六八文、差額反上分四文を記し、買った材の内訳をあげる。それは①の柱・簀子・久礼（檜久礼）・歩板（二寸半板）と同じ品目・数量である。買材は㋺㋩の二段階に分けて運ばれた。㋥は、㋺が四人に付して進められたことを記している。

（19）大日古は「屋」とするが「庇」の可能性が高い。

（20）山田英雄「東院写一切経所について」（『日本古代史攷』岩波書店、一九八七年七月、もと『続日本紀研究』八―二、三、一九六一年二、三月）。

（21）「長四□」の三文字目は、文字としては「長」の誤記であるが、④と対比すると「丈」の書き誤りであろう。

（22）堀池春峰「金鐘寺私考」（『南都仏教史の研究』上東大寺篇、法蔵館、一九八〇年九月、もと『南都仏教』二、一九五五年五月）は、新たな写経所の増築、新造とするが、本文のように理解すべきであろう。

（23）栄原永遠男「初期写経所に関する二三の問題」（注（8）著書、もと岸俊男教授退官記念会編『日本政治社会史研究』上、塙書房、一九八四年五月）。

（24）山下有美注（7）著書三三～三五ページ。

（25）この点については、旧稿で「事実上解体状態となった」と表現したために誤解を招いた。写経司という組織そのものがなくなったのではなく、休眠状態になっていたと考えている。

(26)　栄原永遠男「福寿寺と福寿寺大般若経」「百部法華経の写経事業」（ともに『奈良時代写経史研究』塙書房、二〇〇三年五月）。

(27)　栄原永遠男注(23)論文。

(28)　栄原永遠男注(26)論文。

(29)　栄原永遠男注(23)論文。

(30)　栄原永遠男「千手経一千巻の写経事業」（注(26)拙著、もと『人文研究』三六―九、三七―九、一九八四年十二月、一九八五年十二月）。

(31)　大官一切経は天平十五年四月一日から始まったとされてきたが、「一切経本充并納紙帳〈大官一切経紙上帳〉」から見て、もう少し前から造紙の過程は始まっており、この日から上紙と充紙が始まったとすべきである。

(32)　春名宏昭「先写一切経（再開後）について」（『正倉院文書研究』三、一九九五年十一月）。

(33)　大平聡『正倉院文書と古写経の研究による奈良時代政治史の検討』（一九九三～一九九四年度科学研究費補助金一般研究(c)研究成果報告書、一九九五年三月）。

(34)　栄原永遠男「難波之時御願大般若経について」（注(26)著書、もと『大阪の歴史』一六、一九八五年九月）。

(35)　大隅亜希子注(9)論文。

(36)　大隅亜希子注(9)論文。

(37)　山下有美注(6)論文は「山堺四至図」の「経房」を東堂・西堂とする。

(38)　渡辺晃宏「廿部六十花厳経書写と大仏開眼会」（皆川完一編『古代中世史料学研究』上巻、吉川弘文館、一九九八年十月）。

(39)　栄原永遠男「千部法華経の写経事業」（『正倉院文書研究』一〇・一一、二〇〇五年六月・二〇〇九年二月）。

(40)　春名宏昭「百部最勝王経覚書」（『正倉院文書研究』一、一九九三年十一月）。

(41)　大隅亜希子「天平勝宝二・三年の寿量品四千巻書写について―関連帳簿の分析を中心に―」（『南都仏教』七六、一九九九年二月）。

(42)　栄原永遠男注(39)論文。

(43)　高橋工の教示による。

(44)　山下有美注(6)論文。

(45)　遠藤慶太「中宮の追福―藤原宮子のための写経と斎会―」（『正倉院文書研究』七、二〇〇一年十一月）。

(46)　山本幸男『写経所文書の基礎的研究』（吉川弘文館、二〇〇二年二月）。

(47)　山本幸男注(46)著書一五七～一五九、一六二～一

六七、二〇八〜二一三ページ。

(48)　栄原永遠男「光明皇太后没前の写経事業群」（注(26)著書）。

(49)　山本幸男注(46)著書第二章「天平宝字四年〜五年の一切経書写」、栄原永遠男注(48)論文。

(50)　私は注(48)論文において、一切経の写経事業の中断を光明皇太后の発病のためとした。これに対して山本幸男は、光明が発病しても写経の続行は可能であるので、写経現場の状況に留意すべきことを指摘した（注(46)著書三六一ページ）。この山本の指摘は妥当であるが、発願者の発病が写経事業の続行に無関係とはいえないと考えるので、本文のように修正した。

(51)　東塔所の性格と活動については、山本幸男「造東大寺司主典安都雄足の「私経済」」（『正倉院文書と造寺司官人』法蔵館、二〇一八年六月、もと『史林』六八―二、一九八五年三月）に詳しい。

(52)　山本幸男注(46)著書三〇五ページ。

(53)　杉本一樹『日本古代文書の研究』（吉川弘文館、二〇〇一年二月）四九四ページ。

(54)　山本幸男注(46)著書三〇一ページ。

(55)　この事業については、宮﨑健司「光明子七七日写経をめぐる一、二の問題」（『日本古代の写経と社会』塙書房、二〇〇六年五月、もと『大谷学報』七四―五、一九九六年三月）、山本幸男注(46)著書に詳しい。

(56)　山本幸男注(46)著書、山下有美注(7)著書、稲田奈津子「奈良時代の忌日法会―光明皇太后の装束忌日御斎会司を中心に―」（『日本古代の喪葬儀礼と律令制』吉川弘文館、二〇一五年九月、もと西洋子・石上英一編『正倉院文書論集』青史出版、二〇〇五年六月）。

(57)　山本幸男注(46)著書二九〇〜二九四ページ。

(58)　「厨并湯屋」の部分は擦り消しと書き直しがある。大日古は厨の次に木ヘンを記しているが、これは擦り消しの残りなのではないか。

(59)　山本幸男注(46)著書三〇一ページ。

(60)　福山敏男「奈良時代に於ける石山寺の造営」（『日本建築史の研究』桑名文星堂、一九四三年十月、一九八〇年十二月復刻、綜芸舎）、同「奈良朝に於ける写経所に関する研究」（『寺院建築の研究中』福山敏男著作集二、中央公論美術出版、一九八二年十月、もと『史学雑誌』四三ノ一二、一九三二年十二月）。福山の見解は、すべてこれらによる。

(61)　横田拓実「奈良時代における石山寺の造営と大般若経書写」（石山寺文化財綜合調査団編『石山寺の研究―一切経篇―』法蔵館、一九七八年三月）。

(62)　十五日〜二十日条には「黒木」としかないが、これを桁とみると右の黒木桁八五枝と合致する。

(63)　「戸齊」の項に見える仏堂殿戸と僧房三宇戸もい

ずれも戸一具あたり二隻である。
(64)　井上薫注(3)著書。
(65)　大隅亜希子注(9)論文。
(66)　温船の大きさは、天平宝字六年三月三十日「山作所作物雑工散役帳」(春季告朔)でも同じである(5ノ178、続修後集三四)。
(67)　他に転用されたか、あるいは時を経て解体もしくは移築されたことはあり得る。
(68)　この史料については黒田洋子が言及している。黒田洋子「天平宝字年間の表裏関係から見た伝来の契機」(『正倉院文書の一研究―奈良時代の公文と書状―』汲古書院、二〇二二年二月、もと「正倉院文書の一研究―天平宝字年間の表裏関係から見た伝来の契機―」『お茶ノ水史学』三六号、一九九二年十二月)。黒田は、写経所曹司は休業中で、造東大寺司の官人が臨時の代行業務を行ったとしているが、本文のように理解しておきたい。
(69)　施設の保守はごく少数の堂守が行っていたと推測するが、彼らを監督し保守の責任を負う何らかの官僚組織が存在したと考える。
(70)　以上の灌頂経一二部、仁王経疏一〇部、大般若経二部の写経事業の過程については、栄原永遠男「奉写大般若経所の写経事業と財政」(注(26)著書、もと『追手門学院大学文学部紀要』一四、一九八〇年十二月)参照。
(71)　その一部は「奉写大般若経所解(案)」(続修別集一六⑨、未収)により、太政官に請求された。
(72)　この写経事業については、栄原永遠男「御願大般若経の写経事業」(注(26)著書、もと亀田隆之先生還暦記念会編『律令制社会の成立と展開』吉川弘文館、一九八九年十二月、原題「天平宝字八年における御願大般若経の書写―藤原仲麻呂の乱と関連して―」)。
(73)　栄原永遠男「奉写一切経所の写経事業」(注(26)著書、もと『追手門学院大学文学部紀要』十一、一九七七年十二月)。私願経については濱道孝尚「写経所における「私書」の書写―奈良朝官人社会に関する小論―」(『正倉院文書研究』一三、二〇一三年十一月)がある。
(74)　山下有美注(7)著書。
(75)　山界四至図に関しては、「経堂」ではなく「経房」とあることが問題となる。これについては、「奉写一切経料墨紙筆用帳」の菲の項に、勘経所と共に「経房」に充てられたことが見え(6ノ24)、これは「経堂」のことと見られるから、「経堂」を「経房」と称することがあったことがわかる。これによると、山界四至図の「経房」を「経堂」と理解するうえで一つの問題はなくなったと言える。この点からも、東堂・西堂を「経房」とする山下の考えが成立する可能性は高い。

(76) 葛野蓆二八枚と葉薦二八枚について畳刺料と見える。これについて福山敏男は「葛野蓆と葉薦を刺して一具とし、今日の畳に近似したものができたようである」と指摘している。

(77) 宝亀三年八月十一日「奉写一切経所解」(6ノ379〜389、続修別集12(2)裏)も同数である。

(78) 山下有美注(6)論文も南堂・北堂と推測している。

(79) 井上薫注(3)著書では、紙屋を製紙工房とするが、大隅亜希子注(9)論文が指摘するごとく、打紙の作業場と見るべきである。

(80) 井上薫注(3)著書四六九ページ。

(81) 中川ゆかり「油を買っておきなさい。但し、通常の値段で」(『正倉院文書からたどる言葉の世界』塙書房、二〇二一年三月、もと『正倉院文書訓読による日本語表記成立過程の解明』平成二十二年度〜二十五年度科学研究費補助金研究成果報告書Ⅱ、二〇一四年三月)。

(82) 大日古は「三」とするが、崩れているが「五」である。

(83) ⓓに荒炭の使用場所として「提師装潢所」とある。この提師は他に見えないが、大日古のごとく題師の誤りとすると、題師と装潢が同じ施設で勤務しているように見える。荒炭は「経師等硯温料」「温硯并紙屋縫帙料」「紙屋并装潢等料」のように経師・装潢・紙屋・縫帙等に使用されている。この記載は題師と装潢がそれぞれ荒炭を使用したという意味に理解しておきたい。

(84) 食器については森川実『正倉院文書にみる古代食膳具の研究』(二〇二一年三月)、食器を含む厨房用具については関根真隆『奈良朝食生活の研究』(吉川弘文館、一九六九年七月)を参照した。

(85) 石田茂作『写経より見たる奈良朝仏教の研究』(東洋文庫、一九三〇年五月)。

(86) 栄原永遠男「都のくらし」(直木孝次郎編『古代を考える奈良』吉川弘文館、一九八五年五月)、同「平城京住民の生活誌」(岸俊男編『都城の生態』日本の古代9、中央公論社、一九八七年四月)。

(87) 以上の考え方については、桑原祐子「「洗う」言葉—古代文献と正倉院文書の分析から—」(国立歴史民俗博物館・花王株式会社編『〈洗う〉文化史—「きれい」とは何か—』吉川弘文館、二〇二二年二月)を参照した。

第五章　日本古代の写経所における紙の文書と木簡

はじめに

日本古代において、木簡は補助的な記録材として文書による事務処理と深くかかわり、律令国家の行政と不可分の関係にあった、とされている。このことは、早い段階で東野治之が、文献資料を博捜して、御薪の札・功過簡・成選擬階短冊・日給簡その他さまざまな事例を提示して示したすぐれた見通しである(1)。また東野は、写経所(2)においても事務処理に広く木簡が使用されていたことを指摘している。

これらの指摘は多くの点で説得的である。そのため木簡研究や、書記の素材としての紙と木の関係の理解に大きな影響を与え続けており、多くの木簡の出土と相まって、現在に至るまで広く受け入れられている。このためこの通説は、これまであまり検討されることはなかった。本章は、写経所の場合を検討することを通じて、この通説に対してわずかながら私見を述べようとするものである。

写経所における木簡の使用を示す根拠として取り上げられてきた関係史料は、管見のかぎりで次の八件である。

①天平二十年（七四八）九月九日「花厳供所牒」（10ノ82〜83、続々修6ノ1(1)）

②天平宝字六年（七六二）八月十日「米売価銭用帳」（5ノ266〜270、続修後集11(1)(2)および題籤（未収））

③天平宝字六年十二月八日「下道主啓」(16ノ24〜25、続修49⑧(2))
④天平宝字六年十二月十五日「石山院解」(5ノ289〜290、続々修4ノ21(2)裏)
⑤天平宝字六年十二月二十日〜二十三日「写経料雑物収納并下用帳」(16ノ88〜90、続々修4ノ21(5)(4)裏)
⑥雑札　中倉21第1号
⑦雑札　中倉21第2号
⑧往来類

以下、時期や史料の性格にしたがって、①、②〜⑤、⑥⑦、⑧の四つに分けて順次検討していくこととする。

一　短籍と食口案

まず史料①から検討を始めたい。

①花厳供所　牒写一切経司

合　紙　壱仟陸拾張（五十張凡紙）　筆壱拾参箇　墨壱拾挺

右、為写新経之疏一部料、奉送如前、今以状牒、

天平廾年九月九日維那僧標瓊

僧「性泰」

都維那僧「法正」

「告」写書所

上件疏、早速令写、其写人等食物

別注申之、毎日常食短籍載之「告」
王　　　　判官田辺真人

これは八十華厳経の『続華厳略疏刊定記』（慧苑）の写経のために花厳供所から紙筆墨が写経所に送られてきたのを受けて、造東大寺司が写経所に対して、これを早く写すように指示するとともに、それに従事する経師等の食料は別に申請し、毎日の常食は「短籍」に載せるように告げたものである。

東野はこの「短籍」を瀧川政次郎に従って木札とし、常食は木簡によって毎日請求されるべきものとしている。(4) この理解は山口英男にも継承され、「日ごとの常食短籍の記述情報を転記して、日ごと食口帳が作成されていく場合」があったとしている。(5) このような理解は現在の通説といってよいが、果たして妥当であろうか。

そこでⒶ「奉写一切経所食口文案」（21ノ269、続々修40ノ1①⑷裏）に注目したい。これには抹消の線が引かれて変更があることを示し、また数字が訂正されているところがあるが、それらは省略し、最初に書かれたものを次に示す。

Ⓐ奉写一切経所食口陸拾参人　料米玖斗捌合
経師卅九人　装潢四人已上卌三人別一升六合　校生五人別一升二合
案主一人一升二合　舎人三人別八合　自進二人別一升　仕丁八人別一升二合
宝亀四年二月五日案主上

これは宝亀四年（七七三）二月五日の一日分の食口を記した紙の文書である（以下、日別カードと称する）。これは「奉写一切経所食口案帳」（21ノ125〜233、続々修40ノ1、以下同類のものも含めて食口案と称する）の背面に収められているが、その記載内容は後者にも転記されている(6)（21ノ135〜136、同①⑶）。表裏両面を対比すると（図1）、二月五日の日別カードをもとに訂正後の数値を食口案に記した後、すぐに裏を返して貼り継ぎ、その裏面に続けて二月六、七日の分を書いたと理解できる。これによると、食口案は、少なくともこの部分については、日別

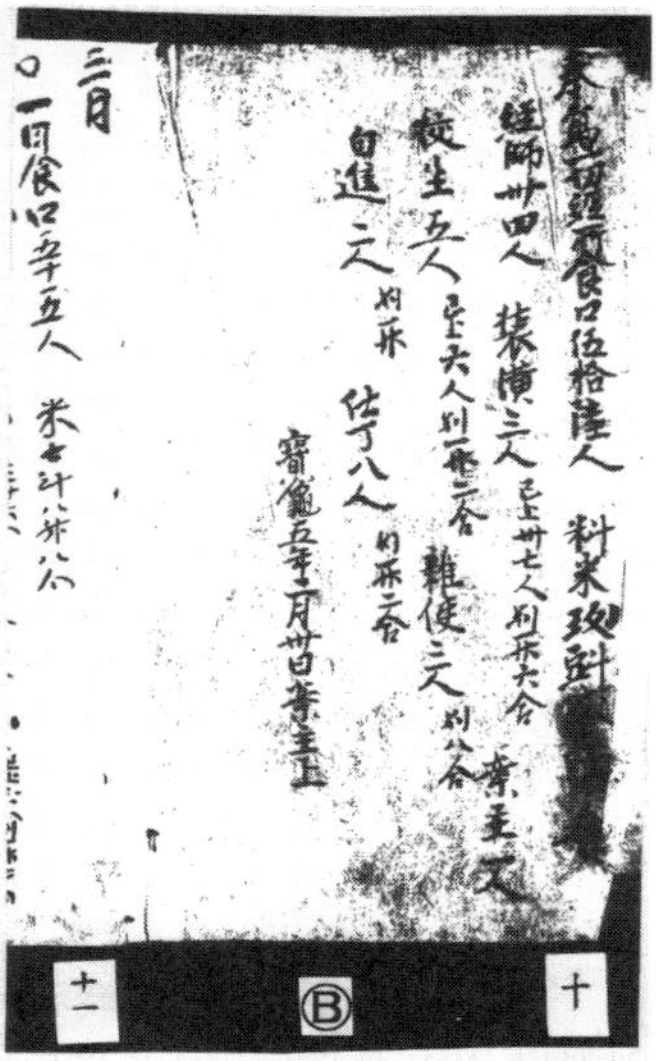

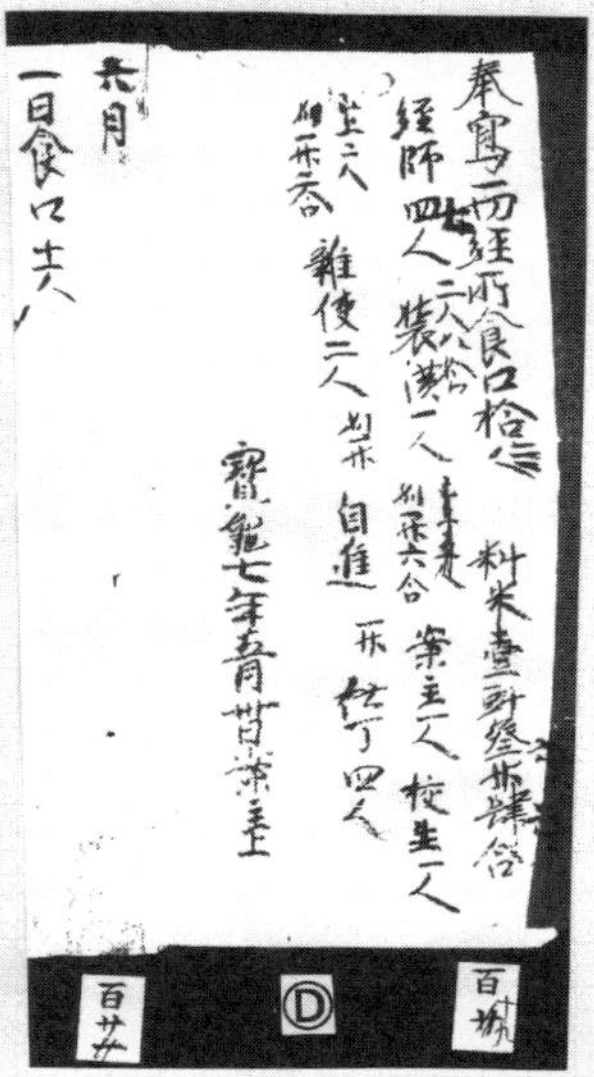

ド ⒷⒸⒹⒺ

図1　食口案とその背面の日別カードⒶ

カードをもとにして作成されたと言いうる。

Ⓐと同じ形式の日別カードとして、他にⒷ宝亀五年二月三十日（22ノ299、続々修40ノ2③⑸）、Ⓒ宝亀六年八月十八日（23ノ241、続々修40ノ3③⑽）、Ⓓ宝亀七年五月三十日（23ノ309、続々修40ノ4③⑶）、Ⓔ宝亀七年六月八日（23ノ311、同③⑼）がある（図2）。これらはいずれも食口案の中に一紙をなしており、日別カードがそのまま食口案に貼り込まれたことを示している。(7)

さらにⒻ宝亀六年六月八日（23ノ224、続々修40ノ3②⑽）が注意される（朱点省略、図3）。

八日
奉写一切経食口卌八人　五斗六升二合
経師卅五人　装潢二人 已上卅七人別一升六合
案主一人　校生一人 已上二人別一升二合
雑使一人一升　仕丁八人別一升二合

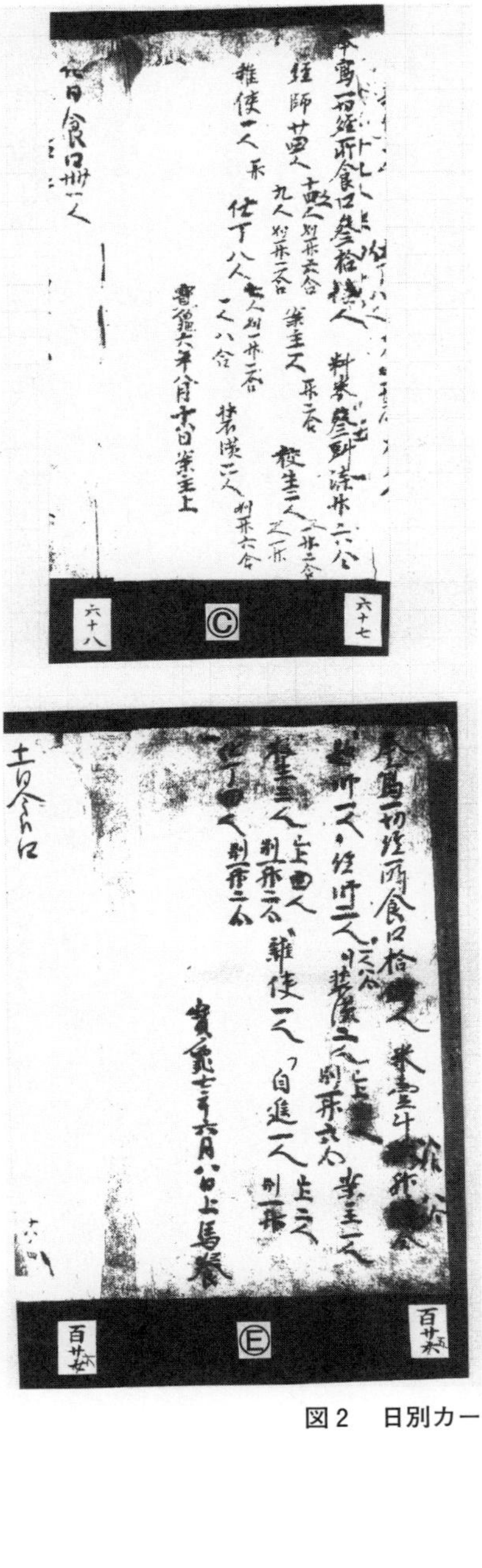

図2　日別カー

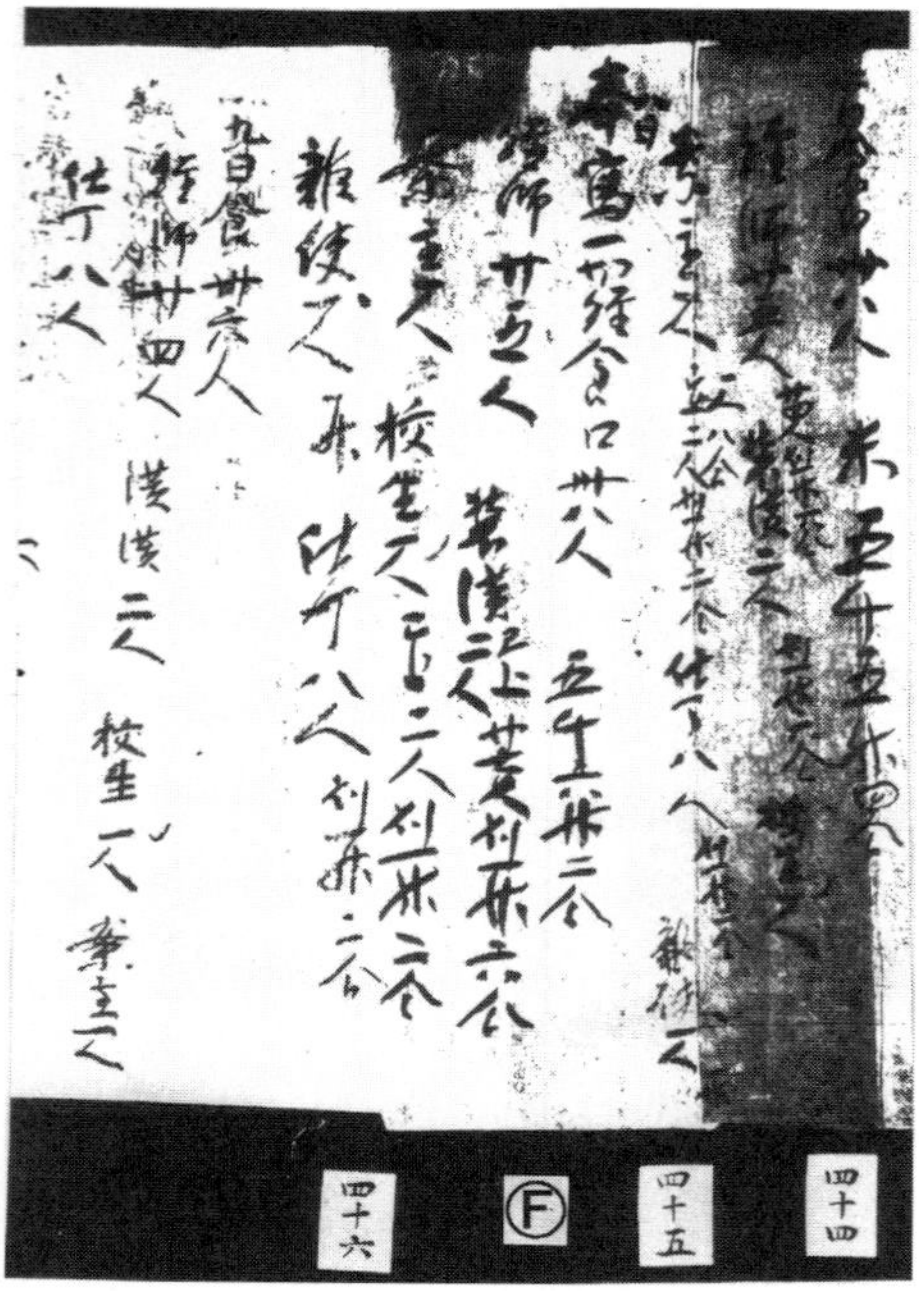

図3　日別カードⒻを写した食口案

これは、日別カードをⒶのように二次利用したり、Ⓑ～Ⓔのように貼り込んだりしたものではなく、存在したと想定される日別カードを写した場合と考えられる。書き出しが「奉写一切経食口」とあり、その横に「八日」と日付を傍書しており、他のように日付＋食口とはなっていない。これは日別カードをもとにして食口案を記載していった際に、日別カードの書式に引きずられたために日付が落ちてしまったので傍書したと解釈できる。

これらの事例からすると、写経所の宝亀年間の食口案が日別カードに基づいて作成されたことは明らかである。そしてその日別カードは木簡ではなく紙であったことも確かである。東野は、平城宮跡出土の「縫殿食口」[8]、西隆寺跡出土の「工所食口」[9]の木簡をあげ、写経所の食口案もおそらく木簡の記録を集めてまとめ直したものであろうとした[10]。しかし、本文で述べた事例からすると、写経所における食口案の作成には紙の日別カードが使用されたと考えるべきであろう。

日別カードⒶ～Ⓔは、写真スケールによって概測すると、いずれも約一三～一六cm程度（おおよそ一紙の約四分の一程度）の縦長の長方形であり、みな同様の形状をしている。史料①に見える毎日常食を載せたという「短籍」とは、このようなものであったのではなかろうか。①の天平二十年（七四八）に対して食口案の宝亀四～七年（七七三～七七六）では時期が異なるので、簡単に断定はできないが、その可能性は十分に認められるのではないか。もしこのような推測が認められるとすると、史料①の「短籍」は必ずしも木簡とは限らず、紙の可能性も十分あるとしなければならない。

二　下道主と木簡

次に史料②〜⑤の検討に移りたい。

②米売価銭用帳　第二枛
（天平宝字六年）
八月十日下銭壱貫陸伯文　米伍斛価料俵別百六十文
（下略）

（題籖）米売銭用
倉枛（表裏同文）

③謹啓　道守尊左右
一　進上経師等借用銭枛一紙
（中略）
（天平宝字六年）
十二月八日辰時下道主

④石山院
令奉請大般若六百巻　又理趣分一巻後奉写者
（中略）
以前物等、略勘注申上、但道主板写公文未了、
加以、雑散殿〻物等、一殿収置、十日以来将参上、以解、

天平宝字六年十二月五日申時下道主

一　為板写公文読合并経所食口抜出、二箇日、
阿刀乙万呂所請如件、加以行事可大在、

⑤(イ)雑物収納杙
（天平宝字六年）十二月廿一日収白米六斛　塩一斗　滑海廿六斤
海藻五籠別六斤

（中略）

(ロ)銭用杙
（天平宝字六年）十二月廿一日下銭七十七貫五百八十七文

（中略）

(ハ)用杙
（天平宝字六年）十二月廿日下調綿六千七伯屯　租布七段

（下略）

以上の②〜⑤を一見してただちに問題だと思うのは、史料の大きな偏りである。第一に、いずれも天平宝字六年（七六二）の後半のみに集中している。第二に、③④は日下が下道主であり、②⑤は東野治之がともに下道主の筆としている。筆の異同の判断は難しいが、妥当と思われる。そうすると、これらはいずれも下道主という個人にかかわる史料ということになる。つまり②〜⑤は、時期的にも人的にも限定された史料群なのである。またこのことは、次に取り上げる「杙」という文字は、写経所では下道主のみが用いており[11]、他にこの文字を用いた人物は、写経所文書では確認できないことと関係する。このような偏りのある史料をもって写経所全体に一般化できるかがまず疑問である。

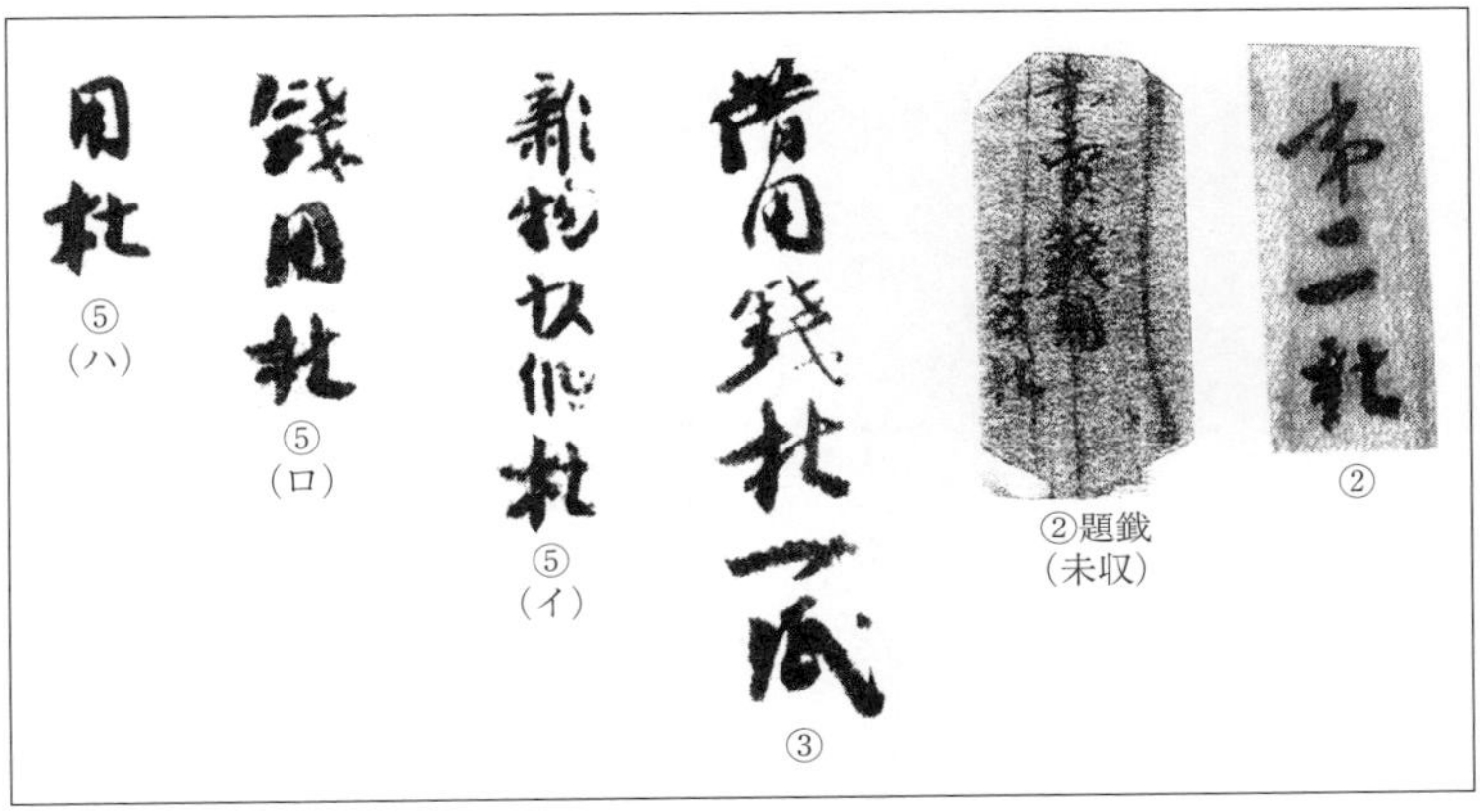

図４　「杔」の文字

東野は②③⑤に見える「杔」に注目して、この文字はセンと読み「箇や牒、即ち木簡を意味するとみられる」とした。これに対して角林文雄が、「杔」はサツと読むべきであり「札」の異体字であると批判し[12]、東野も基本的にはこれを受け入れている[13]。

杔の旁は、これまでカタカナの「ヒ」のような字形とされてきた。しかし③によると明らかに横画は左から右に書かれており、「ヒ」のように右から左には引かれていない。②⑤の四か所および②題籤も明確に右から左に引かれているとは言えない（図４）。この点からも「札」の異体字とする角林の説は認められるであろう。

そこで「杔」が「札」であるとして、次の問題は、この文字が何を意味するかである。東野は木簡を意味する文字としたが、ここで注意されるのが史料③である。これは下道主が道守尊（上馬養）にあてた書状である。その一項に「進上経師等借用銭杔一紙」とある。弥永貞三はこれに注目し、「右述した紙箋（越中国の調綿の紙箋―栄原）の類も杔と呼んでさしつかえない」と指摘した[14]。これに対して東野は「これは確かにありうることと思われる」としたうえで、写経生の借銭解は木簡が用いられることがあったと推定でき、「「借用銭杔一紙」については本文に述べたような解釈も成り立つ余地があり、」弥永説・東野説の「いずれとも解しうる」と述べている[15]。この引用文中の「本文で述べたような解釈」

とは、「この「借用銭杙一紙」とは、おそらく経師らが木簡に書いて提出した借用銭の解を、上掲の雑物収納杙や銭用杙のように紙に整理し直した文書と考えられる。」に相当する。[16]

これについて、東野説は、平城宮出土の借用銭の木簡[17]を例として、写経所における経師らの借用銭解に木簡が用いられた可能性を前提としている。そのような可能性を完全に否定し去ることは難しいが、正倉院文書には多くの月借銭や借銭の関係史料が残るにもかかわらず[18]、それらに木簡の使用を思わせるものは一つもなく、すべて紙である。少なくとも帳簿に整理するほど多くの木簡の使用があったとは言えない。また、ある場合には木簡を使用し別の場合には紙を使用するような不安定な状況は、事務処理の在り方として考えにくい。

東野は「同一文書の中で「杙」と「帳」を使い分けた例があるのは、「杙」に「帳」などとは異なる独特の意味があったことを示す[19]」とするが、その事例は②であろう。確かに②には「帳」と「杙」が併存しているが、だからと言って別の意味で使い分けられているとは必ずしも言い切れない。また東野が⑤(イ)(ロ)(ハ)を整えてまとめた帳簿として挙げたものでは「杙」に相当する部分がみな「帳」とされている[20]。これらからすると、下道主は「杙」と書いたとき「帳」を意識していた可能性は十分にあるであろう。

史料②〜⑤のうち残る④について、これは造石山寺所の史料であるが、『平城宮木簡一解説[21]』は「板写公文」の語に注目し、「その（木簡である――栄原）可能性も全く否定し難い」とし、東野[22]・山口[23]もこれを継承している。

しかし「板写公文」という木簡を想定すると、「但道主板写公文未了」の訓読が難しくなる。また「公文を板写する」「公文を板に写す」と読むと、紙に書かれた内容をわざわざ「板」に書き写すことになり、これまた考えにくい。ここは「但し道主は板を公文に写すこと未だ了らず」と訓読するのが適当である。またこれに対応して「為板写公文読合并経所食口抜出、二箇日阿刀乙万呂所請如件」は「板を写せし公文の読み合わせ并びに経所の食口の抜き出しのために、二箇日阿刀乙万呂を請ふ所件の如し」と訓読できることになる。[24]

したがって、天平宝字六年十二月ごろの造石山寺所には、食口が書かれた「板」が存在していたことになる。しかし、造石山寺所のような板材を入手しやすいところの事例を、「板」を簡単には入手できない写経所に当てはめて考えることには慎重であるべきである。写経所では、凡紙を二、三枚貼り継いで、壁等の固定できるところに張り付ければ、「板」のような筆記スペースは簡単に確保できるので、わざわざ板材の確保に努めてまでして記入する必要はない。

以上、史料②〜⑤について検討したが、そのうち③④は造石山寺所の関係史料であり、その事務処理はおのずから写経所とは異なった面をもったであろう。写経所に関するものは②⑤であるが、②は奉写石山院大般若経所のもので、石山寺の増改築工事現場付近に臨時に設けられた写経所であり、そこでの事務処理の在り方を直ちに奈良における写経所に当てはめることは躊躇される。⑤は奈良における奉写二部大般若経所のものであるので、②よりは写経所における本来の事務処理の在り方を反映しているはずであるが、関係史料も含めて、同所での木簡の使用は確認できない。また「杋」の文字は写経所文書では②③⑤に限定され、いずれも下道主の筆であり、写経所では彼以外にこの文字を使用した人物は確認されない。このように、史料②〜⑤にもとづいて、写経所における事務処理に木簡が広く使用されていたとは簡単には言えないのではないか。

三　正倉院の雑札

次に史料⑥⑦を取り上げる。正倉院には文書木簡とされるものが一〇点存在するが[25]、東野はそのうち⑥⑦（中倉21第1・2号）に注目した（図5、図6）[26]。

⑥・「法花経疏一部十二巻吉蔵師者

右、依飯高命婦宣元年閏八月十日宣、奉請内裏　」

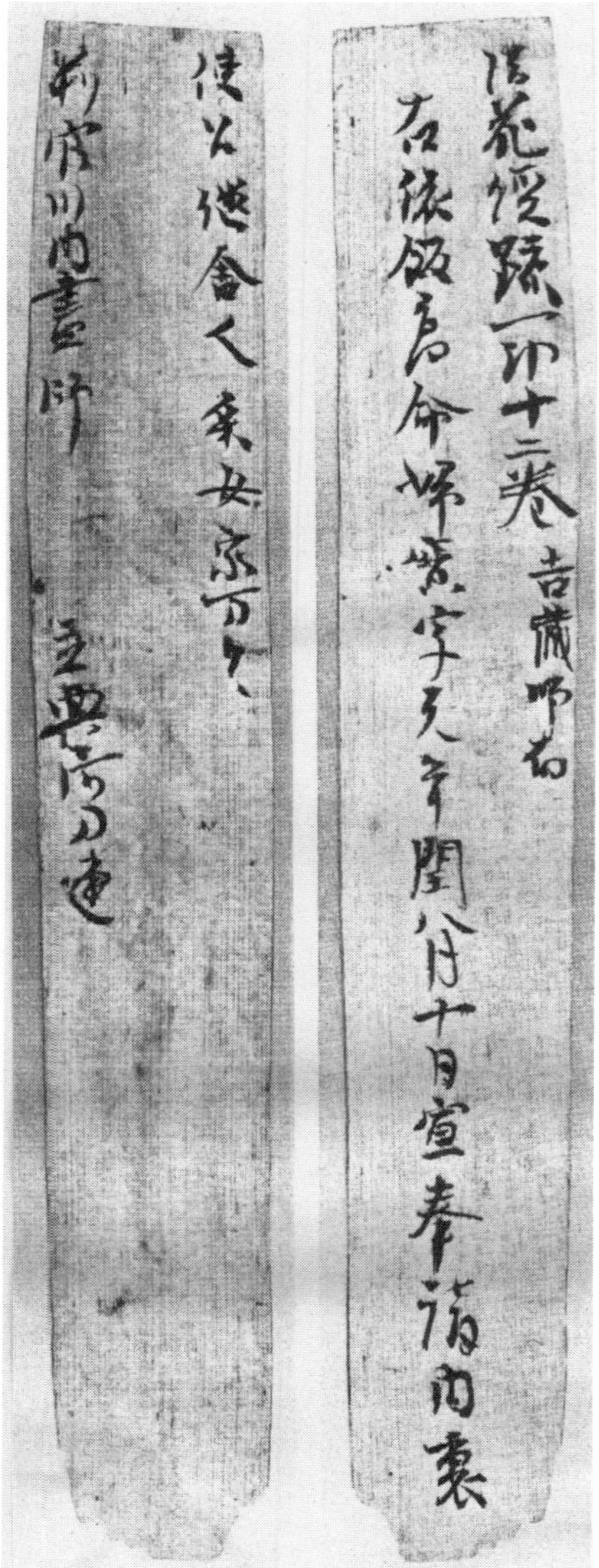

図５　⑥雑札（中倉21第１号）
（『正倉院宝物銘文集成』による）

図６　⑦雑札（中倉21第２号）
（『大日本古文書』13巻所収写真版による）

・「使召継舎人釆女家万呂
　判官川内画師　　主典阿刀連　　　　」檜、長二九・〇cm[27]、幅四・一cm

⑦・「　　ⓐ阿閇豊庭　ⓑ子部多夜須　ⓒ山部吾方万呂
　可返上筆　ⓓ三嶋子公　ⓔ丸部人主　ⓕ信濃虫万呂
　　　　ⓖ丈部子虫　ⓗ三嶋百兄　ⓘ安宿広成　」

・「ⓙ前部倉主　ⓚ秦忍国　ⓛ若倭部国桙
　ⓜ余乙虫　ⓝ住道小粳　ⓞ高東人
　ⓟ忍海広次　ⓠ将軍水通　　　」杉、長二八・〇cm、幅四・七cm

東野は⑥⑦の筆者を他田水主とし、「これらは二つながら、造東大寺司管下の写経所の事務処理に用いられたものとして理解すべきである」とした。そして⑥は「経巻貸し出しの際の記録であり、奉請状の要項を控えたものと考えられる。」「かかる木簡の記録を整理して作製されたのが……経疏奉請帳の類と考えられる。」「経典貸し出しに当たってこのような木簡を直接櫃に入れ、現在図書館で用いる代本板[28]と同じように用いた」ものと推測した。また⑦は筆の返上を命じた一種の下達文書で、伝達方法は回覧によったのではないかと推測した[29]。これらの東野の指摘は、その後の研究でも受け入れられてきたところであるが、私はいくつかの問題があると考える。

それについて述べる前提として、⑥⑦は内容から見て写経所由来のものであるとみられることをおさえておきたい。またあらかじめ⑥⑦の時期を明らかにしておく必要がある。まず⑥は天平宝字元年（七五七）閏八月十日の飯高命婦の宣によって法花経疏一部一二巻を内裏に奉請したことにかかわるものであるので、その直後ごろのものとしてよい。

⑦については、ここに列挙されるⓐ〜ⓠの一七人の経師は、全員について天平宝字二年の千巻経・千四百巻

経に従事したことが確認され、最後の千二百巻経には九人が見え八人が見えない。この前後の写経事業としては、⑴天平勝宝八～九歳（七五六～七五七）の大般若経三〇巻・道巌経一三巻、⑵天平勝宝九歳の般若心経一〇〇巻、⑶天平宝字元年の金剛寿命陀羅尼経一〇〇〇巻や⑷諸仏集会陀羅尼経四〇〇巻があるが、経師名が判明する場合は⑦と合致しない。また天平宝字二年の後では、天平宝字三年には写経事業はなく⑸天平宝字四年になって百三十五部経の写経事業が行われた。しかしこれらとはいずれも経師名が合わない。以上からやや消極的であるが、⑦は天平宝字二年のものと考えられる[30]。

これらによると、⑥⑦の筆者は、天平宝字元、二年（七五七、七五八）に写経所にいた人物であることになる。東野は⑥⑦の筆者を他田水主とするが、すでに山下有美が指摘しているように[31]、他田水主は天平勝宝四年中に写経所から他所に転出し、造東大寺司の政所で案主をつとめたあと、天平宝字四年七月から写経所の案主に配されている。これによると、他田水主は少なくとも天平宝字元、二年ごろには写経所にはいなかったので、⑥⑦の筆者は他田水主ではないことになる。

では⑥⑦の筆者は誰であろうか。ここで「金剛般若経書生等文上帳」（13ノ463～469、続々修8ノ11）に注目したい[32]。

書生等文上帳
忍海広次　　写経十巻五巻波和良 五巻白紙　　用紙一百卌七月十九日十巻
并波和良　合弐拾参巻
（下略、以下同様）

これは天平宝字二年の金剛般若経一〇〇〇巻の写経事業（千巻経）に関する帳簿で、同年七月十七日から二十六日の間に経師が写経の終わった巻を事務方に提出したことや、その経師が千巻経のうち何巻写したかの記録である。そこに見える経師名の筆跡は⑦と極めて似ており（図7）、両者は同筆の可能性が高い。この帳簿の筆者は上馬養である可能性が高いが、断定できないのでしばらく某としておく。⑥⑦は他田水主ではない某が写経所で書いたものである。

東野は⑥⑦に基づいて「写経所では他に多数の木簡が用いられていたことは疑いない」として、食口案が「おそらく木簡の記録を集めてまとめ直したものであろう」ことをあげている。しかし⑥⑦の筆者が他田水主である可能性は乏しく、食口案も、前述のように写経所では紙の日別カードによったと考えられるので、東野説が写経所について成立することは難しい。

そうであるにしても、上記のように⑥⑦は某が写経所で書いた可能性が高いので、写経所で木簡が用いられていたとする東野の考えはなお存立している。⑥の記載内容について東野が経巻貸し出しの記録とするのは妥当である。しかし経疏の奉請帳類(33)が木簡に書かれた記録を整理して作成されたとする点は、必ずしも証明されているわけではない。奉請帳類が奉請の記録を整理して作成されたことは確かであるが、その奉請の記録が木簡であるとは必ずしも言えないのではないか。

東野がそれを木簡としたのは、⑥が現に存在していることに加えて、⑥を現在の図書館の代本板と同じように用いたとする考えと連動している。経巻がたとえば棚などに並べ置かれていてその保管位置が固定している場合は、確かに代本板の使用は有効であろう。しかし経巻は経櫃に納めて管理されていた。経櫃内における各経巻の位置は、いずれかの経巻の出し入れのたびに変動し固定的ではなく、それにともなって仮に代本板として木簡を入れたことを想定したとしても、その位置は固定しない。このような状況では代本板としてはさほど機能しないとみられる。つまり経巻貸し出しの記録を木簡で作成しなければならない必要性は、さほど高くはない。経巻の送り状の控えと返抄などの紙の文書をもとにして、紙で経巻の奉請リストを作成し（さらにその写しを紙で作成し）、それによって経巻の管理を行っていたことは十分に想定できる。

また⑦については「可返上筆経師交名」（15ノ355、続々修32ノ5(32)、図8）があることに注意したい。

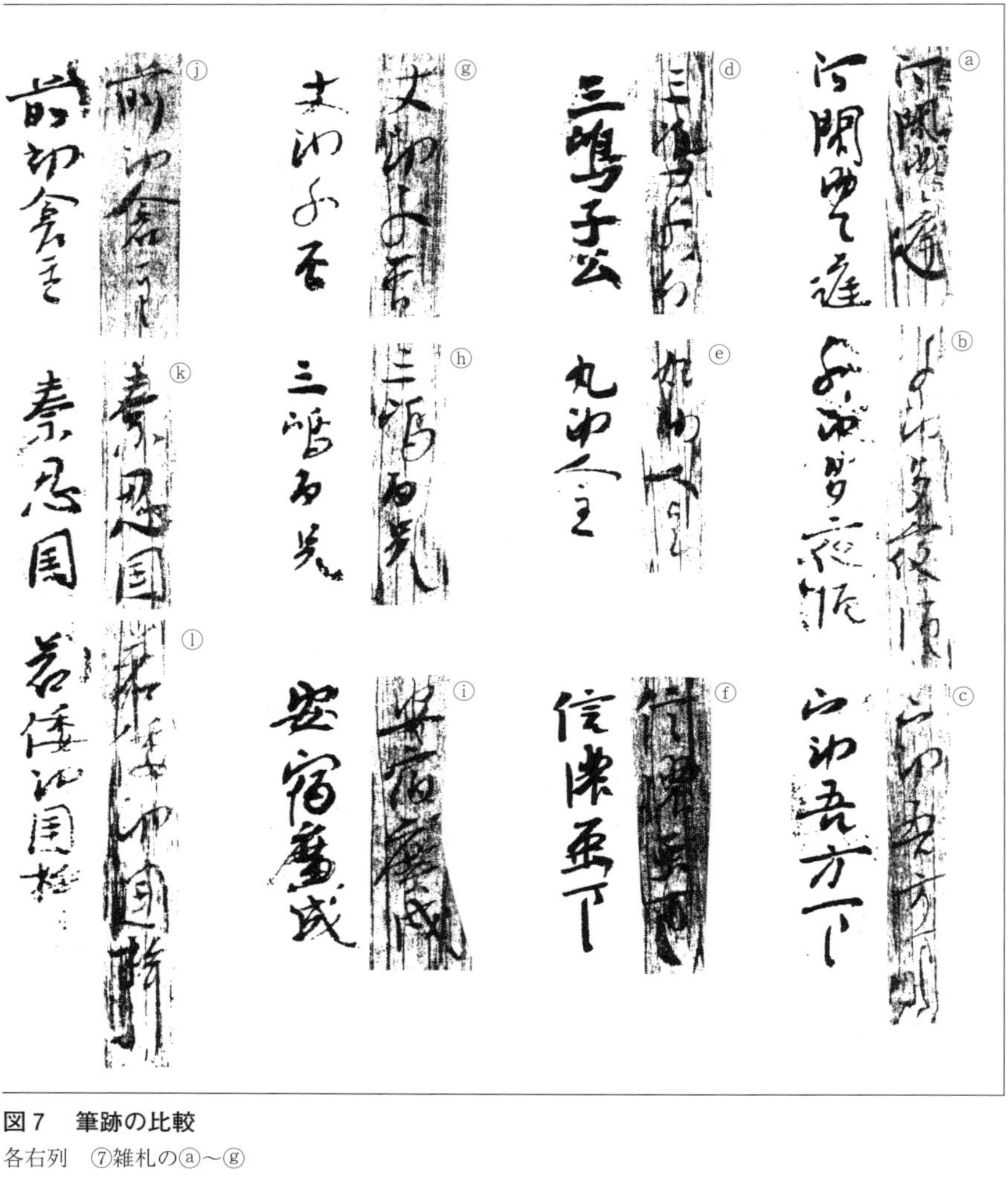

図７　筆跡の比較

各右列　⑦雑札のⓐ～ⓖ

各左列　「金剛般若経書生等文上帳」の書生名

図 8　「可返上筆経師交名」

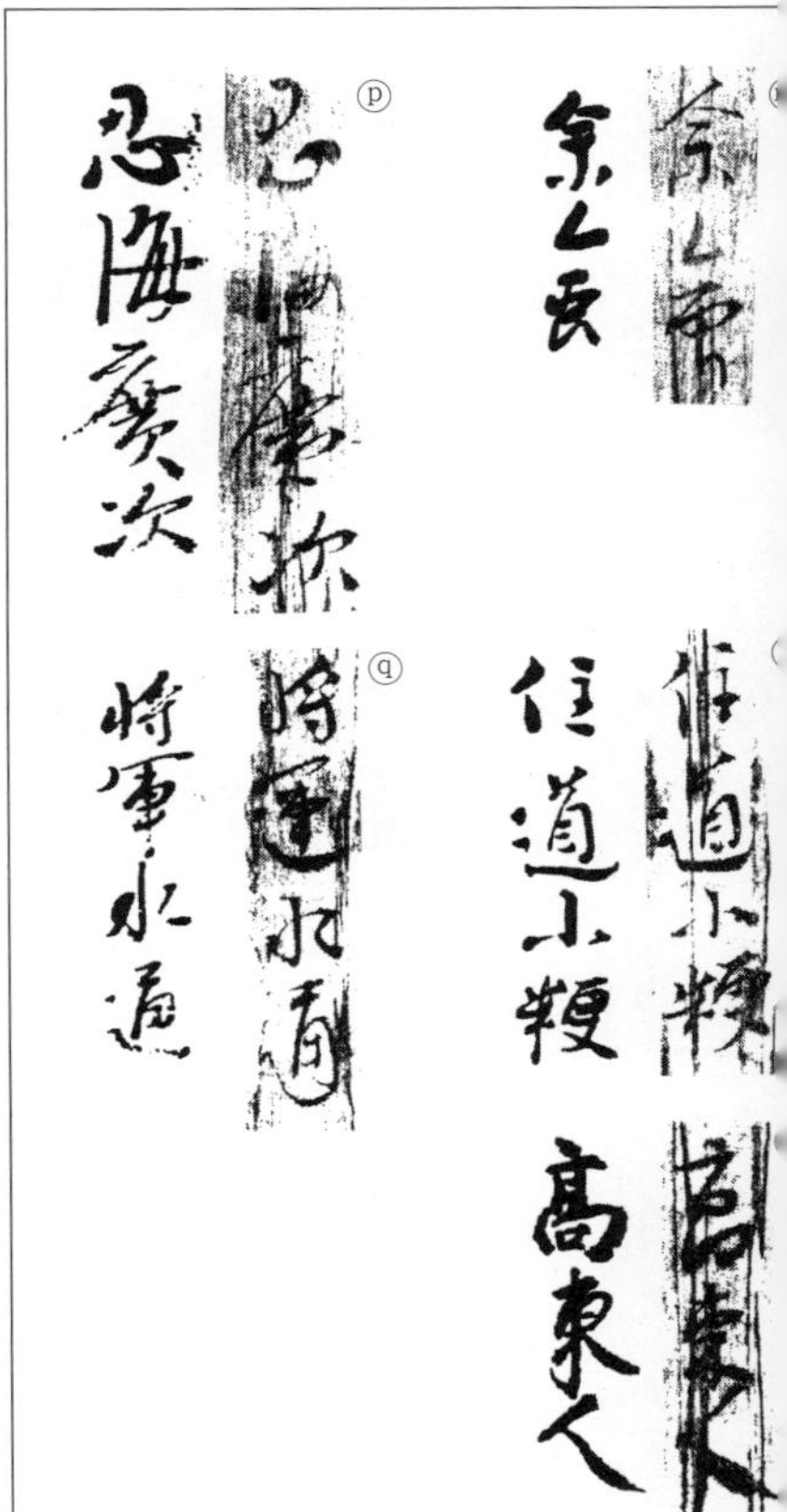

可返上筆　　張兄万呂二　伊蘇志内万呂一　高市老人一

これは⑦とまったく同じ性質のものであるが紙に書かれている。(34) これはメモ書きのようなものとみられるが、⑦も同様なのではないか。⑥に比べて⑦はやや乱雑な書き方であることもこの推測と合致する。後述のように、写経所には白木の札が集められていたが、その一つにメモ書きしたものであろう。(35)

このように⑥⑦のようなものは、写経所では紙に書かれるのが普通であり、木簡に書くのは特殊な場合と理解すべきなのではなかろうか。⑥⑦が写経所で書かれた木簡であることは事実であるが、これをもって写経所において多数の木簡が事務処理に用いられていたとまで想定することは躊躇される。

四　往来類

最後に史料⑧往来類を取り上げる。正倉院には題籤軸が遊離したものが六二点、頭部残闕九点、残闕一三点（以上中倉22）、現に帳簿類に付着しているものが二五九点（中倉二五五点、北倉四点）存在する。(36) 現に題籤軸が付いている帳簿類はもとより、遊離した題籤軸も、それが元来付いていた写経所の帳簿類を想定できる場合があるので、これらのほとんどは写経所のものとみてよい。(37)

これらのうちに軸部に文字・墨痕があるものが存在するので、それらは木簡を転用したものであるとして、写経所に木簡が存在したことを示す根拠とされてきた。それは、中倉22のうち第5・6・7・16・21・34・37・38・53・62号、頭部残闕第4号、残闕第13号の一二点である。(38) その比率は約一五％で、一定程度の割合で存在していることは確かである。

軸部は紙に巻き込まれる部分であるので、そこに文字が書かれていたとしても、それを削り取る必要はない。したがって、そこに文字・墨痕のないものは、削り取られてなくなったのではなく、もともと文字がなかったと見てよい。[39] 題籤部については、その厚さと軸部の厚さに違いがあるのかどうかについてのデータがないので、削り取りがあったかどうか確言できない。しかし、題籤部に文字の削り残りがあるという所見はないから、この部分にはもともと文字がなかった可能性がある。

現に帳簿類に付いている題籤軸について検討できない点で課題が残るが、帳簿類からの遊離はランダムに起こったと見られるから、遊離したもののあり方は全体を反映していると想定できる。それによると、題籤軸の素材となった材には一定程度の木簡が含まれていたが、その比率は約一五%程度であまり高くはなく、多くは何も書かれていない白木の材であったと思われる。

次に題籤軸の作成については、北條朝彦の研究が注目される。[40] 北條は正倉院の題籤軸について写真を用いて題籤部の法量を算出し「文字数に合わせ臨機応変に法量の調整ができたのではないか」とした。この指摘は、題籤軸はそれを装着すべき帳簿類が存在しているその場で作成されたことを示唆する。そうすると、帳簿類が作成・整理される現場の周囲に題籤軸の素材となる材が存在していたことになる。そこで問題は、その材がどのような由来を持つものかという点である。

軸部の文字・墨痕のうち、ある程度意味が取れるのは第5・21・34・38・53号、残闕11・13号の七点である（図9）。これらは木簡から作成された題籤軸である。このうち第34号の「戸主布師千万呂」、残闕11号の「和大山　高原高万呂」の三人は、写経所関係史料はもとより他にみえず、簡単に写経所の人間とはしにくい。[41] しかし、第53号の「川内豊□〔敷カ〕」は装潢・校生として、また残闕13号の「大鳥高人」は経師として写経所で活動していたことが確かめられる。さらに第5号の「大乗圣四百八十四□」、第38号の「校紙九百張」[42] も写経所における記載として自然である。

これらからすると、題籤軸の素材となった材のうち木簡は、多くは写経所に存在したものである可能性があるが、一部は写経所外から持ち込まれた可能性のあるものも含まれるとみられる。

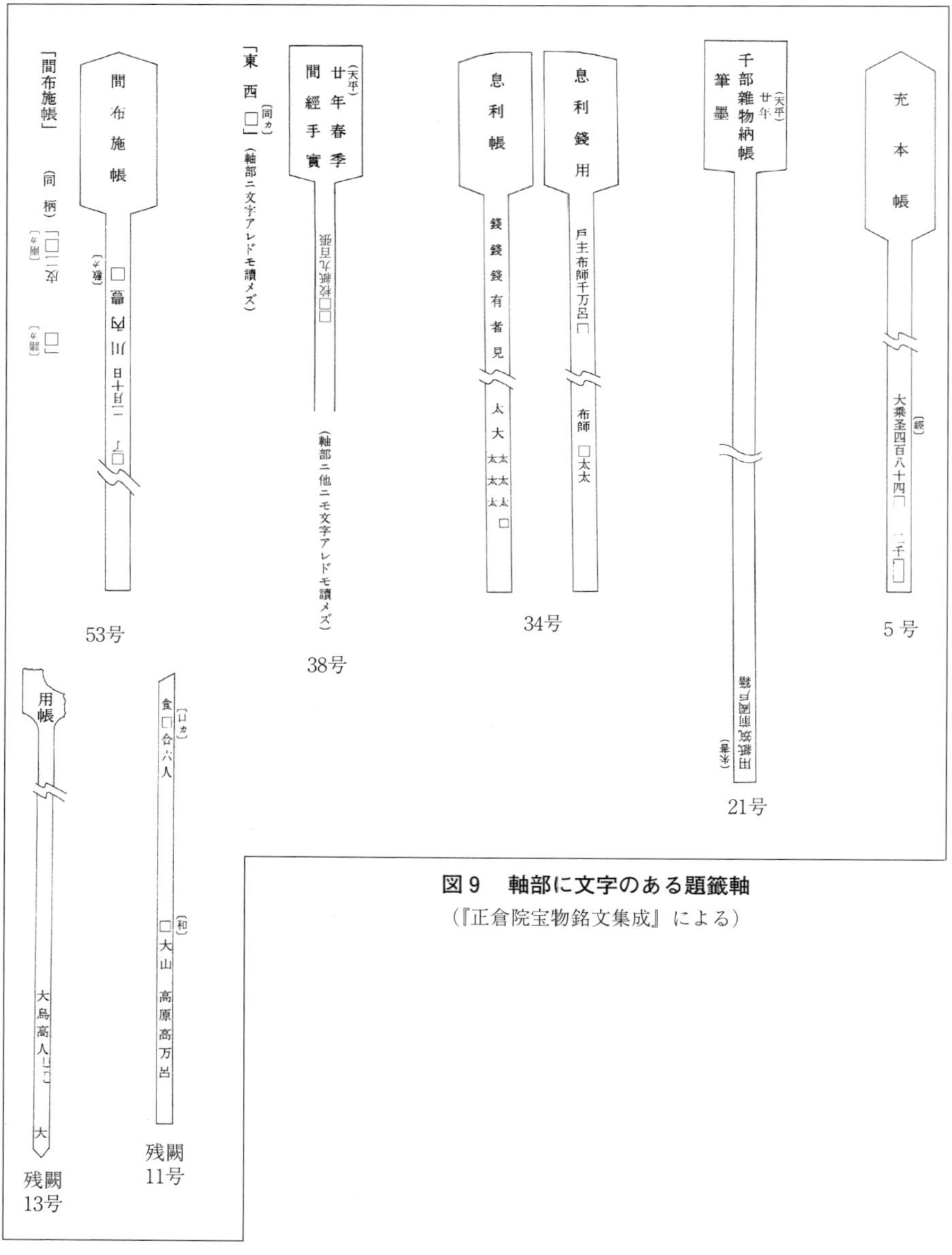

図9　軸部に文字のある題籤軸
（『正倉院宝物銘文集成』による）

以上によると、写経所で題籤軸の素材として集められた材の多くは白木であったと考えられ、木簡を利用して題籤軸を作成することは、ある程度はあったがそれほど多くはなかったと考えられる。このような題籤軸の作成状況からみて、写経所で大量の木簡が再利用されたとまでは言えないであろう。

むすび

本章は、写経所における事務処理に広く木簡が用いられていたという通説について、その史料的根拠を検討することを第一の目的とした。その結果明らかになったのは、写経所で木簡が使用されること自体はある程度はあったが、それは従来想定されていたほど多くはないということである。

しかしこれは、写経所についての事態であるので、古代の律令官司一般で事務処理に広く木簡が使用されていたという通説の見通し自体は、依然として存立していると言わなければならない。平城宮・京跡を中心とする大量の出土木簡の存在も、このことを裏付けている。

しかし、この点を十分に考慮に入れたうえで、本章で明らかにした写経所の状況からすると、この見通しを抑制的に考えることも考慮されてよいのではないか。東野は、文献史料に見える木簡の事例を博捜して提示した。それぞれは妥当で教えられるところが多いが、東野自身が指摘しているように、それらは木としての材質が有利な場合の事例が多いようであり(43)、事務処理一般に広く木簡が使用されたとまでは言えないのではないか。

写経所という官司では、経紙片が事務用に再利用されることが多く、紙が多く存在したことは確かである。その点にもとづいて、写経所において木簡の使用が少ない状況を説明することは、あるいは一案かもしれない。しかし、そもそも他の律令諸官司・貴族の家政機関において、紙と木の使用比率はこれまでに検証されたことはない(44)。写経所ひいては写経所文書を特殊な環境に押し込める方向で整合性を図るのではなく、本章で明らかにした写経所における紙と木の関係を積極的に考慮してゆくべきではないか。

〔注〕

（1）東野治之「奈良平安時代の文献に現れた木簡」（『正倉院文書と木簡の研究』塙書房、一九七七年九月、もと奈良国立文化財研究所『研究論集』Ⅱ、一九七四年三月）。

（2）日本古代にはいくつかの写経所が併存していたが、本章ではそのうち皇后宮職・造東大寺司の系統の写経所を単に写経所と称する。

（3）瀧川政次郎「短冊考―払田柵址出土の木札について―」（『法制史論叢』第四冊　律令諸制及び令外官の研究、角川書店、一九六七年十月、もと『古代学』七―二、一九五八年十月）。

（4）東野治之注（1）論文七ページ。

（5）山口英男「帳簿と木簡―正倉院文書の帳簿・継文と木簡―」（『日本古代の地域社会と行政機構』吉川弘文館、二〇一九年二月、もと『木簡研究』二二、二〇〇〇年十一月）三五一ページ。

（6）Ⓐには抹消と数値の訂正がなされている。それを書き写した食口案では訂正後の数値が記されている。次に述べるⒷ～Ⓔでは数字の訂正がなされている。これらは、訂正前のⒶ～Ⓔの数値が請求数、訂正後の数値が実際の支給数と考えられる。これによれば、食口案のその他の個所の訂正についても同様に考えられる。

（7）宝亀年間の長大な食口案のうち、日別カードがそのまま利用されたのはⒶ～Ⓔのみで、ごくわずかである。なぜⒶ～Ⓔのみを貼り込んだのかについては、今のところ考えが及ばない。他日を期したい。

（8）奈良国立文化財研究所『平城宮木簡』（二）、木簡番号2598。

（9）西隆寺跡調査委員会『西隆寺発掘調査報告』図版16。

（10）東野治之「正倉院伝世木簡の筆者」（『正倉院文書と木簡の研究』塙書房、一九七七年九月、もと『ミュージアム』三〇四、一九七六年七月）。

（11）②には題籤軸が首に付いているが大日古には未収である。写真によるにこれも下道主の筆とみられる。

（12）角林文雄「木簡を意味する文字について」（『続日本紀研究』一九四、一九七七年十二月）。

（13）東野治之「「杙」と「札」―角林文雄氏の所説を読んで―」（『日本古代木簡の研究』塙書房、一九八三年三月、もと『続日本紀研究』一九五、一九七八年二月）。

（14）弥永貞三「古代史料論　一木簡」（『岩波講座日本

歴史』別巻二、一九七六年九月）六五〜六六ページ。

(15) 東野治之注(1)著書五三ページの付記。

(16) 東野治之注(1)著書二一ページから引用。この部分は初出論文から改められている。

(17) 『平城宮木簡』（二）所収、木簡番号70をあげている。

(18) 正倉院文書の月借銭関係資料については次の論文で網羅的に検討した。栄原永遠男「月借銭解に関する基礎的考察」（本書第三部第九章、もと『正倉院紀要』四〇、二〇一八年三月）。

(19) 東野治之注(1)著書一一ページ。

(20) 東野があげたのは次の帳簿の対応部分である。(イ)「奉写二部大般若経料雑物納帳」（16ノ71、続々修39ノ4⑦裏）および「二部般若雑物納帳」（5ノ300、続々修4ノ8全）、(ロ)「奉写二部大般若経銭用帳」（16ノ91、続修後集6①）、(ハ)「売料綿下帳」（16ノ74、続々修43ノ16③）。

(21) 奈良国立文化財研究所編『平城宮木簡一解説』（一九六九年十一月）二一ページ。

(22) 東野治之注(1)著書二〇ページ。

(23) 山口英男注(5)論文三四七ページ。

(24) 「板写公文」については、正倉院文書を読む会における討論にもとづいて、桑原祐子・中川ゆかり・山下有美の各氏のご教示を得た。

(25) 中倉21雑札第1〜5号、中倉165金銅火舎第3号付属木牌、中倉202第71号櫃雑札第1・2号、南倉187琴瑟類残材木札其1・2の一〇点である。

(26) ⑥⑦の写真と釈文は正倉院事務所編『正倉院宝物』四中倉Ⅰ（毎日新聞社、一九九四年十一月）、松嶋順正編『正倉院宝物銘文集成』（吉川弘文館、一九七八年七月）、「法華経疏奉請文案」（13ノ227）、「可返上筆経師歴名」（13ノ240）に収録されている。

(27) 写真によると、⑥の下端は原形を保っているようにも見えるが、不明である。

(28) 柳雄太郎は、東野治之注(10)初出論文にもとづいて、これを「留守居札」と表現した（「正倉院伝世の木簡」、奈良国立文化財研究所『第一回木簡研究集会記録』一九七六年七月）。弥永貞三注(14)論文も「留守居札」とする。

(29) 東野治之注(10)論文。以下、正倉院の雑札に関する東野の見解はこの論文による。

(30) 東野は、前部倉主が天平宝字二年の文書にのみ現れ、阿閇豊庭・子部多夜須・余乙虫・高東人が天平宝字二年を最後に文書から見えなくなることに基づいて、⑦を天平宝字二年の金剛般若経・千手千眼経等の書写に関係するものと推測しており、説得的である。なお大日古は天平宝字二年六月十九日類収とする。

(31) 山下有美『正倉院文書と写経所の研究』（吉川弘文館、一九九九年一月）二七一〜二七三、三〇一ページ。

(32)　この史料については山下有美の教示を得た。

(33)　「写経所写経出納帳」(12ノ310、続々修16ノ5①)、「写経奉請帳」(12ノ431〜434、同②(1)(2))、「写疏所経疏奉請帳」(12ノ388、同③)、「同」(12ノ389〜390、同④)、「東大寺写経奉請帳」(13ノ208〜209、同⑤)、「東大寺写経奉請帳」(13ノ210〜212、同⑥⑦)その他。

(34)　このほか「充筆経師交名」(15ノ353〜354、続々修32ノ5㉒)、「充筆墨経師交名」(15ノ354、続々修32ノ5⑦裏)は、大日古は筆墨の支給に関する交名とするが、返上に関するものである可能性もある。

(35)　東野は⑦を筆の返上を命じた一種の下達文書で伝達方法は回覧によったのではないか、と推測した。私見ではこれを下達文書とは考えないが、仮に下達文書であったとしても、回覧で筆が回収できるか疑問である。

(36)　点数は、杉本一樹「正倉院の木簡」(『日本古代文書の研究』吉川弘文館、二〇〇一年二月、もと「正倉院」木簡学会編『日本古代木簡選』解説、岩波書店、一九九〇年十一月)による。なお柳雄太郎注(28)論文では、文書に付着しているものを二三四点としている。なお、現に文書に付着している題籤軸の中には、軸部分に文字が書かれているものがある(たとえば22ノ278)。しかし、このような文字が検出できるかどうかは、紙の巻つき状態いかんに左右されるので、偶然のことである。したがって、文書に付着している題籤軸が木簡を転用したかどうかについては、現時点では正確なデータが得られないので、本章の検討の対象としては保留する。

(37)　ただし、北倉文書に付いている四点は明らかに写経所のものではない。

(38)　これ以外に、軸部に紙が付着しそれに文字のあるものとして第15・61号、残闕第12号があるが、ここでの考察の対象とはならない。

(39)　第21・38・53号は、題籤の文字の方向と軸部の文字の方向が逆転している。一般に文書の下部の方に空白部分が多いことが関係していると思われる。

(40)　北條朝彦「古代の題籤軸—正倉院伝世品と地方官衙関連遺跡出土品—」(皆川完一編『古代中世史料学研究』上巻、吉川弘文館、一九九八年十月)。

(41)　第21号の「用紙筑前国戸籍」(朱書)も写経所のものとしては落ち着かない。

(42)　注(26)の『正倉院宝物銘文集成』は「間紙九百張」とするが、『正倉院宝物』四は「校紙九百張」としている。

(43)　注(1)東野治之著書。

(44)　長屋王家木簡のなかに経典や漢籍の書写にかかわる木簡が存在するが、それは米飯の支給に関するものに偏っており、その事務処理体系の全体における位置づけは明らかでない。また帳簿にかかわる木簡は見えないようであり、帳簿は紙で作成されていた可能性があると考える。山上憲太郎「長屋王家の写経事業とその変遷」（『日本歴史』八七四、二〇二一年三月）、勝浦令子「木簡からみた北宮写経」（『史論』四四、一九九一年三月）。

〔補記〕本稿執筆後に、「写一切経充紙帳〈一切経并千手経充紙杙〉」（24ノ151～160、続修後集22(3)）の奥裏書（第28紙裏）に「充紙杙」とあることに気づいた。このことはすでに『正倉院文書目録』三続修後集の一三六ページに指摘されており、調査の不備を反省する。この帳簿は大日古ならびに『正倉院文書目録』が天平十四年（七四二）のものとしているが、ここに見える経師らの活動時期に照らして、これは妥当である。充紙の時期は同年五月から八月にかけてであるので、奥裏書の「充紙杙」の文字もこの頃に書かれたものと考えられる。また私は「杙」の文字の使用を下道主に限定したが、彼が写経所文書に見える最初は、天平十五年五月から始まる「一切経間校帳」である。「充紙杙」の文字が書かれた時期よりわずかに遅れるので、これは彼によるものでない可能性もある。以上からすると、「杙」の文字の使用を天平宝字六年の下道主に限定した本章第二節の趣旨は変更しなければならない。しかし一方で、「杙」の使用例がきわめて乏しいことに変わりはないので、その使用を写経所全体に一般化することはできないという私見を変更する必要はないと考える。

第六章　佐保宅の性格とその写経事業

はじめに

長屋王が佐保に何らかの土地をもっていたことは、長屋王家木簡の中に、和銅八年（七一五）八月十一日付の「佐保」からの生薑の進上状があることで明らかである。[1]

①・佐保解　進生薑弐拾根
　・額田児君　和銅八年八月十一日付川瀬造麻呂　　(348)・(28)・3　081

この「佐保」に邸宅が建造されたのは、養老五年（七二一）、あるいは同二年ごろと推定されている。[2]これが『懐風藻』にみえる「宝宅」や、そのなかの楼閣としての「作宝楼」、神亀経の「作宝宮」、『万葉集』巻八の「左大臣長屋王佐保宅」に相当するとされている。[3]

神亀六年（七二九、天平元年）の長屋王の変後、長屋王関係の資財田宅は没官されたと推定されている。[4]ところが、その子の安宿王は、東南院文書の「摂津国家地売買公験案」によって、難波に荘を保持していたことが知られる。これは、長屋王の財産を受けついだ可能性があることが指摘されている。これによると、長屋王の財産の一部は、生存する長男である安宿王に与えられたことになる。[5]

一方、正倉院文書の主体をなす写経所文書には、後掲するように、「佐保宅」「佐保殿」「佐保」等が散見する。これについて福山敏男は、「其の他の小写経所」のうちに「佐保宅の写経」をあげ、後掲の②を指摘している。また、井上薫はこれと同じく「中央写経所が本経を貸し、書写に供したことが見える例」の一つに「佐保宅の写経」をあげ、②の内容を解説している。はたして、写経所文書の「佐保宅」等は、安宿王が長屋王の財産を引き継いだものであろうか。この点について、井上薫は「写経所文書にみえる佐保宅は安宿王の住居で、父のそれを継承したものであるまいか」としているが[6]、それは単なる推測にとどまっている。

安宿王が「佐保宅」等と関係があったことを示す史料はない[7]。そうすると、安宿王と写経所文書に見える「佐保宅」等とは、どのような関係にあるのであろうか。また、長屋王の所領である「佐保」や、そこに建造されたとされる邸宅と、写経所文書の「佐保宅」等とは関係があるのであろうか。そもそも写経所文書の「佐保宅」等とは、どのような性格をもっていたのであろうか。

一　正倉院文書に見える佐保宅など

まず、写経所文書にみえる「佐保宅」等の関係史料をあげ、それらについて検討したい。

②「佐保宅牒」（9ノ340、続々修32ノ5⑩裏）

佐保宅　請奉十一面経

右、為写敬礼請奉如前、以牒

天平十九年二月廿三日付船木孫足

「斐太国勝」

「同月廿四日返納已了」（異筆）

これは、天平十九年（七四七）二月二十三日付で「佐保宅」から発せられた牒である。斐太国勝が佐保宅側の担当者で、船木孫足が使者としてこの牒を金光明寺造物所管下の写経所（のち造東大寺司管下の写経所となる。以下、写経所と称する）に持参したのであろう。十一面経の貸し出しを希望しているが、その目的は「写して敬て礼せんがため」であった。これによると「佐保宅」では写経が行われたことになる。この経巻は、早くも翌日に返却された。(8)

③「仁王経疏本奉請帳〈自処々請仁王経疏本帳〉」（11ノ180〜181、続々修9ノ4全）

（前略）

（勝宝二年）四月四日自佐保宮請仁王経疏六巻　三巻色紙青書柚 中巻表紙穢 三巻白紙紫檀柚

知史生阿刀　受筆

④「仁王疏紙筆墨充帳〈仁王経疏充紙本墨筆帳〉」（11ノ190〜200、続々修9ノ2全）

勝宝二年四月三日始

一巻

（中略）

坂上武万呂 四月四日紙卅 佐保本　十日廾　十一日廾　十六日十　反二

古東人 四月四日紙卅 佐保本　八日廾　九日廾　十二日廾　十三日新筆一　十八日九 反五

（中略）

二巻

（中略）

山下公足 四月四日紙卅 佐保本　七日書継三枚 又卅　九日廾　十一日廾　十六日廾始下巻

十七日廾　反三欠五

（中略）

大鳥春人四月四日紙卅　七日卅六　十一日廾　十三日廾　同日新筆一
佐保本　　　　　　十七日廾　十八日返上十二　十五日廾

（中略）

三巻

（中略）

廾日廾　反六＊「欠□」（紙下端右方へ書き続く）

大伴蓑万呂四月四日紙卅　八日廾　十日廾　十一日廾　十四日廾　十六日廾
佐保本

（中略）

雀部都知万呂四月四日紙卅　九日廾　十一日廾　十五日十　□
佐保本

③④は相互に関係する。③で、写経所が「佐保宮」から、天平勝宝二年（七五〇）四月四日に仁王経疏六巻を借り受けた。この六巻は④で経師たちに紙筆墨とともに割り当てられ、本経として使用された。この時写された仁王経疏は一部三巻であったから、「佐保宮」から借用したのは二部で、それが色紙青書軸三巻と白紙紫檀軸三巻⑼（ただし中巻の表紙が穢れている）に相当することになる。

これによると、「佐保宮」には仁王経疏が二部あったことになり、「佐保宮」は経巻を保持するような性格であったことになる。

ところで、③は、写経所文書の関係史料では唯一「佐保宮」とあって注目される。他は「佐保宅」「佐保殿」「佐保」とあるので、両者の関係が問題となる。この点については、のちに改めて取りあげる。

⑤「経本出納帳」（10ノ629〜630、続々修16ノ6⑤）

摩利支天経一巻
右、依良弁大徳宣、奉請
佐保殿
勝宝二年四月十六日鴨筆
使仁憬沙弥

⑥「一切経散帳」（11ノ223～227、続修後集25全）
摩利支天経一巻以勝宝二年四月十六日依大徳宣奉請佐保宅　使沙弥仁憬

⑦「一切経散帳案」（11ノ355～359、続々修2ノ11②）
摩利支天経一巻以勝宝二年四月十六日依大徳宣奉請佐保宅使沙弥仁憬

⑤⑥⑦は一連で、良弁の宣で摩利支天経を「佐保殿」「佐保宅」に奉請したことに関するものである。

これらについて注意されるのは、まず、「佐保殿」と「佐保宅」が同じものであることが確かめられる点である。つぎに、写経所から佐保殿・宅に摩利支天経を運んだ使者の沙弥仁憬も興味深い。この当時、写経所に沙弥がおり、しかも経巻を運ぶ使者に充てられるというようなことは考えにくい。彼は、この三カ所以外に姿を見せない点からすると、むしろ佐保殿・宅側の人物と考えるのが穏当ではないか。彼は、佐保殿・宅から写経所に経巻を受け取りに来たのであろう。

⑧「本経疏奉請帳」（11ノ9～16、続々修15ノ2③）（墨勾省略）
処々奉請経
第三櫃
（中略）
雑第七帙　虚空蔵井神呪経一巻　観虚空蔵井経一巻已上奉請内裏

第五櫃　説无垢称経六巻　注維摩経六巻　維摩経二巻
第六櫃　大乗同性経二巻　无上依経　解深密経　深密解脱経
相続解脱経一巻　解櫛経一巻　不空羂索神呪心経一巻
千眼千臂観世音経二巻　千手千眼経一巻　摩利四〔支〕天経一巻
佐保宅六字神呪王経　勝幢臂印陀羅尼経一巻　大仏頂
経一巻　仏頂経一巻　七倶胝仏大心准提陀羅尼経一巻住所不知
（後略）

これは、経櫃から経巻を取り出して各所に貸し出した記録である。奉請先は、経巻ごとではなく、奉請先ごとにまとめて記されている。したがって、「佐保宅」に奉請された経巻は、第五櫃の説无垢称経から第六櫃の摩利支天経までである。

この史料には年紀が記されていないので、時期が明らかでない。しかし、摩利支天経が貸し出されている点は、⑤⑥⑦と共通する。したがって、これらによって、天平勝宝二年四月ごろのものであろう。また、貸し出しの目的ははっきりしない。

⑨「佐保宅写経并薬師経充紙注文」（25ノ9～11、続々修38ノ1①裏）

佐保宅心経奉写事
合一千巻
○古東人五十巻未十又十二　　既母辛白〔建〕万呂五十巻
楊広足五十巻未十　　○阿刀足嶋七十八巻未十又十二　九十　一百二張
古東人廿二　楊広足十
張兄麻呂廿二　秋上十二　大伴蓑万呂廿二　人君廿二　大津廿六　広野廿二　春人廿二　君足廿四　岡万呂卅八

張兄万呂五十巻未十又十二　　万昆太智五十巻未十
上毛野秋上五十 卅六 巻未十二 二　　赤染人足五十巻未十
○錦部人成卌七巻未六　　敦賀石川五十巻未十
村君安万呂五十 卌九 巻 未九 又十二石川十 乙虫九　　大伴蓑万呂五十巻未十又十二
小治田人君五十巻未十又十二　　余乙虫五十 卌九 巻未九
○岡大津廿六巻　　掃守広野卌 五十 八巻未十又十二
大鳥春人五十巻未十又十二 古東人十万昆太智十　　山下君足五十巻又卅巻
○志紀久比万呂十九 廿 巻 楊広足一 赤染人足十　　三嶋岡万呂卅八巻
薬師経充
小治田人君一巻十二張　　阿刀足嶋一巻十二張　已上二人五月廿七日
村公安万呂一巻十二張　　張兄万呂一巻十二張
古東人一巻十二張　　万昆太智
大鳥春人一巻十二張　　山下公足二巻廿四張
掃守広野一巻十二張　　大伴蓑万呂一巻十二張
伊蘇志内万呂二巻廿四張 既母白万呂十 人成六 大伴蓑万呂十二　　秦東人
已上十二人充五月廿七日

この⑨は、末尾に五月二十七日の日付が見えるが、何年のものか明らかでない。これに対して大日古編者は、後掲の天平勝宝二年六月六日の⑮によって、これを天平勝宝二年のものとしている。これは妥当である。

また、この⑮には「心経并薬師経」とある。この点からすると、⑨の「佐保宅心経」の「佐保宅」は薬師経にもかかることがわかる。その書写は、写経所の経師たちが分担して行っている。すなわち、「佐保宅」で写経が行なわれたのではなく、「佐保宅」に関係する心経一〇〇〇巻と薬師経一二巻を、写経所において写経したのである。

⑩「装潢春日虫麻呂手実」（12ノ173、続々修27ノ3⑱）

（前略）

春日虫麻呂解　造宮一切経黄紙事

　合一千六十張 継四百九十張／打五百七十張

又更佐保判師法花経〔紙〕六百八十張 六百張打界二度成／八十張六人部荒炭相一部文造

　　　天平勝宝三年十月廿二日

⑪「装潢充紙并造上帳」（25ノ16〜17、続々修27ノ4㉒）

(1)（異筆）「佐保法花百部料紙八巻」（天地逆）

(2)九月十九日〔七〕自政〔所〕来紙冊充治田　目広／助太

　　百部遺紙廿巻又卅八

⑩⑪は一連のものであろう。⑩は装潢の春日虫麻呂の手実で、彼は宮一切経のほかに「佐保判師」の「法花経」の紙を打・界したことを述べている。⑪この「判師」の意味は明らかではないが、「佐保」に関係する法花経の写経が行われたらしいことを示している。また、宮一切経（五月一日経）に関する作業実績とともに「佐保」の「法華経」の実績も上げられているので、後者の写経事業には、写経所が何らかの形で関与したらしく、

「佐保」側で独自に行われたものではない。しかし、⑩では、その巻数・部数などは明らかでない。

⑪(1)には「佐保法花」とあるので、⑩と関係すると見てよかろう。これによって、「佐保法花」の写経事業は一〇〇部をめざしていたことが知られる。しかし、これは、用紙の右方下部の余白に天地逆でメモ風に記されたものであり、(2)の「百部」がこれに関係するかどうかは明らかでない。

⑫「後金剛般若経料雑物収納帳」（14ノ71～80、続々修44ノ5①(1)(2)・②(1)(2)・③）（長大な帳簿であるので、「佐保」に関係する部分のみを掲げることとする。なお、朱封書、担当官人の記載は省略する。）

(1)（天平宝字二年九月）十七日収納薪九束自佐保来使田守
(2)十九日収納薪十五束自佐保来使田守
(3)廿一日収納薪四束自佐保来使山乙万呂
(4)廿日来菁二薗半使山乙万呂
(5)（廿二日）又納薪四荷自佐保来使黒万呂
(6)同日（廿三日）収納薪六十四束自佐保来
(7)（朱筆）「合来佐保薪卌八荷」
(8)（十月）九日自佐保来薪八荷此山乙万呂且進納者
(9)（十一日）又自佐保来薪六荷此山乙万呂〔且〕買進納者　又納薪一荷自佐保来
(10)十三日自佐保来薪四荷山乙万呂且納
(11)十四日自佐保来薪三荷山乙万呂且納　又菁奈二囲直銭廾文
(12)十五日自佐保来薪五荷山乙万呂之且納
(13)（十六日）又収納（中略）薪五荷自佐保山乙万呂買且納

表1　薪の購入

請用雑物并所残注文		⑫	
薪137荷	15荷自泉進上	10／7 10／16	20束直銭120文 10束買直銭60文
	40荷山乙万呂買	10／9 10／11 10／11 10／13 10／14 10／15 10／16 10／17 10／23	8荷（8） 6荷買（9） 1荷（9） 4荷（10） 3荷（11） 5荷（12） 5荷買（13） 3荷買（14） 5荷買（15）
	12荷工広道買	10／18 10／23	10荷直銭110文 2荷買
	50荷粟田小蓑万呂買		
	20荷食堂所報納		

⒁十七日自佐保来薪三荷山乙万呂買者蕬葉一斗直六文

⒂（廿三日）又納薪五荷山乙万呂買者

これは、藤原仲麻呂の宣によって天平宝字二年（七五八）に行われた金剛般若経一二〇〇巻の写経事業に関する雑物の収納記録である。[12] これによると、「佐保」から薪が収納されている。このうち⑼⒀⒁について「買」の文字が見えることに注意する必要がある。⒂も「佐保」とはないが、同類であろう。

薪を「買」すなわち購入によってそろえたのか否かは、「佐保」の性格を考える上で看過することはできない。この点からすると、「買」が⑼⒀⒁⒂に限られるのか、それともその他にも及ぶのか、という点は重要である。

この点を考える上で注意されるのが、「請用雑物并所残注文」（14ノ214～215、続々修32ノ5㉕裏）である。これは、天平宝字二年十月六日から同二十九日までの間の「買用物」の用残を記したものである。このうち薪の項について、⑫と対照して表示すると、つぎのようになる。

⑫によると、上記の期間内に山乙万呂によって「佐保」から納入された薪は、合計四〇荷であるが、「請用雑物并所残注文」によると、そのすべては山乙万呂による「買」とされている。[13] したがって、⑫の⑴～⑹とその集計⑺については不明であるが、⑻～⒂のすべては、山乙万呂の手で「佐保」で購入によって整えられたものであることが判明した。

このことは、⑾の菁奈二囲、⒁の蕬葉一斗も購入されていることとあいまって、⑫の「佐保」が「泉」とならんで、流通経済と接触しうる場所であったことを示唆している。

二　佐保宅の写経事業

前節では、⑨から、「佐保宅」に関係する心経一〇〇〇巻と薬師経一二巻が、写経所において写経されたこと、また、⑩⑪から、写経所が何らかの形で関与して「佐保法花」一〇〇部の写経事業が行われたらしいこと、などを指摘した。

このうち、後者については、いまのところその実態をあきらかにしうる史料を見いだし得ていない。(14) これに対して、前者の写経事業は、その性格をある程度解明することができる。そして、そのことは、同時に「佐保宅」の性格を解き明かすことにもなる。

⑬「写書所経并疏惣帳」（11ノ346～347、続々修16ノ6⑥）

経并疏惣帳

（中略）

疏

（中略）

(1)間経百部法花経八百巻　料未給　帙者已来也　緒軸未来
宝蔵尼公者

(2)　心経千巻薬師十二巻茨田大夫者　奉請已訖
料充了

天平勝宝二年七月廿一日賀茂書手

このうち(2)によると、天平勝宝二年（七五〇）七月ごろ「茨田大夫」に関係する般若心経一〇〇〇巻と薬師経一二巻の写経が終了し、それらはすでにどこかに奉請されていることが知られる。この経巻の種類と巻数、セット関係は、⑨と合致する。

また、つぎの史料も注意を要する。

⑭「写経所雑物借用并返納帳」（11ノ3～9、続々修44ノ1全）

（前略）

(1)六月廿一日表紙廿五枚　右者依判官上毛野宣為着茨田宅心経
借用者　賀茂書手

（中略）

(2)千部料筆七箇　墨三挺半
右借用《奉写》茨田大夫薬師経并心経料借用、
知他田

（後略）

⑮「写書所解」（11ノ253～254、続々修42ノ4⑤(2)）

写書所解　申請柚事
合六十二枚
以前、心経并薬師経料所請
如件、以解、
天平勝宝二年六月六日賀茂書手

まず、⑭(2)では、千部法花経料の筆墨が「薬師経并心経」の写経料として借用されている。これらの経巻は、「茨田大夫」に関係するものであることが明記されている。ここにはそれらの巻数は記されていないが、⑬(2)

に通じている。

また、⑮によると、「心経并薬師経」とあって、この二つの経巻がセットで写経されたことがわかる。ここには、茨田大夫との関係を記す記載はないが、⑬⑵、⑭⑵の写経事業と同じものであることは言うまでもない。さらに、⑭⑴によると、「茨田宅」に関係する「心経」があったことがわかる。これも、⑬⑵、⑭⑵の薬師経と心経のうちの心経に相当することは明らかであろう。したがって、心経と薬師経の写経が「茨田宅」と関係することも確かめられる。

以上の⑬⑭⑮によると、「茨田大夫」の「茨田宅」と関係して、般若心経一〇〇〇巻と薬師経一二巻とをセットとする写経事業が行われていたことが判明する。この写経事業は、天平勝宝二年七月にはすでに終了して、どこかに奉請されていた。

これによると、この写経事業は、経巻の種類、その巻数、時期などが合致するので、⑨の「佐保宅」に関係する写経事業に相当すると判断される。そうすると、ここから、「佐保宅」に関する重要な事実を導き出すことができる。すなわち、「佐保宅」と「茨田宅」とは同一の宅で、その主は「茨田大夫」であることが明らかになったのである。

では、「茨田大夫」とは誰か。この問題の解明に進む前に、この写経事業についてさらに指摘したい点がある。それは、般若心経一〇〇〇巻と薬師経一二巻の体裁である。この点については、わかる点はわずかであるが、成巻の状況について考えたい。

⑭⑴によると、茨田宅の心経の表紙は二五張であるから、通例に従えばその巻数は五〇巻ということになる。一方、⑮によると、軸の数は六二枚であった。この数は、心経五〇巻、薬師経一二巻の合計と合致するので、これが軸のすべてであるということができる。

⑨によると、薬師経については、すべて一巻一二張になっている。すなわち、薬師経は、各巻一二張でそれ

ぞれ一巻をなしていたのである。これに対して心経は、一〇〇〇巻（一部一巻）で五〇巻であったことになる。したがって、成巻一巻ごとに心経二〇巻（部）ずつ写されていたことになる。そこで、成巻一巻は何紙からなっていたのであろうか。すなわち心経一巻（部）には何紙を要したであろうか。

この点については、⑨の分析から明らかにするしかない。そこで、これを整理すると、つぎの表2のようになる。このうち(d)「又」の表記はすべて一二またはその倍数になっている。これは、薬師経の書写張数と対応している。また、これが記されている経師も、⑨と一致する。すなわち、(d)「又」は、心経以外にどれだけ薬師経を書写しているかを示したものである。(e)「集計」は、この(d)「又」と(c)「末」を合計したものである。ところが(d)「又」は張数であることが明確であるから、当然(c)「末」の数字も張数と考えなくてはならなくなるはずである。

この点は重要であるので、さらに検討したい。そこで問題となるのは、(a)「巻数」と(c)「末」との関係である。両者を比較検討すると、(c)「末」の数字は、(a)「巻数」と二〇の倍数との差になっていることがわかる。そのことは、上毛野秋上、錦部人成、余乙虫などの数字で明らかである。このことは、(c)「末」の数字が巻数であることを意味する。

したがって、(c)「末」の数字は、(d)「又」との関係では張数、(a)「巻数」との関係では巻数であるということとなった。この両者の矛盾は、巻数と張数とが同じ意味であると考えれば、問題はなくなる。すなわち、心経一巻は一張なのである。

さて、(a)「巻数」と(c)「末」との関係が以上のようにとらえられるとすると、(c)「末」は完全に記されていないことになる。そこで、欠落分を補うと、その合計は一八〇巻（張）となる。これは、成巻九巻分に相当する。一方、(b)「成巻」欄の数字は、(a)「巻数」に含まれる二〇の倍数の数を示したものである。その合計は四一で、これに(c)「末」（修正後）の成巻数を加えると五〇となる。この数は、先に軸の数から算出した心経の成巻数に等しい。

迂遠な考証になってしまったが、以上によると、心経の成巻一巻には、心経二〇巻分が含まれていたことになる。心経一巻は一張であったから、結局、心経は二〇張（二〇部すなわち二〇巻）で成巻一巻をなしていたことが明らかとなった。これに対して、薬師経は、上述のように一二張で成巻一巻であった。

表2　佐保宅心経の経師別作業量

経　師	(a)巻数	(b)成巻	(c)末	(d)又	(e)集計
古東人	50	2	10	12	22
既母辛建万呂	50	2	(10)		
楊広足	50	2	10		10
阿刀足嶋(f)	90	4	(10)	12	
張兄万呂	50	2	10	12	22
万昆太智	50	2	10		
上毛野秋上	52	2	12		22
赤染人足	50	2	10		
錦部人成(g)	46	2	6		
敦賀石川	50	2	10		
村君安万呂(h)	49	2	(9)	12	
大伴蓑万呂	50	2	10	12	22
小治田人君	50	2	10	12	22
余乙虫	49	2	9		
岡大津	26	1	(6)		26
掃守広野	50	2	10	12	22
大鳥春人	50	2	10	12	22
山下君足(i)	80	4		(24)	24
志紀久比万呂(j)	20	1			
三嶋岡万呂	38	1	(18)		38
単純合計	1000	41	127	96	
修正合計			180	120	

(a)　経師ごとにあげられている巻数。
(b)　(a)巻数に含まれる20巻の倍数。
(c)　「末」の文字とともに記される数字。
(d)　「又」の文字とともに記される数字。
(e)　４行目と５行目の間に記されている経師別の数字。
(f)　この部分の修正は、複雑な経過をたどった。はじめは「七十八巻末十又十二」とあった。その後巻数を「九十巻」に訂正し、「末十」の「十」を削った。その後、「九十巻」と「又十二」の合計を「一百二張」と記した。
(g)　巻数は、もと「卌■巻」とあったが、一桁目の部分を別の数字に改め、さらに「六」としている。したがって「卌六巻」である。
(h)　「石川十」「乙虫九」はそれぞれ「敦賀石川」「余乙虫」の末」欄に対応する。
(i)　「集計」欄の「廾四」が「又」欄に落ちている。
(j)　「万昆太智十」「赤染人足十」はそれぞれ「末」欄に対応する。

三　佐保宅の主と佐保宮

前節では、「佐保宅」に関係する写経事業が、「茨田大夫」の「茨田宅」に関係する写経事業そのものであることを明らかにした。そこで、この「茨田大夫」なる人物が誰であるのか、大いに関心を引くところである。「茨田大夫」を特定するにあたって手がかりとなるのは、もちろん「大夫」の語である。大宝令制下で法制上大夫と称するのは、太政官の三位以上、弁官八省の五位以上であったが、「古記」によると台職以下の官も五位以上は大夫と称していたようである（公式令集解68授位任官条）。したがって、男性であろう。これによると、「茨田大夫」は五位以上の位階をもち、何らかの官についていたことになる。

五位以上の位階を得た奈良時代の茨田氏の一族としては、つぎの四人がいる。五位に叙位された年月と、これまでに掲げてきた正倉院文書以外で生存が確認できる最後の年月をあわせてあげる。

ⓐ茨田宿祢弓束女　天平十七年正月、天平勝宝元年十月
ⓑ茨田宿祢枚麻呂　天平十七年四月、天平勝宝元年八月
ⓒ茨田宿祢枚野　天平宝字二年八月、同六年正月
ⓓ茨田連稲床　神護景雲三年八月

このうちⓐは女性であるので、「茨田大夫」の候補から除外される。ところで、「茨田大夫」については、もう一つ条件がある。

⑯「写経雑物出納帳」（4ノ33〜48、塵芥35①⑵裏）
大灌頂経一部十二巻「返送了」　黄紙及表綺紫檀軸　綵帙緋縁紫緒
右、依上毛野判官天平勝宝七歳三月一日、宣奉請

故茨田大夫家、付使古麻呂、

呉原生人

これによると、「故茨田大夫家」とあるので、天平勝宝七歳（七五五）三月には彼はすでに死亡していたらしい。この条件にてらすと、上記の内、ⓒⓓも除外されることになる。結局残ったのは、ⓑの茨田宿祢枚麻呂だけである。

そこで、彼の経歴を簡単にたどっておこう。天平十五年（七四三）から十六年にかけて、皇后宮職の少進として、法花玄賛[15]、法花経の写経を指示する令旨を写経所に伝宣したり[16]、盂蘭盆経を甲賀宮に奉請するむねの宣や[17]、戸障子紙の支給に関する宣を出している[18]。また、私願経として最勝王経の写経を写経所に依頼している[19]。天平十七年四月には外従五位下を授けられ（『続日本紀』）、同十八年七月には近江介であったことがわかる[20]。また、天平勝宝元年八月には美作守に任じられている（『続日本紀』）[21]。

このように、茨田宿祢枚麻呂は、天平十五年ごろから写経所と関係を持っていたことがわかる。とりわけ、彼が私願経を発願し、その依頼が写経所に受け入れられている点は、彼自身の写経に対する関心を示しており、注目される。これらの点から見て、彼は「茨田宅」「佐保宅」の主としてふさわしい。

以上から、写経所文書に見える「佐保宅」等は、ひとまず茨田宿祢枚麻呂の宅であると考えられるにいたった。では、写経所文書に見える「佐保宅（殿）」（②⑤⑥⑦⑧⑨）、「佐保宮」（③）、「佐保」（④⑩⑪⑫）を、すべて茨田宿祢枚麻呂に関係するものと考えてよいであろうか。

その場合、まず問題となるのが、③の「佐保宮」である。通例、～宮は天皇や王族に関係する宮都、離宮、神宮、もしくは王族をさす。この線を強く考えると、「佐保宅（殿）」と「佐保宮」とを、簡単に同一視することはできなくなる。すなわち、③の「佐保宮」を、五位クラスの下級貴族である茨田枚麻呂と関係づけることには、慎重でなければならない。③と関連する④の「佐保」も同様である。

つぎに注意すべきは、⑫の「佐保」である。⑫は、造東大寺司写経所の雑物収納記録である。先に検討したところによると、「佐保」で薪、菁奈、蕊葉などが購入され、写経所に運ばれていた。この「佐保」が、もし茨田枚麻呂の宅もしくは荘のようなものであるとすると、写経所とは組織的に関係がないから、⑫には、単に「自佐保来」だけでなく、何らかの注記がなければならないであろう。したがって、この「佐保」は茨田枚麻呂とは関係がない可能性が高い。

それでは、造東大寺司と関係するかというと、その可能性はないとはいえないが、しかし低いと言わざるをえない。「佐保」は、流通経済と接触しうる性格を持っていたのであるから、もし造東大寺司の荘のようなものであるとすると、他の写経事業に関わる物資の調達にも、もっと利用されてしかるべきであろう。ところが、写経所文書では、⑫にしか姿を見せないのである。このことは、右の推定とそぐわない。

では、⑫の「佐保」は、どのような性格のものであったのであろうか。わたくしは、これを坤宮官の荘の一つと推定したい。⑫は、金剛般若経一二〇〇巻の写経事業の関係帳簿である。この写経事業は、天平宝字二年に行われた御願経三六〇〇巻の写経事業の一部をなすもので、必要物資の大部分は坤宮官から供給されていた。[22]つぎに「佐保」で多くの薪を購入して写経所に納めた山乙麻呂は、舎人であることは明らかであるが、[23]坤宮官の舎人であった可能性が高い。これらの点から見て、この写経事業に坤宮官の荘が利用されるのは自然なことである。

⑫の「佐保」が坤宮官の荘であったとすると、そこに存在した施設を「佐保宮」と呼ぶことはあり得ることであろう。わたくしは、③の「佐保宮」こそ、それにあたると考える。

むすび

佐保という地域がどの範囲まで含んでいたか、なお不明確である。しかし、平城京内外の北東部、佐保川の流域がこれにあたるのであろう。この広い地域に、貴族・官司の宅や荘が複数存在したことは、十分に考えられることである[24]。

本章では、その一つに茨田宿祢枚麻呂の「佐保宅（茨田宅）」があったことを明らかにした。そこには沙弥がおり、写経所の経巻が貸し出され、写経事業が行われており、また「佐保宅」のための写経事業（般若心経一〇〇〇巻、薬師経一二巻。さらに法花経一〇〇部も可能性がある）が写経所で行われていたのである。これらに加えて、長屋王の子安宿王は、写経所文書に見える「佐保宅」とは関係がないことが明らかになったことも指摘しておきたい。

一方、これとは別に、坤宮官の荘として「佐保」があったらしいこと、この「佐保」は、流通経済と関係があったこと、その施設が「佐保宮」と呼ばれた可能性があること、「佐保宮」には写経所の写経事業の本経となりうるような経巻があったこと、などを明らかにし、また推定した。

本章では推定の要素が多くなってしまったが、最後に、屋上屋を架す推定を加えて終わりとしたい。それは、①に見える「佐保」と、上記の坤宮官の荘としての⑫の「佐保」との関係である。前者は、長屋王邸への生薑の進上状であり、「佐保」の園地的な性格を思わせる。後者では、「佐保」で薪・菁・蒸葉が購入されていた。後者の流通経済との関わりが前者と趣を異にするように見えるが、前者の「佐保」で生薑がどのように調達されたかは、明らかでない。

⑫の「佐保」は、坤宮官から紫微中台、皇后宮職へとその主をさかのぼらせていくことは許されるであろう。

そして、さらにさかのぼらせれば、①の「佐保」にたどり着くのではないか。長屋王の変後、その資財田宅は没官されたが[25]、長屋王邸の地に皇后宮が置かれたことからすると[26]、そのうち少なくとも「佐保」は、皇后宮の所有に帰したのではないか。

〔注〕

（1）奈良国立文化財研究所『平城京木簡一―長屋王家木簡一―』（奈良国立文化財研究所史料四一、一九九五年三月）。

（2）奈良国立文化財研究所編『平城京左京二条二坊・三条二坊発掘調査報告―長屋王邸・藤原麻呂邸の調査―』（奈良県教育委員会、一九九五年三月）四〇二～三ページ、森公章「長屋王家の興亡」（『長屋王家木簡の基礎的研究』吉川弘文館、二〇〇〇年五月）。

（3）これについては多田伊織の異論がある。多田伊織「長屋王の庭―「長屋王家木簡」と『懐風藻』のあいだ―」（奈良国立文化財研究所編『長屋王家・二条大路木簡を読む』奈良国立文化財研究所学報六一、二〇〇一年一月）。

（4）古尾谷知浩「国家反逆罪における没官物の処分について」（奈良国立文化財研究所編『長屋王家・二条大路木簡を読む』奈良国立文化財研究所学報六一、二〇〇一年一月）。

（5）安宿王が長屋王の財産の一部を受けついだ可能性は、注（2）（三九六、四〇五ページ）、舘野和己「長屋王家木簡の舞台」（『日本古代の交通と社会』塙書房、一九九八年二月）でも指摘されている。なお、安宿王については、森公章「奈良時代の王族とその生活断章―長屋王の子女と兄弟姉妹を例として―」（注（2）著書）に検討がある。また、栄原「万葉集をめぐる仏教的環境―正倉院文書と万葉集―」（『萬葉』一八七、二〇〇四年五月）も参照されたい。

（6）井上薫『奈良朝仏教史の研究』（吉川弘文館、一九六六年七月）四四四ページ。

（7）栄原注（5）論文。

（8）『開元釈教録』では、②の十一面経に相当する可能性のあるものとして、十一面観世音神呪経と十一面神呪心経が見える。いずれも一巻一〇張とされている。これらが②に相当するものとすると、翌日に返却したとしても、写経は十分可能である。

（9）この二部の軸は「柚」と書かれているが「軸」のことである。

(10)　写真によると、⑾⑵の一行目「十七日」と「政所」の間に「自」がある。また二行目の末尾は、「又廾八」ではなく「又卅八」である。

(11)　ただし、八〇張は実際は六人部荒炭が作業をした。

(12)　この写経事業については、山本幸男『写経所文書の基礎的研究』（塙書房、二〇〇二年二月）に詳しい。

(13)　泉から進上された薪は、「請用雑物并所残注文」では一五荷であるが、⑫では合計三〇束となる。一荷が二束に相当するのであろう。また、粟田小蓑万呂が買った五〇荷、食堂所から報納された二〇荷は⑫に見えない。前者は財源の違いであろう。後者は、⑫十一月八日条に見える「又薪廾荷」が対応するのかもしれない。しかし、この条は、「請用雑物并所残注文」の対象時期からはずれるので、断言はできない。

(14)　わたくしは、天平勝宝二年に行われた法花経一〇〇部の写経事業がこれにあたるのではないかとの推測を抱いているが、それを証明することはむずかしい。

(15)　天平十七年四月十八日「中宮職解〈大粮申請継文〉」（2ノ399、正集1⑤、2ノ399）。これは、「皇后宮職解」である。

(16)　「写経論疏充本用紙帳〈間本充帳〉」（8ノ369、続修32③⑵裏）。

(17)　「阿刀酒主経師写功帳〈間本充帳〉」（8ノ466、正集33④裏）。

(18)　「律論疏集伝等本収納并返送帳」（8ノ190、正集33①⑴裏）、「納櫃本経検定并出入帳」（24ノ180、続々修15ノ3④）。

(19)　「写疏料紙等納充注文」（8ノ460、続々修37ノ9⑧）。

(20)　「間本経充旧帳〈間本充帳〉」（24ノ279、正集32①⑶裏）。

(21)　天平十八年七月十一日「近江国司解案」（『大日本古文書』家わけ東大寺文書（東南院文書三）九六～九七ページ、9ノ254～255）。

(22)　山本幸男注(12)著書第一章第二節三参照。

(23)　天平宝字二年六月二十二日「清衣進送文」（11ノ347～349、続々修44ノ3①⑴⑵⑶）、同二年九月三十日「東寺写経所解」（4ノ326、続々修18ノ6②(22)裏）、同二年十月五日「東寺写経所解案」（14ノ401～402、続々修18ノ6②⒅）など。

(24)　たとえば大伴氏の佐保宅などをあげることができよう。

(25)　古尾谷知浩注(4)論文。

(26)　注(2)報告書。

第七章　正倉院文書からみた弥努宮・和泉宮

はじめに

かつて和泉地方には「弥努（離）宮」という宮が存在した。また和泉には「和泉（離）宮」があったとする史料もある。この両者の関係については、諸説あって、十分には整理されていない。これは、『続日本紀』にみえる関係史料が内容的に漠然としていて確たることが言いにくく、研究を展開しにくかったためであろう。その中で、注目すべき論文として、井山温子「和泉宮と元正女帝」がある。(1)この論文の重要な点は、正倉院文書中の弥努宮関係の史料をはじめて本格的に用いたことである。これらの史料は、正倉院文書研究の研究段階に規定されて、これまでほとんど使用されてこなかった。この点で、井山論文は、新しい研究分野を切り開いたものとして注目すべきである。これらの史料を検討することなしに弥努宮について語ることは、もはや許されない。

以下では、井山の研究の驥尾に付して、正倉院文書中の史料の検討を進め、そこから『続日本紀』等の史料を考えていきたい。関係史料を整理して、「表1　弥努宮・和泉宮の関係年表」を作成したので、適宜参照していただきたい。なお、本文中の史料に付した①等の番号は、この表の番号と対応している。

表１　珎努宮・和泉宮の関係年表

	允恭天皇８～11年	茅渟宮（書紀）⑮	允恭	
716	霊亀２年３／27	和泉・日根両郡を珎努宮に供せしむ⑫		河内国
〃	〃　　４／19	和泉監を置く　大鳥・和泉・日根３郡		
717	養老元年２／15～２／19	天皇、和泉宮行幸⑨	元正	
〃	〃　　11／21～	車駕、和泉離宮に幸す⑩		和泉監
719	養老３年２／11～２／17	和泉宮に行幸⑪		
737	天平９年度	和泉宮御田苅稲（※「和泉監正税帳」）⑬		
740	天平12年８／20	和泉監を河内国に并わす		
744	天平16年２／10～13	車駕、和泉宮に幸す⑭		
〃	〃　　７／２～８	太上天皇、智努離宮に幸す⑦	聖武	
〃	〃　　10／11～13	太上天皇、智努離宮に行幸⑧		河内国
748	天平20年４／21	元正太上天皇没		
749	天平21年正月	春日部虫麻呂、知奴宮に上日※④		
752	勝宝４年５／16	珎努宮より如法経を受け取る※①		
753	勝宝５年８／５	珎努宮より穀紙を納入※②③	孝謙	
754	勝宝６年５月	注陀羅尼集経の写経※②③		
757	宝字元年５／８	和泉国分立		
762	宝字６年３／11	弥努の仏装束の使用許可※⑤	淳仁	和泉国
〃	〃　　３月	弥勒・観世音菩薩像を珎努宮へ送る※⑥		

①等は史料番号、※は正倉院文書、何も記さないものは『続日本紀』である。

一　正倉院文書における弥努宮

正倉院文書には弥努宮にかんする史料がいくつかある。これらは、「和泉監正税帳」以外は、すべて写経所文書である。以下、写経所文書からうかがえる弥努宮について検討していきたい。

1　如法経の奉請

まず天平勝宝四年（七五二）五月十六日「如法経荘厳物奉請文」（12ノ287〜288、続々修15ノ8(1)）に注目したい。

1 ①如法経
2 合壱拾弐部弐百参拾巻黄紙及表橿軸紫緒簌簏帙紅深染裏紫縁並紵者
3 花厳経二部 一部六十六巻(2) 一部八十巻
4 法華経八部六十四巻
5 最勝王経二部廾巻
6 荘厳物合十七種
7 墟三具並彩色
8 蓋三覆並表紫裏緋別副二条
9 経覆六条 三条表紫裏紅 三条紅
10 敷布六条並紅
11 経櫃三合並塗黒涤

覆明櫃三口
小幡十旒並紅
以前、以天平勝宝四年五月十五日、従弥努宮奉請如前、
天平勝宝四年五月十六日主典従七位上阿刀連
次官正五位上兼行下総員外介佐伯宿祢　判官正六位上勲十二等大蔵伊美吉
判官従六位下阿倍朝臣
主典従七位下美努連
主典従七位下紀朝臣

この史料は、如法経一二部二三〇巻の「奉請」にかんするもので、写経所文書である。これについて井山は、写経所が弥努宮から如法経等を借用した、としている。これに対して井上薫は、井山を批判して、逆に弥努宮が造東大寺司から借用したと理解している。[3]すなわち、経巻の移動方向の理解が正反対なのである。このいずれが妥当か。

この文書は、現状では「自所々請来経帳」と題する七紙からなる継文の冒頭に位置している。その首には「自所々請来／経帳」（表裏同文）と書いた題籤軸がついている。その意味は、各所から写経所が経巻を受け取ったことにかんする帳、である。事実、他の六紙は、各所から写経所に経巻がもたらされたことにかんする記録である。この点や題籤の記載から見て、この①も、弥努宮から写経所に経巻等が来たという方向で理解すべきである。[4]井上の理解には誤解があると思われる。

差出は、日下および連署が造東大寺司の四等官であるので、造東大寺司である。丁寧に書かれていて訂正や書き込みもないが、その全員について自署を欠くので、[5]正文ではなく控であろう。

つぎに、この文書の宛先について、ひとまず経巻等を送ってきた弥努宮への返抄（その控）と見ることが考

えられる。しかし、その場合は「従弥努宮」とは書かないであろうから、この考えは、成立が難しい。そもそもこの文書は、経巻やその荘厳物が弥努宮から運ばれてきたことをどこかに報告するためのものである。造東大寺司の報告先としては、まず太政官を考えるのが順序であろう。もちろんその可能性は否定できないが、わざわざ解の書式を取っていないことが注意される。この点を強く考えれば、宛先は太政官ではなく、内裏すなわち孝謙天皇であることも想定してよいのではないか。

この文書の性格は以上のようなものであるから、この如法経等は、もとは弥努宮にあったものであることになる。では、これらの経巻は、どのようにして弥努宮に備えられるに至ったのか。

そこで写経所文書を調べると、皇后宮職・造東大寺司系統の写経所でおこなわれた天平勝宝四年五月以前の写経事業の中には、この如法経のセットに該当するものはない。(6) われわれは、この如法経が、もとはこの系統の写経所で写されて弥努宮に送られたものではないことぐらいしか知ることはできない。

そこで、この如法経等そのものに目を向けよう。一般に如法経とは、一定の規則に従って写された経巻のことを言う。①の如法経は、一二部二三〇巻の全巻が同じ装丁であった。したがって、一セットの経巻として整えられたものであろう。本紙と表紙はともに黄紙が用いられ、「檉軸」(ヤナギ製という珍しい軸)と紫色の緒が付けられ、濃紅色に染めた裏地と紫色の縁取り(ともに紵製)の「簌簏帙」(7)に納められていた。

次にこれらの経巻を飾る「荘厳物」を検討したい。まず、7の「墟」が「筥」の音通で同義とすると、8「蓋」はこれに続けて書かれていて数量も同じであるので、7が身で8が蓋のセットの容器であろう。如法経が三つに分けられて納められたのであろう。

12「覆明櫃」は文字通り櫃の覆いである。その前に11「経櫃」があり、数量が同じであるから、11の「櫃」が12の「明櫃」に相当し、12の「覆」で覆ったのであろう。7・8と11・12は、ともに同じ三組であるから、7・8の「墟」「蓋」が11・12の「経櫃」「明櫃」に納められたと考えられる。

つぎに、9「経覆六条」は、経を覆うものであろう。10「敷布六条」は、その経の下に敷く布ということになる。ともに六条であるから、如法経は六組に分けられていたと考えられる。13「小幡」は、これらに添えられるものであった。

以上を整理すると、如法経一二部二三〇巻は、六組に分けられた。どのように分けられたかは不明である。そのそれぞれは紅色の「敷布」の上に置かれ、三組は紅色の「経覆」で、残りの三組は表が紫色で裏が紅色の「経覆」で覆われた。次にこれらは彩色をほどこした「墟」三具に二組ずつ納められた。この「墟」は、表が紫色、裏が緋色の「蓋」で覆われ、二条の紐で縛られた。こうして出来た三組の「墟」と「蓋」は、それぞれ黒漆ぬりの「経櫃」三合に入れられ、「覆明櫃」三口で覆われた。これらのまわりに紅色の「小幡」が一〇旒立てられていたのである。

このように、この如法経は、かなり豪華な荘厳をほどこされた一セットの経巻であったことになる。おそらくこのような状態で弥努宮に安置されており、そのまま写経所に運んでこられたものと推定される。このことは、弥努宮には、如法経を安置しておく仏教施設が存在したことをうかがわせる。

2　穀紙の納入

次に「経紙出納帳」[8] のつぎの記載（3ノ601、続々修37ノ4③(9)）を取り上げる。

②（天平勝宝五年）八月五日納穀紙弐仟参伯張之中百張表紙料自弥努宮所進
　以八月八日、為涼[9]如法経、依恵尊師口状、出拾張
　以九月廾二日、為奉写陀羅尼集経、依次官宣、出伯弐拾張
　　　知呉原生人

これは、弥努宮から穀紙を納入した記録であるが、これと関連するのが「経紙并軸緒納帳」のつぎの記載で

ある（12ノ340～341、続々修37ノ5(5)）。

③
之中百張表紙料
（天平勝宝五年）八月五日納穀紙弐仟参伯張依恵尊師口状、為曝如法経十張用、依次官
宣、奉写陀羅尼集経料、出百廾張
　右、自弥努宮進紙如前、
　　　　　　　　呉原生人
（合点）紙拾張如法者
（合点）右、依恵尊師天平勝宝五年八月八日宣、用如法経奉涼所者、(10)
判次官
　　　　　　呉原生人　上馬養
（合点）紙壱伯弐拾張如法者
（合点）右、依次官佐伯宿祢天平勝宝五年九月廿二日宣、用陀羅尼集経一
（合点）部奉写料注者
　　　　　　呉原生人　上馬養

これらは、①の翌年の天平勝宝五年八月五日に、写経所が弥努宮から穀紙二三〇〇張を納入し、その一部を使用した記録である。両者はほぼ同内容であるので、以下ではおもに③によって検討する。

そこでまず1「之中百張表紙料」の注記に注意したい。同じ注記は②にもある。一巻あたりの表紙は二分の一紙が通例であるので、これは二〇〇巻分の表紙用の紙であることになる。経紙としてよく使用される「穀紙」とともに、表紙用の紙（これも穀紙）もあわせて写経所に送ってきていることから見て、写経にかかわる紙の送付であることをうかがわせる。

②③によると、この「穀紙」の使途が二つ記されている。③で述べると、まず2と6～9である。これによ

ると、「恵尊師」の申し出で「如法経」を曝涼することになり、その際「如法経」を風通しのよい所などに並べる際の敷紙として一〇張使用したことがわかる。

もう一つは、2～3と10～13である。2～3の記載は、造東大寺司次官の宣によって、「陀羅尼集経」を写すために一二〇張を「出」すことを示している。これに対応するのが10～13の記載である。これによると、次官佐伯宿祢今毛人の宣は天平勝宝五年九月二十二日のものであったこと、陀羅尼集経について「注者」とあるので、書写の対象は経である「陀羅尼集経」ではなく、疏である「注陀羅尼集経」であることがわかる。

そこで、「注」に注意してさがすと、次の史料が見いだされてくる。

ⓐ「写経疏間紙充装潢帳」（9ノ523～524、続々修28ノ9⑸）

（勝宝五年九月）卄二日充穀紙百卄張注陀羅尼集経二部奉写料　受能登忍人

　以十月十六日造上八十張収馬甘　呉原生人　上馬養

ⓑ「装潢紙納充帳」（12ノ172、続々修28ノ13②⑷）

（勝宝五年九月）卄二日充穀紙百卄張注陀羅尼集経一部奉写料　受能登忍人

呉原　上馬養

ⓒ「間経并疏文造充装潢帳」（12ノ324、続々修28ノ16⑴）

（合点）（天平勝宝六年五月）十六日充注陀羅尼集経二巻用百十四張　受能登忍人

知上馬養

ⓓ「写経料紙用残帳」（13ノ27～28、続々修26ノ7⑸裏）

陀羅尼集経二部卄四巻料穀紙壱伯弐拾張注者

呉原

用百十四張正用　六張破「六張」（擦消）

七月卅日上馬養（天平勝宝六年）
呉原「生人」

これらによると、天平勝宝五年九月二十二日に装潢能登忍人に穀紙一二〇張が充てられた（ⓐⓑ）。そのうち八〇張が継打界端継を行って「造上」されたのは十月十六日であった（ⓐ）。残り四〇張については不明である。翌六年五月十六日には陀羅尼集経二巻（用一一四張）がふたたび能登忍人に充てられている（ⓒ）。これは、経巻が充てられ、正用が記されていることから見て、このときまでには書写、校正を終えており、軸付け、表紙付け、緒付けなどによって経巻として仕上げるためであろう。ⓓは、さらに同年七月三十日に、この穀紙の用残を確認したものであろう。

以上、弥努宮から送られてきた穀紙の使途が二つあることについて検討してきた。一つは「如法経」の曝涼のための敷紙、もう一つは「注陀羅尼集経」の写経用紙である。これらの使途について、さらに注意されることが二点ある。第一に、いずれの場合も、造東大寺司次官佐伯今毛人の指示または決裁で穀紙が使用されている点である。弥努宮から送られてきた穀紙が厳重に管理されていたことをうかがわせる。

そうすると、注陀羅尼集経の所写のための紙の支出を命じる造東大寺司次官佐伯今毛人の宣は、彼個人の意志ではもちろんないが、造東大寺司の決定であったのか、慎重に考える必要があろう。どこか別の意志を伝宣したものである可能性を考えておかなければならない。

第二に、この両方の場合に使用する穀紙について、③の6、10のように「如法者」と注記されていることである。この注記の意味は何であろうか。前者の一〇紙については、「如法経」の曝涼に関係して使用されるのであるから、ひとまずその点から「如法者」と注記されたと見ることはできるかもしれない。しかし、後者の注陀羅尼集経の写経に用いる紙については、前者と同じ論理では、なぜ「如法者」という注記がなされるのか、説明できない。

この疑問については、両者の注記をともに「如法」のための紙として使用することを示すものと理解することで説明できるのではないか。すなわち、弥努宮から写経のために進められてきた穀紙は、「如法経」を写すための紙であれば、「如法者」と注記するのは、ごく自然のこととして了解できるのである。

そしてこの理解は、次のような重要な点を引き出すことになる。それは、6～9において穀紙一〇張を用いて曝涼しようとしている「如法経」とは、すでに写経所等に存在する「如法経」であるということである。当然、弥努宮から来た穀紙を用いてこれから写そうとしている「如法経」とは別のものである。

では、この曝涼された「如法経」とはなんであろうか。わたくしは、①の弥努宮からもたらされてきた「如法経」と見るのが自然であろうと思う。

また、穀紙を用いてこれから写す「如法経」とは、どのような経典であろうか。すぐに考えられるのは、⑪の「如法経」を本経として、これと同じセットの「如法経」を写そうとしていたのではないか、ということである。しかし、この自然なように見える理解は、成立が難しい。

まず第一に、①の「如法経」は二三〇巻であるが、②③の表紙料一〇〇張は、前述のように二〇〇巻分である。両者の巻数が食い違っている。第二に、注陀羅尼集経の写経が行われた天平勝宝五～六年ごろの史料として、ⓒを例にして、①の「如法経」と同じ部数の経巻の写経に要する紙数を示すと、次のようである（いずれも天平勝宝年間）。

六十花厳経　五年十一月十一日条　一〇巻で一九〇張、故に一一四〇張
　六年六月十一日条　五帙で九一四張、故に一〇九七張
八十花厳経　五年九月二十六日条　四〇巻で六八二張、故に一三六四張
　六年六月十一日条　一三六八張
法華経　五年九月二日条　一部一七八張、八部で一四二四張

最勝王経　六年二月二十八日条　一部で一七四張、二部で三四八張

以上から、花厳経については平均値を求めた上で合計すると、四二五七張にもなる。これだけの正用を得るためには、空や破、儲料を見なければならないから、四千数百張が前もって納入されるはずである。もちろん、本経の違い等でこの数字は動くであろう。しかし、概略を考える場合には、十分参考とすることはできる。一方、弥努宮から納入した経紙用の穀紙は二二〇〇張（他に表紙料一〇〇張）であった。およそ半数程度と見てよい。

この概略の比較からだけでも、②③の穀紙では、とうてい①の「如法経」と同じセットを写すことができないのは明らかである。[11] しかし、③の「如法者」の注記を①の「如法経」と関連づけて理解する方向は、やはり捨てがたい。そこで、弥努宮に存在していた①の「如法経」を写経所に運んだが、その一部だけが本経とされたと理解しておきたい。その予想される残紙を用いて、注陀羅尼経の書写が行われたのであろう。

その場合、注意したいのは、上のような紙数計算ができたということは、「如法経」を構成するのと同じ経巻が、当時写経所で写されていたことを意味する点である。すなわち、本経や新写の経巻が写経所に存在しているのである。単に「如法経」と同じ経巻をそろえるだけであれば、これらを本経とすればよいのであって、わざわざ弥努宮から「如法経」を運んでこなくても、可能なのである。

したがって、弥努宮の「如法経」を本経として写経を行うところに意味があるのである。すなわち、弥努宮の「如法経」は、何か特別の由緒を持つ経巻のセットであると推測される。

ところで、井山は、和泉宮で写経活動が行われていたとする。井山が根拠としてあげるのは、次の三点である。第一に、天平二十年八月から同二十一年八月までの上日を整理した「経師等上日帳」の「春日部虫万呂」の項（10ノ361、続々修24ノ6⑦）に、

④春日部虫万呂　（天平二十年）八月日廿九夕廿八　九月日廿二夕廿一　十月日廿九夕廿八　十一月日廿四夕廿三　十二月日廿八夕廿六
（天平二十一年）正月知奴宮　二月日廿一夕廿　三月日十七夕十六　四月日卅夕廿九　五月日卅夕廿九　閏五月日廿八夕廿七　六月日廿二夕廿一
七月日十八夕十七　八月日廿二夕廿一

とあって、彼が天平二十一年正月に「知奴宮」に出仕した旨が記されていること、第二に、①によって写経所が弥努宮から如法経等を借用していること、第三に、②をあげて「茅渟宮より穀紙二千三百張が進められており、茅渟宮において写経が行われていたことが明らかである」としている。

しかし、第三の②③の弥努宮よりの穀紙納入が、上記のように「如法経」の書写を目的とするものであれば、弥努宮で穀紙を用意して写経所に送り書写を依頼したことになる。また、第一の根拠となっている④の記載は、春日部虫万呂が天平二十一年の正月に「知奴宮」に行っていたことを示しているだけである。彼が「知奴宮」で写経に従事した可能性がなくはないが、別の所用で「知奴宮」に行ったとも考えられるので、決定的な証拠ではない。

したがって、弥努宮における写経の有無を考え得る史料は、第二の①の史料のみである。しかし、これによってわかるのは、弥努宮に経巻があったことまでであって、写経が行われていたことまでは断言できない。以上から、現在までのところ、弥努宮で写経が行われたことを示す積極的史料は存在しない。しかし、「如法経」を安置する仏教施設はあったと見られる。

3　仏像の奉請

つぎに「造東大寺司告朔解」（5ノ191〜192、続修後集33全）に注目したい。その「造瓦所」の項と末尾には、次のように記されている。

⑤造瓦所別当弐人判官正六位上葛井連根道
散位従八位下坂本朝臣上麻呂
単口捌伯拾参人五十五人将領　二百卌人瓦工
五百卅八人仕丁
作物
（中略）
奉請弥勒観世音井像二躯弥努宮　　功百卅八人
（中略）
以前、三月中作物、并雑工等散役、及官人上日、具件
如前、謹解、
天平宝字六年四月一日主典従六位上阿刀連「酒主」
（連署略）

これによると、天平宝字六年（七六二）三月に、造瓦所の功一二八人を使って、「弥努宮」に弥勒菩薩像と観世音菩薩像の二体の仏像を「奉請」したことがわかる。この⑤と関係するのが、つぎの⑥である（15ノ162、続々修18ノ3④⑶）。

⑥造石山院所
応借充用衣服事先　御葬時御輿人装束物者
右、被捿子別広虫今月十日宣云、奉　勅、依少都申状、弥努為用、奉請仏
装束、許給已畢、宜司察趣、早速施行者、今依宣旨、申送如件、
天平宝字六年三月十一日主典安都宿祢

この史料の内容は、次のように理解される。「別広虫」の三月十日の「宣」が造石山寺所に届いたが、その内容は、次のようである。すなわち、「勅」によると、「少都」（少僧都慈訓）が、「弥努」（弥努の誤り）に用いる

ために仏を奉請する際の「装束」を請うたので、それをお許しになったとのことである。そこで、「司」(造東大寺司)はこの事情を察して、早速実行せよ、というものである。この「宣」を受けて、造石山寺所は、その内容を造東大寺司に送った。それがこの文書である。

ここまでの理解については、井山とほぼ同じであり、疑問はない。問題はその先である。まず、別広虫は孝謙太上天皇の側近に仕えていた。したがって、別広虫がうけたまわった「勅」とは、孝謙太上天皇の「勅」とみられる。この二人は、当時保良宮にいたので、別広虫は近くの造石山寺所に宣を送り、造東大寺司に取次がせたのである。井山は、仏を奉請する責任者を慈訓か造石山寺所とする。しかし、造石山寺所の役割をそのように考えることはできない。

慈訓は「装束」の借用を願い出て許されたが、この「装束」とは、「先　御葬時」に「御輿人」が身につけた「装束物」であった。では「先　御葬」とは誰の葬儀であろうか。「御」の文字を使用し、欠字としているところから見て、天皇の葬儀と見るのがよいであろう。天平宝字六年以前の天皇の葬儀としては、聖武太上天皇と元正太上天皇がある。「先」の葬儀であるから、このうち元正太上天皇の葬儀と見られる。

すると慈訓は、弥努宮に用いるために仏を奉請する時に、元正太上天皇の葬儀の際に御輿人が着用した装束の使用を孝謙太上天皇に願って許されたことになる。その装束は、造東大寺司の管理下にあったので、その提供が、造石山寺所を介して造東大寺司に命じられたのである。

先の⑤は、仏像の「奉請」に関するものであるから、「装束」の提供と使用に関するこの命令とは、厳密に言うとずれている。しかし、同じ天平宝字六年三月のことであるので、関係があると見てよかろう。元正太上天皇ゆかりの「装束」を身にまとった人々によって、仏像の「奉請」が行なわれたのであろう。

そこで問題は、二体の仏像の「奉請」がどのようになされたのか、という点である。井山は、これを弥努宮から造東大寺司に仏像を運んだと理解した。しかし、⑥では「弥努に用いんが為に」仏を「奉請」するとしている。素直に読めば、井山とは反対に、造東大寺司が弥努宮に仏像を運んだと理解できるであろう。⑭もこのように理解するのが自然である。

この弥勒菩薩像と観世音菩薩像の二体がどこにあったものなのかは、正確には明かでない。しかし、以上の理解で妥当であれば、造東大寺司が運んでいるところから見て、東大寺の近辺にあったものであろう。

4　小　結

以上、弥努宮について、写経所文書からその姿をうかがってきた。その結果を簡単に整理しておきたい。まず①によって、天平勝宝四年（七五二）五月に、弥努宮から写経所へ、一二部一三〇巻の如法経が送られた。これは荘厳を同じくする一セットの経巻で、弥努宮の仏教施設に安置されていたものであった。ついで同年八月に、弥努宮から写経所へ穀紙二三〇〇張が送られた（②③）。これは、特別の由緒をもつ弥努宮の「如法経」の一部を本経として、写経所に写経してもらうためであったと推測される。また、予想される残紙を用いて注陀羅尼集経が写された。弥努宮の如法経にかかわるこれらの一連の動きには、孝謙天皇の意志が働いていた可能性がある。

つぎに、天平宝字六年（七六二）三月に、弥勒菩薩像と観世音菩薩像の二体が、造東大寺司の手で弥努宮に運ばれた（⑤）。その際、慈訓の申し出によって、輸送に従事した人々は、元正太上天皇の葬儀の際に御輿人が着用した装束を身にまとって作業を行なった（⑥）。この由緒ある装束の使用は、孝謙太上天皇が許可した。

以上によると、写経所文書にみえる弥努宮に関係する動きは、いずれも元正天皇と孝謙天皇・太上天皇とかかわりがあるのではないかと思われる。後者の仏像の移動については、それは確実である。輸送従事者は元正太上天皇の葬儀時の衣装をわざわざ着用していたし、それは孝謙太上天皇が許可したことであった。

前者については、可能性しか指摘できないが、弥努宮の如法経を本経とすることにこだわって写経が行われた状況を考えると、弥努宮の「如法経」は、何か特別の由緒のある経巻セットであることは確実である。つぎに見る弥努宮と元正太上天皇との浅からぬ関係からすると、元正太上天皇にゆかりの経巻であったのではなかろうか。

二　『続日本紀』における弥努宮と和泉宮

前節では、正倉院文書に見える弥努宮について検討してきたが、周知のように、『続日本紀』にもしばしば「弥努（離）宮」が見える。一方、同書には「和泉（離）宮」という宮も見える。本節では、この『続日本紀』に見える「弥努宮」と「和泉宮」について検討したい。

前節では、元正太上天皇が弥努宮と深い関係にあったことを指摘したが、それを受けて、ここでは元正天皇・太上天皇に注目したい。『続日本紀』によると、元正太上天皇は「智努（弥努）離宮」に二回行幸している。ともに天平十六年（七四四）のことである。

⑦秋七月癸亥（二日）、太上天皇幸智努離宮。
戊戌（戊辰七日か）、太上天皇幸仁岐河、陪従衛士已上、無問男女、賜禄各有差、
己巳（八日）、車駕還難波宮。

⑧（十月）庚子（十一日）、太上天皇行幸弥努及竹原井離宮。
辛丑（十二日）、賜郡司十四人爵一級。高年一人六級、三人九級。行所経大鳥・和泉・日根三郡百姓年八十以上男女
　穀、人有差。
壬寅（十三日）、太上天皇還難波宮。

これらの「智努（弥努）離宮」が、写経所文書に見える「弥努宮」にあたることは、言うまでもなかろう。

『続日本紀』においても、元正太上天皇が「弥努（離）宮」と並々ならない縁があったことが確認できる。その元正天皇は、「和泉（離）宮」へも行幸をくり返している。養老元年（七一七）二月には、

⑨壬午（十一日）、天皇幸難波宮。
丙戌（十五日）、自難波至和泉宮。
己丑（十八日）、和泉監正七位上堅部使主石前、進位一階。工匠・役夫、賜物有差。
庚寅（十九日）、車駕還、至竹原井頓宮、
辛卯（二十日）、河内・摂津二国、并造行宮司、及専当郡司・大少毅等、賜禄各有差、即日還宮。

とあって、「和泉宮」に十五日から十九日まで滞在している。ここでは、「工匠・役夫」に物を賜っていることが注意される。行幸の準備・接待等の労に対するねぎらいは別に行われているので、このことは「和泉宮」で何らかの工事が行われていることを想定させる。

ついで同年十一月丁巳（二十一日）条には、

⑩車駕幸和泉離宮。免河内国今年調。賜国司禄有差。

と見える。平城宮に還った記事を欠くが、数日程度の「和泉離宮」滞在であったのであろう。行幸の途中の河内国の国司に禄が与えられている。さらに養老三年二月には、

⑪庚午（十一日）、行幸和泉宮。
丙子（十七日）、車駕還宮。

という短期間の「和泉宮」への行幸を行っている。これら三回の行幸にかんする史料では、⑨⑪「和泉宮」、⑩「和泉離宮」と異なった表現がされているが、同じ宮とみてさしつかえなかろう。なお、天平十二年八月には和泉監が廃されるが、和泉監を設置したそもそもの目的である弥努宮のほうは廃止されることなく存続した。これらによって、われわれは、元正天皇の「和泉（離）宮」に対する思い入れの深さをうかがうことができる。

これらによると、元正天皇は「和泉（離）宮」に深い関心をもつ一方、元正太上天皇の時期には「弥努（離）宮」と深い縁があったことを知ることができるのである。この点について、元正天皇は、はじめ「和泉（離）宮」に関係を持ったが、やがて別の宮である「弥努（離）宮」に関係を持ったと見るよりも、同一人物がともに深い関係を持っているのであるから、「弥努（離）宮」と「和泉（離）宮」とは同じ宮であると考えた方が、元正（太上）天皇の一貫性を見ることができ、自然であろう。

両者を別の宮とみる考え方の根拠として、第一に、名称が異なること、第二に、『続日本紀』霊亀二年（七一六）三月癸卯（二十七日）条と翌四月甲子（十九日）条に、

⑫割河内国和泉・日根両郡、令供珍努宮。
　割大鳥・和泉・日根三郡、始置和泉監焉。

とあることから、⑫珍努宮には二郡の課役が充てられているのに対して、後者を和泉宮造営と関連づけて、三郡の課役が供されているから、両者の造営規模が異なるとみること、第三に、天平十六年という同年の記事で区別されていること（⑭⑦⑧）、第四に、和泉宮を和泉郡とし、弥努宮を⑧の行幸時の「行所経大鳥・和泉・日根三郡百姓年八十以上男女穀、人有差」によって日根郡内にあるとみること、などがあげられている[12]。

このうち第一と第三は、宮号の違いを重視する点で共通している。この点については、紫香楽宮の場合が参考になる。橋本義則によって、「紫香楽宮」「信楽宮」の名称が、離宮から主都になったのに対応して、天平十六年後半期に「甲賀宮」に変化したことが指摘されている[13]。

これに関連して、和泉監が置かれたために珍努宮が正式に和泉宮と呼ばれるようになった、とする見解[14]が注目される。表1によると、『続日本紀』では、和泉監の存続期間中のみに「和泉（離）宮」だけが現れ、その前後の時期には「和泉宮」と「弥（智）努（離）宮」の両方が現れる。これは、上の見解に適合的である。

また、正倉院文書では、写経所文書ではない唯一の公文である⑬「和泉監正税帳」首部にのみ「和泉宮」が

見えることも、「和泉宮」を正式名称とする上の見解に相即的である（2ノ78、正集13②）。

⑬和泉宮御田苅稲収納正　将従参人　経弐箇
　日　食稲弐束陸把　酒弐升

弥努宮・和泉宮別宮説の根拠の第二は、和泉宮の規模が拡張され、⑨でその工事関係者への報償が行われたと考えれば、弥努宮と和泉宮の異同を考える根拠とはならない。

第四については、井山も指摘するように、大鳥・和泉・日根の三郡が和泉監の管下にあったために日根郡があげられたのであり、日根郡に「行き経」たとまで考える必要はなく、したがって「弥努離宮」が日根郡にあったとする確実な根拠ではない。

以上から、次のように考えることができる。「弥努宮」が従来からの宮号であったが、和泉監の設置とともに「和泉宮」という名称が正式宮号として用いられるようになった。和泉監の存続期間中、少なくとも『続日本紀』のような公式史書、「和泉監正税帳」のような公文では、「和泉（離）宮」の呼称は維持された。ただし、それ以外のレベルで「弥努（離）宮」の呼称が用いられ続けていたかどうかは、明らかでない。しかし、和泉監廃止とともに、「弥（智）努（離）宮」の宮号が『続日本紀』でも写経所文書でも用いられるようになった。

この考えによると、天平十六年（七四四）二月の、

⑭甲辰（十日）、幸和泉宮。
丁未（十三日）、車駕自和泉宮至。

とある行幸について、⑦⑧の「智努離宮」への行幸と同年であるから、両者は別宮であるとする先の第三の考え方をとる必要は、かならずしもないことになる。和泉監存続時代の正式名称であった「和泉宮」が、和泉監廃止後も『続日本紀』のレベルで使用されることは、十分にあり得ることであろう。

その元正太上天皇は、天平二十年四月二十一日に没する。しかしその後も、後述する史料に「弥努宮」は姿

を見せるので、彼女にゆかりの深い「弥努宮」は、その死によって廃止されず、その後も存続し続けた。『続日本紀』に「弥努宮」がはじめて見えるのは、前掲の⑫である。これは、和泉・日根二郡の課役を「弥努宮」の費用に充てるということであるから、「弥努宮」は⑫以前から存在していたことになる。

⑫以前の「弥努宮」については、『日本書紀』允恭天皇八～十一年に見える「茅渟宮」が注意される。

⑮（八年二月）（前略）天皇則更興造宮室於河内茅渟、而衣通郎姫令居、因此以屡遊獦于日根野、

九年春二月、幸茅渟宮。

秋八月、幸茅渟。

冬十月、幸茅渟。

十年春正月、幸茅渟。於是皇后奏言、妾如毫毛、非嫉弟姫。然恐陛下屡幸於茅渟。是百姓之苦。仰願宜除車駕之数也。是後希有之幸焉。

十一年春三月癸卯朔丙午、幸於茅渟宮。（後略）

これによると、允恭天皇は「茅渟」に「茅渟宮」をつくって衣通郎姫を居らせ、それによって「日根野」にしばしば遊獦したとしている。しかし、よく読むと、「茅渟宮」と「日根野」との関係は何も語っていないことに気づく。『日本書紀』の論理では、允恭天皇は、皇后の嫉妬をかわすために、「日根野」への遊獦を口実として「茅渟宮」に行幸していることになっている。そのかぎりで両者は関連づけられているが、それは必ずしも「茅渟宮」を「日根野」に作ったこと述べているわけではない。つまり、上の史料は、「茅渟宮」が「日根野」にあった根拠とはならないのである。

直木孝次郎は、「弥努宮」と「和泉宮」を同じ宮とする立場から、天皇家または朝廷の出先機関が茅渟地方に置かれており、それが弥努宮の起源となったとし、奈良時代以前から天皇家の離宮が茅渟地方にあったので、それにもとづいて上の允恭紀の物語が作られたとしている[15]。

わたくしはこの見解のうち「弥努宮」と「和泉宮」を同じとすることには賛成であるが、⑮を上記のように見ることによって、「弥努宮」（「和泉宮」）の所在地を考える有力な史料とされてきた⑮を、そこからはずすこととなった。そこで、「弥努宮」（「和泉宮」）の所在地を示す唯一の史料は、⑬「和泉監正税帳」首部にみえる「和泉宮」の御田の苅稲の収納の視察費用が和泉郡から支出されているという推定であることになる。これによれば、「和泉宮」の御田は和泉郡にあったと見られることになる。

むすび

ここまでに述べたことを整理すると、次のようになる。

(1) 『続日本紀』の時代以前から、和泉郡地方には天皇家の宮が存在していたらしい（これを「弥努宮」と仮称する）。
(2) 元正天皇は、「弥努宮」に特別の思いを抱き、「弥努宮」を維持管理するために和泉監を設置した。
(3) 和泉監の設置とともに「和泉宮」が正式名称とされたが、「弥努宮」の呼称が用いられなくなったとはかならずしも言えない。また、何らかの工事が行われた。
(4) 和泉監廃止によってこの宮は廃止されることはなかった。「和泉宮」の呼称はしばらくは使用されたが、やがて「弥努宮」の呼称のみとなった。
(5) 元正天皇の「弥努宮」に対する思いは、退位後も持続し、行幸をくり返した。
(6) 「弥努宮」は元正（太上）天皇との関係が深かったが、その関係はその死後も維持され続けた。孝謙太上天皇が引き継いだものと見られる。
(7) 天平勝宝四年五月に、「弥努宮」から「如法経」一セットが写経所に送られ、翌年八月には穀紙が「弥努宮」から写経所に送られた。写経所では、この穀紙を用いて、「如法経」の一部を写したと見られ、注陀羅尼集経も写された。

(8) 天平宝字六年三月には、東大寺近辺にあったらしい弥勒菩薩像と観世音菩薩像が、造東大寺司の手によって「弥努宮」に送られた。その際、慈訓の申し出を孝謙太上天皇が許可して、運送従事者は、元正太上天皇の葬儀の際に御輿人が身につけた装束を着用して輸送した。

以上が主要な論点であるが、なおいくつか留意すべき点がある。

第一に、元正（太上）天皇と「弥努宮」との関係はかなり深いものであるが、その理由を明らかにすることはできなかった。

第二に、孝謙太上天皇の時期まで「弥努宮」関係の史料が存在するが、称徳天皇の時期以後の史料はない。称徳天皇の時期に史料がないのは、その時期の正倉院文書が乏しいことが関係しているのかもしれない。しかし、光仁天皇の時期に見えないことを、「弥努宮」のその後とどのように関連づけて理解するのか、検討を進める際の拠り所を見いだすことができなかった。

以上のように、いくつか重要な問題を残すこととなったが、後日を期すこととして、ひとまず本章を終わることとしたい。

〔注〕

(1) 井山温子「和泉宮と元正女帝」（『古代史の研究』九、一九九三年六月）。

(2) 花厳経の旧訳について『開元釈教録』入蔵録には、六〇巻の他に五〇巻のものをあげているが、六六巻のものはあげられていない。

(3) 井上薫「智努王の珍努宮と元正天皇の和泉宮」（『橿原考古学研究所論集』第十四、八木書店、二〇〇三年十一月）。

(4) 井山論文より早く、廣岡義隆は、「文室真人智努の生涯―天平一知識人の憂愁―」（『三重大学日本語学文学』二、一九九一年六月）の本文において、弥努宮が東大寺から経巻を借用したと理解していた。しかしその後、栄原からの指摘によって、弥努宮が「花厳経その他荘厳物を東大寺へ寄せた」と見解を改めている（廣岡「懸車・出家関政・珍努宮について―智努王伝追考―」『三重大学日本語学文学』三、一九九二年六月）。以上二編は、いずれも加筆改稿のうえ『佛足石記佛足跡歌碑歌研究』（和泉書院、二〇一五年一月）に収録された。

（5）　長官の自署が予定されていないが、井上薫「造東大寺司四等官年表」（『奈良朝仏教史の研究』吉川弘文館、一九六六年七月）によると、天平勝宝三年八月から同七歳一月まで、長官が誰か明らかでないようである。空席であった可能性もあろう。

（6）　もちろん、天平勝宝四年五月以降にもない。

（7）　「簌簏帙」がどのような帙であるのか、わたくしにはわからなかった。そこで杉本一樹氏にご教示を乞うと、たちまち国家珍宝帳所載の「木画紫檀双六局一具」に「籧篨龕」（4ノ132）とあることを示し、それとの関係を指摘していただいた。参考にしたい。

（8）　「経紙出納帳」（3ノ594～612、続々修37ノ4③⑼）の前には、続々修37ノ4の担当者によって「装潢受紙墨軸等帳」（11ノ156～169、同③⑴～⑻）が貼り継がれている。この貼り継ぎは、記載内容・形式が同様であること、日付の順に矛盾がないこと、特徴的なシミが継目を跨いで続いていること、などから、妥当であろう。ただし、接続しているかは、原本調査の情報がないので、不明である。

（9）　大日古はこの文字を読んでいないが、「涼」で「曝涼」を意味するのであろう。また、大日古はこの四文字下の「依」を欠失している。

（10）　大日古は「源《曝カ》」とする。注(9)を参照して、ニスイの「涼」と書くつもりで、ナベブタの二画目を落とし、五～七画の「口」を「曰」と書いてしまったと理解しておきたい。

（11）　⑫⑬の穀紙は、弥努宮から運ばれた経紙の一部であるとする考え方がありうるかも知れない。しかし、これとは別に弥努宮から経紙が運ばれた痕跡はまったくないので、簡単に与することは躊躇される。

（12）　第一と第二は、注(3)井上薫論文、第三は、大山誠一『長屋王家木簡と奈良朝政治史』（吉川弘文館、一九九三年一月）八九ページ、第四は井上薫「和泉監正税帳の復原をめぐって」（『奈良朝仏教史の研究』吉川弘文館、一九六六年七月）。

（13）　橋本義則「紫香楽宮の宮号について―紫香楽宮攷（二）―」（『日本古代宮都史の研究』青史出版、二〇一八年九月、もと『平成5年度遺跡発掘事前総合調査事業にかかる紫香楽宮関連遺跡発掘調査報告（信楽町文化財報告書第8集）』一九九四年三月）。

（14）　新日本古典文学大系『続日本紀』二、補注7―九。

（15）　直木孝次郎「茅渟の道について」（『日本古代国家

の成立』講談社学術文庫一二六二、一九九六年十二月、もと『美原の歴史』三、一九七八年三月）、同「難波の政治と文化」（『直木孝次郎古代を語る10古代難波とその周辺』吉川弘文館、二〇〇九年七月、もと『大阪府史』第二巻、第一章第二節三、一九九〇年三月）。

第Ⅲ部　古代銭貨と正倉院文書

第八章　石山寺増改築工事の財政と銭貨

はじめに

古代の銭貨関係の文献史料の中では、正倉院文書が質量ともに他を圧倒している。これをどう使いこなすかが、文献研究における貨幣研究、銭貨研究の一つの重要なポイントになる。正倉院文書中の中倉文書は、主として写経所関係文書と造石山寺所関係文書の二グループに大別される。それぞれについてかなりの銭貨関係史料が含まれているが、本章では、対象をこのうちの造石山寺所関係文書のグループに限定する。

造石山寺所関係文書の研究を進めるための前提として、断簡の接続関係や、それに基づく帳簿類の復元が必要となるが、それについてはすでに福山敏男[1]・岡藤良敬[2]によって、ほぼ基礎的な研究がなし遂げられている。細部については問題は残っているが、大枠については両人の仕事を参照したい[3]。

この基礎のうえに立って、石山寺そのものの増改築工事の具体的な進行過程や様工の労働実態、契約内容の研究がある[4]。雇用労働力の実態に関する研究や、徴発による無償労働力の実態と雇用労働力との関係の研究もある[5]。

また、増改築に必要な材木を、現在の信楽地方にあった建物を購入して確保し、それを解体して石山まで運んでくることに関する一連の研究も多い[6]。さらに、輸送手段として車を多用しているが、運搬手段の研究も行

われている。(7)

孝謙太上天皇が勅を出して鏡を鋳造させたことに関する一連の史料の研究もある。(8) 財源の一部に近江国愛智郡に東大寺が持っていた封戸からの収入を充てたが、その封戸物の請求・納入に関する研究が行われている。(9) また、石山寺に供えるための大般若経の写経事業の研究など、実にさまざまな研究がこれまで行われてきた。(10) しかし、それらを振り返ってみると、流通経済にふれた研究は少なく、(11) 銭貨の流通そのものに焦点をあてた研究はない。この点の解明が本章のめざすところである。

この工事によって、物資と人員の大きな移動が引き起こされたが、それに銭貨がどのように関連していたのか、銭貨はどのような役割を果たしていたのか、銭貨流通の状況はどうであったのか。これらを史料の中から探っていきたい。なお、関係地名の位置関係を把握する便宜のために、福山敏男作成の図(12)を転載する（図1）。

一　「造石山院所解」（秋季告朔）の分析

1　史料の性格と提示

「造石山院所解」（以下、秋季告朔）(13)は、造石山寺所（造石山院所）が担当した石山寺の増改築工事の最終決算報告書である。冒頭1行目に「用紙四四張」とある。一紙の左右幅が約五〇～五〇数センチであるから、全体で二〇メートル以上の非常に長大な巻物であった。しかし現在では多くの断片にわかれてしまっている。その復元が福山敏男・岡藤良敬によってかなりの程度まで行われた。その成果に基づいて内容を検討したい。以下、必要な箇所をいくつかに分けて提示することとする。

この秋季告朔は、冒頭の第一～二紙目にかけての部分の傷みが激しい。ところがその部分に銭貨に関する決

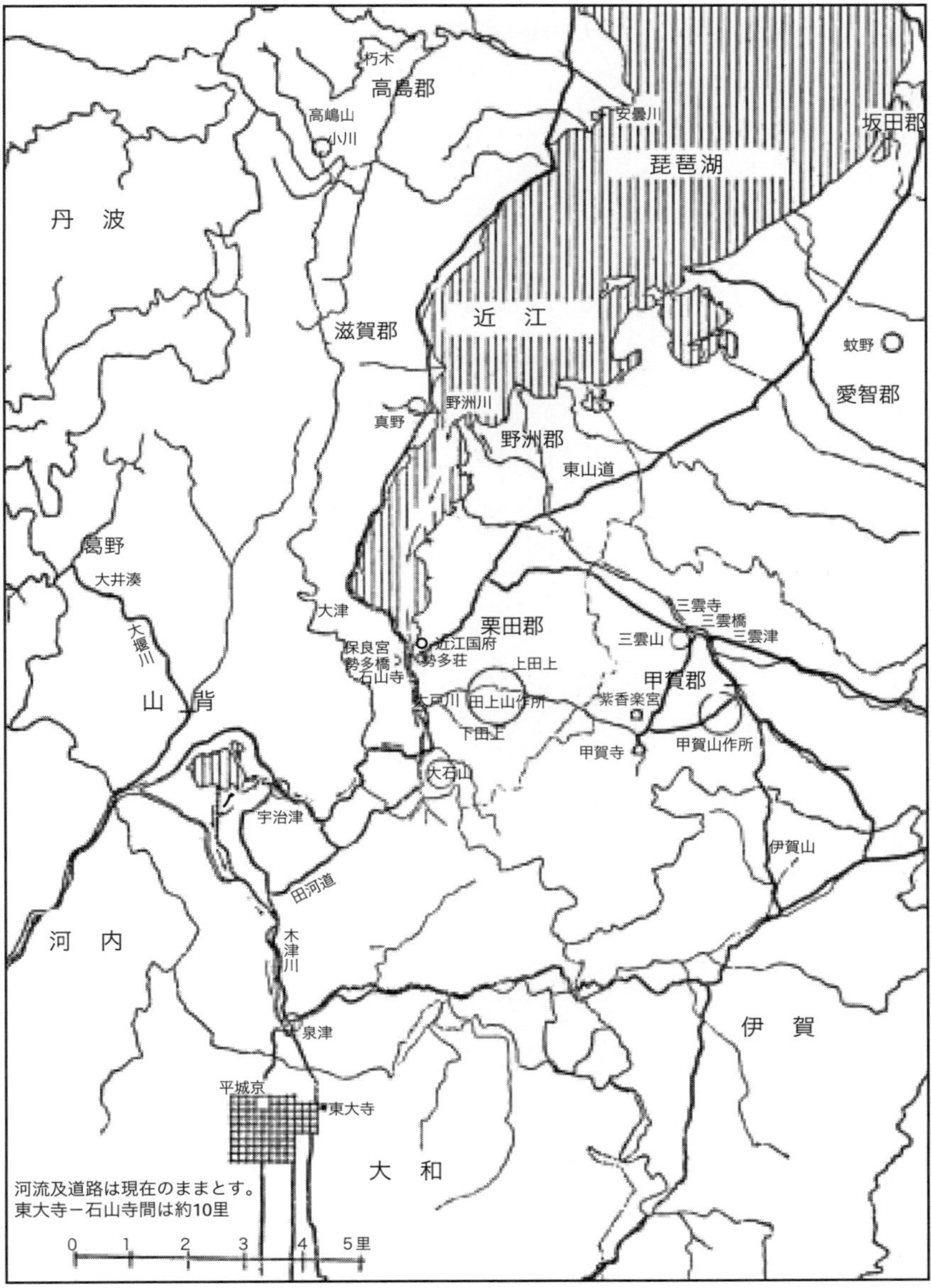

図１　関係位置図　（福山敏男作図）

算が記されていた。もっとも知りたい部分の破損が激しいという厳しい状況にあるのである。しかし、断片的に文字が残っている部分もあるので、その部分を中心に検討していきたい（16ノ219～222、続々修45ノ7③裏、16ノ212～215、同①）。

1 □等事　用紙卌四張
2 □捌貫玖伯伍拾文
3 □廿八貫請奈良司
4 □貫□年十一月十四日
5 □
6 □十五貫三月十六日
7 □月九日
8 □日
9 □
10 □年料租米内五石五斗
11 □石別一貫
12 □
13 □
14 □百廿二□四百卌二人功
15 □三貫九百廿六文山作工八百十七人半功
16 □貫八百八十三文田上鎰懸山作工六百卅八人半

事書
銭貨収入
銭貨の受取り
租米の売却代金
その他の銭貨収入か
銭貨支出
功銭
山作工の賃金
田上鎰懸山作工

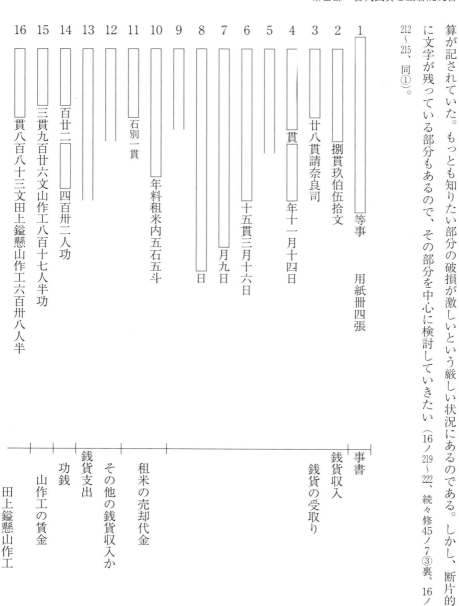

17 ［　　　　］
18 ［　　　　］作工一百□□□（六十七カ）人功
19 ［　　　　］十四人半功
20 ［　　　　］
21 ［　　　　］廿人功人別一文
22 ［　　　　］人別十六文　十人別十四文 / 人別十文
23 ［　　　　］物桴工功食料
24 ［　　　　］宇治橋本功食料
25 ［　　　　］本□□泉津功食料
26 ［　　　　］百八十六文雇夫并女三千六百九十三人半功
27 ［　　　　］五百八十六文山作夫一千四百五十人半功
28 ［　　　　］田上山作夫一千二百十三人半功
29 ［　　　　］
30 ［　　　　］買山作夫二百卅七人功
31 ［　　　　］
32 ［　　　　］十三人功
33 ［　　　　］五人功
34 ［　　　　］
35 ［　　　　］□人別五文 / 六人別四文
36 ［　　　　］四［　　　　］［　］別五文 『六』 / 廿□人別四文

甲賀山作工

足庭作工の賃金

桧皮葺工

桴工

雇夫雇女の賃金

山作夫

田上山作夫

甲賀山作夫

足庭夫

堂童子

雇女

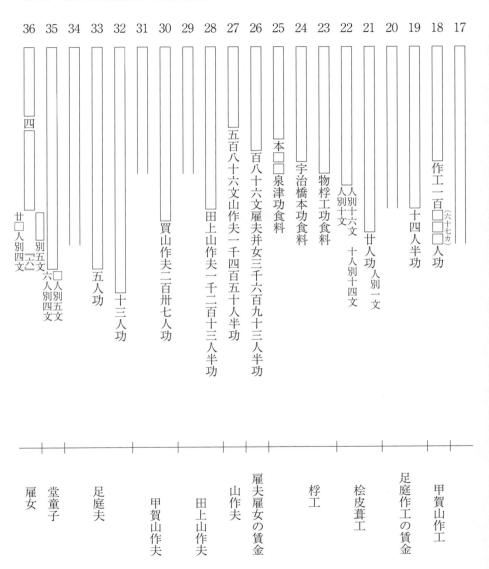

行	本文	注記
37	〔　　〕百卅五文買食物価	食物の購入代金
38	〔　　〕二百六十九文買米六十六斛四斗二升	米
39	〔　　〕直〈斤別六文／〔　〕〉	
40	〔　　〕一百斤二両直〈八十九斤々別五文／十一斤々別四文〉	
41	〔　　〕升直升別三文	
42	□□□□（五百四十文カ）買水葱一百卅五把直〈七十二把一文別四把／六十三把一文別三把〉	水葱
43	□□（三百）卅六文買茄子八斗四升直升別四文	茄子
44	□□□□□□□（二貫五百七十八文カ）買粉酒二斛六斗四升直〈二石二升々別十文／六斗二升々別九文〉	粉酒
45	〔　　〕買雑物価	雑物の購入代金
46	〔　　〕両別八文	
47	〔　　〕	
48	〔　　〕	
49	〔　　〕人別二張	
50	□□□□□□（六十六文墨卅一カ）挺直〈四挺別三文／廿七挺別二文〉	墨
51	〔　　〕管直別二文	筆
52	□□（百六カ）十五文買墨縄七条直〈四条別廿四文／三条別廿三文〉	墨縄
53	百七十九文買漆四升一合直〈升別卅六文／一合卅五文〉	漆
54	□六〔　　〕各一尺直	
55	〔　　〕釜□□直受三斗	釜
56	□□□□□□□（一貫千八百八十六カ）文買藁四百十六囲直〈二百廿二囲別五文／百九十四囲別四文〉	藁

番号	記載	区分
57	□ 廿了別二文 / 七十六了別一文	針縄
58	□ 七十八囲直 〃〃〃〃〃	桧皮
59	□ 雲橋本百六十八囲直 百六十三囲別八文 / 五囲別七文 〃〃〃〃〃〃〃〃〃〃	
60	□ 買大石山四百十四囲直『囲別十二文』 三百卅一囲別十三文 / 八十三囲別十二文 〃〃〃〃〃〃〃〃	
61	□ 九十六囲直『九十一囲十六文』 卌八囲別十三文 / 卌八囲別十二文 〃〃〃〃〃〃〃 『五囲別十五文』	
62	□ 器価	雑器の購入代金
63	□ 合直別廿文　廿二文買笥八合直 六合別三文 / 二合別二文	
64	□ 三合直別十文　百十文麻笥七口直 五口別十六文 / 二口別十五文	
65	□ 二口直別卅文　十二文買杓五柄直 四柄別二文 / 一柄四文	
66	□□□（七十文カ）箕二舌直 一舌卅四文 / 一舌卅六文　六十文買竈戸五口直別十二文	
67	□　卅二文堝十七口直 十五口別二文 / 二口別一文	
68	□　□□□（十六文カ）買片堝坏十六口直別□□（一文カ）	
69	□	材木の購入並に運搬か
70	□ 枚直枚別百文	
71	□ 六百八十二材直 別十二文 / 自高嶋山勝□□買漕下者	

72 □車庭運川津(ママ)雇車十七両賃両別七十文
73 □奈良来雇駄一匹賃負銭十五貫『□』(挺)鐵卅庭
74 □山作并足庭用如件『廿文』　――山作ならびに足庭項目の結び
75 □卅五文買信楽殿価并壊運夫等功食功(ママ)レ料　――信楽殿の購入と壊運
(下略)

2　銭貨収入

1行目は冒頭の事書きである。2行目に□八貫九五〇文とあるので、最初の項目が銭貨であることがわかる。3行目に「請奈良司」とある。これは、ある金額の銭貨を、造石山寺所が「奈良司」すなわち上級官庁である造東大寺司から受けとった記載である。3行目の上部が欠落しているために、下二桁の二八貫しかわからないが、造石山寺所は、三桁ないし四桁の多額の銭貨を造東大寺司から受けとっていたであろう。なお、支給者を造東大寺司とする点については、後述したい。

それにつづく4～8行目の部分には日付が記されているので、何回かに分けて支給を受けたことを示している。9行目もおそらく同様であろう。

銭貨の収入は、造東大寺司からの供給のみではなかった。というのは、10行目に「□年料租米内五石五斗」とあるからである。この「租米」は、愛智郡にあった封戸から租として徴収された米のことであろう。11行目に「石別一貫」とあるのは、10行目の内訳と見られるから、租米は売却されて換金されたのである。「租米内」とあるので、換金されたのは租米の一部であった。すなわちこの10行目は、租米のうちの五石五斗を売却して銭貨に換えたということを記載しているのである。本章の立場からすると、この租米売却が、どこでどのように行われたかが重要であるが、残念ながら明らかにならない。

したがって、造石山寺所の銭貨財源は、造東大寺司からの現金送金だけではなく、租米の売却代金もあったということができる。それ以外の銭貨財源がもしあったとすれば、12行目、13行目に記載されていたはずである。しかし、両行とも欠落しているので、その他の銭貨収入があったかどうかは不明である。

3　銭貨支出

次に、銭貨の支出項目の記載がどこから始まるのかよくわからない。14行目以降は「工」と「夫」に対する賃金の項目であるから、すでに支出記載に入っている。したがって12行目、13行目が財源の記載でなければ、このあたりから支出項目に移行したことになる。

支出記載の全体構造について認識するために、74行目の「山作并足庭用如件」という記載に注目する必要がある。この記載は、「如件」とあるので、それ以前のことをうけている。そうすると、以上のことは山作と足庭に関わることである、と断っていることになる。ところが、その次の75行目には「□廿文買信楽殿価并壊運夫等功食功料」とある。これは信楽にある建物を購入してそれを解体し、その材木を運んできて、石山寺で別の建物に組み立て直すことに関する記載である。

これらから見て、支出項目の全体は、山作所[14]と足庭関係の支出と、買信楽殿壊運関係の支出との二項目に分けて記されていることになる。後者については、これまでにその複雑な経過が明らかにされているが、本章では省略して、足庭と山作所関係について見ていきたい。

山作所と足庭関係の支出は、14～73行目に記されている。そこで、この部分の構成について、簡単に見ておきたい。15行目以降は「山作工」に対する賃金支給の項目で、さらにその内訳が16、17行目の田上鎰懸山作工、18行目の甲賀山作工となっている。つぎに、福山敏男の復原によると、19、20行目が足庭作工、21、22行目が桧皮葺工に関するものである。23～25行目は桴工に関する項目である。

26行目以下は「雇夫并女」の項である。まず27行目以下で山作夫について記され、28、29行目の田上山作夫、30行目の甲賀山作夫の記載がつづく。さらに、福山復原によると、32〜34行目は足庭作夫、35行目は堂童子、36行目は雇女の記載であるという。

つぎに、37〜44行目は「買食物価」、すなわち食物の購入を記録した部分である。米・水葱・茄子・粉酒があがっている。

45行目以下は、「買雑物価」すなわち食物以外の雑物の購入記載である。墨・筆・墨縄・漆・釜・藁とおそらく針縄・桧皮があげられている。さらに62行目以下は、「器価」という字しか見えないが、「買雑器価」の項目であると考えられる。63〜68がその内訳である。

69〜73行目の性格ははっきりしないが、材木の購入とその運搬に関する記載のようである。

4　物品の入手

秋季告朔には、それぞれの物品について、造石山寺所がどのようにそれを入手し、どのように使用したかが詳細に書き上げられている。次にその例をあげる。物品単位にそれを示したものが表1である。

1　鍬陸拾口請奈良司廿口五年十二月十一日
　　　　　　　　　卌口同月十四日

（中略）

2　白綿参両用作温船二隻料

3　貲布弐尺伍寸用篩白土赤土料　　已上二物買

4　租布弐拾壹『弐』段壹丈『二』廿段自大僧都御所充給
　　　　　　　　　　　一段一丈買

表1の「奈良司・奈良」欄以下は、それぞれの物資がどこから供給されたかを示している。「奈良司・奈良」

は、奈良にある造東大寺司から供給されたものと考えられる。「院三綱所」は、石山寺の三綱所のことで、別会計になっているので[15]、そこから振り込まれたものであろう。つぎの「大僧都御所」は、造営工事のいちばん頂点にいる良弁から、わずかだが布が供給され振り込まれている。[16]「田上山」は、田上山作所のことである。現在でも石山の近くに田上（タナカミ）という地名がある。「小石山」も同じである。「内裏」欄は、孝謙太上天皇が発願して作らせた鏡に関するものである。これは独立採算でまとまっており、やや特殊なので本章での検討からは除外する。

これに対して注目すべきは「買」欄である（表2に整理した）。容器類に注目すると、その多くは購入されている。たとえば堝、竈戸、瓫、土盤などを造石山寺所は購入によって取り揃えている。鉄釜が購入されており、後述のように鉄製品として注目すべきかと思う。木製の手工業品、麻笥・杓・明櫃・折櫃などは、購入によって確保した場合と、造東大寺司から現物が支給されてきた場合の両方がある。これらのうち、購入で確保しているものは、石山周辺でそれらの手工業製品が流通していたことを示している。

次に資材では、白綿・貲布・租布・紙・墨・鹿毛筆などは低度の手工業品だが、購入している。また藁はかなり大量に使っているが、ほぼ全額購入されている。桧皮については、購入と購入以外の場合の両方がある。三雲橋本という所で一六八囲を購入したといったん書かれて、抹消されている。その分を差し引いて、最初は六七八囲を購入したのが、五一〇囲購入したと帳簿上は訂正されている。つぎに、大石山で四一四囲、それから院中で九六囲購入したとされているが一方で、田上山作所で六八一囲、大石山で三〇〇囲、甲賀山作所で五五囲が採集されている。

ここで注意すべきは、大石山で購入と採集の両方が行われている点である。大石山は、石山寺の南に現在でも大石という地名が残っ

表2　「買」によって入手した品目

容器など	槽、鉄釜、箕、明櫃、折櫃、麻笥、杓、陶片杯、堝、竈戸、瓫、土盤
資材	白綿、貲布、租布、紙、墨、鹿毛筆、墨縄、五色幣帛、漆、藁、俵縄、桧皮
食料	米、塩、海藻、滑海藻、葅、水葱、茄子、粉酒

よる物資の入手

内裏	木工所	田上山	小石山	（個人）	その他・備考
					作上
					作上
					８枚（古）
					８枚（古）
					５枚（古）
	100枚				
				５斗（猪名部枚虫）	
		10合			
		20合			
					８合（破損）
		６口			
		40口（破）			
		20口			
				16囲（神勇師） 13囲（正美師）	
					77了（常食米縄）
					15了
			６石		82石（令焼）

表1　秋季告朔に

品目	買	奈良司・奈良	院三綱所	大僧都御所
釘				
鉄物				
鍬		60口		
白綿	3両			
貲布	2尺5寸			
租布	1段2丈			20段
紙	200張	200張		
墨	31挺	10挺		
鹿毛筆	10管			
墨縄	7条			
五色幣帛	各1尺			
漆	4升1合			
阿膠		1升		
砥		2顆		
黒葛		150斤		
葛野席				
折薦				
畳				
蒲花				
赤土				
𨏍		2口		
槽	2口			
鉄釜	1口			
箕	2舌			
木盤		90口		
明櫃	4合	2合		
折櫃	3合	5合		
大笥		20合		
小笥				
麻笥	7口	2口		
笥杯				
盤代笥				
杓	5柄	2柄		
陶片杯	16口	10口		
堝	17口（破15口）			
竈戸	5口（破4口）			
瓫	3口（破2口）			
土盤	11口（破損）			
藁	416囲			
俵縄	96了			
針縄				
和炭				

			12石		
					1043囲→1036囲（令採） 681囲　田上山作所 300囲　大石山 62囲→55囲　甲賀山作所
2斛4斗8升					45斛3斗　愛智郡宝字5年料庸米 125斛5斗　同郡4年料租米
4升9合6夕					
13斤10両					
13斤10両					
8斗8升					
8升4合					
					2斛　勢多庄内作苅得50囲
					2石3斗5升作

ているあたりであろう。そこで桧皮を採取し、購入することが行われているのである。

つぎに「院中」とは造石山寺所を指し、そこで購入したのであるから、だれかがそこまで運び込んできたものを、造石山寺所が購入したことになる。

食料では、米に注意する必要がある。米は、愛智郡天平宝字五年料の封戸の庸米四五斛三斗と同四年料の租米一二五斛五斗を徴収して、それを造営工事費用にあてようと計画し、約一七〇斛余りが確保された。これに対して九〇斛余が購入されている。このうち、六六斛四斗二升は足庭で購入されているので、足庭まで運び込まれてその場で買われたのである。奈良、すなわち造東大寺司から運び込んできたのは一〇斛余りで、それほど多くない。

主食の米は購入・現物納入ともに多いが、塩はほぼ全額購入している。米の流通もある程度あったが、塩の流通はかなりあったことを意味している。

それ以外では、水葱・茄子などは生野菜である。生野菜は長距離は運べないので、その場で調達している。たぶん石山周辺で購入するのであろう。それに対して、

炭				
桧皮	678囲→510囲 168囲三雲橋本（抹消） 414囲大石山 96囲院中			
米	90斛５斗２升 66斛４斗２升　足庭 24斛１斗	10斛５斗		
塩	３石３斗７升９合２夕		６斗	
海藻	15斤	206斤		
滑海藻	100斤２両	250斤		
醤		９斗		
末醤		１斛５斗		
酢		６斗５升		
酢滓		２斛４斗		
醤滓		３斗		
滓醤				
葅	１斗８升→４斗３升	２斛９斗		
漬菜				
水葱	135把			
茄子	８斗４升			
粉酒	２石６斗４升			

末醤・醤・酢・酢醤などの発酵食品等々は、みな奈良から運び込まれ、購入していない。

このように、個々の物品について検討していくと、物品によって入手のあり方に特色があることが浮かび上がってくる。造石山寺所が物品を購入によって入手した場合、それをどこで買ったかが重要である。

「造石山寺所公文案帳」（解移牒符案）[17]の中に「造石山院所解案」（15ノ219～220、続々修18ノ3⑧(2)～(3)）がある。

造(山脱)石院所解　申可障作物事

一進上銭壱伯文　漆伍夕許并黒縄等可買価

右、為塗雑釘、不得此市買求、仍令買、進上如件、

（中略）

右、条事等、附弓削伯万呂、申送如件、以解、

六年六《七》月卅《一》日下

これは造石山寺所が天平宝字六年七月二日付で造東大寺司に宛てて出した解である。釘に塗るための漆は、「此市」では買えないので、そちらで買ってほしい、そのために墨縄の代金と合わせて一〇〇文を進上する、というものである。これについては、すでに検討した

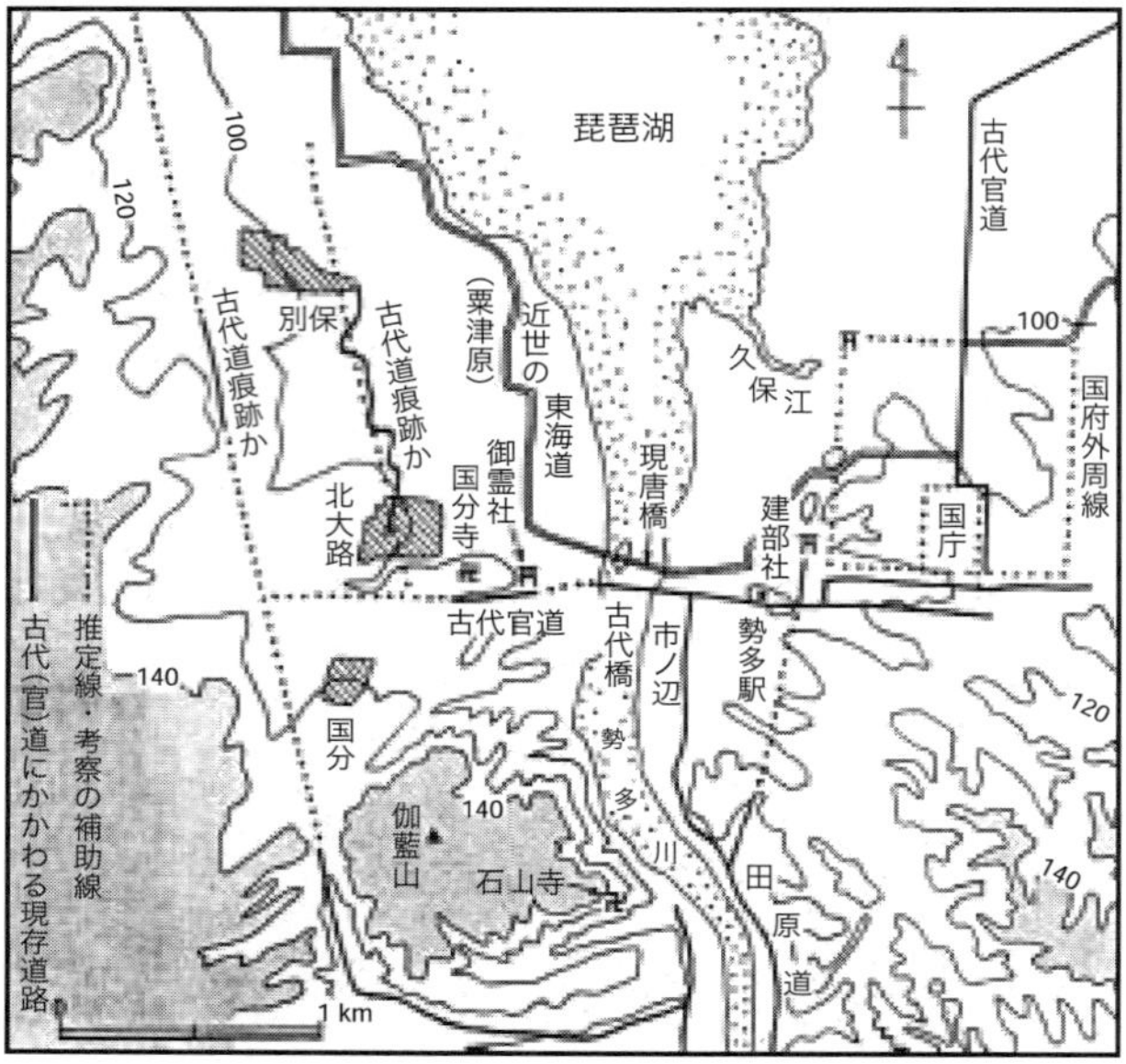

図2　琵琶湖南岸部分図

（足利健亮原図、栄原補訂）

ことがあるので[18]、必要なかぎりで述べるにとどめる。

この文書で、造石山寺所の案主が、「此市」で買えないと書いているので「此市」は造石山寺所の周辺にあったはずである。少なくとも漆については「此市」で購入しようとしたが入手できなかったと言っているのであるから、造石山寺所は「此市」をよく利用していると見てよいであろう。

古い地積図を探ると、勢多川の東岸に「市ノ辺」という小字があることが知られる[19]（図2）。その位置は、古代の橋脚が見つかって位置の確定した古代の勢多橋のたもと部分にあたる。おそらくその付近に古代の市がたっていたのだろう。石山寺の増改築工事にあたっては、この「市」が利用されたと考えられる。

二　「造寺料銭用帳」の分析

1　銭貨による購入の実態

前節では、秋季告朔の分析を行なったが、石山寺の増改築工事に必要な物品を確保する場合、上級官司である造東大寺司などからの現物の納入とともに、購入によって確保する場合がかなりあることを指摘した。そこでつぎには、この購入がどこで、どのようにして行われたか、という点を考えたい。そのために、「造寺料銭用帳」(20)という史料を検討の素材とする。

「造寺料銭用帳」は、造石山寺所の造営工事のために支出した銭貨の克明な記録である。その支出の多くは、さまざまな物品の購入のためである。それを整理したのが、表3である。

表3は、日付順に銭貨の支出目的を項目に分けて整理したものである。以下、各項目ごとに例示する。a「山作所」は、各山作所関係で支出したものをさらに下位項目で分けている。つぎに、甲賀・田上山作所関係の記載を例としてあげておく。

(1)五年十二月廿四日下銭捌貫新二貫 古六貫
　右、甲賀山作附料、レ橘守金弓充遣如件、
六年正月一日下銭漆貫
　右、山作所領橘守金弓等所、附秦足人、充遣如件、　（4ノ532）

(2)（天平宝字六年正月）十六日下銭五貫
　右、田上山作所附阿刀乙万呂玉作子綿、充遣如件、
又下銭拾貫三貫二月三日附玉作子綿 三貫同月十八日附道豊足 二貫同月卅日附玉作子綿 二貫同月廿八日附秦足人
　右、田上山作所下充銭如件、　（4ノ533）

つぎのb「粮功」欄には食料と給料関係をまとめている。様工もそこに含めている。これも、例をあげておく。

（天平宝字六年一月八日条）又下銭参貫陸伯玖拾玖文

銭用帳

c買材など		d買雑物		eその他	
		62 35 50 35 12	幣帛 紙50張 墨22挺 墨縄7丈2尺 鹿毛筆6管		
3211	板殿1宇				
		30	紙50張		
1950	校倉板13枚桁1枝	943 102 63 12 9 15 60 16 10 63 3 5 3 10 24 25 34 24 5 995 21	漆4升1合 麻笥4口 明櫃3合 折櫃1合 小笥3合 杓5柄 竈戸5口 瓮1口 堝4口 箕2舌 片椀2口 片杯5口 木升1口 鎌2柄 槽1口 綿3両 若滑海藻7嶋4斤12両 小豆玉20 葉芹5升 粉酒1石2升 糟3升	725	上奈良寺
		90	雇夫粉酒9升		
180	桧皮12囲	7 3	裳1尺 堝1口		
		50	様夫粉酒5升		

表 3　造寺料

日付		a 山作所		b 粮　功				
年	月日	甲賀	田上			様工夫		駄賃
5	12／24	8000 （新 2000 古6000）						
	12／27			144 156	雇夫功 雇夫領舎人食料	8		
6	1／1	7000						
	1／8			289 3330 75	雇工功 雇夫功 雇女功			
	1／16		5000					
	2／3		3000					
	2／16							
	2／18		3000					
	2／28		2000					
	2／30		2000	2962 6031 75	雇工功 雇夫功 雇女功			
	3／8					160	桧皮葺工	
	3／9		4000					
	3／10							
	3／11					100	桧皮採夫	

c買材など		d買雑物		eその他	
20	藁				
		430 120 100	塩5斗 若滑海藻30嶋 滑海藻20嶋		
		22	陶片杯10口		
75	桧皮	5 3	鹿毛筆2管 墨1挺		
100	藁	10 2 5	土盤10口 堝1口 土片杯4口		
		170	木工・桴工粉酒1斗7升		
		60 8	粉酒6升 仕丁等半食米代		
		900	塩1斗		
3000	桧皮	1000 60	仕丁等残可給米 粉酒6升		
		155 41 10	租布1段 滑海藻8斤10両 粉酒1升		
268	藁17囲	9	蕨36把	20	陰陽師布施
999	桧皮				
		78	滑海藻13斤3両		
		50	粉酒5升		
130 1300	藁28囲 桧皮	70 5	粉酒7升 堝3口		
		30	粉酒3升		
200	桧皮40囲				
		?	酒		

日付		a 山作所		b 粮　　功				
年	月日	甲賀	田上			様工夫		駄賃
6	3／13			5000 4000	板殿壊運夫功食 甲賀山作所買材漕運			
	3／15					750	桧皮採夫	
	3／17							160
	3／19							
	3／20		2000					
	3／22					650 350	採桧皮 桧榑辟	
	3／23			4000	三雲山材運人功			
	3／24		5000 （新300）					
	3／25							
	3／26					300	桧皮葺	100
	3／30		3000	13000 2505 4739 48	壊運役夫功食 雇木工功 雇夫功 雇女功			
	4／2							
	4／7			20	奈良上使粮料			
	4／9							
	4／11							
	4／13					1100	桧皮葺工	
	4／14		2000					
	4／15							
	4／17					180	桧皮葺工	
	4／20							
	4／24							
	4／25							
	4／26					270	塗壁	
	4／27					480	桧皮葺工	
	5／2		5000					

c買材など		d買雑物		eその他	
		125	白酒1斗2升		
100	藁20囲				
		20	粉酒2升		
		25 5	海藻3連 堝2口		
		600	川船1隻S		
		60	粉酒6升		
				5	壇殿壊所鎮祭料粥盆1口
		31	滑海藻6斤5両		
60	藁10囲				
		3 2 45	窪杯10口 堝2口 滑海藻11斤4両		
80 270	桧皮8囲S 藁S	115	粉酒1斗1升S		
		33	粉酒3升S		
400	桧皮40囲S				
		15 4 653	滑海藻3斤S 堝2口S 塩8斗1升8合2夕S		
170	藁34囲S				
		6 35 57 58	和炭7斗S 漆1合 墨縄料琴弦3条 糟1斗		
		30 60	菓子S 粉酒5升S		
		7 8 6 10 6	水葱19把 大豆8把 大角豆6把 瓜3果 茄子8果（8升）		
		10	墨壺料墨S		

日付		a山作所		b粮　　功				
年	月日	甲賀	田上			様工夫		駄賃
6	5／5			30	徴愛智郡租米使粮			
	5／7			3594 718 3477	雇木工 雇土工 雇夫			
	5／10		300 雇工夫					
	5／11							
	5／15			30	優婆夷頓給			
	5／17							
	5／27			185 176 291 35 1092	雇木工 雇土工 雇夫 雇女 雇役経所仕丁			
	6／2							
	6／5			55	雇女			
	6／8							
	6／11							
	6／13			140	雇土工			
	6／19							
	6／20							
	6／26							
	6／27					270	桧皮葺工Ｓ	
	7／1							
	7／3							
	7／7			60	桴工			
	7／13			50	雇夫Ｓ			
	7／16			20 50	遣使粮料Ｓ 坂田愛智郡租米遣使粮料Ｓ			

c買材など		d買雑物		eその他	
180	藁54囲S	77 43 70	粉酒7升S 粉酒4升S 粉酒5升S		
		2278 12	黒米3斛S 墨4挺S		
		43	俵縄23了S		
		100 73 113	藁30囲S 俵縄73了S 酒S		
52	藁13囲S				
		1680 1035 630 28 40	白米4俵 黒米3俵 黒米1石5升2合 白米4升 病臥人頓給S		
		907 555	白米1石2斗1升 黒米1石	60	津神祭料
		408 80 49	黒米7斗4升4合S 租布1丈S 凡紙50張S		
		280	黒米5斗S		
		126	仕丁加米243升2合S		
				50	田上田直S (可報自主典所)
				60 581	桴工津神祭料S 借請勝屋主S
		84	黒米1斗2升		

日付		a 山作所		b 粮　　功				
年	月日	甲賀	田上			様工夫		駄賃
6	7／18							
	7／20							
	7／21			1000	漕信楽殿			
	7／22							
	7／23			100	桴工Ｓ			
	7／27							
	8／8			4200	桴工			
	8／9			272 1048 220 817 869 224 936	雇木工Ｓ 雇正丁Ｓ 雇小子Ｓ 雇木工Ｓ 雇正丁Ｓ 雇小子Ｓ 仕丁			
	8／10							
	8／19							
	8／23							
	9／5			20	雇画師Ｓ（可報自主典所）			
	9／19			6860 120 54 2385 3320	桴工功食Ｓ 材領漕舎人食料Ｓ 宇治雇夫功食Ｓ 漕主典私材功食Ｓ 漕東塔所材功食Ｓ			
	10／6			30	愛智郡米領粮料Ｓ			
7	1／30							

備考：Ｓは借用を示す。

二百八十九文雇工十九人功三人別十七文 十四人別十五文　二人別十四文
三貫三百卅文雇夫
七十五文雇女十五人功人別五文
右、正月并二月上旬以往雇工并夫及雇女等功如件、（4ノ534）

c「買材など」は材木等の購入記載である。材木以外に、建築資材である桧皮・藁もここに含めている。

（天平宝字六年六月）十九日下銭捌拾文六十文仕丁等月料薪直之 廿文雑用内
新銭二文坂上舎人各出之銭
右、買桧皮八囲直、借用如件、
又下銭貳伯柒拾文以十六日下『未來』
右、買藁直料、借用経所仕丁等功銭内之、（15ノ448）

d「買雑物」、e「その他」は、それ以外のさまざまな物品の購入に関する記載である。

五年十二月廿七日下銭壹伯玖拾肆文
六十二文幣帛価玉卅二丸直四文 色紙二枚直四文　鈴一口直八文 五色各五尺直卅文　鏡一面直六文　已上山作神祭領充
卅五文紙五十張直　五十文墨廿挺二直中品二挺 下品廿挺
卅五文墨縄七丈二尺直　十二文鹿毛筆六管直
右、山作所神并祭雑用料買物等価、下用如件、（4ノ532～533）

これらを秋季告朔と比較しつつ、購入品目ごとに整理し直して、表4を作成した。それによると、両者共通して見えるものがあるのは当然のことであるが、購入品目によっては「造寺料銭用帳」のみに見えて秋季告朔には見えないもの、その反対のものがあることがわかる。つまり両者が食い違いを見せている。両者の記載をよく検討する必要がある。

まず、容器類等については、秋季告朔では鉄釜の購入が記録されている。これは鉄製品の流通を示す注目す

表４　「造寺料銭用帳」と秋季告朔の比較

容器など	麻笥、明樻、折樻、杓、竈戸、瓫、堝、片杯、陶片杯、土片杯、箕、槽、土盤	共通
	小笥、片椀、木升、鎌、川船、窪杯	銭用帳独自
	鉄釜	秋季告朔独自
資材	幣帛、紙、墨縄、綿、桧皮、鹿毛筆、墨、漆、租布、俵縄、藁、凡紙	共通
	裳	銭用帳独自
	白綿、貲布	秋季告朔独自
食料	若滑海藻、粉酒、塩、海藻、水葱、茄子、黒米、白米	共通
	小豆、葉芹、糟、蕨、白酒、菓子、大豆、大角豆、瓜	銭用帳独自
	葅	秋季告朔独自

べき現象である。ところが、「造寺料銭用帳」では、鉄釜の購入は記載がない。そのかわり鎌の購入が記されている。これによれば、やはりある程度の鉄製品の流通は想定できるかと思う。

食料については、「造寺料銭用帳」にのみ見えるものが多いことが注意される。これは、秋季告朔が品目をかなり整理したためと考えられる。実際にはかなりいろいろな食物を購入していたことがわかる。「造寺料銭用帳」にのみ見えるものは、小豆、葉芹、糟、蕨、白酒、菓子、大豆、大角豆、瓜である。これによると、造石山寺所は秋季告朔以上に、さまざまな生鮮食品を大量に買っているとみられるのである。このようなことが可能なのは、売り手が石山付近にいたことを意味する。

2　費目の流用

しかし、この帳簿でもっとも注目すべきことは、費目の流用が行われていることである。この銭用帳では天平宝字六年六月十九日条から費目の流用が見えてくる。つぎにその例を挙げたい。

十九日下銭捌拾文六十文仕丁等月料薪直之 廿文雑用内　新銭二文坂上舎人各出之銭

右、買桧皮八囲直、借用如件、

又下銭貳伯柒拾文以十六日下

右、買藁直料、借用*経所仕丁〈「未來」〉等功銭内之、
又下銭壹伯〈拾〉伍文穂積川内之銭内
右、雑材運収木工并仕丁給料粉酒一斗〈一升〉買直、借用如件、
廿日下銭参拾参文経所仕丁功料内
右、買粉酒三升直、借用如件、
廿六日下銭肆伯文　〈銅工功内〉桧皮卌囲買価別十文
右、自田上材買運如件使丸部男公

これによると、六月十九日には、桧皮八囲が購入されているが、その代金八〇文のうち六〇文は「仕丁等月料薪直」すなわち仕丁が毎月使用する薪のための代金があてられ、二〇文は「雑用」という財源の銭貨をあてている。また六月二十日条を見ると、粉酒三升の代金三三文を支出しているが、これには「経所仕丁功料内」という注記がある。この「経所」は、造営工事と並行して行なわれた大般若経の写経事業を担当する別の部局で、財政的にも区別される。したがって、この注記は、費目の流用が行われたことを示している。「仕丁」に対する給料として計上されているものを造石山寺所で粉酒を買うために使ったのである。

このような費目の流用を整理したのが、表5である。いちばん上の欄にどの費目を流用したか整理している。b「経所仕丁功銭」などは、微妙に異なる表現で見える。同じくc経所の白米、e雑用、h銅工に対する給料などが流用されたことがわかる。これらの費用が、桧皮や海藻、滑海藻、堝などを買う費用に転用されているのである。

これについて留意すべきは、第一に、この銭用帳では天平宝字五年十二月二十四日から銭の支出が記録されはじめるが、流用の最初は同六年五月十五日である。流用が集中するのは六月十九日以降で、このころになると造石山寺所内で銭が逼迫していたらしい。

第二に、表5によると、流用費目と使用目的の間には対応関係はない。要するに、流用するということだけが問題で、いったん流用するとなれば、何にでも使用されている。また、経所仕丁功や銅工の功などは、比較的早くから使われ始めている。これは給料であるから、最初から銭で用意されているので、すぐ流用しやすい。それに対して「経料白米売価」は約一か月遅れて流用が始まっている。

この差の原因は、現金で用意されているものはすぐ流用できるが、米はいったんそれを売って換金し、それで流用せねばならなかったところにある。この一か月ほどの差は、おそらく写経所用の米を売却して銭貨に換えている期間と考えられる。したがって、六月前半ころからいっせいにさまざまな費目の流用が開始されたと見てよいであろう。また、米の流用を以上のように考えると、石山周辺に米を換金できるような環境が形成されていることが、この流用が可能となる前提になっている。

表5からは、写経所関係の財源がかなり流用されていることがわかる。ところがこの時期、写経所ではまだ写経事業が継続していた。流用の理由は、もちろん造営工事側の米や諸物資、給料に支給する財源の不足にあることは明らかである。そこで、すぐ横で並行して行われている写経事業から財源を一時転用したのである。

このような流用によって、写経事業がどのような影響を受けたのか、さらに掘り下げたい。

三　「米売価銭用帳」の分析

1　米売価による米購入

この点を考えるために「米売価銭用帳」に注目したい（5ノ266～270、続修後集11(1)(2)）。この帳簿は、今まで見てきた造石山寺所側の帳簿ではなく、写経所側の帳簿である。写経所側で現物の米を売却して銭貨に換え諸物

流用内訳

e	f	g	h	i
雑用	自主典宅 来木工功	穂積河内 之銭 穂積河内 進銭	銅工功	奈良 雑用料
20桧皮		115粉酒		
			400桧皮	
653塩			270葺桧皮様工 15滑海藻 4堝	
			170藁	
		6 和炭		
70粉酒				
113酒				
100遷遣 52藁				
40病臥木工頓給				

表5　造寺料銭用帳の

月日	a	b	c	d
	仕丁等 月料 薪直	経所仕丁功銭 経所仕丁為雇夫功 経所仕丁雇功 経所雇夫功 経所仕丁功 経所雇人功	経料白米売価 経所白米価 経所米売価 経米売 経所米売 経料米沽	愛智郡米
5／15				600川船
6／19	60桧皮	270藁		
6／20		33粉酒		
6／26				
6／27				
7／1				
7／3				
7／7		30菓子等 60粉酒		
7／13		50雇夫功		
7／16		20遣使道間粮 50愛智郡遣道間粮 10墨壺		
7／18		180藁 77粉酒 43粉酒		
7／20			2278黒米 12下品墨	
上の内訳			240	2050
7／21		43俵縄	1000為漕信楽殿	
7／22		100藁 73俵縄		
7／23				
7／27			1680白米 1035黒米	

256	232			
80租布 40凡紙				
126仕丁給料				
20雇夫功料（可報自主典所） 50買田上田直（可報自主典所）				
				8000
			30愛智郡米領道間粮	

を記した。

			630黒米 28白米	
8／8			907白米 555黒米 4200桴工功食（可除） 60津祭料（可除）	
8／9		272雇木工功 1048雇正丁功 220雇小子		
上の内訳		60	992	
8／9		817雇木工功 869雇正丁 224雇小子		
上の内訳		182	1728	
8／9			936雇役経所仕丁功	
8／10			408黒米	
8／19		280黒米		
8／23				
9／5				
9／19			6860桴工功食 60桴工等津神祭料 120材領漕舎人食料 54雇夫功食 2385漕主典私材功食 3320漕東塔所材功食 581借請	
上の内訳			4260	
10／6				

備考：複数種類の物品等の購入代金と、その流用財源の内訳とが異なる場合は、「上の内訳」欄に、財源ごとの内訳

品を購入したことを記録した帳簿である。冒頭に「第二杙」（第二帳）とあるので、第一帳があったはずであるが現存していない。したがって、八月十日以後の部分しか情報が残っていない。その冒頭部分はつぎのようである。全体を整理したのが、表6である。

米売価銭用帳　　第二杙
八月十日下銭壹貫陸伯文　米伍斛価料俵別百六十文
右、限十月内、岡田村夫王広嶋并妻丹比須弖刀自、充
件米価、下給如件、在手実継文、
主典安都宿祢　　領　上馬養　下道主

表6上段の「下銭」欄は銭の支給を記したもので、その金額とその銭貨がどの財源から支出されたか（「財源」欄）を記している。たとえば八月二十八日条を例にとると、米と糯米の財源を用いて、常食料の白米二斛五斗を購入している。用意された財源は、米・糯米・大豆・小豆などの代金であった。次に「支出欄」は、購入した品物をあげている。そのほとんどが米であるが、鉄足釜、末醤・塩も購入されている。

この史料で注目すべきは、購入代金の性格である。この帳簿が「米売価銭用帳」であることからすると、用意された米・糯米・大豆・小豆などの代金のうち、少なくとも米については、米の現物を売却して得た銭貨であったことになる。他の大豆・小豆などについてもおそらく同様であろう。

この点はきわめて興味深い。米やそれ以外の物品を売却して銭貨に換え、その銭貨でまた米を買ったことになる。つまり、米を買うために米やその他を売却したわけである。なぜそのようなことを行ったのか、その理由を明らかにするためには、はじめに米等を売却したときの価格が一例でもわかればよいのだが、管見の限りでは不明である。したがって確言はできないが、利ざやを稼いでいる可能性が高いのではないか。

表6　米売価銭用帳

	下銭		支出					
			米			その他	附	借給
月日	下銭	財源	白米	黒米	説明			
8／10	1600		米5斛					
8／12	2550		2石5斗1850	1石550	経師等并仕丁食料	150鉄足釜1口		
	100							阿刀乙麻呂9／14上納50文
8／15	820	560小豆2斛直 260大豆1斛直					橘守金弓	
8／16	2000		米買価入				猪名部枚虫	
8／22	625		5斗325	5斗300	経師并仕丁等常食料			
8／24	660		1斛660		経師等食料			
8／28	1700	1000米直 700糯米直	2斛5斗		常食料			
	16	糯米直						借用勝屋主
9／5	2000	1875大豆直 125糯米直	買米料				猪名部枚虫	
9／7	370		5斗		常食料			
	300	300糯米直		5斗				
9／9	350	50糯米直	5斗		常食料			
9／14	1800	小豆直		3斛	常食料			
9／16	437	50米直 387小豆直	6斗3升		常食料			
9／24	600	糯価内銭		1斛	仕丁等食料			
11／22	8	人々食物代				末醤・塩		
11／29	2000						1036葛木大夫所 964上馬甘布直 即借用別当	
11／30	947	知識之					勝家主	
12／21	260					大般若経2巻		

2　勢多荘の関与

もう一つ注目すべき点は、猪名部枚虫という人物に対して二回にわたって二貫ずつの銭を支給していることである。八月十六日条と九月五日条である。後者には、その目的を「買米料」と明記している。これから見て、前者の「米買価入」も同様の意味であろう。すなわち、猪名部枚虫は銭貨を受けとって米を購入しているのである。このことは、猪名部枚虫が勢多荘の領であることに注意すると、まことに興味深い意味をもつことになる。すなわち、米の入手に勢多荘という荘組織が動いていたことになるからである。

勢多荘[21]は、造東大寺司の荘であって、造石山寺所とは上下関係にはない。名称から見て、勢多地域にあった荘で、場所は特定できないが、おそらく先述の市のすぐ近くにあったであろう。そうすると、造石山寺所は勢多荘という別の組織まで動員して米の購入をさせていたことが浮かび上がってくる。

次にもう一つ重要な点は、「米売価銭用帳」の中に、給料の支出項目が一つもないことである。また、造石山寺所側の「造寺料銭用帳」の記載と一致しない。表3の「造寺料銭用帳」とこの「米売価銭用帳」とは別の支出帳簿なのである。支出帳簿は二つあり、両者は重ならない。つまり、財源が別なのである。

表6の「米売価銭用帳」は、写経所の財源を売却して銭貨に換え、写経事業の費用にあてて使った部分の帳簿であり、表3の「造寺料銭用帳」は、造営工事に関する支出帳簿なのである。つまり、表3と表6の両方を併せたものが、この造営工事ならびにそれにともなう写経事業の支出の全体に近いのであろう。

四　「雑物収納帳」の分析

1　銭貨の供給元

これまで、銭貨の支出面に重点を置いて検討してきたが、つぎに、その財源に注目したい。造石山寺所の造営工事資金は、どこから供給されたのであろうか。

それに関わる史料が「雑物収納帳」（4ノ537～539、続々修43ノ14全）である。これは、おそらくもっと長い帳簿であったと思われるが、残念ながらごく一部分しか残存していない。その冒頭部分を例示する。この帳簿を整理したのが、表7である。

雑物収納帳造寺料請者　　　天平宝字五六年
十二月廿八日収納銭参拾貫　鍬伍拾口　鉄伍拾挺重
海藻壱伯斤　滑海藻壱伯（斤脱カ）　醤壱斗
酢壱斗　末醤参斗　酢滓伍斗　葅玖斗　麻笥弐口
大笥弐拾合　折櫃伍合　明櫃弐合　杓弐柄　木盤参拾枚
片杯拾口　畳五枚二枚折薦三枚葉薦　折薦捌枚　葛野蓆捌枚
右、自奈良寺政所、附波多稲（村脱カ）、請来検納如件、
主典安都宿祢雄足　　下道主

この「雑物収納帳」の記載は、さまざまな物品を造石山寺所が受け取った記録である。銭貨や食料、また食料以外の物品などを受け取ったことを日付順に記入している。そして、注目すべきは、それらの物品がそれぞれどこから造石山寺所に対して供給されたかということが記されていることである。表7に整理したように、「奈良寺政所」「上院」「奈良寺」「奈良寺司」などである。

では、これらはいったい何なのであろうか。「奈良寺」とは東大寺そのものとも考えられるし、造東大寺司

表 7　雑物収納帳

日付	支給元	銭（貫）	食料以外	食　料
12／28	奈良寺政所	30	鍬50口 鉄50挺 麻笥２口 大笥20合 折櫃５合 明櫃２合 杓２柄 木盤30枚 片杯10口 畳５枚 折薦８枚 葛野蓆８枚	海藻100斤 滑海藻100斤 醤１斗 酢１斗 末醤３斗 酢滓５斗 葅９斗
１／16	上院	20		
１／20	上院	10		
１／26	奈良寺司			末醤３斗 酢滓７斗 葅１斛 酢１斗 醤１斗
２／１	愛智郡宝字５年料便折留奈良寺		廼３口	庸米45斛３斗 葅１斛
２／26	奈良寺	20		黒米10斛

を略して「奈良寺」や「奈良寺司」などと表現しているとも考えられる。したがって、どこから銭貨・物資が供給されたかは、これだけでは簡単にはわからない。他の史料と合わせて考えていく必要がある。

2　上院からの供給

先に指摘した「造石山寺所公文案帳」の中には、つぎの二つの史料が含まれている（(1)15ノ138、(2)15ノ139、ともに続々修18ノ3①(1)）。

(1)造石山寺所解　申請借銭事

合銭弐拾貫　（異筆、以下同ジ）「如員請来自上寺」

右、為買漆、借所請如件、以解、

天平宝字六年正月十六日領下

主典安都宿祢

(2)造寺所解　申請銭事

合壱拾貫　「如員請来〔自〕上寺」

右、為買漆、所請如件、以解、

天平宝字六年正月廿日下

主典安都宿祢

この(1)(2)は、一月十六日と同二十日に造石山寺所が造東大寺司に銭貨を請求した解の控えである。そこで注意すべきは、「如員請来自上寺」という異筆書き込みである。これは、請求に対して「上寺」から請求額の銭貨を造石山寺所が受けとったという意味である。この日付と金額が「雑物収納帳」の両日条と合致する。

そこで両者を比較すると、(1)(2)の「上寺」が「雑物収納帳」の「上院」と対応することがわかる。上院という呼称は、現在でも東大寺で使用されており、二月堂、三月堂の一帯を指す言葉である。

そうすると、この「上院」は東大寺という寺院の一部であることになり、奇妙なことになる。(1)は、造石山寺所の解であるから、職制上は造東大寺司に宛てて出したものである。ところがそれに対して、東大寺という別組織から銭貨が送られたことになる。「雑物収納帳」や表7の「上院」が以上であるとすると、「奈良寺」や「奈良寺政所」も同様である可能性がある。

造石山寺所には造東大寺司と東大寺の両方から銭貨が供給されている。両方から財源としての銭貨が造営工事現場に送り込まれている。それを受けて、先ほどのような銭貨の展開があるということになる。

五　山作所と銭貨

1　告朔解案

石山寺の増改築工事には、前述のように、田上山作所と甲賀山作所の二つの山作所（杣）が関係していた。それぞれの現地事務所からは、約一か月ごとに告朔解という業務報告が、その上級官庁である造石山寺所に対して提出されていた。この業務報告書の控えが現存している（「田上山作所解〈田上山作所告朔〉」15ノ344〜348＋5ノ77〜83、続修後集32＋続修別集31）。そのうち、銭貨の収支部分のみをつぎに例示する（朱圏点省略）。また、それをまとめたものが表8である。

「鎰懸」
山作所解　申正月告朔事

合請銭伍貫文

用四貫七百十七文
七百廿一文雇工卌一人功廿八人別十八文 十二人別十七文
一貫三百六十文様工八十人功人別十七文
二貫二百四文雇夫百卌六人功卌一人別十六文 廿七人別十四文　七十八人別十五文
四文買鹿毛筆二管直管別二 文　五文買紙十張直文別二張
四文買幣帛二枚直枚別二文　二文買墨一挺直
十二文買麻筍二口直大一口八文 小一口四文　九文買小筍三合直合別三文
六文買堝二口直口別三文　卅文買墨壺緒一条長三丈
三百六十文買粉酒四斗直升別九文
残二百八十三文
（中略）
以前、起正月十六日迄卅日、請雑物并所用、及作材等、顕注如件、以解、
天平宝字六年正月卅日領阿刀乙麻呂
右大舎人少初位上玉作造子綿

表8の「受け取り」欄は、両山作所が受けとった金額とその月日を示し、「支出」欄は、その銭貨の使途を表示している。

これによると、いくつか注目すべき点がある。まず第一に、銭貨の受け取りについて、田上山作所と甲賀山作所では少し様相が違う。すなわち、銭貨がどこから供給されているか、という点に注目すると、田上山作所は、供給元を記していないが、すべて造石山寺所から支給されたものと見られる。

これに対して甲賀山作所では、「荘より請く」「石山寺政所から請く」とある。後者は、そのままだと石山寺

支出															残
麻笥	小笥	堝	墨壺緒	粉酒	米	黒米	塩	菹	槽	櫃	折櫃	釜	桧皮	海藻	
12	9	6	30	360											283
															1087
															248
															199
11	4			32		11268	387	49	30	17	17	800	1239		271
				160	990		60							40	536

表８　田上山作所と甲賀山作所の銭貨収支

<table>
<tr><th rowspan="3">山作所の別</th><th rowspan="3">月日</th><th colspan="2" rowspan="2">受け取り</th><th colspan="10"></th></tr>
<tr><th colspan="4">功</th><th rowspan="2">雇車</th><th rowspan="2">紙</th><th rowspan="2">凡紙</th><th rowspan="2">鹿毛筆</th><th rowspan="2">墨</th><th rowspan="2">幣帛</th></tr>
<tr><th>日付</th><th>請銭</th><th>雇工</th><th>工</th><th>様工</th><th>雇夫</th></tr>
<tr><td rowspan="12">田上山作所</td><td>1／16～1／30</td><td></td><td>5000</td><td>721</td><td></td><td>1360</td><td>2204</td><td></td><td>5</td><td></td><td>4</td><td>2</td><td>4</td></tr>
<tr><td rowspan="4">2／1～2／30</td><td>2／2</td><td>3000</td><td rowspan="4"></td><td rowspan="4">3196</td><td rowspan="4"></td><td rowspan="4">5980</td><td rowspan="4"></td><td rowspan="4"></td><td rowspan="4">20</td><td rowspan="4"></td><td rowspan="4"></td><td rowspan="4"></td></tr>
<tr><td>2／18</td><td>3000</td></tr>
<tr><td>2／28</td><td>2000</td></tr>
<tr><td>3／2</td><td>2000</td></tr>
<tr><td rowspan="3">3／1～3／25</td><td>3／9</td><td>4000</td><td rowspan="3">3587</td><td rowspan="3"></td><td rowspan="3"></td><td rowspan="3">8252</td><td rowspan="3"></td><td rowspan="3"></td><td rowspan="3">20</td><td rowspan="3"></td><td rowspan="3"></td><td rowspan="3"></td></tr>
<tr><td>3／20</td><td>2000</td></tr>
<tr><td>3／24</td><td>5000</td></tr>
<tr><td rowspan="4">3／25～5／18</td><td>3／30</td><td>3000</td><td rowspan="4">5083</td><td rowspan="4"></td><td rowspan="4"></td><td rowspan="4">5266</td><td rowspan="4"></td><td rowspan="4"></td><td rowspan="4"></td><td rowspan="4"></td><td rowspan="4"></td><td rowspan="4"></td></tr>
<tr><td>4／15</td><td>2000</td></tr>
<tr><td>5／2</td><td>5000</td></tr>
<tr><td>5／10</td><td>300</td></tr>
<tr><td rowspan="4">甲賀山作所</td><td rowspan="2">12／22～1／14</td><td>12／19</td><td>6000
自荘請</td><td rowspan="2">865</td><td rowspan="2">255</td><td rowspan="2"></td><td rowspan="2">610</td><td rowspan="2"></td><td rowspan="2"></td><td rowspan="2">10</td><td rowspan="2"></td><td rowspan="2"></td><td rowspan="2"></td></tr>
<tr><td>1／1</td><td>9000
自荘請</td></tr>
<tr><td rowspan="2">3／13～4／25</td><td>3／13</td><td>4000
自石山寺政所請</td><td rowspan="2"></td><td rowspan="2"></td><td rowspan="2">2557</td><td rowspan="2">2772</td><td rowspan="2">1255</td><td rowspan="2"></td><td rowspan="2">12</td><td rowspan="2"></td><td rowspan="2"></td><td rowspan="2"></td></tr>
<tr><td>3／23</td><td>4000</td></tr>
</table>

という寺院の寺務所の意味になってしまうので、造石山寺所政所という意味だと考えられる。それよりも注目すべきは前者である。この「荘」とは、前述の勢多荘を指すと見てよかろう。すなわち、甲賀山作所に対して、勢多荘から銭貨が供給されているのである。

前述のように、勢多荘に対しては、銭貨を支給して米の購入を行わせていたが、この場合は逆に、勢多荘から銭貨が供給されているのである。したがって、勢多荘には銭貨が存在している。その銭貨は勢多荘が何かを売却して入手したものであろう。勢多荘では、おそらく勢多橋のたもとにあった市と関わりを持って、物品の売買をさかんに行っている状態が想定できるのではないか。

第二に、銭貨の使途に注目すると、「功」すなわち雇工以下の給料に支給する部分が多くを占めている。田上山作所では、それ以外では、一月をのぞいてあまり物品を購入していない。それに対して甲賀山作所のほうがいろいろな物を買っているし、量も多い。甲賀山作所の正確な所在地は不明であるが、石山から離れた甲賀郡の野洲川流域と考えられている。このような地域で、銭貨によって物品の購入が行われていることに注意したい。

2　雑材并桧皮和炭納帳

つぎに、山作所と銭貨の関係について、「雑材并桧皮和炭納帳」(22)に注目したい。これは、造石山寺所が桧皮・雑材・和炭を収納したことを記録した帳簿である（冒頭部分のみ示す。15ノ260～261、続々修45ノ3①(1)）。ここで注目すべきは、入手方法を「買」と記している場合で、榲榑、桧皮、和炭の三種についてみえる。そこで、この三品目について記載を整理したのが、表9である。

雑材并桧皮納帳　　宝字六年

正月十五日収納榲榑二百九十六材

表9　雑材并桧皮和炭納帳における榲榑・桧皮・和炭

月日	榲榑		桧皮		和炭	
	材数	注記	囲数	注記	量	注記
1／15	296	高嶋買				
2／5	273 205	高嶋山買 伊賀山買				
2／9			55 6	三雲山買 田上山作所		
2／11			5	田上山作所		
2／19			28.5	田上山作所		
2／20			23	田上山作所		
2／21			42	田上山作所		
2／22			63	田上山作所		
2／23			60	田上山作所		
2／24			47	田上山作所		
2／25			27	田上山作所		
2／26			28	田上山作所		
2／27			3	田上山作所		
2／28			22	田上山作所		
2／29			32	田上山作所		
2／30			2	田上山作所		
3／1			9	田上山作所		
3／6	205	高嶋山買				
3／9					49斛4斗	焼炭
3／10			12	買		
3／16			2 3 5	田上山作所 田上山作所 様		
3／17					1斛6斗	額田部馬麻呂焼進
3／18					1斛2斗	額田部馬麻呂焼進
3／19			2	田上山作所	1斛5斗	額田部馬麻呂焼進
3／21			83	様		
3／22			36	田上山作所		
3／23			23	田上山作所		
3／24			36 5	田上大石山様 買		
3／25			30	大石山様		
3／26			12 66	田上山作所 大石山様		
3／27			23	田上山作所		

3／28			4	田上山作所		
3／30			3 36	田上山作所 大石山様		
4／1			8	田上山作所		
4／2	84	勝屋主所	18 48	田上山作所 大石山様	1斛1斗	額田部馬麻呂進
4／4			3	田上山作所		
4／6					1斛4斗	額田部馬麻呂焼進
4／7			24	田上山作所		
4／8			37	田上山作所		
4／9					1斛4斗	額田部馬麻呂進
4／10			21	田上山作所	1斛4斗5升	額田部馬麻呂焼進
4／11			95	秦足人買、船、一所遣	1斛2斗	額田部馬麻呂焼進
4／12					1斛	額田部馬麻呂焼進
4／17					2斛8斗 2斛	額田部馬麻呂焼進 額田部馬麻呂焼進
4／19			12	田上山作所	2斛3斗 1斛4斗	額田部馬麻呂焼進 額田部馬麻呂進
4／22					1斛5斗	額田部馬麻呂焼進
4／23			27 26	買秦足人、一所遣、自大石山 田上山作所	1斛3斗	額田部馬麻呂焼進
4／24			103	自大石山秦足人買、一所遣		
4／25			100	自大石山秦足人買、一所遣、船	1斛6斗	額田部馬麻呂焼進
4／26			6	田上山作所		
4／28			88	自大石山秦足人買、一所遣 『惣秦足人買進桧皮414囲 右、自大石山買進上、日毎納抜出一所、収納如件、但依継納除勾之』		
5／12			11.5	田上山作所		
5／23	694	高嶋勝屋主				
6／6					1斛	箭作真足焼進
6／7					1斛5斗	箭作真足焼進
6／9					1斛4斗	箭作真足焼進
6／12					1斛6斗	箭作真足焼進
6／20			8	買		
7／3					4斗	買
7／11					1斛6斗	仕丁令焼
7／13					4斛8斗	令焼仕丁広嶋
7／22					1斛5斗	

右、自高嶋買、勝屋主進上、依員検納如件、

主典安都宿祢

これによると、榲榑は高嶋山・伊賀山で「買」されたことが明記されている。四月二日条と五月二十三日条にはともに勝屋主とあるが、いずれも高嶋山に関するものである。これらには「買」の文字は見えないが、省略されたものであろう。高嶋山は、現在琵琶湖西岸の高島郡にあった杣である。(23)かなり北方で榲榑が購入されていることに注目したい。

つぎに、桧皮については、三雲山・田上山・大石山が関係している。このうち田上山からのものは、すべて「買」の記載はなく、採取されて納入されたものと考えられる。これに対して、三雲山と大石山では、様相が異なっている。

まず三雲山で注目すべきは、二月九日条に、購入されたことが明記されていることである。三雲山はおそらく甲賀山作所の近くに存在したと思われる。現在でも、野洲川沿いに三雲という地名がある。甲賀の山で切り出した材木は、野洲川の川津である三雲津まで運び出され、そこで筏に組まれ野洲川を流し下され、琵琶湖から石山に運ばれた。このような要地には、おそらく市が立っていたと推定される。先ほど、甲賀山作所では、いろいろな物品を購入していることを指摘したが、その場合、三雲の果たした役割は大きかったのではなかろうか。

また、四月十一日条以降、五回にわたって秦足人という人物が桧皮を「買」ったことが記されている。このうち、四月二十四、二十五、二十八日条については大石山で「買」ったことが記されているが、四月十一、二十三日条にはそのことが記されていない。しかし、四月二十八日条の朱筆注記によって、これらも大石山で「買」われたことがわかる。

先に、大石山では、桧皮が購入される場合と採取される場合の両方があったことを指摘したが、前者が以上

の秦足人による購入に相当するのである。後者は、つぎの「造石山寺所雑様手実」（15ノ358、続修別集34(2)）にあるように、様工集団によって採取されたものである。

　謹解　申東大寺様桧皮取進上事
　　合参人　　一人単日別参円（囲）
　羽栗臣大山　　　羽栗臣黒麻呂
　猪使宿祢広成
右件参人、生死同心、取成将進
上、若過期逃亡、残人依員進上
申、仍具注状、謹解、＊「夫五十人」
　　　天平宝字六年三月十日
　　　　　　　　□（長カ）羽栗臣大山
　　　　　　　　猪使広成
　　　　　　　　相知秦足人
『採桧皮百五十囲』

つぎに和炭は、額田部馬麻呂・箭作真足・仕丁などによって焼進されるのが原則であるが、七月三日条の一例だけが「買」われている。

むすび

本章では、正倉院文書の中の造石山寺所関係文書を用いて、この造営工事を推進するにあたって、銭貨がど

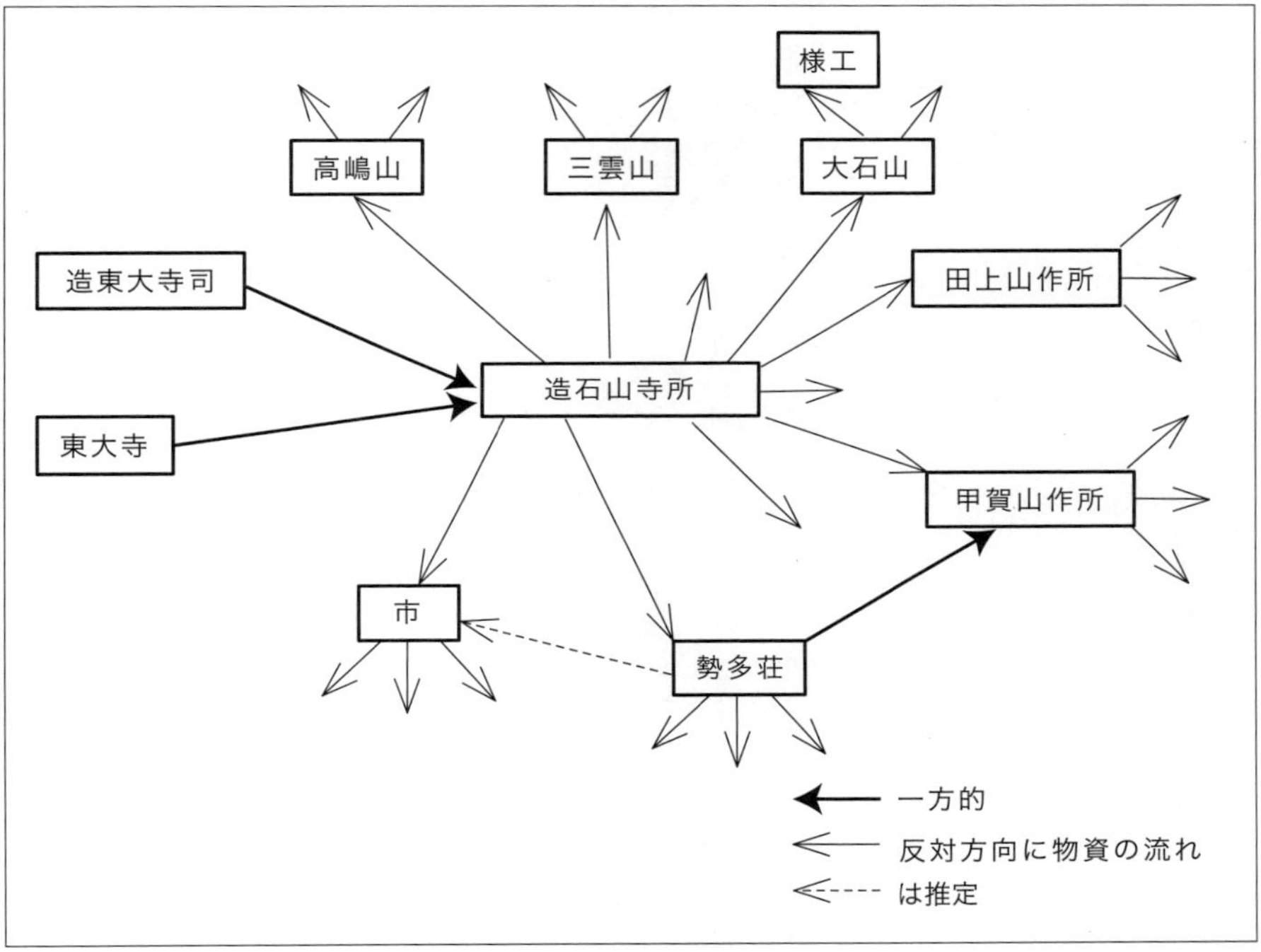

図3　銭貨の流れ

のように使用されたのかを検討してきた。その内容を整理すると、図3になる。

石山寺の増改築工事に伴って、石山寺周辺でさまざまな物品、人の移動が起きた。それに伴って、大量の物品の売買が多品目に及んでいる。それらの物品の売買は、証明できない場合もあるが、わかる限りではすべて銭貨によっている。銭貨による売買が行われ場所は、高嶋、三雲、甲賀山作所のような石山から離れた場所でも行われていたことが確認できる。八世紀中ごろの近江では、琵琶湖南岸から石山だけではなく、少し離れた地域でもけっこう銭貨による売買が行われていたと考えられる。もちろん、その中心は造石山寺所のあった石山周辺であり、そこには市があり、おそらく近くに勢多荘があった。

造石山寺所における売買と同時に、勢多荘でも盛んに売買が行われ、造石山寺所と銭貨や物品のやりとりをしながら、場合によっては、直接山作所に銭貨を供給したりしていた。勢多荘の活動については、造石山寺所関係文書からしかうかがえないが、同荘が銭貨による流通経済に重要な役割を果たしていた可能性は高いと思われる。

図3は、銭貨の流れだけを示したもので、物品の流れは現していない。太い実線は銭貨が一方的に供給されただけの場合を示す。つまり造東大寺司や東大寺からは、造石山寺所に銭貨が供給されているだけであり、その見返りに何か物品が入ってくることはない。それに対して、細い線は売買の場合を示している。銭貨の流れと逆方向に物資の移動があるということになる。売買はさまざまな形で行われていた。市に買いに行ったり、山作所に銭貨を下ろして山作所に買わせて、その物品が入ってくるなど、複雑な流れをとっている。

市と勢多荘とは結びつきがある可能性はきわめて高い。しかし、史料的に押さえられないので、実線を入れていない。勢多荘、造石山寺所、市の三つがトライアングルのようになって、琵琶湖南岸地域の銭貨流通の要になっていたと考えられる。この琵琶湖南岸地域から、高嶋・三雲・甲賀その他の地域にも銭貨が普及していった。近江国は銭の出土例が非常に多い。畿外で近江国の出土例に匹敵する国はない。その出土例の多さの背景に、このような銭貨の流れがあったと見てよい。

〔注〕

（1）福山敏男「奈良朝に於ける石山寺の造営」（『日本建築史の研究』桑名文星堂、一九四三年十月）。

（2）岡藤良敬『日本古代造営史料の復原研究—造石山寺所関係文書—』法政大学出版局、一九八五年三月、同「造石山寺所関係文書・史料編」（『福岡大学研究所報（人文科学）』一〇〇、一九八七年三月）。

（3）造石山寺所関係文書の研究は、福山敏男・岡藤良敬の二先駆者の後を受けて、山本幸男によってさらに進められている。「造石山寺所の帳簿に使用された反故文書」（皆川完一編『古代中世史料学研究』上、吉川弘文館、一九九八年十月）、同「造石山寺所の帳簿（上）～（下）—筆蹟の観察と記帳作業の検討—」（『相愛大学研究論集』一四—一、一四—二、

一五—一、一九九七年十二月～一九九八年十月）。

（4）直木孝次郎「様工に関する一考察」（『続日本紀研究』九—一二、一九六二年十二月）、同「様工と浮浪」（『続日本紀研究』一〇—二・三、一九六三年三月）、浅香年木「様工とその長に関する一考察」（『史元』五、一九六七年十一月）、米倉久子「様工試論—羽栗大山等の仕事を中心に—」（『福岡大学大学院論集』二六—一、一九九四年八月）。

（5）彌永貞三「仕丁の研究」（『史学雑誌』六〇—四、一九五一年四月）、田中仁「石山寺造営における雇傭労働力について」（『史朋』一〇、一九七五年三月）、櫛木謙周「律令制下における役丁資養制度—仕丁・衛士を中心に—」（『富山大学人文学部紀要』八、一九八四年二月）。

（6）松原弘宣「奈良時代における材木運漕—宇治司所と信楽殿壊運所を中心にして—」（『続日本紀研究』一八四、一九七六年四月）、松平年一「石山院用材運漕に活躍する桴師」（『日本歴史』三四二、吉川弘文館、一九七六年十一月）、岡藤良敬「信楽板殿壊運漕の経過と経費」（『福岡大学人文論叢』二五—三、一九九三年十一月、同「信楽板殿関係史料の検討—壊運漕費の「残務整理」—」（皆川完一編『古代中世史料学研究』上、吉川弘文館、一九九八年十月）、大橋信彌「信楽殿壊運所について—天平末年の石山寺造営の背景—」（佐伯有清先生古稀記念会編『日本古代の祭祀と仏教』吉川弘文館、一九九五年三月）。

（7）森田悌「古代の車についての小考」（『続日本紀研究』一六五、一九七三年二月）。

（8）斉藤孝「孝謙太上天皇勅願鏡について」（『史泉』一六・一七、一九五九年十二月）、中野政樹「正倉院文書「東大寺鋳鏡用度注文案」について㈠㈡」（『MUSEUM』一九〇、一九二、一九六七年一月、三月）。

（9）西洋子「造石山寺所解移牒符案の復原について—近江国愛智郡司東大寺封租米進上解案をめぐって—」（関晃先生古稀記念会編『律令国家の構造』吉川弘文館、一九八九年一月）、北條秀樹「愛智郡封租米輸納をめぐる社会構成」（『日本歴史』三三一、一九七五年十二月）。

（10）栄原永遠男「奉写大般若経所の写経事業と財政」（『奈良時代写経史研究』塙書房、二〇〇三年、もと『追手門学院大学文学部紀要』一四、一九八〇年十二月）、横田拓実「奈良時代における石山寺の造営と大般若経書写」（石山寺文化財綜合調査団編『石山寺の研究』一切経編、法蔵館、一九七八年三月）。

（11）松原弘宣「東大寺領勢多庄をめぐって」（『日本歴史』三四四、一九七七年一月）、鷺森浩幸「八世紀の流通経済と王権—難波と勢多—」（荒木敏夫編『古代王権と交流』五、名著出版、一九九四年十二月)。
(12) 注(1)論文「第一八図　石山寺造営に関する略地図」を補筆修正。
(13) この帳簿は、多くの断簡に分離しており、それぞれ「造石山院所用度帳」「造石山寺料銭用帳」「造石山院所解案」「造石山院所解」等の名称が付けられている。その復元については、岡藤注(2)著書による。
(14) 大橋信彌「甲賀山作所とその川津」(『続日本紀研究』二七八、一九九二年二月)、筒井迪夫「奈良時代における山作所の管理と労働組織」(『東京大学農学部演習林報告』四八、一九五五年三月)、「平安時代における奈良時代山作所の変質と鎌倉初期における周防杣の成立と活動」(『東京大学農学部演習林報告』五〇、一九五五年十月)、大日方克己「造石山寺所と儀礼・祭祀・年中行事」(『日本歴史』四六七、一九八七年四月)。
(15) 造石山寺所の官司としての性格については、鷺森浩幸「天平宝字六年石山寺造営における人事システム—律令制官司の一側面—」(『日本史研究』三五四、一九九二年二月)。
(16) 良弁と石山寺増改築工事との関係については、福山敏男「石山寺・保良宮と良弁」(『南都仏教』三一、一九七三年十二月)、鷺森浩幸「奈良時代における寺院造営と僧—東大寺・石山寺造営を中心に—」(『ヒストリア』一二一、一九八八年十二月)。
(17) 復元は、岡藤注(2)著書。
(18) 栄原永遠男「国府交易をめぐる諸問題」(『奈良時代流通経済史の研究』塙書房、一九九二年二月)。
(19) 栄原永遠男注(18)著書二五ページより転載。
(20) 「造寺料銭用帳」「造石山院所銭用帳」などの名称で『大日本古文書（編年）』に収録されている。岡藤注(2)著書の復元による。
(21) 勢多荘については、注(11)松原弘宣・鷺森浩幸論文で検討されている。
(22) この帳簿の復元は大日古のものでほぼ妥当とされている。
(23) 滋賀県高島郡朽木村小川付近に比定されている。

第九章　月借銭解に関する基礎的考察

はじめに

正倉院文書には一〇〇点を超す大量の月借銭に関係する史料が含まれている。これらは、月借銭の仕組みだけでなく、律令国家財政の構造や、月借銭を利用した中下級官人の性格・実態を探ることのできる好史料として、これまで多くの注目を集めてきた(1)。これらの研究史の整理は、鬼頭清明、中村順昭、山下有美、市川理恵の各論考に譲り、要点のみをごく簡単に摘記する。

相田二郎は利率・期間・質物などの基礎的研究に基づき、経師等の生活の余裕のなさ、月借銭がさらに余裕を奪うことを指摘した。鬼頭清明は、律令国家財政の構造を実物貢納経済と規定し、流通経済をその補完と位置づけ、出挙銭の分析により律令国家の経済構造を把握する方向を打ち出した。造東大寺司による月借銭運営と一部官人による月借銭の請負や私銭混入による利益獲得と、その対極に生活困窮のために月借銭を借りざるを得ない大多数の写経生の存在を対比した。弓野瑞子も、同様の観点から、奉写一切経所が独自に運営した財政機構の分析を進めた。ついで栄原は写経生たちの生活実態（困窮による借用とさらなる困窮）を具体的に描き出そうとした。また月借銭が始二部・更二部の写経事業の時期に行われたことを指摘した。これに対して中村順昭は、写経生が生活の困窮から月借銭を利用したことを認めつつ、それのみで説明することに対する疑義を表明した。山下有美は、月借銭における写経所の主導性を示し、請負や私銭の混入による利潤の獲得を否定した。市川理恵は、比較的裕福な下級官人が月借銭をテコに出世の手掛かりをつかもうとしたという上昇志向を重視した。

これらの研究では、月借銭が借用者に及ぼした影響、律令官司財政との関係、運用主体、借用者の性格などに議論が集中し、多くのことが明らかにされてきた。しかし、正倉院文書の中に残っている月借銭解が、提出された後に奉写一切経所の事務局の中でどのように事務的に処理され、どのようにして現在まで残ったのかという問題の検討は、これまでほとんどなされてこなかった。このため、そもそも現存している月借銭解とはどのような性質のものなのか、というもっとも基本的なことが問われたことはなかった。この疑問に答えるためには、月借銭解の提出、受理、貸付け可否の判断、貸付けの実行、返済、返済後の事務処理に至る月借銭の全過程について総合的に検討することが必要である。この点に関連して、鬼頭清明が次のように指摘している。

(a)　借用希望者が解文の事書から署名まで記して上馬養に提出する。
(b)　上馬養は月借銭を支給したことを確認して充銭文を記す。
(c)　月借銭請求文書は上馬養の手元で連巻として保管され、借用証として管理される。
(d)　借り手が月借銭を利息とともに返納した時に収納文を記した。

また中村順昭も、宝亀年間の月借銭解について次のような重要な指摘を行っている。

(e)　月借銭解の継目裏に写経所の案主上馬養が「養」と署しているので、個々の写経生が提出した月借銭解は奉写一切経所で貼り継がれた。
(f)　借銭が返済されてから、反古紙として、貼り継がれたままや一通ごとに、他の反古文書とともに貼り継いで、裏に食口案帳が書かれた。
(g)　他史料には、月借銭解が残っていない借銭が多数記されているので、月借銭解は、現存以外にも多く作られた。

以上の鬼頭・中村の指摘はいずれも重要なものであるが、具体的に検討されたわけではなく、一般的な指摘にとどまっている。

そこで本章では、以下の考察を進めるにあたって、次の視点を持ちたい。月借銭解には、各段階ごとの記載が重層的に書き込まれている。月借銭解を、月借銭に関して行われたさまざまな行為が層をなして埋め込まれている複合体ととらえる必要がある。それらを段階ごとに識別することによって、月借銭の全過程を明らかにすることができる。この識別作業は、大日古やモノクロ写真でもある程度までは行うことができるが、より正確には、原文書にあたって、実務を担当した係官がどのような順序で必要事項を記入しながら事務を処理していったか、具体的に考察していくことが必須である。

筆者は、幸い二〇一三年から二〇一七年の五年間、開封中の一時期に、原文書を子細に観察するという得難い機会を与えられた。本章はその成果に基づいて、上記の点の解明を目指すこととする。観察にあたっては、原本調査の利点を生かして、肉眼で朱・墨の色調・濃淡を見極めることを基本とした(2)。正集～続修後集の朱の検討はすでに『影印集成』で行われており、それを参照しつつ続々修についても観察した。その場合、事務処理が個々の月借銭解を単位として行われることに基づき、その一通の範囲内で見分けていき、必要に応じて他の月借銭解との比較も行うこととする。

正倉院文書には、月借銭解以外にも月借銭関連史料や借金申込書などの関係する史料が含まれている。本章では、これらを総称して「月借銭史料群」と総称する。弓野瑞子はそのいくつかを取り上げて、奉写一切経所の内部帳簿として分析し、山下有美がさらに深めている。しかし、まだ十分に分析されているとは言い難い。月借銭解とその関連史料を総合的に検討することによって、月借銭の運用の実態をさらに明らかにしていく必要がある。

なお、「月借銭」の用語は、すでに天平年間から見えている。(3) しかし、その具体的な運用は明らかでなく、はたして宝亀年間のものと同列にあつかえるか不明である。後述のように、月借銭史料群が集中的に存在するのは宝亀三年から六年の間であるので、本章では、ひとまず考察の対象をこの時期の月借銭解に限定する。(4)

一　月借銭の定義と認定

月借銭の定義として、山下有美は「月ごとに一定の利息がかかる借銭」とし、市川理恵は「古代における銭貨の利息付消費貸借であり、出挙銭の一種である。月ごとに一定の利息がかかるのが特徴」とする。本章では、山下が明らかにした写経所の主導性に注目して、月単位で利息を決めて銭貨を関係者に貸付けて本利を回収する制度としておく。これに基づき、まず最初に、月借銭解とそれ以外のものとの弁別、すなわち月借銭解の認定を行う。その場合、月単位に利息がかけられていることがわかること、「月借銭」という文言があること、後述する充銭文・収納文・完済符号があることに注意する。それにもとづき、本章では表1の九六通を月借銭解と認定する。以下では表1の番号を月借銭解のID番号とする。

次に、これまでの研究成果を参照しながら、No.1（6ノ272〜273、続修21①）を例として主な用語等の整理を行っておきたい（写真1）。

1　a謹解　申請月借銭事
2　o合参伯文　b利別月卅九文　質物布二端
3　c右件銭、限二箇月之内、本利共備、将進上、
4　若過期限、料給時質物成売、如数
5　進納、仍録事状、謹解、

宝亀三年二月十四日d給当麻鷹養
e償「若倭部益国」
f「敢男足」
g依員行　h司　i上馬養
j三月廿四日納卅九文利
k四月廿四日納利卅九文
l六月十三日納三百六十五文（m三百文本　n六十五文五十日利）

a書き出し　冒頭に借用希望者の名前が来ることもある。

b月単位の利率　宝亀三年は一〇〇文あたり月一三文、宝亀四年以後は同一五文。

c返済誓約文言　返済の期限内に本利ともに備えて進上すること、期限をすぎれば料給時（布施支給の時）に質物を売却して数の如く進納するむね誓約している。借用者の希望返済期限は、この場合「一箇月」。借用者が複数の場合「四人生死同心」などの連帯責任の決意を示す文言が書かれることがある。

d借用希望者　以下、月借銭の借用を希望するものを「借用希望者」と呼ぶこととする。申し込みの段階であるから「給」は当麻鷹養に給わってほしい、の意。

ef償（証）人　原則として借用希望者が一人の場合に立てられる。基本的には自署。自署であることによって保証力が得られる。

ghi充銭文　gは月借銭の申し込みに対して貸し付けの執行を許可する文言、hは貸付金の財源を指示する文言、この場合の「司」は奉写一切経司から受け取った銭から貸付けよ、という意味。iはこの貸付け案件の許可者であるとともに責任者である上馬養の署名。鬼頭清明は、月借銭の支給を確認してから上馬養が充銭文を記したとするが、これは逆で、上馬養が月借銭の貸付けを認める充銭文に署名して初めて月借銭が

質　物	期　限	保証人・保証文言（注３）	充銭文	収納文	完済符号	継目裏書（注４）左	継目裏書（注４）右	背　面	備考
布２端	２個月料給時	償「若倭部益国」「敢男足」	○	○	○	＊１（半存）	＊１（半存）	食口案Ｃ 19/202～203	
家既在左京５条７坊	布施給時	償陽胡「穂足」	○	○	○	＊２（微存/微存）	＊２（全/半存）	食口案Ｄ 21/158. 11～159. 7	
布１疋	料給時	償「若倭部益国」「金月足」	○	○	○	＊１（半存）	＊１（半存）	食口案Ｃ 19/204～205	利17は異例
家１区	２箇月	×	×	×	○	切断、○１（僅存）	＊１（半存）	食口案Ｃ 19/203～204	質物詳細〈地16分之半板屋２間、在右京３条３坊、又口分田３町葛下郡〉
調布３端	料給日	×	○	○	○	＊１（半存）	＊１（半存）	食口案Ｃ 19/205～206	
×	布施給日	×	○	○	○	＊１（半存）	＊１○１（半存/半存）	食口案Ｃ 6/342～343	
×	１箇月	「大羅嶋守」	○	○	○	＊１（全）	＊２（半存/半存）	食口案Ｄ 21/159. 8～160. 4	「大羅嶋守」は償などとはないが、借用者の横に並べて書かれていること、自署であることから償人と判断した
婢阿古女〈年30〉	２箇月	×	○	○	○	＊１（半存）	ナシ	食口案Ｄ 21/160. 5～161. 3	「相知受客乙麻呂」は「償」「證」とはなく「受」とあるので、借用者の一人か。元金分は絁で返済されているが、利息分は納められていない。銭以外での返済の事例
×	１月	×	○	×	○	○１＊１（僅存/半存）	＊１（半存）	食口案Ｃ 19/199. 11～200. 7	利22文は異例
×	料給日	證「敢臣男足」證「他田嶋万呂」	○	○	○	＊１（半存）	＊１（半存）	食口案Ｃ 19/200. 7～201	
大刀身３隻	１箇月	「償金月足」	○	○	○	ナシ	＊１（半存）	食口案Ｄ 21/161. 3～12	本の返済記録なし、「不用」の異筆あり
板屋１間	１箇月	償「布師千尋」	○	○	○	ナシ	＊１○１（全/半存）	食口案Ｄ 21/161. 12～162	
×	２箇月	償「丈部浜足」	○	○	○	＊１（全）	＊１○１（全/半存）	食口案Ｄ 21/163～164. 2	
×	１箇月	×	○	○	○	＊１（半存）	＊１○１（微存/微存）	食口案Ｃ 19/198～199. 10	申請人と受銭人が異なる。『影印集成』は継目裏書（左）を＊１（僅存）、（右）＊１（僅存）、○１（半存）とする
×	×	×	○	○	○	＊１（半存）	＊３○１（半存×４）	食口案Ｄ 21/165. 3～13	前後の貼継から宝亀３年とみてよい
×	料給日	償「出雲乎麻呂」	○	○	○	＊１（全）	＊１（半存）	食口案Ｄ 21/164. 2～165. 2	
板屋各１宇〈久津〉	当冬衣服給	６人等生死同心	○	○	○	＊２（半存/半存）	＊１（半存）	食口案Ｅ 22/286～289	『史料目録』は継目裏書（左）を＊１（半存）、『影

表1　月借銭解のID

No.	年	月	日	大日古文書名	種　　別	大日古 巻/ページ	紙　長 (注1)	書き出し	書き止め	借用希望者・銭額	利率 (注2)
1	宝亀3	2	14	当麻鷹養月借銭解	続修21①	6/272～273	42.5	謹解	謹解	給当麻鷹養300	13
2	宝亀3	2	21	石川宮衣月借銭解	続々修40-1裏67紙	19/315～316	28.1	謹解	謹解	石川宮衣500 7月16日100	13
3	宝亀3	2	24→25	秦度守月借銭解	続修21③	6/274～275	27.5	秦度守解	謹解	秦度守200	17
4	宝亀3	2	24→25	丈部浜足月借銭解	続修21②	6/274	23.4	丈部浜足解	解	専受浜足1000→500	13
5	宝亀3	2	29	刑部広浜月借銭解	続修21④	6/285	22.5	刑部広浜謹解	謹申	刑部広浜500	13
6	宝亀3	2	30	物部道成月借銭解	続修後集20③	6/285～286	29.1	謹解	謹解	物部道成300	13
7	宝亀3	3	5	秦道形大羅島守連署月借銭解	続々修40-1裏68紙	19/314～315	28.5	謹解	謹申	秦道形600	13
8	宝亀3	4	2	玉作広長月借銭解	続々修40-1裏69紙	19/313～314	33.3	謹解	以解	玉作広長　1000 客乙麻呂	13
9	宝亀3	4	12	念林老人月借銭解	続修後集20④	6/312～313	22.3	謹解	如件	念林老人150	22
10	宝亀3	4	13	巧清成月借銭解	続修後集20⑤	6/313	39.5	巧清成謹解	謹以申	巧清成500	13
11	宝亀3	4	14	秦国依月借銭解	続々修40-1裏70紙	19/313	27.7	謹解	以解	専受人秦国依300	13
12	宝亀3	6	15	坂合部秋人月借銭解	続々修40-1裏71紙	19/312	32.9	坂合部秋人解	謹解	坂合部秋人300	13
13	宝亀3	6	16	金月足月借銭解	続々修40-1裏72紙	19/311～312	30.6	謹解	謹解	専受金月足500	13
14	宝亀3	6	18	能登国依月借銭解	続修後集20⑦	6/331	33.3	謹解	謹解	受能登男人　新銭1000、6月23日200	13
15	宝亀3	7	8	念林老人月借銭解	続々修40-1裏74紙	19/310	25.2	解	可給下	念林老人300　7月12日念林宅成　200、8月2日1000	13
16	宝亀3	8	28	音太部野上月借銭解	続々修40-1裏73紙	19/310～311	32.6	音太部野上解	以解	音太部野上700	13
17	宝亀3	8	28→29	狛子公等月借銭解	続修21⑤	6/390～391	56.3	謹解	謹以申、謹以解	受狛子公500 勾羊400	13

質　物	期　限	保証人・保証文言（注３）	充銭文	収納文	完済符号	継目裏書（注４）		背　面	備考
						左	右		
									印集成』はそれに加えて朱書（微存）切断もあるとする。実見結果を示す
×	１箇月	償人常世「真吉」	○	○	○	＊２ （全/微存）	＊１ （全）	食口案Ｄ 21/128.12～130.9	
×	給料	償「秦度守」 相證「高向小祖」	○	○	○	ナシ	＊１ （全）	食口案Ｄ 21/126.11～128.11	追加借銭200について本利とも記載なし
①布４端 ②布４端 ③布１端 ④布１端	料給日	４人『生死』同心	○	○	○	ナシ	＊１ （全）	食口案Ｄ 21/172.13～175.1	葦浦継手だけ完済符号の合点がない
①布４端 ②布４端 ③布２端 ④布１端	料日	×	○	○	○	ナシ	＊１ （全）	食口案Ｄ 21/166～167.12	
①布４端 ②布４端 ③布４端 ④布４端 ⑤布４端 ⑥布２端（抹消）	布施給時	取６人署名	○	○	○	＊１ （全）	＊１ （全）	食口案Ｄ 21/167.13～169.6	⑥淡海金弓には貸付けず「取六人署名」は連帯保証の意味
佐村板２間屋	10月内	償人三嶋「船長」	○	○	○	＊１ （全）	＊１ （全）	食口案Ｄ 21/171.6～172.4	「證人」を「償人」と訂正
①布３端 ②布２端	料給時	２人同意	○	○	○	＊１ （全）	ナシ	食口案Ｄ 21/172.5～13	末尾に「二人同意請解」と追筆
×	布施給時	２人等生死同心	○	○	○	＊１ （全）	＊１ （全）	食口案Ｄ 21/169.7～171.6	
布６端	料給日	償人「他田嶋万呂」 「八木宮主」「物部常石」 「刑部広浜」	○	○	○	＊１ （全）	＊１ （全）	食口案Ｄ 21/175.2～176.7	
給料布	１箇月	償「大坂広川」	○	○	○	＊１ （全）	＊１ （全）	食口案Ｄ 21/176.8～177.9	
板屋１間	１箇月	「布師千尋」	○	○	○	＊１ （全）	＊１ （半存）	食口案Ｄ 21/177.10～178.9	
板屋１間〈長２丈広１丈２尺〉	10月限	「證人狛子公」	○	○	○	＊１ （全）	ナシ	食口案Ｄ 21/130.10～131	
×	１箇月	×	○	○	○	○１＊１ （半存/半存）	＊１ （半存）	食口案Ｅ 22/278～280.12	日下は高向「小祖」・石川「宮衣」・陽侯「穂足」・丈部「浜足」・古「兄人」の５人のみ自署

No.	年	月	日	大日古文書名	種　　別	大日古 巻/ページ	紙　長 （注１）	書き出し	書き止め	借用希望者・銭額	利率 （注２）
										桑原稲買300 大山部妖人400 占部国人300 日下部名吉100	
18	宝亀３	8	30	当麻宅養月借銭解	続々修40−１裏 ３紙	19/317〜318	36.3	謹解	以解	給当麻宅養300	13
19	宝亀３	8→9	2	若倭部益国月借銭解	続々修40−１裏 ２紙	19/318	45.7	謹解	謹解	専受若倭部益国600 又200	13
20	宝亀３	9	7	刑部広浜等連署月借銭解	続々修40−１裏 80紙	19/303〜304	51.8	謹解	以解「解申」	①刑部広浜1000 ②八木宮主1000 ③箭集笠麻呂200 ④葦浦継手200	13
21	宝亀３	9	7	鬼室石次等月借銭解	続々修40−１裏 75紙	19/309〜310	58.0	謹解	以解	①番上鬼室石次1000 ②物部常石1000 ③舟木麻呂500 ④大伴真尋400	13
22	宝亀３	9	7	丈部浜足等連署月借銭解	続々修40−１裏 76紙	19/307〜308	47.2	謹解	謹以解	①番上丈部浜足1000 ②古兄人1000 ③桑内真公1000 ④坂上忌寸諸人1000 ⑤占部忍男1000 ⑥淡海金弓400（抹消）	13
23	宝亀３	8→9	30→8	物部首乙麻呂唐乙成連署月借銭解	続々修40−１裏 78紙	19/305〜306	27.0	謹解	以謹申	物部首乙麻呂1000 唐広成500	13
24	宝亀３	9	8	秦吉麻呂大坂広川連署月借銭解	続々修40−１裏 79紙	19/304〜305	30.3	謹解	以解	①秦吉麻呂800 ②大坂広川500	13
25	宝亀３	9	8	山部針間麻呂大友路麻呂連署月借銭解	続々修40−１裏 77紙	19/306〜307	57.5	謹解	以謹解	山部針間麻呂1000 大友路麻呂1000	13
26	宝亀３	9	10	壬生広主月借銭解	続々修40−１裏 81紙	19/301〜302	39.5	謹解	謹解	専請人壬生広主1800	13
27	宝亀３	9	10→11	念林宅成月借銭解	続々修40−１裏 82紙	19/301	37.4	謹解	謹解	念林宅成500	13
28	宝亀３	9	11	僧行芬月借銭解	続々修40−１裏 83紙	19/300	31.9	謹解	謹解	行芬500	13
29	宝亀３	9	10→13	針間父万呂月借銭解	続々修40−１裏 ４紙	19/316〜317	32.3	謹解	謹解	受針間父万呂300	13
30	宝亀３	9	16	経師高向小祖等連署月借銭解	続々修40−２裏 １〜２紙	20/313〜314	51.7	謹解	謹以解	番上念林老人100→120（以下同） 荊国足120 陽侯穂足120 高向小祖120 石川宮衣120 夜部播磨万呂120 丈部浜足120 秦吉麻呂120	13

質　物	期　限	保証人・保証文言（注３）	充銭文	収納文	完済符号	継目裏書（注４）		背　面	備考
						左	右		
（前欠）	（前欠）	「償山部針間万呂」「桑内真公」「物部常石」	○	○	（前欠）	＊1（半存）	切断（前欠）	食口案Ｅ 22/280. 13～281	本銭の返済の記載なし。利212文の意味不明
家１区	１箇月	償人「他田嶋万呂」「石川宮衣」「金月足」	×	○	○	○1（全）	○1（全）	食口案Ｄ 21/180. 10～181. 9	質物詳細〈地16分之半、板屋３間、在右京３条３坊、口分田３町８段在葛下郡〉
布３端	料給日	償人「答他虫麻呂」	○	○	○	○1（半存）	○1（全）	食口案Ｄ 21/179. 10～180. 9	利率のデータが不十分
×	１箇月	２人同心	○	×	○	○1（全）	○1（半存）	食口案Ｄ 21/181. 10～182. 8	音太部野上解だが２人が借用。利率を示すデータなし
①布４端 ②布３端	料給時	×	○	○	○	ナシ	＊1（僅存）	食口案Ｄ 21/195～196. 1	月借銭額は始め1700だが、①巧清成の分が1000→500とされ、1200となった。『影印集成』は継目裏書（右）ナシとするが、実見結果を示す
布施料調布	（不記載）	生死不論同心	○	○	○	＊1（半存）	＊1（半存）	食口案Ｄ 21/198. 12～199. 4 21/196. 2～197. 9	
布２端	（不記載）	「償刑部広浜」	○	○	○	＊1（半存）	＊1（半存）	食口案Ｄ 21/178. 11～179. 9	大日古「三日利」とするが「三月利」である
布４端	３箇月	償人「刑部広浜」「氏部小勝」	○	○	○	切断（後欠）	ナシ	食口案Ｄ 21/199. 5～200. 3	
①家１区 ②家１区	２箇月	２人同心、質家成沽	○	○	○	＊1（半存）	＊1（半存）	食口案Ｄ 21/200. 4～13 21/197. 10～198. 11	質物詳細①地16分之4（分之）1、在物板屋２間、在左京９条３坊、②地16分之４（分之）１、在物板屋２間、在左京９条３坊
家１区	３箇月	２人同心死生無闕	○	○	○	切断（後欠）	切断（前欠）	食口案Ｄ 21/201. 2～202. 10	質物詳細〈在左京８条４坊地16分之１、４分之１在物板屋１間〉
×	２月内	×	○	○	○	＊1 ○1（半存/半存）	＊1（半存）	食口案Ｄ 21/202. 12～204. 2	②は「相受」とあるので借用者か。①②の２人で1000文を借りた
×	１箇月	３人同心	×	×	×	ナシ	ナシ	「奉写一切経経師請墨手実帳」のうち秦礒上手実（21/266）	全文抹消。利率のデータなし
×	１箇月	×	○	○	○	＊1（半存）	○1（微存）	食口案Ｅ 22/327～328. 10	背面の食口案は宝亀５年７月11～15日の部分であるので当解は宝亀５年以前のもの。端裏に『人々手有廾五貫一百九十』と

No.	年	月	日	大日古文書名	種　　別	大日古 巻/ページ	紙　長 (注1)	書き出し	書き止め	借用希望者・銭額	利率 (注2)
										古兄人120 坂上諸人120 田部国守120 八木宮主120	
31	宝亀3	10	11	経師大友路万呂月借銭解	続々修40-2裏3紙	20/318	23.7	(前欠)	(前欠)	大友路万呂1000	13
32	宝亀3	11	27	丈部浜足月借銭解	続々修40-1裏86紙	19/297～298	29.6	丈部浜足解	解	専受浜足1000 男乙人麻呂、益人、奥人	13
33	宝亀3	12	1	大坂広川月借銭解	続々修40-1裏85紙	19/298～299	29.3	謹解	以解	専大坂広川800	?
34	宝亀3	12	3	音太部野上月借銭解	続々修40-1裏87紙	19/296～297	29.3	音太部野上解	以解	音太部野上500 刑部真主500	×
35	宝亀3	12	5	巧清成常乙足月借銭解	続修23①	6/423	32.0	謹解	以謹解	①巧清成1000→500 ②常乙足700	13
36	宝亀3	12	25	念林宅成大坂広川月借銭解	続修23③(1)(2)	6/424～425	57.4	謹解	如前	念林宅成500 大坂広川500	13
37	宝亀3	12	25→27	大伴真尋月借銭解	続々修40-1裏84紙	19/299～300	34.6	大伴真尋解	以解	大伴真尋400	13
38	宝亀3	12	27	八木宮主月借銭解	続修23②	6/425	25.0	謹解	以解	八木宮主1000	13
39	宝亀3	12	28	田部国守占部忍男月借銭解	続修23④(1)(2)	6/426	54.6	謹解	以解	①田部国守500 ②占部忍男500	13
40	宝亀3	12	29	他田建足桑内真公月借銭解	続修23⑤	6/427	45.2	謹解	謹解	他田舎人建足200 桑内連真公500	13
41	宝亀4	1	25	念林宅成月借銭解	続修23⑥	6/468～469	32.2	謹解	謹解	①受念林宅成 } 1000 ②相受大坂広川	15
42	宝亀4	2	4	刑部真主等連署月借銭解	続々修33-2裏82紙	21/268	18.3	謹解	以謹解	工清成100 秦磯上100 刑部真主100	×
43	宝亀4	2	7	秦吉麻呂月借銭解	続々修40-2裏30紙	22/52～53	27.2	謹解	以解	秦吉麻呂100	15

質　物	期　限	保証人・保証文言（注３）	充銭文	収納文	完済符号	継目裏書（注４）		背　面	備考
						左	右		
									ある
夏衣服	来４月内	償「漢部佐美麻呂」	○	○	○	○１ （半存）	○１ （半存）	食口案Ｄ 21/205.6～206.9	
×	１箇月	證高向「小祖」	○	○	○	○１ （半存）	＊１ （半存）	食口案Ｄ 21/206.10～207	
×	１月	償人「巧清成」「出雲雄麻呂」	○	○	○	ナシ（切断）	○１ （半存）	食口案Ｄ 21/208～209	
（前欠）	施料給時	相知壬生「広主」「八木宮主」	○	○	○	○１ （半存）	切断（前欠）	食口案Ｅ 22/369～370	「利四百五十文」は収納文に先行して書かれた。本1000文に対する３ヶ月分の利をメモしたものか
×	料給時	償人「桑内真公」	○	○	○	＊１ （微欠）	＊１ （半存）	食口案Ｄ 21/225.5～226.9	
家１区	２箇月	償「山部諸公」 證「高向小祖」	○	○	○	＊１○１ （半存/半存）	＊１ （半存）	食口案Ｄ 21/210～211.4	更。質物詳細〈地32分之１、在板屋２間、在左京８条４坊〉
布４端	２箇月	×	○	○	○	＊１ （半存）	＊１ （半存）	食口案Ｄ 21/211.5～212.9	更
×	来５月之内	證人「大伴浄人」	○	○	○	○１ （僅欠）	○１ （半存）	食口案Ｅ 22/285～286	利子のデータに不明点あり
布２端	料給日	「償常乙足」	○	○	○	＊１ （半存）	＊１ （半存）	食口案Ｄ 21/212.10～213.11	更
布５端	料給時	償酒波「麻呂」	○	○	○	＊１ （半存）	＊１ （半存）	食口案Ｄ 21/213.12～215.2	更
調布１端	料給時	償人「桑内真公」	○	○	○	＊１ （半存）	○１ （半存）	食口案Ｄ 21/215.3～216.8	
夏衣	至夏衣裁給	３人同心	○	×	○	○１ （半存）	＊１ （半存）	食口案Ｄ 21/216.9～217.12	「不用」の朱筆あり
家１区	布施請	證人「大宅首童子」「丈部浜足」「山部針間万呂」「金月足」「知同心山辺公魚麻呂」	○	○	○	○１ （半存）	＊１ （半存）	食口案Ｄ 21/217.13～219.3	「指之里」あり。「證人」と「知同心」との関係不明。質物詳細〈地１段板１間、添上郡在山公郷〉
×	料給日	償「葦浦継手」	○	○	○	＊１ （半存）	○１ （半存）	食口案Ｄ 21/219.4～220.6	
×	今月内	「布師千尋」	○	○	○	○１ （半存）	○１ （半存）	食口案Ｄ 21/220.7～221.8	「使沙弥慈詔」とある。「布師千尋」は償などとはないが、借用者の横に並べて書かれていること、自署であることから償人と判断した
布５端	料給時	償「大友路麻呂」「秦磯上」「刑部真主」「常乙足」	○	○	○	○１ （半存）	○１ （半存）	食口案Ｄ 21/221.9～222.12	
×	１箇月	×	○	○	○	○１ （半存）	ナシ	食口案Ｄ 21/222.13～223.11	

No.	年	月	日	大日古文書名	種　　別	大日古 巻/ページ	紙　長 （注１）	書き出し	書き止め	借用希望者・銭額	利率 （注２）
44	宝亀４	2	30	茨田千足月借銭解	続修23⑧	６/474～475	31.5	謹解	以謹解	茨田千足400	15
45	宝亀４	2	30	楊胡穂足月借銭解	続修23⑨	６/475～476	28.0	陽胡穂足解	以解	受穂足200	15
46	宝亀４	3	10	別家足月借銭解	続修23⑩	６/485～486	28.3	謹解	仍謹申	別家足400	15
47	宝亀４	4	3	大伴真尋月借銭解	続々修40-２裏４紙	21/418～419	25.2	（前欠）	以解	大伴真尋1000	15
48	宝亀４	4	4	大友路麻呂月借銭解	続修24①	６/509	36.4	謹解	謹解	専受大友路万呂1000	15
49	宝亀４	4	5	山部針間麻呂月借銭解	続修24②	６/510	33.2	謹解	謹解	山部針間万呂600	15
50	宝亀４	4	5	氏部小勝田部国守月借銭解	続修24③	６/510～511	35.2	謹解	以解	氏部小勝500 田部国守700	15
51	宝亀４	4	6	財礒足月借銭解	続修後集20⑧	６/511～512	46.7	謹解	以解	財礒足140	?
52	宝亀４	4	6	置始清足月借銭解	続修24④	６/512～513	28.4	謹解	謹以解	専請置始清足400	15
53	宝亀４	4	6	船木麻呂月借銭解	続修24⑤	６/513	30.6	船木麻呂謹解	謹以解	船木麻呂800	15
54	宝亀４	4	6	出雲手麻呂月借銭解	続修24⑦	６/515	34.0	出雲手麻呂謹解	謹以解	出雲手麻呂200	15
55	宝亀４	4	５→６	白髪部節麻呂月借銭解	続修24⑥	６/514	34.1	謹解	謹解	白髪部節麻呂200 秦広津200 日下部名吉100	15
56	宝亀４	4	６→７	山辺千足月借銭解	続修24⑧	６/515～516	37.4	謹解	謹以解	山辺千足300	15
57	宝亀４	4	8	箭集笠麻呂月借銭解	続修24⑨	６/516～517	30.5	謹解	以解	箭集笠麻呂専請600	15
58	宝亀４	4	8	僧薬栄月借銭解	続修24⑩	６/517～518	32.5	謹解	以解	薬栄700	15
59	宝亀４	4	9	漢部佐美麻呂月借銭解	続修24⑪	６/518～519	32.4	謹解	以謹解	専給漢部佐美万呂1000	15
60	宝亀４	4	10	石川宮衣山部針間麻呂月借銭解	続修24⑫	６/519	24.0	謹解	以解	受石川宮衣50 受山部針間万呂50	15

質　物	期　限	保証人・保証文言（注3）	充銭文	収納文	完済符号	継目裏書（注4）		背　面	備考
						左	右		
×	料給時	償人「丈部浜足」	○	○	○	ナシ	＊1 （微存）	食口案Ｄ 21/223.12〜225.5	
×	1月	×	○	○	○	＊1 （半存）	＊1 （半存）	食口案Ｄ 21/226.10〜227	
×	1箇月	×	○	○	○	＊1 （半存）	○1 （全）	食口案Ｄ 21/228.2〜7	100借上の意味不明
（前欠）	（前欠）	「證高向小祖」	○	○	（前欠）	○1 （全）	切断（前欠）	食口案Ｄ 21/228.8〜12	利率のデータ不十分
布5端	料給時	相證償「紀豊人」	○	○	○	＊1 （半存）	○1＊1 （僅存/半存）	食口案Ｅ 22/283〜284	更。『影印集成』は継目裏書（左）を＊1（僅欠）とする
×	1箇月	償「音太部野上」「坂上諸人」	○	○	○	＊1○1 （半存/半存）	＊1○1 （半存/半存）	食口案Ｅ 22/289〜290	
×	2箇月	償人「秦吉麻呂」「刑部広浜」「金月足」	○	○	○	○1 （半存）	ナシ	食口案Ｅ 22/328.11〜330.2	端裏に『更借廾五貫　未納三千三百廾文〈七百卅上/又一百■十六文〉』とある
×	布施時	償人金月足	○	○	○	＊1 （半存）	＊1 （微存）	食口案Ｅ 22/292〜294	「償人金月足」は自署かどうか判別できず。『影印集成』は継目裏書（左）を＊1（僅欠）とする
×	料給	×	○	○	○	＊1 （半存）	＊1 （半存）	食口案Ｅ 22/282〜283	『影印集成』は継目裏書（左）を＊1（僅欠）とする
布4端	料給日	「償人八木宮主」	○	○	○	＊1 （半存）	ナシ	食口案Ｅ 22/290〜292	「償人」と「八木宮主」の筆の異同を判別できず
×	料給時	×	○	○	○	○1 （半存）	＊1 （半存）	食口案Ｅ 6/361〜363	『影印集成』は継目裏書（左）を○1（僅存）とする
①布4端 ②布2端 ③布2端 ④布2端 ⑤布2端	料給時	請人等生死同心結	○	○	○	＊1 （半存）	＊1 （半存）	食口案Ｅ 22/334〜336 22/337〜338.2	
家1区〈地16分の1板屋5間〉	×	同姓男小万呂、件2人死生同心	○	○	○	＊1 （半存）	＊1 （半存）	食口案Ｅ 22/332〜333	
布3端	給於料日	「償物部吉麻呂」	○	○	○	＊1 （半存）	＊1 （半存）	食口案Ｅ 22/333〜334.10	
家	1月	×	×	×	×	ナシ	ナシ	食口案Ｆ 23/191.11〜193.8	宛先「謹上　経所衙」、差出「主奴美努船長状上」、「紙末申……」等あり
×	1月	×	○	○	○	＊1 （半存）	ナシ	食口案Ｅ 22/331.5〜332	
（前欠）	（前欠）	償足　石川宮衣	（前欠）	（前欠）	（前欠）	ナシ	切断（前欠）	「奉写一切経経師更筆手実帳」のうち五百	「専受五百木部真勝」「償足」「石川宮衣」はいずれ

№.	年	月	日	大日古文書名	種　　別	大日古 巻/ページ	紙　長 (注１)	書き出し	書き止め	借用希望者・銭額	利率 (注２)
61	宝亀４	4	14	出雲乎麻呂月借銭解	続修24⑬	６/520	40.5	出雲乎麻呂謹解	謹以解	出雲乎麻呂300	15
62	宝亀４	4	23	浄野人足月借銭解	続修24⑭	６/520～521	31.5	謹解	以解	浄野人足 相受答他虫麻呂 }400	15
63	宝亀４	5	12	布利千尋月借銭解	続々修40－１裏103紙	22/１	17.9	謹解	謹解	布師千尋100	15
64	宝亀４	5	30	高向浄成月借銭解	続々修40－１裏104紙	22/38～39	10.2	(前欠)	(前欠)	高向浄成400	?
65	宝亀４	7	9	出雲乎麻呂月借銭解	続修21⑥	６/536	42.9	謹解	謹以解	専受出雲乎麻呂600	15
66	宝亀４	7	11	巧清成月借銭解	続修後集20⑨	６/537	40.0	巧清成解	以解	巧清成500	15
67	宝亀４	7	12	八木宮主月借銭解	続々修40－２裏31紙	22/51～52	33.6	八木宮主解	以解	八木宮主800	15
68	宝亀４	9	20	丈部忌寸浜足同益人月借銭解	続修後集20⑪	６/540～541	44.4	謹解	以解	丈部忌寸浜足1000 丈部忌寸益人1000	15
69	宝亀４	9	20	大羅島守月借銭解	続修後集20⑩	６/540	31.1	謹解	以解	大羅嶋守1000	15
70	宝亀４	9	21	置始清足月借銭解	続修21⑦	６/541～542	33.2	謹解	謹以解	請置始清足800	15
71	宝亀４	9	22	答他虫麻呂等月借銭解	続修後集20⑫	６/542～543	40.8	謹解	以謹解	答他虫麻呂500 漢部佐美麻呂700 浄野人足500	15
72	宝亀５	1→2	1	経師大友路万呂等連署月借銭解	続々修40－２裏36、37紙	22/377～378	57.7	謹解	謹以解	①（充）大友路麻呂1000 ②（止）船木麻呂500 ③中臣船万呂500→400 ④（止）占部忍男500 ⑤（充）酒波家万呂500	15
73	宝亀５	2	10	大宅首童子月借銭解	続修後集20⑬	６/567	28.7	謹解	解以謹	銭受人大宅首童子1000	15
74	宝亀５	3	6	葦浦継手月借銭解	続修21⑧	６/568	27.9	謹解	以解	専請葦浦継手850	15
75	宝亀５	3	29	美努船長月借銭解	続々修40－３裏13紙	22/381～382	50.0	謹解	以解	美努船長1000	利如進人者
76	宝亀５	4	27	高向小祖月借銭解	続々修40－２裏34～35紙	22/415～416	24.5	謹解	謹以申	高向小祖200	15
77	宝亀５	4	28	五百木部真勝月借銭解	続々修31－４裏21紙	22/416	11.8	(前欠)	以解	専受五百木部真勝	×

質　物	期　限	保証人・保証文言（注３）	充銭文	収納文	完済符号	継目裏書（注４）		背　面	備考
						左	右		
								木部真勝手実(22/65)	も墨線で抹消されている。利率のデータなし
×	１箇月	「丈部浜足」	○	○	○	＊１（半存）	＊１（半存）	食口案Ｅ 22/330.3～331.4	丈部浜足は金月足と並べて書かれているが自署であるところから償人と判断した
×	料給日	２人同心	○	○	○	＊１（半存）	＊１（徴存）	食口案Ｅ 22/355.3～356.6	②は定200であるにもかかわらず、完済を示す合点あり
×	料給日	償人「物部常石」	○	○	○	＊２（半存/僅存）	＊１（半存）	食口案Ｅ 22/366.12～367	
×	布施時	×	○	○	○	ナシ	ナシ	食口案Ｆ 23/187.5～188.11	金月足は返済完了せず
×	２箇月	×	○	○	○	ナシ	ナシ	食口案Ｆ 23/188.12～189.12	「借用大伴真広」「徴納大伴浄人」の異筆あり
×	料給時	「償秦磯上」	○	○	○	＊１（半存）	ナシ	食口案Ｅ 22/368	利率を確定できず
×	料給時	若３人中１人闕者、２人同心進上	×	×	×	ナシ	ナシ	「奉写一切経所筆納用帳」のうち、「経師充筆帳」(15/352～353)の部分	「勘知上馬養」の注記は異例
×	料給時	若１人闕、遣人等依数進納	○	○	○	切断（後欠）	ナシ	食口案Ｆ 23/258.8～259.6	桑内真公の返済、とくに日付と利との関係が不明。工清成は墨抹、合計からすると貸付けていない
（前欠）	（前欠）	（前欠）	（前欠）	○	（前欠）	ナシ	切断（前欠）	食口案Ｆ 23/259.7～12	
×	１箇月	證人「大伴浄人」	○	○	○	＊１（半存）	ナシ	食口案Ｆ 23/211～212.2	
布６端	（後欠）	（後欠）	（後欠）	○	○	切断（後欠）	ナシ	食口案Ｅ 22/338.3～11	背面の食口案は宝亀５年８月24～27日の部分であるので宝亀５年に類収する。陽侯史穂足と壬生広主に「頭」とある
（後欠）	（後欠）	（後欠）	（後欠）	（後欠）	（後欠）	切断（後欠）	＊１（半存）	食口案Ｅ 22/351.5～８	背面の食口案は宝亀５年10月19～20日の部分であるので宝亀５年に類収する。
（後欠）	料給時	（後欠）	（後欠）	○	○	切断（後欠）	＊１（半存）	食口案Ｅ 22/351.9～352.6	背面の食口案は宝亀５年10月20～23日の部分であ

№.	年	月	日	大日古文書名	種　　別	大日古 巻/ページ	紙　長 (注1)	書き出し	書き止め	借用希望者・銭額	利率 (注2)
78	宝亀5	4	29	金月足丈部浜足連署月借銭解	続々修40-2裏32～33紙	22/417	29.5	謹解	以解	金月足300	15
79	宝亀5	7	17→8	韓国千村桑内真公連署月借銭解	続々修40-2裏69～70紙	22/428～429	24.9	謹解	謹解	①韓国千村400 ②桑内真公600	15
80	宝亀5	8	13	桑内真公月借銭解	続々修40-2裏80紙	22/586	28.1	桑内真公解	以謹解	桑内真公200	15
81	宝亀5	9	15	金月足等月借銭解	続々修40-3裏4～5紙	23/2～3	43.7	謹解	以解	金月足1000 丈部忌寸浜足600 丈部忌寸益人600	15
82	宝亀5	9	18	大羅嶋守月借銭解	続々修40-3裏6紙	23/3～4	28.1	大羅嶋守解	以謹解	大羅嶋守300	15
83	宝亀5	9	18→19	生江秋麻呂等連署月借銭解	続々修40-2裏81紙	22/585～586	27.4	(前欠)	謹以解	生江秋麻呂800 阿刀歳足700	?
84	宝亀5	9	19	大伴鯛麻呂等月借銭解	正集44⑯	6/572～573	40.2	謹解	以解	大伴鯛万呂400 丈部新成600 香山久須万呂600	15
85	宝亀5	9	19	舟木直麻呂等月借銭解	続々修40-4裏18紙	23/51	30.1	□解	以解	舟木直麻呂600 刑部真主600 占部忍男700 酒波家麻呂500 桑内真公800 工清成500（墨抹） 他田嶋麻呂400	15
86	宝亀5	11	30	金月足丈部浜足連署月借銭解	続々修40-4裏19紙	23/179	12.1	(前欠)	(前欠)	金月足600 丈部浜足600	15
87	宝亀5	12	1	大網嶋守月借銭解	続々修40-3裏27紙	23/180	25.6	謹解	謹以解	大網嶋守1000 又請500	15
88	宝亀5	(後欠)	(後欠)	陽侯史穂足等月借銭解	続々修40-2裏38紙	22/378～379	19.2	謹解	(後欠)	頭陽侯史穂足200 頭壬生広主200 葦浦継手100 中臣船木麻呂200 音太部野上100 采女千縄160 占部忍男100 桑内真公200 工清成100 物部吉麻呂100	15
89	宝亀5	(後欠)	(後欠)	氏名闕月借銭解	続々修40-2裏63紙	22/588	8.3	謹解	(後欠)	(後欠) 900	15
90	宝亀5	(後欠)	(後欠)	生江秋麻呂阿刀歳足月借銭解	続々修40-2裏64～65紙	22/587	18.8	謹解	(後欠)	生江秋麻呂600 阿刀歳足600	15

質　物	期　限	保証人・保証文言（注３）	充銭文	収納文	完済符号	継目裏書（注４）		背　　面	備考
						左	右		
									るので宝亀５年に類収する
（後欠）	料給日	４人同心	○	○	○	切断（後欠）	＊１ （半存）	食口案Ｅ 22/352.7～353.2	背面の食口案は宝亀５年10月24～26日の部分であるので宝亀５年に類収する ①③の合点は、各行の下にある②④にもかかるとみるべきか
（後欠）	（後欠）	（後欠）	（後欠）	（後欠）	（後欠）	切断（後欠）	ナシ	食口案Ｆ 23/185.6～８	背面の食口案は宝亀６年１月１日の部分であるので宝亀５年に類収する
×	料給時	「償人丈部浜足」	○	○	○	ナシ	ナシ	食口案Ｆ 23/237.4～238.6	
国養	来12月上旬	若有此中１人闕、留人等同心	×	○	○	切断（後欠）	ナシ	食口案Ｆ 23/291.6～292.5	収納文は丈部長岡と大生子敷の２人、完済符号は丈部長岡１人にある
家１区	料給時	償人他田「嶋万呂」物部「常石」「工清成」「占部忍男」「酒波家麻呂」 知申給人「大伴浄人」	×	×	○	ナシ	ナシ	食口案Ｆ 23/284.9～286.2	知申給人「大供浄人」の役割不明。質物詳細〈在板屋１間４間、在左京２条６坊〉
布３端	料給日	償「物部常石」 「大春日鳥養」	×	×	○	ナシ	ナシ	食口案Ｆ 23/286.3～287.9	「徴成将進人大伴浄人」の役割不明。「不」と大書

幅。No.36、39は続修23③、④のそれぞれ(1)(2)を合わせた横幅。No.72は続々修40‐２裏36、37紙の合計。No.79は第70紙、

見による。数字は個数、その前の＊は朱書、○は墨書を示す。No.38、40の切断は『史料目録』による。No.84は『史料端裏とも継目裏書なしとするが、『史料目録』は右端裏に朱書の「養」が半存するとする。実見によると存在が確かめ

充銭文	収納文	完済符号	注　記	背　　面
ナシ	ナシ	ナシ	全体に墨曲線で抹消 件銭真者、来年調持友定以上進	食口案Ｅ 22/297. 10～298. 2
①２/15下充500雑用之内上馬養 ②２/16下調布１端〈自一切経司請来之内〉上馬養	①７/12返上了 ②７/26返上了	アリ （名前部分に合点）		食口案Ｄ 21/204. ３～205. ５
ナシ	ナシ	ナシ	「用」とある	食口案Ｆ 23/313. 12～315. １
ナシ	ナシ	ナシ	「厓」とある	
（後欠）	（後欠）	ナシ	後欠。背面の食口案は宝亀７年１月５～９日の部分であるので宝亀６年に類収する	食口案Ｆ 23/174. ５～175. ４

No.	年	月	日	大日古文書名	種　　別	大日古 巻/ページ	紙　長 （注1）	書き出し	書き止め	借用希望者・銭額	利率 （注2）
91	宝亀5	（後欠）	（後欠）	他田嶋麻呂等月借銭解	続々修40－2裏66～67紙	22/587～588	18.2	謹解	（後欠）	①他田嶋麻呂1000 ②刑部真主800 ③音太部野上1000 ④占部忍男800	15
92	宝亀5	（後欠）	（後欠）	氏名闕月借銭解	続々修40－3裏2紙	22/588	7.3	謹解	（後欠）	（後欠）1500	15
93	宝亀6	5	30	山部針間麻呂月借銭解	続々修40－3裏62紙	23/516	30.5	謹解	解	山部針間麻呂200	15
94	宝亀6	9	22	丈部長岡等月借銭解	続々修40－4裏~~71~~70紙	6/584	30.7	謹解	以解	丈部長岡500 大生子敷500 額田部磯嶋500	15
95	宝亀6	9	27	船木麻呂月借銭解	続々修40－4裏~~61~~60紙	6/585	48.8	謹解	謹以解	専受船木麻呂1000	15
96	宝亀6	11	15	刑部広浜月借銭解	続々修40－4裏~~62~~61紙	23/568～569	49.6	謹解	以解	刑部広浜500	15

（注1）続々修は上端・下端付近の複数個所で計測したものの平均値。他は『史料目録』による。No.30は第2紙の横
No.81は第5紙の横幅。No.42・77の紙長は写真のスケールから算出したものであるので、信頼性が万全ではない。
（注2）利率は本100文に対する1ヶ月分。
（注3）償人の自署の判定は実見による。大日古と異なる場合が多い。
（注4）正集・続修・続修後集は『史料目録』『影印集成』による。ただし実見により改めた場合がある。続々修は実
目録』では情報が与えられていないが、実物観察では継目裏書はない。No.35について、『影印集成』は左右両
られる。

表2　借金申込書

記号	年	月	日	大日古文書名	大日古 巻/ページ	種　　別	事書の用語	借用希望者・銭額	質　物	期　限
a	宝亀4	1	10	土師部古麻呂借銭解	21/239～240	続々修40－2裏8～7紙	借銭	土師部古麻呂300	ナシ	来年
b	宝亀4	2	15	高向小祖月借銭解	6/474	続修23⑦	用代銭	高向小祖1000	ナシ	20日許
c	宝亀5	5	16	上馬養父子連署月借銭解	22/417～418	続々修40－4裏127紙	借銭	上馬養3000 男上藤万呂、上氏成	家1区	1箇月
d	宝亀5	5	16		22/418		借銭	上馬養3000 男上藤万呂	口分田2町	1箇月
e	宝亀6	（後欠）	（後欠）	氏名闕借銭啓	23/569	続々修40－4裏~~50~~49紙	可進銭期	（後欠）400	（後欠）	11月8日

貸付けられた。『史料目録』は以上のｇｈｉを「充銭文」と呼んでいる。
ｊ～ｎ収納文　ｊｋは利のみを収めた記録、ｌｍｎが本利の返済記録。ｍが本、ｎが利。これにて本利の全額が返済された。ｊ～ｎ全体を『史料目録』は「収納文」とよぶ。
ｏ完済符号　本利ともに完済した場合につけられる。借用銭額、利率、質物などの一部または全部を線で囲ったり、または合点や圏点をつけたりする。多くの場合、朱である。この朱は、返済記録（収納文）の最後のものと朱の色が同じと認定できる場合が多い。この場合もｌｍｎとｏの朱は同じ色である。

さて、九六通の月借銭解のうちNo.10・14・16・60の四通は事書き部分に「借銭」とある。これらはいずれも利息に関する記載、充銭文、収納文の本利の記載を記すので、「借銭」は「月借銭」の省略であろう。No.51も事書に「借銭」とある。提出された月借銭解の部分に利率に関する記載はないが、収納文に利に関する記載がある。通例の利率のために書かれなかった可能性があるので、これも月借銭解であろう。No.56の「月銭」は大日古が注記するように「借脱カ」でよい。No.31・47・64・77・86は前欠のために事書部分が失われている。しかしNo.31・47・64は充銭文・収納文ともにあり、No.47には「月借」の文字も記されている。No.86には収納文が残っている。これらは月借銭解とみて問題ない。

これに対してNo.77は末尾部分以下しか残っていないが、日下に「専受五百木部真勝」や「償足」「石川宮衣」などとある。「専受」「償」は月借銭解によく見える表現である。後述するように、No.77は貸付けが認められなかったものと考えられるが、月借銭解として提出されたという意味で月借銭解の一つとみておく。

なお、月借銭解とは別に、借金申込書と称すべきものがａ～ｅの五点存在する（表2）。これらには、月借銭の語・利息に関する記載・充銭文、収納文・完済符号等がないのが原則である。しかし、ｂ「高向小祖月借銭解」（宝亀四年二月十五日、6ノ474、続修23⑦）のみは、充銭文・収納文・完済符号等があるので、簡単に検討しておく。

高向小祖解　申請用代銭事
合壱貫文
右、件銭者、限廾日許所請如件、
謹以解、
宝亀四年二月十五日
①『以同日且下充五百文②雑用内「以七月十二日返上了」上馬養』
③「以十六日下調布一端自一切経司請来之内上馬養」
④『以七月六日返上了』

高向小祖は宝亀四年二月十五日付で「用代銭」一貫文を申請したが、これに対して①で上馬養は同日（二月十五日）で「雑用之内」から五〇〇文の支給を認めた。②これは七月十二日に返上された。ついで③上馬養は二月十六日に調布一端の下充を認めた。これについては④七月六日に返上された。これによると、銭の借用申し込みに対して①銭と③調布の下充がおこなわれ、その返却②④が記録されているのであるが、どこにも利息について書かれていない。その目で見ると、この史料には月借銭の語も利率についての記載もないことに気付く。したがって、これは月借銭解ではなく、借金申込書とすべきものである。

二　層位構造

月借銭史料群は、現状に至るまで四つの段階を経過したが、その各層の痕跡が刻み込まれている。第一段階は個々の月借銭解の作成、第二段階は月借銭の事務担当者による事務処理、第三段階は奈良時代における二次利用、第四段階は明治期の整理、である。それを順に検討していくことによって、奈良時代における月借銭に

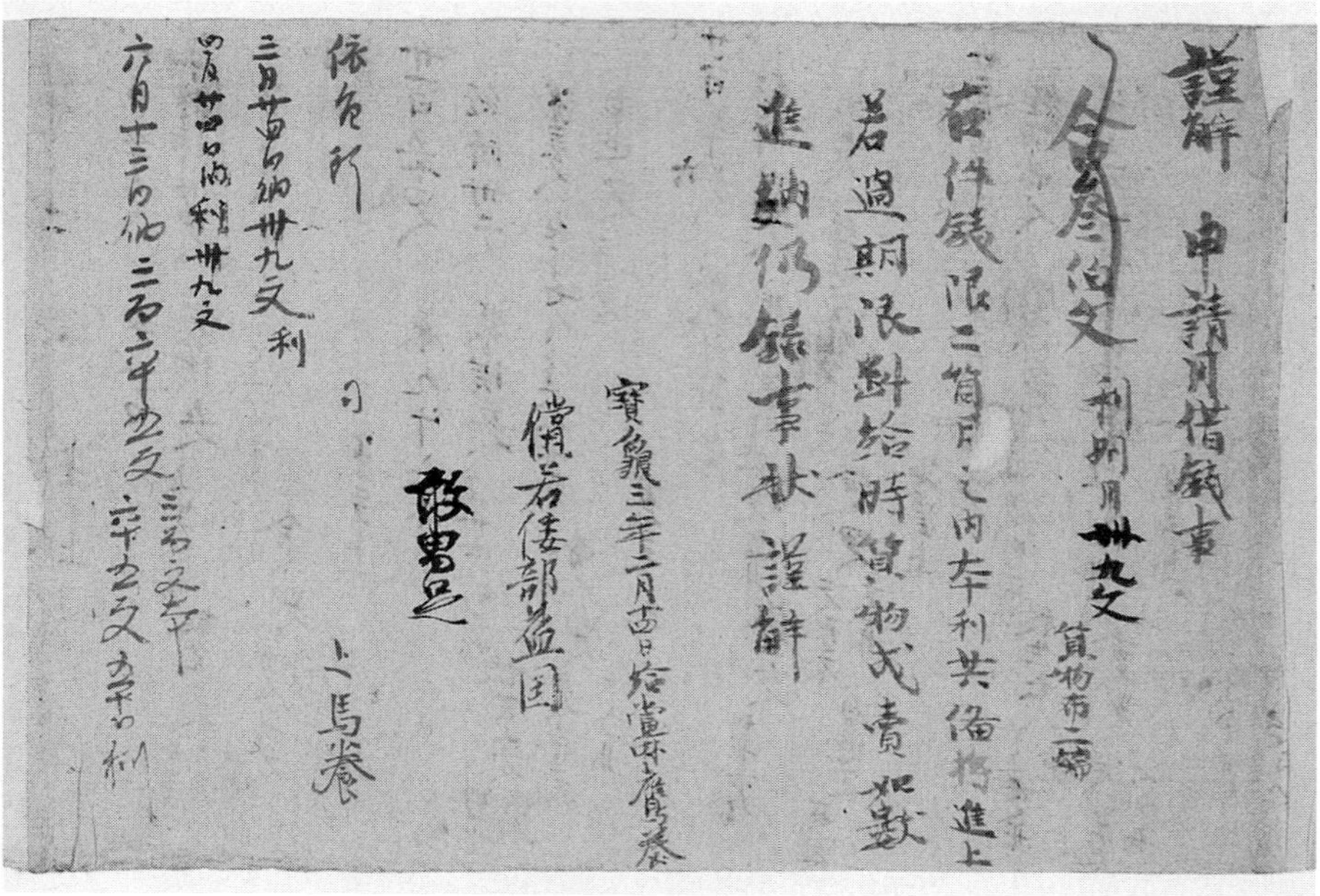

写真1　No.1　当麻鷹養月借銭解（宝亀3.2.14）続修21①

関する事務処理のあり方と、その後の扱われ方を知ることができる。

1　第一段階

月借銭解そのものについては、これまでに多くの研究があるが、ここでは作成の側面に焦点を当てる。

用紙の選択　まず用紙に注目したい。月借銭解はすべて一次文書であるから、それに使用される前の用紙は表裏とも空であった。月借銭解が提出されると事務担当者は余白部分に充銭文・収納文を書き、完済した場合は完済符号を付けた。そこで、借用希望者は、月借銭解を作成する場合、充銭文・収納文があとで書き込まれることを予定して、それらすべてが書ける程度の横幅の紙を用意した。それはどの程度の長さか。

後述のように、月借銭解は貼り継がれて継目裏を「養」の字で封じられた。両端に「養」が半存するものは、表1に示した通りであるが、それらには月借銭解の提出当初の紙幅が保存されており、切断等によって短くはなっていない。そのうちに五〇cm以上のものがNo.17・25・30・36・39・72の六点あり、他はそれより短かく、三〇cm前後のものが多い。なお、両端か片端に継目裏書がないために当初の長さが確かめられないが、現存長ですでに五〇cmを超えているものにNo.20（五一・八cm）、No.21（五八・〇cm）、No.75（五〇・〇cm）の三点がある。この三点は、本来はもっと長かったはずである。

宝亀年間の凡紙一紙の幅は、表3のように五〇cm台であったから、この九点は一紙（全紙）をそのまま使用したとみられる。その他のそれより短い紙は全紙ではなく、何らかの目的で一部分使用された全紙の余白部分を切り取ったものを用いたのであろう。

月借銭解の用紙は、写経所内の紙の集積場所または反古箱[5]（反古コーナー）に集積され、案主や舎人たちによって管理されていたであろう。そこには、未使用の全紙（両面空）、一部使用した全紙の余白部分を切り離したもの（両面空）、一部使用した全紙の使用部分を切り離したもの（片面空）、両面使用済みの紙などが分けて整理されて集積されていたに違いない。希望者たちは、案主や舎人たちの許可を得てそこから選び取ったか、もしくは案主・舎人たちから受け取ったのであろう[6]。

全紙が使用された九例のうち、No.17（六人）、No.20（四人）、No.21（四人）、No.30（一二人）、No.72（五人）は連名による借用なので、充銭文・収納文が多くなると予想されて長い紙が割り当てられたとみられる。No.25・36・39はいずれも二名連名であり、長い紙を用いる理由は判然としない。この九例以外では、六人連名のNo.22は四七・二cm、七名連名のNo.85は三〇・一cmと全紙には

表3　宝亀年間の凡紙1紙の幅

文書・帳簿名	種別	紙数	平均長cm
奉写一切経所解（案）	続修後集35	14	52.6
奉写一切経所布施文案	続修別集11（2）	7	50.1
奉写一切経所告朔案	続修別集12（1）	12	54.5
奉写一切経所告朔案	続修別集12（2）	6	57.3
奉写一切経所告朔案	続修別集13（9）	9	54.3
奉写一切経所解（案）	続修別集19	14	57.4

宝亀年間の文書・帳簿から紙数の多いものをランダムに抜き出した。
第1紙と最終紙を除く中間部分の紙の幅の平均値を示した。

及ばないが長い。一〇名連名の№88は一九・二cm、四名連名の№91も一八・二cmだが、いずれも後欠でもっと長かったはずである。これらから見て、全体として記入事項が多くなると予想される場合に長い紙が充てられる傾向があったとみてよい。

反古箱（反古コーナー）の両面空の紙のなかには、二紙継ぎの紙も混じっていたようである。続々修40ノ2裏の第70紙（二四・九cm）には№79が書かれているが、その奥（左）には空の第69紙（約一〇cm）が貼られている。第70紙の幅は十分ではなく、充銭文と収納文を書く余裕がないので、第70紙と第69紙の二紙継ぎの用紙が選ばれた。事実、第70紙は充銭文だけ書かれてそれでいっぱいになっている。したがって収納文は第69紙に書かれてしかるべきであるが、この場合、申請者二名の名前の周囲に書かれたため、第69紙は空のままとなったのであろう。

同じく続々修40ノ3裏の第5紙には№81が書かれている。これは金月足・丈部浜足・丈部益人の三人が借用を希望するものである。このため、収納文に多くのスペースを要すると予測された。そこで第5紙（四三・七cm）と第4紙（約一〇・四cm）の二紙継ぎの用紙が選ばれたのであろう。しかし奥には充銭文しか書かれず、収納文も簡単なもので済んだため、第5紙には多くの余白が残り、第4紙には何も書かれずに終わった。

続々修40ノ2裏の第8紙は借金申込書aであるが、その奥（左）に空の第7紙が貼られている（逆継ぎ）。これは月借銭解ではないが充銭文、収納文などは書かれてもよい。そこで第8紙のみでは十分ではないので、第8・7紙の二紙継ぎの用紙が選ばれたのであろう。しかし、この借金の申し込みは、全文墨沫されていて認められなかったらしいので、第7紙は空のまま残った。

以上、二紙継ぎの用紙が選ばれたのは、借金申込書の例を含めて、三例が確認できるだけである。(7) 多くの月借銭解の中でこれだけしか確認できないのは、表裏空で横幅の十分な紙が多数用意されており、その中に二紙継ぎのものが含まれることはあったが、その数は少なかったことを示している。

書式　借用希望者は、以上のように用紙を手にすると、上掲のような書式で月借銭解を書いた。単独で借用する場合と、数人の共同借用とで様式が異なる。前者では償人が立てられるのが普通であるが、後者では償人はなく「死生同心」などの連帯保証を示す文言が記されるのを通例とする。この両者の違いはあるが、解を用いること、二行目に「合」の次に借用希望金額と利率を書くこと、cに相当する部分には返済期限や返済の決意を記すのみで、その他の個人的な事情を記すことはまれであることなど、大体において似た内容になっている。これらは宝亀三年から六年にわたって受け継がれ、その間に顕著な様式の変化は見られない。

しかし、借用希望者の名前が日下ではなく冒頭に書かれることがあること、cに相当する部分の文章に若干のバリエーションがあることなど、細部で変化がある。したがって、何らかのひな型をもとにそれを写しながら作成したとまでは言えない。大体の書き方が周知されていて、それに従って書いたとみるのが穏当であろう。

月借銭解は、ほとんどの場合、解の形式を用いている。[8]「謹解」で書き始めるものが多いが、人名＋（謹）解で書き出すものもある。書き出しか書き止めのいずれか又は両方に「謹」字を使用する場合がほとんどであるが、中にはどこにも「謹」字を用いないものがある。No.4・15・16・32・34・37・45・66・67の九点である。その中で最も異例なのは次のNo.15である（19ノ310、続々修40ノ1①(27)裏）。

解①月〔借〕銭三百文　③『一月又廿日利六十二文』
右、銭要須、照趣使付可
給下、⑧更壱貫文八月二日、⑨『一千六十文』
七月八日念林老人
④『以十一月廿四日納四百卅文〈三百文本／一百卅文三月又十日利〉』
②『依員行　　司』

⑤「以同月十二日請二百文　⑦念林宅成」『以十一月廿四日納了
⑥ 一月又十五日利卅九文』

これによると、この№15では三回にわたる月借銭の貸し付けと返済が記録されている。一回目は①の三〇〇文であり、宝亀三年七月八日付で月借銭解が作成された。②の充銭文はこれに対するものであろう。③の八月末ごろに利六二文のみを返し、④十一月二十四日に本利を返済してこの件は完済となった。①に掛かる朱合点はその完済符号である。これについては、「謹」字を用いないのみならず、「可給下」という月借銭解ではこれにしか見えない特異な書き止めになっている。また返済の期限を切らず、質も償人もない。本人でなく使者に提出させたらしい。これも異例である。

二回目は⑤の同月（七月）十二日の二〇〇文で、念林宅成が借りた。この場合、念林宅成が月借銭解を作成したかどうか確証はないが、この№15に書き込まれるという異例の状態から見て、作成しなかったとみておきたい[9]。これは⑥のように、八月末ごろ利三九文のみを返し、⑦十一月二十四日に本利とも完済した。⑤の朱合点がこの件の完済符号であろう。三回目は⑧の「更壱貫文八月二日」である。これも最初の月借銭解への書き込みの形をとっており、すこぶる異例である。これに関しては⑨の『一千六十文』の朱筆が収納文、⑧の朱線の囲みが完済符号とみられる。

以上のように、№15は異例ずくめである上に、全体として月借銭の運営主体に対する敬意が感じられない。念林老人は天平十一年（七三九）から見える最古参に属する経師で、神護景雲二年（七六八）には奉写一切経司の主典で正八位上の位階を持っていた。このような経歴の長さと地位の高さが、異例の解を書くことを可能にしたのであろう。

償人　単独で借用希望する場合は、原則として償人を立てることが求められた。複数の場合は、相互の連帯保証とされ「死生同心」などのそれを示す文言が書き込まれた。

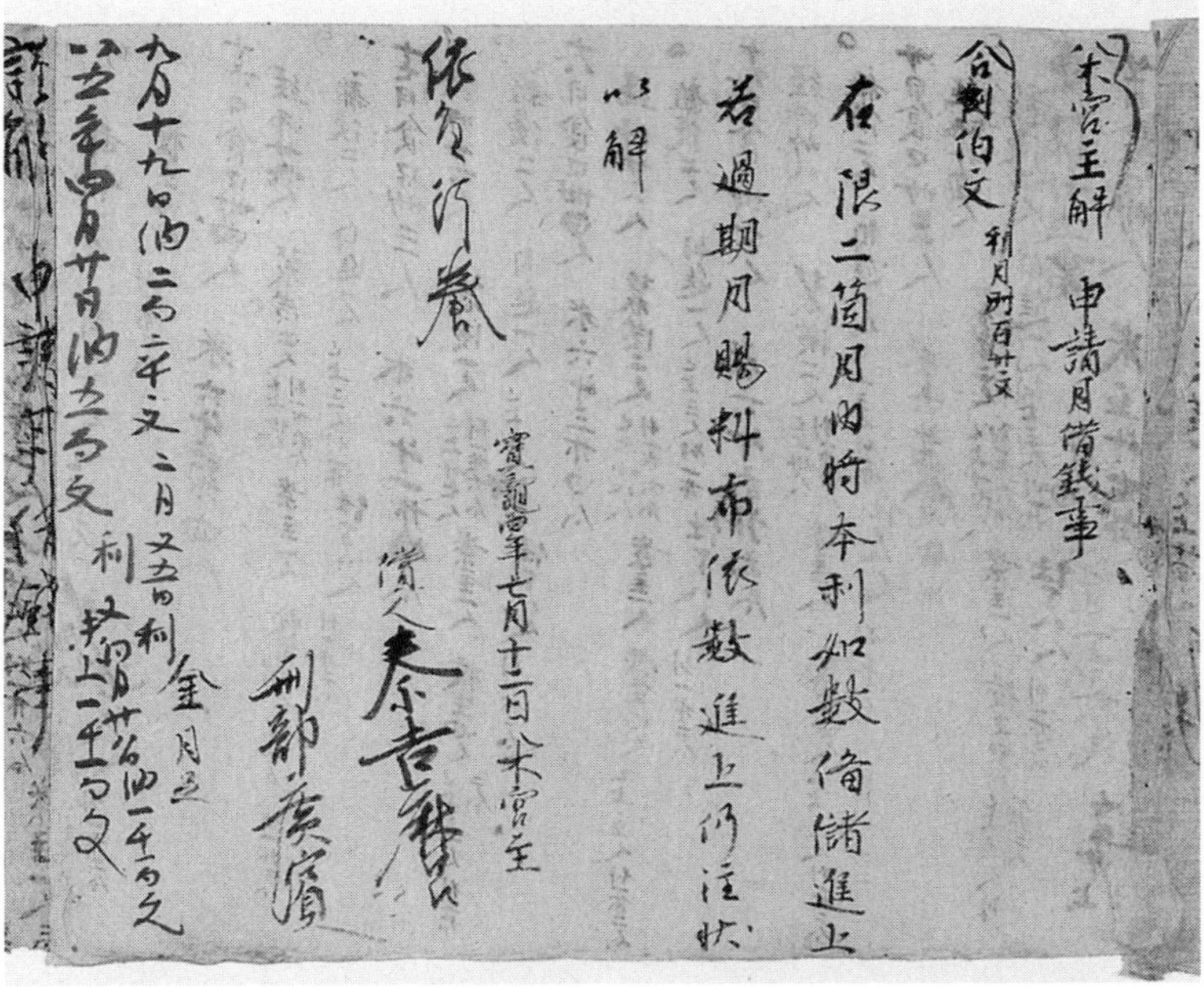

写真２　No.67　八木宮主月借銭解（宝亀4.7.12）続々修40-2裏31紙　償人の自署

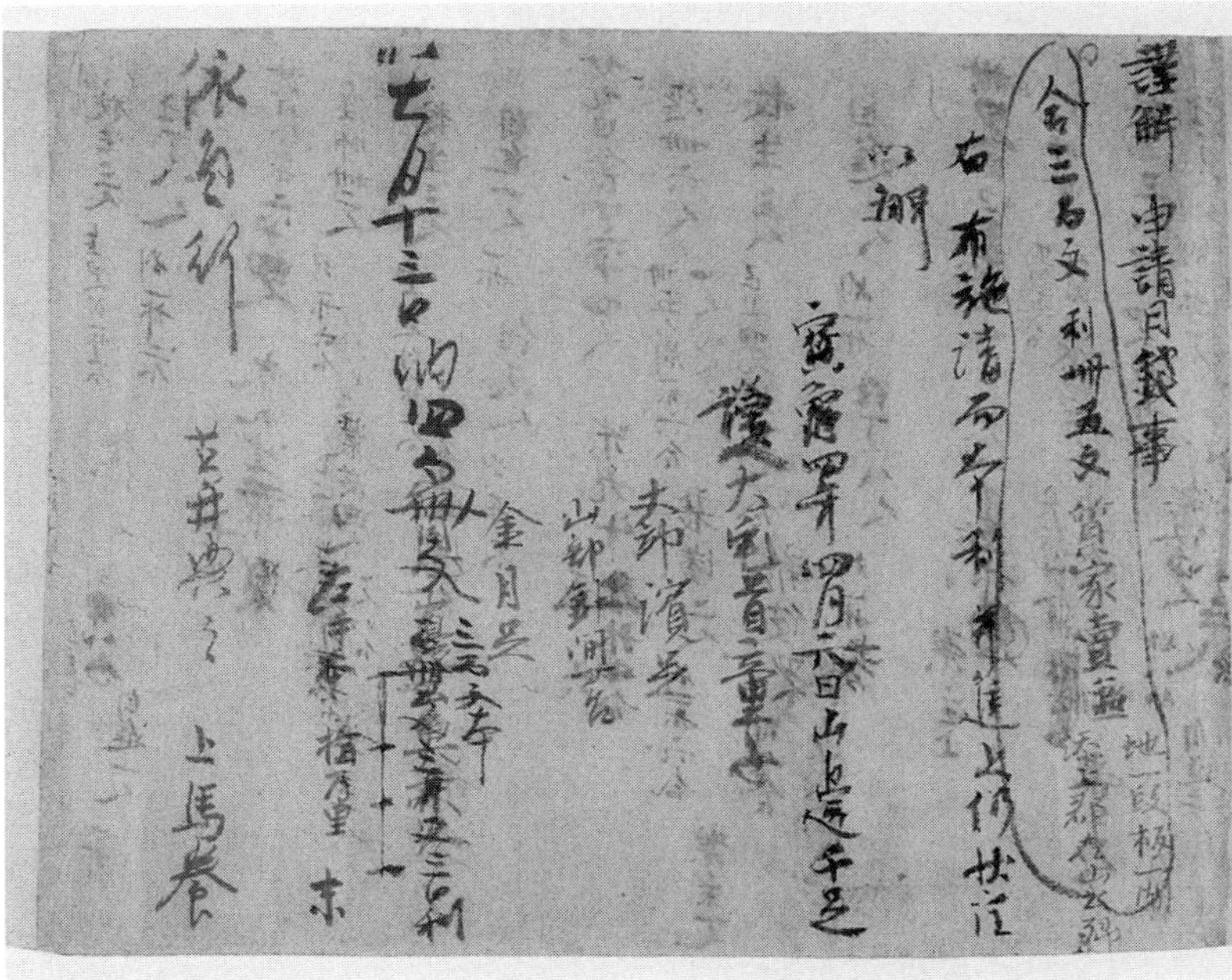

写真３　No.56　山辺千足月借銭解（宝亀4.4.6）続修24⑧　償人の自署

償人の部分は、同筆別筆の判別が難しい場合が多いが、「償」または「償＋氏」までが先に書かれており、償人はその下に氏名または名のみを自署したとみられる。たとえば№67（写真2）では、「償人」までと「秦吉麻呂」以下は筆跡や墨の濃さが異なり、三人の償人は明らかに自署である。№56（写真3）では、「償」に薄墨で「證人」と重ね書きし、[10]さらに「大宅首童子」以下四人の證人はそれぞれ自署とみてよい。自筆で書きこんでもらうことにより、保証力を担保したのであろう。ただし、その保証力はどこから来ているのか、借用者と償人とはどのような関係であるのか、どこでどのようにして自署をもらったのか、など多くの点が不明である。[11]

2　第二段階

前項では、月借銭解の作成のレベルについて検討したが、つぎに、第二段階の検討に進もう。第二段階は月借銭の事務担当者が、月借銭解や作成した事務帳簿（月借銭関連史料）によって事務処理をおこなった段階である。継目裏書、充銭文、収納文、完済符号がどのように記されたのかを検討することを通じて、提出された月借銭解が事務的にどのように扱われたのかを検討したい。

月借銭継文と継目裏書　現存するほとんどの月借銭解には、接続情報ならびに実物観察によると、左右両端裏もしくは片端裏に「養」[12]の文字（朱筆または墨筆）が半存する。そのうちもっとも遅い時期の「養」の継目裏書は、№87（宝亀五年十二月一日）の左端裏にあるものである（写真4）。これらの継目裏書は、月借銭運営の責任者である上馬養が記入したものである。彼は、宝亀六年三月二十九日には案主であることが確認され（23ノ429）、おそらく写経所が停止される宝亀七年六月まで案主であったのであろう。次第に継目裏書を書かなくなったが、月借銭の運営に最後までかかわったと思われる。

さて、ほとんどの月借銭解に継目裏書が書かれたということは、提出された月借銭解のほとんどが貼り継がれ、[13]月借銭継文と称すべきものが作成されたことを意味する。月借銭解以外で「養」が書かれた唯一の例外が借金申込書bの「高向小祖月借銭解」（前掲）である。この右端背面に墨書の「養」半存、左端背面に朱の「養」が半存している。この借金申込については、前述のように、月借銭の責任者である上馬養が二度にわたって貸出を許可しているので、彼の手元に置かれていたとみられる。そのために誤って月借銭継文に貼り込まれてしまったために継目裏書が書かれたのであろう。これらから見て、月借銭解を貼り継ぎ「養」の継目裏書を書くことが月借銭継文の原則であったと考えられる。

しかし一方で、現状で継目裏書の存在が認められないものが存在する（表1参照）。これらをどう理解したらよいであろうか。このうち前後のいずれかが欠けている場合は[14]、欠けていない側に継目裏書がないので、欠落している側の継目裏書もなかった可能性が大いにある。これによると、№38・42・75・77・81・82・84・85・86・88・92・93・94・95・96の一五点には、両端裏継目裏書がないか、もしくはない可能性が高い。このうち№42・77は、後述のように、月借銭継文に貼り継がれなかったとみられるので、継目裏書がなくて当然である。

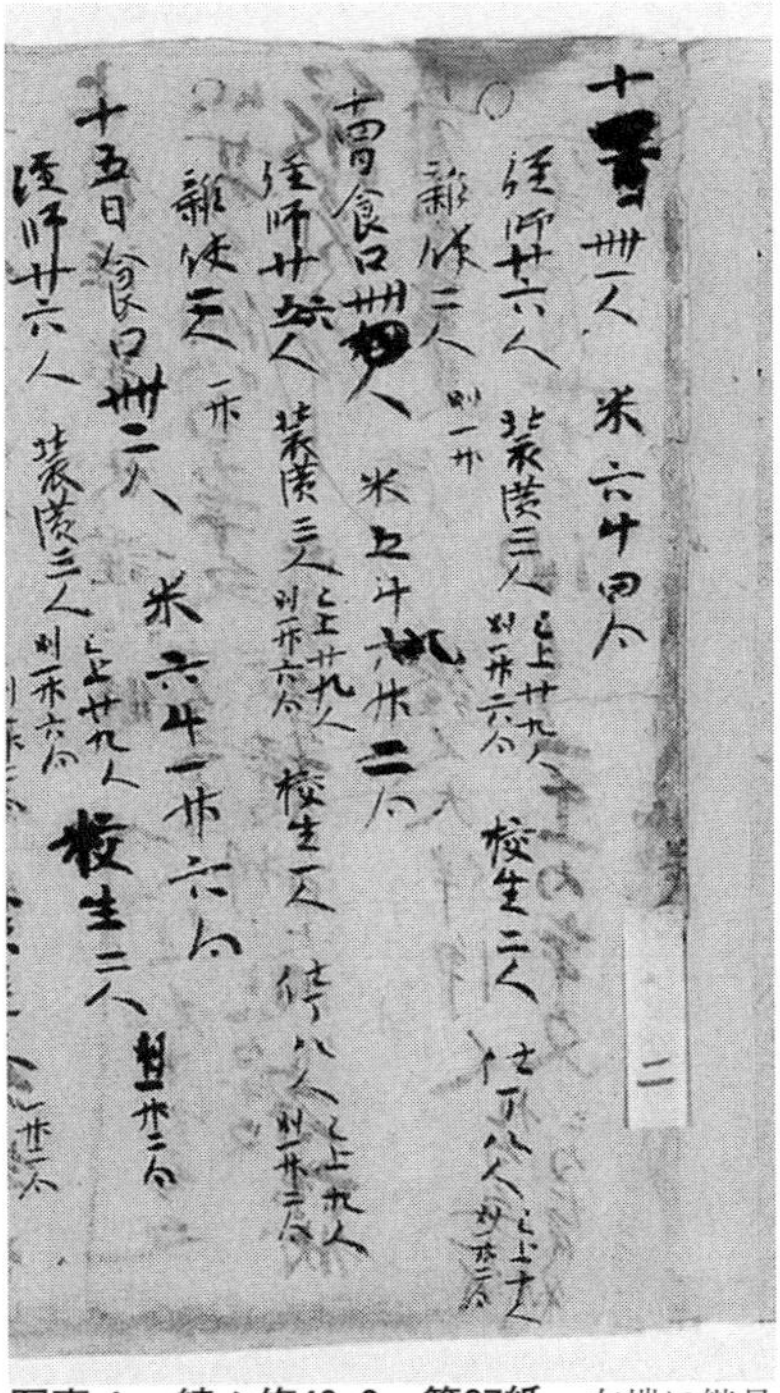
写真4　続々修40-3　第27紙　右端に継目裏書「養」（裏は№87大綱嶋守月借銭解（宝亀5.12.1））

この二点を除くと、№38以外はすべて宝亀五年三月二十九日の№75以降のものであることがわかる。そうすると、宝亀五、六年の遅い時期のものに継目裏書のないもの、もしくはない可能性のあるものが集中していることがわかる。このことは、遅い時期になると、月借銭継文には次第に継目裏書が書かれなくなっていく傾向があること

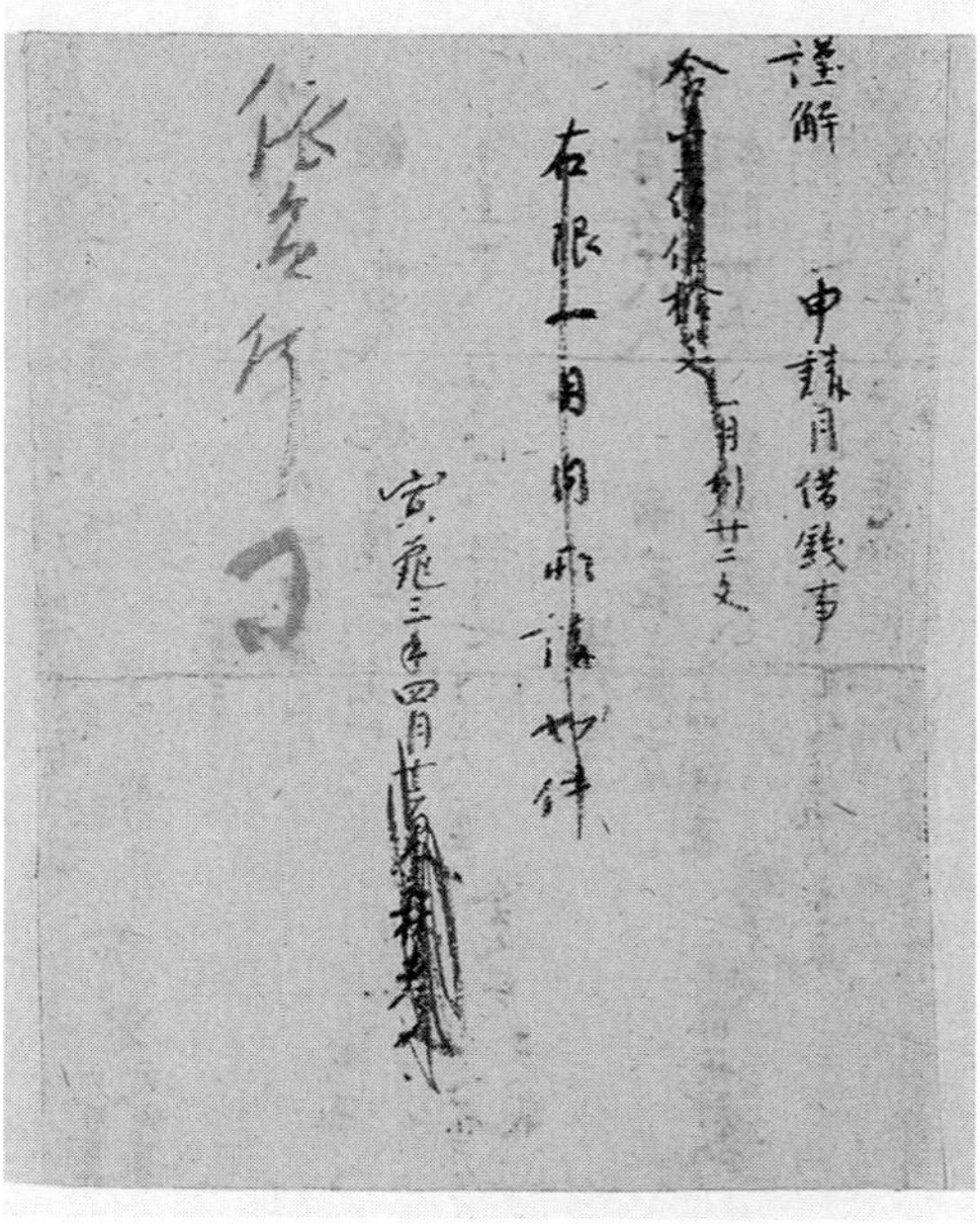

写真5　No.9　念林老人月借銭解（宝亀3.4.12）
続修後集20④　朱抹が完済を示す

を示している。

完済符号　現存する月借銭解を見ると、充銭文・収納文が書き込まれ、最後に完済符号が付されるのが標準的な在り方である。しかし、中には充銭文・収納文のいずれかまたは両方ともなくとも完済符号が付されている場合がある。

No.4は『史料目録』と『影印集成』にそれぞれ左端が「切断、墨痕僅存」「墨痕（僅存）切断」とされているので、償人[15]・充銭文・収納文の部分が切り取られて残っていないとみられる。しかし、借用希望銭額の部分に合点があり、これが完済符号である。

No.9（写真5）には充銭文はあるが収納文がない。しかし、借用希望銭額と利率、一カ月の期限で借用したい旨の文言、日下の念林老人の人名の各部分が朱の線で抹消されている。充銭文とこの朱の抹消線は色が異なり、記入時期が違う。この点から、朱の抹消線は完済符号としての意味があったであろう。

No.32は充銭文がないが、書き出しと借用希望銭額、質物の部分を朱線で囲む完済符号がある。

No.34も充銭文はあるが収納文が見られない。借用希望銭額と借用希望者の音太部野上・刑部真主の名前と銭額の内訳部分に朱合点[16]が打たれている。この朱合点と充銭文の朱の色はわずかに異なっている。この朱合点は完済符号と判断しうる。

№55は、充銭文はあるが収納文がない。しかし、借用希望銭額の右肩部分に朱の圏点が打たれており、これが完済符号とみられる。

№94は、丈部長岡・大生子敷・額田部磯嶋の三人連名の月借銭解である。日下とそれに続けてこの三人の自署があるべきであるが、二人目の「大生子敷」の文字が切れており、額田部磯嶋の自署はない。したがって後欠である。このためか充銭文がない。しかし、丈部長岡・大生子敷の二人については「六百六文」「六百九十四文」という朱の書き込みがあり、これが収納文とみられる。また「丈部長岡五百文」と借用希望銭額を記した右肩に、この収納文と同じ色の朱で合点が付されている。これが完済符号であろう。(17)

№95は充銭文・収納文ともにないが、借用希望銭額部分の墨合点が完済符号であろう。

№96は、充銭文・収納文ともにないが、借用希望銭額の右肩部分に墨合点がある。これが完済符号であろう。

このように、以上の№4・9・32・34・55・94・95・96には、充銭文や収納文の片方もしくは両方がないが、完済符号があるので、月借銭は貸付けられ、本利とも返済されたとみられる。このほか№31・64・77・86・89・92は前後欠のため完済符号の有無を確かめられない。ただし№77は、末尾が残るのみだが、この部分に充銭文・収納文を書き込めるスペースが十分あるにも関わらず、それらはない。また、日下の「専受五百木部真勝」と「償足」「石川宮衣」の部分が墨抹されていて異例である。後述するように、二次利用も食口案ではなく五百木部真勝の手実であるので、おそらく貸し付けが認められず、五百木部真勝に返却されたのであろう。このため完済符号はなかったとみられる。また№92は大きく後欠しており、一行目「謹解　申請月借銭事」と二行目「合銭壱貫五百文加利別百十五文」が残るのみであるが、この部分に完済符号らしきものは認められない。断言はできないが、完済符号はなかった可能性がある。

つぎに、完済符号がないことが確実もしくはそのように推測されるのは、№42・75・77・84・92の五点である。このうち№42・84は、後述のように、貸付けは認められず、前者は申請者に返却され、後者は写経所事務局に留め置かれたと考えられる。したがって完済符号がないのは当然である。№77・92も同様とみられる。残る№75（22ノ381～382、続々修40ノ3①⑾裏）は美努船長の月借銭解であり、さきに用紙の左右幅が五〇cmを超える長い事例として示したものの一つであるが、これは極めて異例である。

謹解　申請月借銭事
　合壱貫文利如進人者　質家也
右、件銭、怱依有所用、一月之間、所
請如前、仍注事状、附葛万呂申送、以
解、
　　　　宝亀五年三月廿九日付葛万呂
謹上　経所衙　　　主奴美努船長状上

紙末申　船長今間有暇日甚多、欲参
　織布、乞欲可不之状聞食、

これには充銭文、収納文、完済符号その他の記載や記号は何もない。また、利息について「利如進人者」と記すこと、月借銭解では宛先を書かないのが通例であるのに「謹上　経所衙」と記し、「主奴…状上」とあり、「紙末申」以下の追記をしていることなどは、通例の月借銭解と著しく異なる。また美努船長本人は休暇中のようであり、葛万呂なる人物に付して届けており、書状の体裁をとっている。事情がはっきりしないが、貸付けは認められなかったものと理解しておきたい。後述のように、他の月借銭解と同じく食口案F帳に二次利用されているので、美努船長に返却されることなく写経所の月借銭担当者の手元に残されたとみられる(18)。

以上の№42・75・77・84・92の五例と、前欠のため不明の分を除くと、現存する月借銭解のほとんどは、実際に貸し付けられ、そして完済されたものとみてよいのである。

これによると、現存する月借銭解には二種類あることになる。一つは実際に貸し付けられ完済されたもの（完済符号があるもの）、もう一つは、点数は少ないが、月借銭解として提出されたが貸付けが認められなかったもの（完済符号がないもの）である。(19)

このうち後者は、さらに二つに分かれる。No.42・77のように申請者に返却されたものと、No.75・84・92のようにそのまま写経所に留め置かれたものである。この違いは、貸付け不可の決裁がどの時期になされたかによるのであろう。月借銭解提出後早い段階で決裁されると申請者に返されたが、ある程度事務処理が進み、月借銭継文に貼り継がれた後に決裁されると返されることはなかった。

現存する月借銭解の以上の二種類は、月借銭貸し付けの実行という点では大きく異なるが、視点を変えて月借銭の事務担当者から見ると、いずれも事務運営上では処理済みになったものであるという点で共通する。そのようなものが、貸し付けや返済の事務が進行中の月借銭継文に入り混じっていると、事務作業はやりにくかったはずである。それらはどのように処理されたか。

充銭文などと紙継目との関係　この点を考える前に、充銭文・収納文・完済符号が紙継目をまたぐ事例について検討しておきたい。管見では以下の八例がある。

(1)　No.5の合点が紙継目をまたいでいるため、右方のNo.6の左端に墨痕が残る。
(2)　No.7の収納文が左方のNo.2との紙継目をまたいでいる。
(3)　No.16の完済符号が右方のNo.15との紙継目をまたいでいる。
(4)　No.20の収納文が右方のNo.26との紙継目をまたいでいる（写真6）。
(5)　No.26の収納文が左方のNo.20との紙継目をまたいでいる（写真6）。
(6)　No.48の収納文が左方のNo.61との紙継目をまたいでいる。

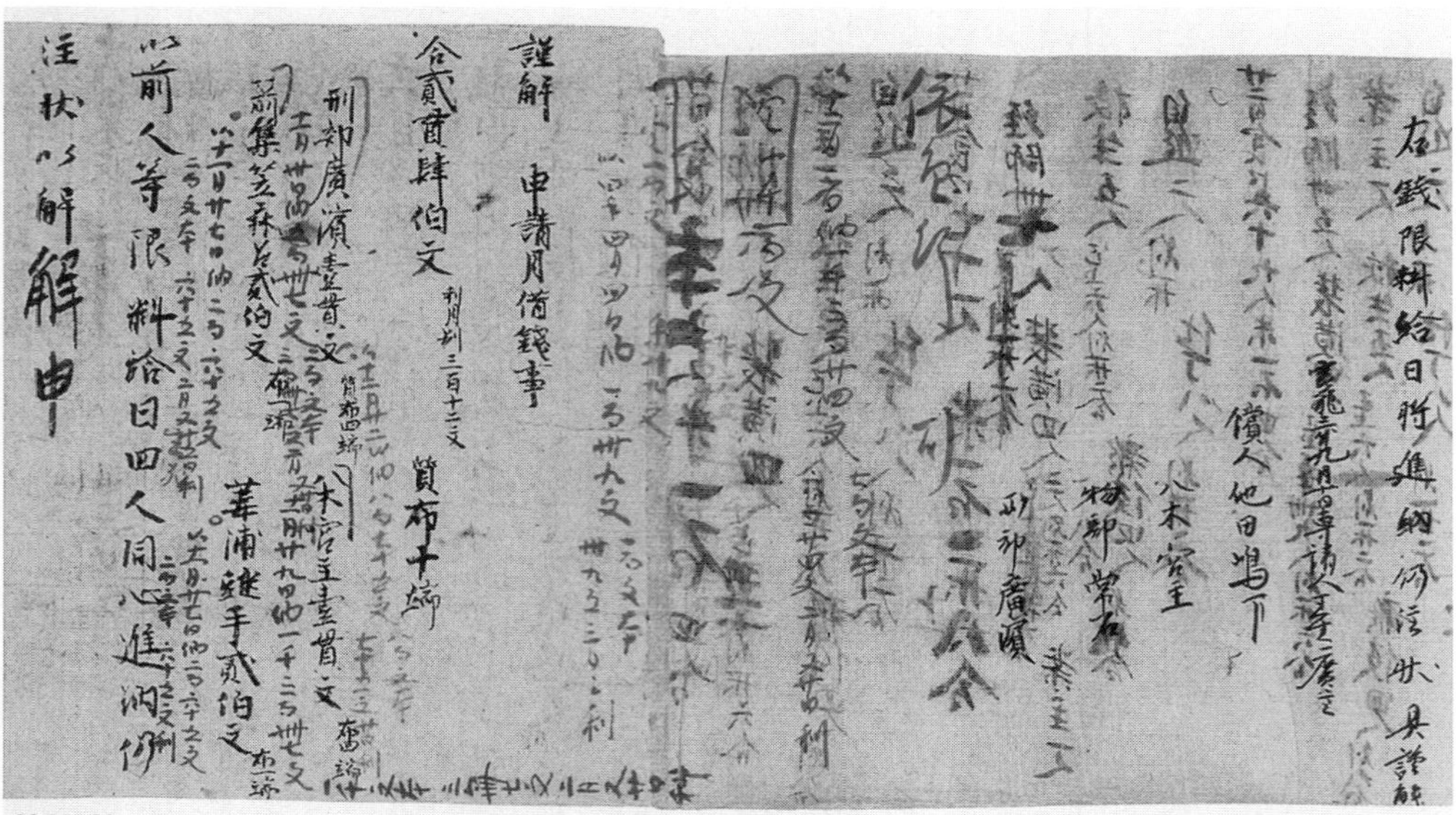

80 No.20　　81 No.26

写真６　No.26　壬生広主月借銭解（宝亀3.9.10）続々修40−1裏81紙
No.20　刑部広浜等連署月借銭解（宝亀3.9.7）同裏80紙
後者の収納文が前者との紙継目をまたいでいる

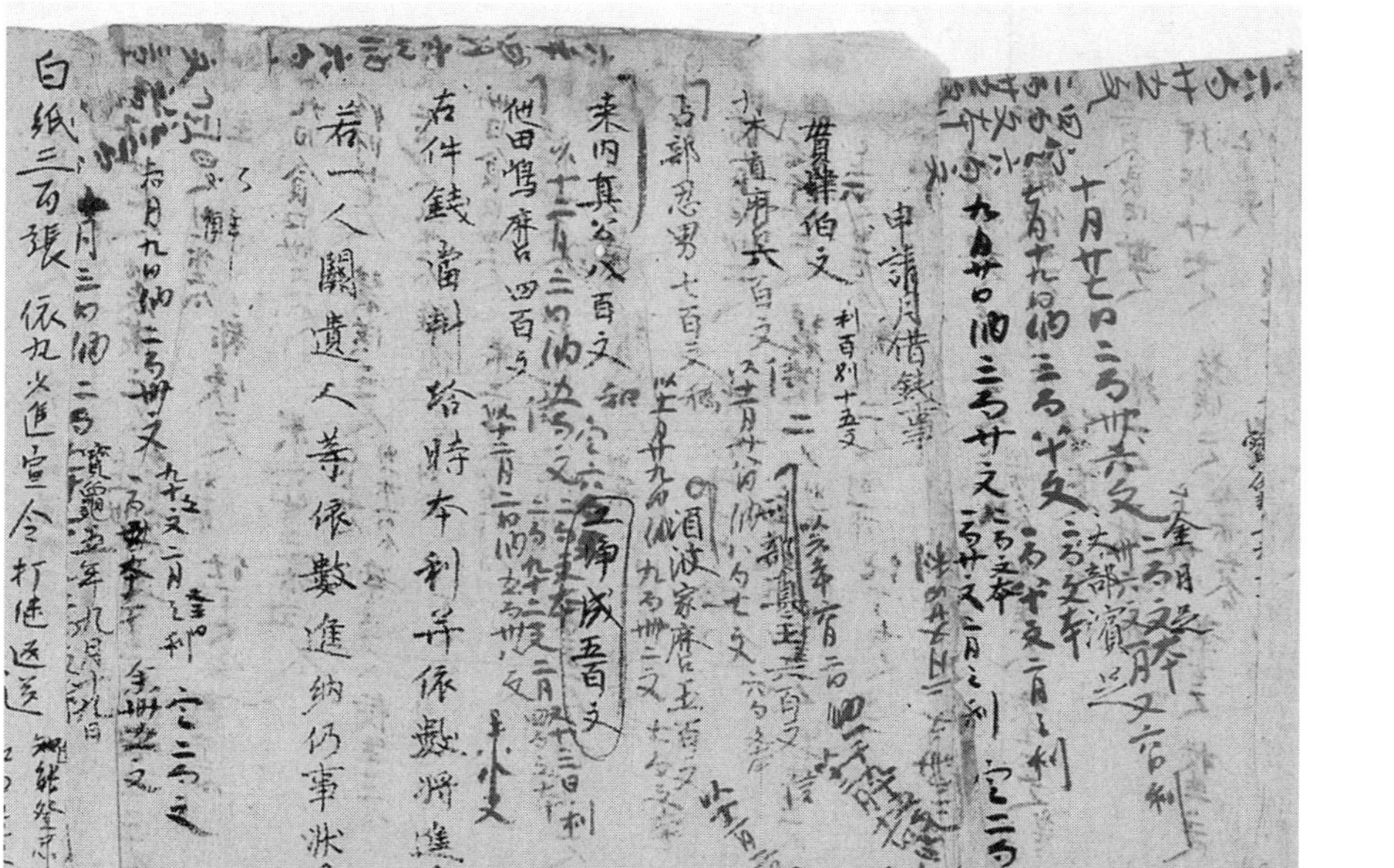

18 No.85　　19 No.86

写真７　No.85　舟木直麻呂等月借銭解（宝亀5.9.19）続々修40−4裏18紙
左端、途切れる　右端、文字を無理に入れ込む
No.86　金月足丈部浜足連署月借銭解（宝亀5.11.30）同裏19紙
左端、収納文が紙継目をまたいでいる

(7)　No.85の収納文が途切れているので、左方にあった紙にまたがって書かれていたことになる（写真7）。

(8)　No.86の収納文が左方のNo.85との紙継目をまたいでいる（写真7）。

これらによると、収納文が左方の月借銭解にまたがる場合が多いが、(1)(3)の二例は完済符号が右方の月借銭解にまたがっている事例である。これら八例のように、収納文や完済符号が左右の紙継目をまたいでいるということは、充銭・収納・完済の確認などの事務が、単独の月借銭解で行われたのではなく、それを貼り継いだ月借銭継文上で行われたことを示している。

しかし、一方で多くの月借銭解にあっては、充銭文・収納文・完済符号は、その月借銭解の紙面内に収められている。紙幅にあまり余裕がない場合でも、無理に納めている。たとえばNo.85（写真7）のうち、刑部真主の十二月十一日の返済について、「二百卌文　二月又廾日利」の部分は紙端に沿って下から上に書かれている。右に続くNo.86の収納文が紙継目をまたいでいるので（上記(8)）、これもNo.86側にはみ出しても問題ないはずであるのに、No.85のうちに収めようとしている。

なぜこのようなことが行われたのか。その理由として、月借銭解が抜き取られることが予定されていたからと考えてみてはどうか。そうすると、抜き取られた月借銭解であっても、そこに充銭文・収納文・完済符号が原則としてみな残っていることになる。そのことは、もし何らかの問題が生じても、借用申し込みから完済までの経過を後から追跡できることを意味する。

しかし、上記のように少数であれ隣りの月借銭解に記載がまたがって書かれた事例があることは、どのように考えられるであろうか。これらの事例のうち、(4)は末尾の「利」の文字がまたがるだけであり、(1)(3)は完済符号として十分認識でき、(6)は文字の一部が切れるだけで十分に読み取れる。これらは、抜き取られて単独の月借銭解となってもあまり問題はない。しかし、(5)（写真6）では、No.26の「以四年四月四日納一百卌九文　一百文本　卌九文三月之利」という収納文の一行が完全に左のNo.20側に書かれているが、この一行は完済されたことを示す

表4　接続する月借銭解の左右両端の状況

左端		接続する月借銭解	右端	
継目裏書	ハガシトリ痕	月借銭解No.	ハガシトリ痕	継目裏書
切断	切断	ⓐ 4→3→5→6	○	○
○	○	ⓑ 9→10	○	○
○	×	ⓒ33→32→34→35	○	○
○	○	ⓓ41→b→43→45→フォッグ美術館所蔵断簡→46→47	前欠	前欠
○	○	ⓔ49→50→52→53→54→55	○	○
○	○	ⓕ56→57→58→59→60	○	×
○	○	ⓖ61→48→62	○	○
○	○	ⓗ65→66、65→51	○	○
○	○	ⓘ69→70	○	×
○	○	ⓙ73→74→72	×	○
○		ⓚ 2→7		○
×		ⓛ12→13→16→15		○
×		ⓜ21→22→25→23→24		×
×		ⓝ19→18→29		×
×		ⓞ20→26→27→28		○
○		ⓟ63→64		前欠
後欠		ⓠ85→86		前欠

・ⓐ～ⓙは『史料目録』によって接続情報が与えられているもの。ⓚ～ⓟは継目裏書が完存していることが視認により確かめられるもの。
・ⓚ～ⓟの左右両端のハガシトリ痕については、私には実物観察で十分な自信をもって認定できなかった場合があるので、すべて空欄としている。

重要なものである。これなどは上記の配慮の欠如と言ってしまえばそれまでであるが、完済符号の合点ははっきりと記されているので、事務担当者としては完済符号さえ確認できれば良いという意識が働いていたとしておきたい。

事務処理済みの月借銭解　先に、完済符号が付され事務処理が完了した月借銭解が月借銭継文に貼り継がれたままであると、事務作業が行いにくかったはずであることを指摘した。また充銭文・収納文・完済符号のあり方から、月借銭解の抜き取りということを予想した。これらを総合的に考えるために、月借銭解が貼り継がれた状況を検討したい。

『史料目録』によって接続情報が与えられていることや、継目裏書が完存したり収納文・完済符号等が紙継目をまたいでいる場合は、月借銭解が宝亀年間当初に貼り継がれた状態がそのまま保存されている事例として理解できる。それを整理すると表4となる。これには、その両端の状況も併せて記している。

これによると、ⓑⓒⓔⓖⓗⓙⓚの月借銭解群については、両端裏に継目裏書が半存しているので、その両側にはかつて別の月借銭解が貼り継がれていたはずである。またⓐⓓⓕⓘⓛⓞⓟは、少なくとも一方の端裏に継目裏書の半存が確認できるので、かつてそちらのほうに別の月借銭解が貼り継がれていたとみてよい。残るⓜⓝⓠのうちⓜⓝは、左右両端裏とも継目裏書が確認できないが、ハガシトリ痕の有無を十分に確認できないので、左右両側に別の月借銭解が貼り継がれていなかったとまで断言することは控えておきたい。ⓠは両端とも欠失しているので、両側との関係は不明とするほかない。

以上によると、ⓜⓝⓠ以外については、両方または片方にかつて別の月借銭解が続いていたということができる。したがって、これらは、長く続く月借銭継文から、それぞれ接続する月借銭解が数点まとめて剥がし取られたということができる。

以上の接続するもの以外に、煩を避けていちいち述べないが、継目裏書が半存ないし微存する二三点の月借銭解が単独で存在する（表1）。これらの左右にもかつて別の月借銭解が貼り継がれていたのである。これらは、月借銭継文から一点ずつ抜き取られたことを意味する。

以上によると、かつて存在した月借銭継文から、事務処理済みの月借銭解が一点または数点ずつ剥がし取られ、その剥がし取られたものこそが現存する月借銭解なのであるということができる。

次に、一方の端部に継目裏書が複数存在する事例に注目したい。『史料目録』『影印集成』および実物観察によると、№2・6・7・9・12・13・14・15・17・18・30・41・49・65・66・80の一六例がある。このうち最も顕著な事例は№15の右端裏で継目裏書が四つもある（写真8）。継目裏書が複数存在するということは、継ぎ

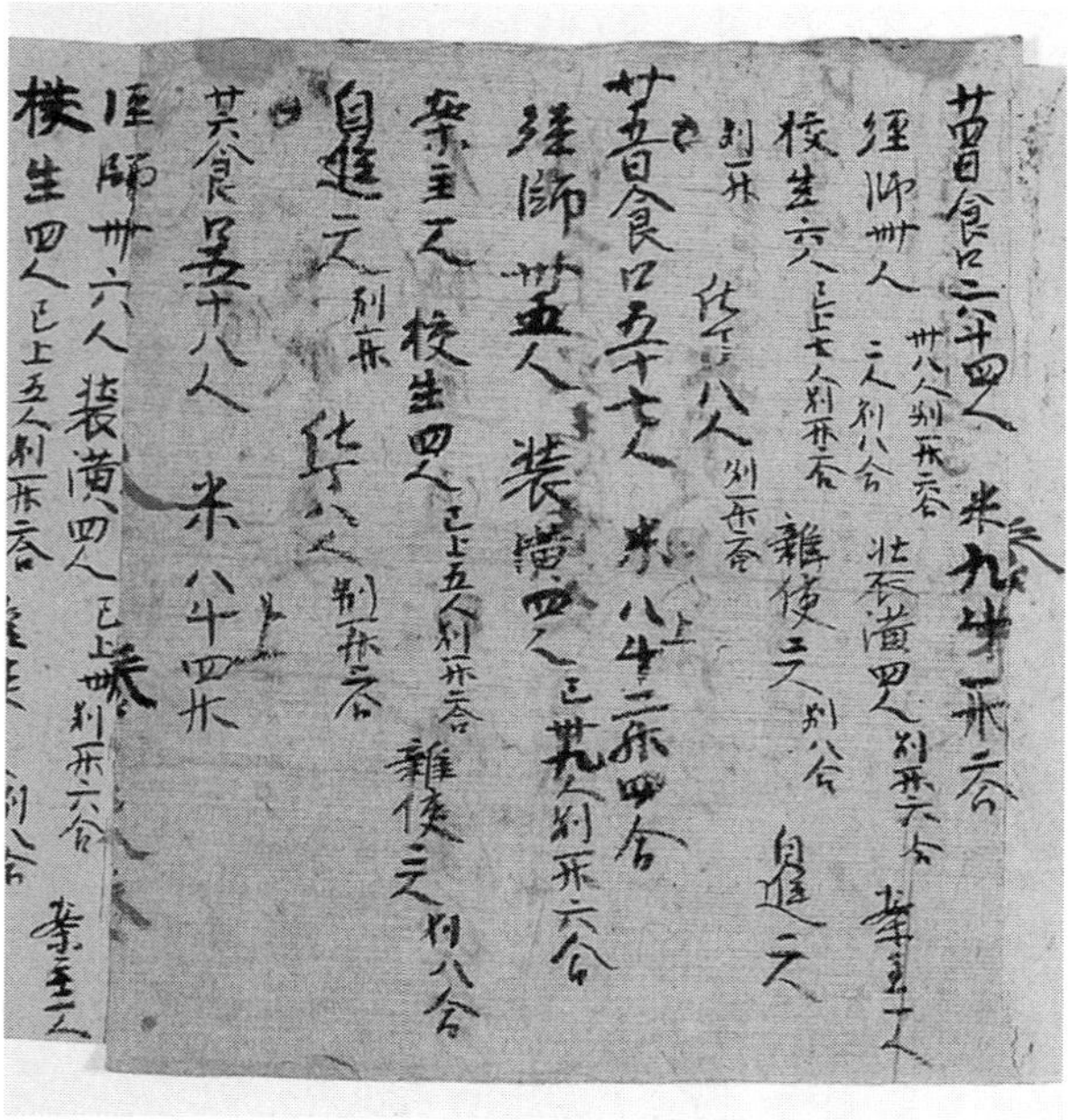

写真８　続々修40−1　第74紙　左端に継目裏書「養」半存４つ、右端には１つ（背面は№15念林老人月借銭解（宝亀3.7.8））

直しが行われたことを示している。いま月借銭継文から月借銭解が剥がし取られたことを指摘したが、一点ないし数点の月借銭解が抜き取られた後、その部分の前後を貼り継いでふたたび継目裏書が書かれたために、継目裏書が複数となったと考えられる。

以上によると、月借銭解は貼り継がれて月借銭継文とされ、それによって貸付け、回収の事務がとられたが、完済に至ったり貸付けが認められなかった月借銭解は、数点または一点ごとに適宜剥がし取られ、その個所が継ぎ直され継目裏書が書かれた。このことは、先に充銭文・収納文・完済符号のあり方から、月借銭解の抜き取りを想定したことと合致する。

月借銭継文の貼り継ぎ順　次に、ⓐ〜ⓠの貼り継ぎの順序を検討したい。これによると、多くは日付順に左から右に貼り継がれているが、ⓒⓖⓗⓙⓝの一部に日付の順が逆転している場合がある。そこで、この日付の逆転している事例を検討しよう。

まずⓒでは、№33（十二月一日）と32（十一月二十七日）の日付が逆転している。しかし№33の日付は訂正されており、訂正後が十二月一日であるが、訂正前は十一月□□日であった。そうすると、日付の逆転はこの訂正によって生じた可能性が高い。

次にⓖの三点（No.61・48・62）は、真ん中のNo.48の両端がともに「接続ス（ツキ合セ、表裏接続）」であるので、三点の順序は月借銭継文の最初の状態が保存されているものとみられる。したがって、この場合の日付の逆転は、月借銭継文に貼り継がれた当初からのものと見なければならない。

ⓗは始めNo.65（七月九日）—66（七月十一日）と日付順に貼り継がれていたが、その後No.66がはがされてNo.51（四月六日）が継がれ、日付の逆転が生じた。

ⓙのNo.74（三月六日）—72（二月一日）は「接続ス（表裏接続）」とされているが、No.72左端表に紙片が付着するものの同裏に糊跡が確認できない。したがって、継ぎ直された可能性がある。そうだとすると、No.73（二月十日）—74は日付順で、No.74—72の日付の逆転は、継ぎ直し後に生じたものとみることができる。

ⓝのNo.19には八月二日から九月二日への日付の変更がある。はじめ六〇〇文の借用を申し込み、これについて充銭文と収納文が書かれている。収納文の朱と六〇〇文部分を囲む朱線とは同じ色調であるので、後者は六〇〇文についての完済符号である。これに対応する日付が当初の八月二日である。しかしその後二〇〇文が追加借用された。その収納文は記されていないが、これに対応して九月二日に日付が訂正されたのであろう。そうすると、最初にⓝが貼り継がれた時には、日付順であったことになる。また、追加借用の九月二日までの一カ月以内に最初の貼り継ぎが行われたことになる。

以上によると、ⓖ以外は、いずれも継ぎ直しや日付の訂正によって逆転が生じたと理解できる。したがって、月借銭解が提出されると、ほとんどの場合、日付順に左から右に貼り継がれ、月借銭継文が作成されたと考えられる。

月借銭継文は巻かれていたと思われるが、同時に数本の月借銭継文あったと考えられるので、開かずに内容を知ることのできる工夫があったのではないか。題籤軸[20]、端裏書[21]、インデックスなどが想定されるが、その手

表5　完済から二次利用までの日数

No.	月借銭解の日付	完済日	二次利用開始日	日数
1	宝亀3年2月14日	宝亀3年6月23日	宝亀3年8月19日	55
3	〃　2月25日	〃　6月24日	〃　8月29日	64
5	〃　2月29日	〃　4月12日	〃　9月2日	137
6	〃　2月30日	〃　6月14日	〃　9月4日	78
7	〃　3月5日	〃　11月24日	宝亀4年4月8日	133
8	〃　4月2日	宝亀4年1月11日	〃　4月11日	89
10	〃　4月13日	宝亀3年6月13日	宝亀3年8月15日	61
12	〃　6月15日	宝亀4年1月23日	宝亀4年4月15日	81
13	〃　6月16日	宝亀3年9月12日	〃　4月18日	213
14	〃　6月18日	〃　7月1日	宝亀3年8月9日	37
16	〃　8月28日	〃　11月23日	宝亀4年4月21日	147
17	〃　8月29日	〃　10月21日	〃　12月12日	434
18	〃　8月30日	〃　11月24日	〃　1月11日	47
22	〃　9月7日	〃　11月26日	〃　5月2日	154
23	〃　9月8日	〃　10月10日	〃　5月10日	207
24	〃　9月8日	〃　12月1日	〃　5月12日	159
26	〃　9月10日	宝亀4年4月4日	〃　5月20日	45
27	〃　9月11日	宝亀3年12月5日	〃　5月23日	166
28	〃　9月11日	〃　11月24日	〃　5月26日	180
29	〃　9月13日	〃　10月11日	〃　1月17日	95
30	〃　9月16日	宝亀4年4月5日	〃　12月1日	261
32	〃　11月27日	宝亀3年12月25日	〃　6月5日	158
33	〃　12月1日	〃　12月24日	〃　6月2日	156
36	〃　12月25日	宝亀4年7月17日	〃　7月21日	4
37	〃　12月27日	〃　4月3日	〃　5月29日	55
38	〃　12月27日	〃　7月12日	〃　8月2日	20
39	〃　12月28日	〃　4月4日	〃　7月26日	110
40	〃　12月29日	〃　4月5日	〃　8月8日	121
41	宝亀4年1月25日	〃　4月3日	〃　8月13日	128
44	〃　2月30日	〃　5月26日	〃　8月23日	86
45	〃　2月30日	〃　4月14日	〃　8月27日	131
46	〃　3月10日	〃　7月9日	〃　9月3日	53
47	〃　4月3日	〃　11月5日	宝亀5年1月9日	93
48	〃　4月4日	〃　7月10日	宝亀4年10月18日	97
49	〃　4月5日	〃　7月9日	〃　9月6日	56
50	〃　4月5日	〃　7月10日	〃　9月9日	58
52	〃　4月6日	〃　7月12日	〃　9月13日	60
53	〃　4月6日	〃　7月10日	〃　9月16日	65
54	〃　4月6日	〃　7月9日	〃　9月20日	70
56	〃　4月7日	〃　7月13日	〃　9月27日	73
57	〃　4月8日	〃　7月9日	〃　9月30日	80
58	〃　4月8日	〃　7月7日	〃　10月4日	86
59	〃　4月9日	〃　7月11日	〃　10月7日	85
60	〃　4月10日	〃　7月17日	〃　10月10日	82
61	〃　4月14日	〃　7月9日	〃　10月13日	93
62	〃　4月23日	〃　7月10日	〃　10月21日	100
63	〃　5月12日	〃　7月13日	〃　10月25日	101
64	〃　5月30日	〃　7月11日	〃　10月26日	104
65	〃　7月9日	〃　11月7日	〃　12月26日	78
66	〃　7月11日	〃　11月5日	〃　12月20日	44
68	〃　9月20日	〃　11月7日	宝亀5年2月2日	113
69	〃　9月20日	〃　11月7日	〃　1月21日	103
70	〃　9月21日	〃　11月6日	〃　1月26日	109
71	〃　9月22日	〃　11月6日	〃　1月14日	97
72	宝亀5年2月1日	宝亀5年4月23日	〃　8月9日	105
73	〃　2月10日	〃　4月12日	〃　7月30日	107
74	〃　3月6日	〃　4月15日	〃　8月5日	109
76	〃　4月27日	〃　7月7日	〃　7月26日	19
78	〃　4月29日	〃　7月5日	〃　7月21日	16
80	〃　8月13日	〃　9月21日	〃　12月22日	91
82	〃　9月18日	〃　9月25日	宝亀6年1月15日	109
83	〃　9月19日	〃　12月17日	宝亀5年12月26日	9
87	〃　12月1日	宝亀6年2月29日	宝亀6年4月14日	43
93	宝亀6年5月30日	〃　7月14日	〃　7月29日	15

・月借銭解の日付と完済日がわかるものについて表示した。

・二次利用開始日は便宜的に背面の食口案断簡の始めの日とした。実際にはこれより若干早まるであろう。

掛かりは管見の限りではない。

剥がし取られた月借銭解の処置　月借銭継文から剥がし取られた月借銭解は、その後どのように扱われたであろうか。表5は完済の日時が特定できるものについて、その背面が食口案のいつの条に二次利用されたかを調べ、完済日からその日までの日数を計算したものである。剥がし取りが完済以後いつ頃行われたのかははっきりしないし、二次利用に使用された時点も特定できない。しかし、ここで計算した日数より大幅に少ないことはなかろうから、一応、剥がし取られてから二次利用されるまでの期間を見る目安として大過ないと思われる。

全六四例のうち、一か月未満や六か月以上は特異例として除外し、残る五五例で平均をとると、九五・一日となる。つまり、完済日から二次利用までに平均約三か月もたっているのである。

前述のように、一通内に充銭文・収納文・完済符号を収め、剥がし取られた後も借用申込から完済までの経過をたどれるように配慮していたことを念頭に置くと、この長さは、剥がし取られた月借銭解がすぐさま反古とはされないで、しばらく月借銭担当者のもとに置かれていて、問題が起こらないと判断された時点で初めて反古に回されたと理解しておきたい。

月借銭関連史料　これまで月借銭解や月借銭継文に焦点を当てて検討してきたが、これらと関係するのが月借銭関連史料①〜⑦である。次にこれらについて検討したい。

①　「月借銭請人歴名」（6ノ314〜315、続修後集20⑥）

前欠。三七人の人名と銭額を列挙し、末尾に「右、月借銭請人等如件」とあり、宝亀三年四月十八日の日付と日下に上馬養の自署がある。各人の氏名の下に銭額が記されているが、これらは、表6のごとく、対応する月借銭解から借用銭額であることがわかる。また音太部野上までの一七名は、次に見る②と順序・銭額が一致する。[22]②との対応関係から、前欠部分に二人分が記されていたとみられる。①②とも同じ合計三九名を挙げた

表6　①「月借銭請人歴名」と②「経師等月借銭収納注文」と月借銭解との比較

①「月借銭請人歴名」		②「経師等月借銭収納注文」			現存月借銭解				
借用者	借用銭額	借用者	銭額	朱筆の月日	No.	年月日	借用銭額	完済時期	備考
（前欠）		常世真吉	1000	4月12日					
		当麻宅養	300	4月24日	1	宝亀3年2月14日	300	6月23日	4月24日に利39文を納めている
占部忍男	500	占部忍男	500	4月10日					
船木麻呂	500	船木麻呂	500	4月16日					
小長谷嶋主	300	小長谷嶋主	300	2月18日					
佐保礼人	1000	佐保礼人	1000	2月18日					
韓国形見	400	韓国形見	400	4月14日					
山部針間万呂	700	山部針間万呂	700	4月9日					
念林宅成	1200	念林宅成	1200	4月13日					
壬生広主	800	壬生広主	800	2月20日					
豊田大山	4000	豊田大山	4000	2月20日					
桑内真公	500	桑内真公	500	2月20日					
大伴真尋	500	大伴真尋	500	4月12日					
石川宮衣	500	石川宮衣	500	4月8日	2	宝亀3年2月21日	500	12月25日以降	4月8日に利97文を納めている
丈部浜足	500	丈部浜足	500	4月12日	4	宝亀3年2月25日	500	（収納文なし）	
秦度守	200	秦度守	200	2月25日	3	宝亀3年2月25日	200	6月24日	2月25日は月借銭解の日付
物部道成	300	物部道成	300	2月30日	6	宝亀3年2月30日	300	6月14日	2月30日は月借銭解の日付
美努石成	300	美努石成	300	3月2日					
音太部野上	600	音太部野上	600	?					
秦道形	600	（後欠）　計14100			7	宝亀3年3月5日	600	11月24日	
八木宮主	800								
田部国守	300								
小野広成	1000								
玉作広長	1000				8	宝亀3年4月2日	1000	4年1月11日以降	
大友路万呂	1000								
高磯足	800								
工清成	500				10	宝亀3年4月13日	500	6月13日	
秦国依	300				11	宝亀3年4月14日	300	9月29日以降	
秦家主	700								
金月足	500								
陽胡穂足	300								
薗吉嶋	600								
忍坂部息嶋	200								
占部国人	200								
物部常石	400								
他田建足	500								
高亀主	200								
井守黒虫	400								
服部虫万呂	400								
	計23500								

ものであったのであろう。上馬養が上級官司へ借用者の氏名とその銭額を報告した文書の案の断片であろう。ただし、船木麻呂について「二箇月利百卌文了」と異筆で返済に関する情報が書き込まれている。また、右端の下方に、「□□〔文〕□□〔箇月利〕□□□」の文字が僅存しているが、船木麻呂の右側に書かれていた当麻鷹養に関する同様の注記であろう。したがって、案を用いて一部の返却の記録が注記された。

② 「経師等月借銭収納注文」（25ノ353～354、続々修40ノ2⑨⑷裏、第43紙）

後欠。冒頭に「合廿四貫四《九》百文」(23)とあり、その下に細字双行で「本二貫一百十三文利」「廿二貫二《六》百八十七文本」と記されている。これに続けて二〇人(24)の人名と銭額、(25)朱による日付を記している。①との対応関係から、後欠部分に一九人分が記されていたとみられる。①が氏名と借銭額のみを記したものであったのに対して、こちらは完済後の利息を計算している。(26)一致する月借銭解（表6）から、宝亀四年一月十一日以降の情報を含んでいることになる。したがって、②は、①のような上級官司への報告文書ではなく、奉写一切経所の内部で月借銭の運用を把握するための帳簿の断片であろう。(27)

③ 「人々借用銭注文」（21ノ123、続々修30ノ2⑶⑷裏、第34～35紙）

冒頭に「合借用銭二貫六《八》百卌六文」とあり、続けて借用内訳が記されている。「奉写一切経経師請筆手実帳」の宝亀三年七月三日「念林宅成手実」、同十四日「壬生広主手実」（19ノ430～431）に二次利用されているので、それ以前のものである。奉写一切経所内部のメモ的なものであろう。

④ 「奉写一切経所解」（25ノ359～361、続々修40ノ2⑨⑶裏、第41、42紙）

後欠。冒頭に「奉写一切経所解　申収納銭事」とあり、「合新銭十二《三》貫八十三文」とその内訳「九貫八百文本、三貫二百八十三文利」をあげる。(28)それに続けて一九人の人名・銭額（本利の内訳）を記し、末尾に去る七月十一日から今月六日までの「人々収納《且進》月借銭、本并利等如件」とある。人名と本の額が一致する月借銭解（表7）から、大日古が推定するように、宝亀三年七月十一日～十月六日の内容である。これは、その期間内にお

表7　④「奉写一切経所解」と現存月借銭解

	奉写一切経解　7/11〜10/6				現存月借銭解				
	計	本	利	利息計算期間	№.	計	本	利	利息計算期間
陽侯穂足	330	300	30	25日					
辛国形見	582	400	182	3ヶ月15日					
念林宅成	304	200	104	4ヶ月					
当麻宅養	613	500	113	1ヶ月24日					
刑部広浜	1560	1200	360	2ヶ月10日					
占部忍男	663	500	163	2ヶ月15日					
高磯足	1050	800	250	2ヶ月15日					
音太部野上	(912)	700	212	2ヶ月	16	943	700	243	2ヶ月20日
船木麻呂	663	500	163	2ヶ月15日	21	665	500	165	2ヶ月15日
常世真吉	1304	1000	304	2ヶ月10日					
美努石成	365	300	65	1ヶ月15日					
山部針間万呂	663	500	163	2ヶ月15日					
大坂広川	663	500	163	2ヶ月15日	24	695	500	195	3ヶ月
桑内真公	652	500	152	2ヶ月10日					
大伴真尋	657	500	157	2ヶ月15日					
鈴間浄継	663	500	163	2ヶ月15日					
他田建足	663	500	163	2ヶ月15日					
布師千尋	126	100	26	2ヶ月					
大友路万呂	1350	1000	350	2ヶ月20日	25	1402	1000	402	2ヶ月15日

ける月借銭運営の実績を、奉写一切経所が造東大寺司に報告した文書の案である。

⑤「奉写一切経所解」（25ノ357〜359、続々修40ノ2⑨(1)裏、第39、40紙）

前後欠。内容的に前半と後半に分かれる。前半は冒頭に「収納銭五貫六百九十七文」とあり、その内訳の細字双行の左行「一貫五百九十五文」とある。これに続けて八人について収納銭額とその本利の額を記した後、末尾に「以前、今《自》月廿《七》《と》日迄十二日、人々且進納月借銭、本并利等如件」とある。各人の部分は④と同じ形式なので、これも月借銭運営の実績報告書の案であろう。表8のような現存月借銭解と

表８　⑤「奉写一切経所解」と現存月借銭解

	奉写一切経所解 ９/７～９/12				更月借銭		現存月借銭解					
	計	本	利	利息計算期間	銭額	日　付	No.	日付	計	本	利	利息計算期間
秦吉麻呂	808	600	208	２ヶ月20日								
物部常石	398	300	98	２ヶ月15日								
大羅嶋守	404	300	104	２ヶ月20日								
田部国守＊	414	300	104	２ヶ月20日								
丈部浜足	522	400	122	２ヶ月10日								
壬生広主	1800	1200	600	２ヶ月15日								
念林宅成	674	500	174	２ヶ月20日			27	宝亀３年９月11日	674	500	174	２ヶ月20日
金月足	685	500	185	２ヶ月25日								
音太部野上					700	８月28日	16	宝亀３年８月28日	943	700	243	２ヶ月20日
丈部浜足					300 1000	今月７日	22	宝亀３年９月７日	1304	1000	304	２ヶ月10日
鬼室石次					1000		21	宝亀３年９月７日	1455	1000	455	３ヶ月15日
物部常石					1000				1325	1000	325	２ヶ月10日
船木麻呂					500				665	500	165	２ヶ月15日
大伴真尋					400				522	400	122	２ヶ月20日
古兄人					1000		22	宝亀３年９月７日	1304	1000	304	２ヶ月10日
桑内真公					1000				1305	1000	305	２ヶ月10日
坂上諸人					1000	已上９人請浜足同日			1304	1000	304	２ヶ月10日
占部忍男					1000				1304	1000	304	２ヶ月10日
山部針間万呂					1000	~~已上２人今月８日~~	25	宝亀３年９月８日	1390	1000	390	１ヶ月
大友路万呂					300				1402	1000	402	２ヶ月15日
矢集笠万呂					300							

＊田部国守の合計は414文とあって、本利の内訳合計と合致しない。

の対応関係から、大日古の通り宝亀三年九月七日～十二日の内容である。後半は、最初に「更月借銭十五貫五百文」とあり、以下一三人の月借銭額を列挙している。②③と同じく奉写一切経所の内部資料の断片で、前半とは性格が異なる。前半の余白部分に後半が書き込まれたのである。表8から、前半と同じ期間の内容としてよい。

⑥⑦「奉写一切経所下銭并納銭帳」（⑥20ノ308～310、続々修40ノ2⑤⑻裏、第25～27紙、⑦20ノ310～312、続々修40ノ4①㉔裏、第37紙）

⑥の十月十九日条の大友路万呂に充てた「出挙之内」を財源とする支出が、山下有美の指摘のようにNo.31に対応するとみられるので、⑥は宝亀三年九月十四日から十月二十一日、⑦は同年十一月二十四日から三十日の内容である。(29)

以上の①～⑦には継目裏書「養」をもつものは一つもないので、月借銭継文には貼り継がれなかったとみられる。それにもかかわらず、①②④～⑦の背面は、多くの月借銭解と同じく、後掲の食口案ＣＥＦ帳に二次利用されている。③は念林宅成手実と壬生広主手実（19ノ430～431、続々修30ノ2「奉写一切経経師請筆手実帳」の34、35紙）に二次利用されている。したがって、これらは、月借銭継文やそこから抜き取られた月借銭解とは別に、やはり月借銭担当者の周辺に存在していたが、やがて反古とされ、同じく反古とされた月借銭解とともに食口案に二次利用され、一部は手実に二次利用されたのである。これらから見て、月借銭関連史料①～⑦は、月借銭継文や月借銭解とともに担当者の手元に併存し、事務処理に利用されたと考えられる。

奉写一切経所の月借銭担当者は、①④⑤前半のように、一定期間ごとに月借銭の借用者、銭額もしくはその本利をまとめて、上級官庁である造東大寺司に報告していた。ところが、⑤前半の余白に記された⑤後半には「八月廾八日」「已上八人請浜足同日」などの追記があり、②にも日付、本利が注記されている。このことは、奉写一切経所は造東大寺司に対して月借銭に関する報告をあげるとともに、その案文を用いて月借銭の管理を行っていたとみられる。また②③⑤後半のように、奉写一切経所内部で月借銭の整理・集計を行い、その把握に努めていた。⑥⑦もその延長線上に理解することができよう。

以上、第二段階の担当者による月借銭の運用事務について検討してきた。それによると、月借銭の事務処理は大きく二つあることが明らかになった。一つは、提出された月借銭解を日付順に貼り継いで月借銭継文をつくり、それによって事務を執り、完済等により事務処理を終えた月借銭解を剥がし取り、一定期間を置いて問題ないことを確認してから反古とした。もう一つは、一定期間ごとに誰にどれだけの銭を貸したかのリストを作成して造東大寺司に報告するとともに、その案を利用したり、新たな帳簿を作成したりして、一定期間ごとに月借銭運用の実態を把握することであった。

3　第三段階

食口案　第三段階は、奈良時代における二次利用の段階である。月借銭解が食口案に二次利用されたことは中村順昭が指摘しているが（はじめに(f)）、その実情については検討していない。さらに詳細に検討する必要がある。

九六通の月借銭解は、№42・77・84の三通を除いて、すべて食口案に二次利用されているという顕著な特徴がある。また、関連史料や借金申込書も食口案に二次利用された。このことは、食口案作成時にその作成者の周辺に月借銭解と関連史料や借金申込書がある程度まとまって存在していたことを示唆するが、さらに詳しく検討する必要がある。

宝亀年間（神護景雲四年も含む）の食口案は、次の六帳が現存する。(30)

Ａ　奉写一切経所食口帳　　神護景雲四年七月四日～宝亀二年八月三十日

Ｂ　奉写一切経所食口案帳　宝亀二年九月一日～同十二月一日

C　奉写一切経所食口案帳　宝亀三年二月一日~同十二月三十日
D　奉写一切経所食口案帳　宝亀四年正月一日~同十一月十日
E　奉写一切経所食口帳　宝亀四年十二月一日~宝亀五年十二月二十九日
F　奉写一切経所食口案帳　宝亀六年正月一日~宝亀七年六月二十九日

これらの食口案のうちC帳~F帳の四帳に月借銭解が二次利用されている。しかし、月借銭解のみが二次利用されたのではなく、それ以外にもさまざまな反古が使用された。

そこで、食口案の作成に当たってどのような反古が二次利用されたのかを検討する必要がある。食口案のすべてを示すのは繁にすぎるので、最も多くの月借銭史料群を二次利用したD帳を例として取り上げたい（表9）。

二次利用の特色　これによると、月借銭解はもちろん奉写一切経所関係の種々の反古が使用されている。これらの反古は、内容別にある程度のまとまりをもって二次利用された。

まず月借銭史料群の背面は、続々修40ノ1の第2~4紙（食口案D帳の宝亀四年正月五日~二十一日の部分）、同第67~87紙（同四月七日~六月十日）、続修23①裏~続修24⑭裏（同七月十八日~十月二十四日）、続々修40ノ1の第103~104紙（同十月二十五日~二十七日）の部分に断続的に使用された。

次に奉写一切経所関係の反古は、①食口案D帳の宝亀四年正月一日~四日の部分（続々修40ノ1の第1紙）、②同正月十二日~四月六日の部分（同第5~66紙）[31]、③同六月十一~十二日の部分（第88紙）[32]、④同六月十二日~七月十八日の部分（続修29④裏、続々修40ノ1第89~102紙）、⑤同十月二十七日~十一月十日（続々修40ノ1第105~110紙）に二次利用されている。

そのうち③④の部分は、天平勝宝元年~五年という古い時期の反古が二次利用されていて注意される。これは写書所の政所にあったものと考えられ、それが奉写一切経所に引き継がれ、約二〇年後に使用されたのである。おそらくどこかに紛れ込んで忘れられた状態で放置されていたものが、何らかのきっかけで見つかり、反

表9　食口案D帳の二次利用関係

食　口　案　D　帳			背　　　　面		
種別	紙数・断簡	年月日	文書名・月借銭解 No.	年月日	大日古 巻/ページ
続々修40-1 ①（1）	1紙	宝亀4/1/1 ～4	上馬養買絁注文	宝亀3/11/27	20/334～335
①（2）	2～4紙	宝亀4/1/5 ～21	№19 №18 №29	宝亀3/9/2 宝亀3/8/30 宝亀3/9/13	19/318 19/317～318 19/316～317
①（3）	5～6紙	宝亀4/1/22 ～2/5	（空）	—	—
①（4）	7紙	宝亀4/2/6 ～7	奉写一切経所食口文案	宝亀4/2/5	21/269
①（5）	8紙	宝亀4/2/7 ～14	（空）		—
①（6）	9紙	宝亀4/2/14 ～17	奉写一切経経師手実帳 （若倭部益国手実）	宝亀3/3/11	19/351～353
①（7）	10紙	宝亀4/2/18	奉写一切経経師手実帳 （若倭部益国手実）	—	19/351
①（8）	11～12紙	宝亀4/2/18 ～20	奉写一切経経師手実帳 （若倭部益国手実）	宝亀3/3/30	19/350～351
①（9）	13紙	宝亀4/2/20	（空）	—	19/350
①（10）	14～19紙	宝亀4/2/21 ～27	奉写一切経経師手実帳 （手実3通）	宝亀3/3/30 ～4/2	19/348～350
①（11）	20紙	宝亀4/2/27 ～28	奉写一切経経師手実帳 （楽書）	—	19/348
①（12）	21～24紙	宝亀4/2/29 ～3/2	奉写一切経経師手実帳	宝亀3/4/5 ～3/10	19/346～349
①（13）	25紙	宝亀4/3/2 ～3/6	奉写一切経所食口文案	？（2月）	21/269～270
①（14）	26～44紙	宝亀4/3/7 ～3/20	奉写一切経経師等手実帳 （手実15通）	宝亀3/12/ 14、15	20/343～350
①（15）	45～49紙	宝亀4/3/21 ～3/23	奉写一切経経師等手実帳 （手実3通）	宝亀3/12/15	20/342～343
①（16）	50～52紙	宝亀4/3/23 ～3/26	奉写一切経経師等手実帳 （手実2通）	宝亀3/12/ 14、15	20/341

食　口　案　D　帳			背	面	
種別	紙数・断簡	年月日	文書名・月借銭解 No.	年月日	大日古 巻/ページ
続々修40－1 ①（17）	53～55紙	宝亀４/３/26 ～３/28	奉写一切経経師等手実帳（手実３通）	宝亀３/12/15	20/339～340
①（18）	56～63紙	宝亀４/３/28 ～４/４	同上（手実７通）	宝亀３/12/15	20/337～339
①（19）	64～66紙	宝亀４/４/４ ～４/６	同上（手実３通）	宝亀３/12/17	20/335～336
①（20）	67紙	宝亀４/４/７ ～４/８	No. 2	宝亀３/２/21	19/315～316
①（21）	68紙	宝亀４/４/９ ～４/10	No. 7	宝亀３/３/５	19/314～315
①（22）	69紙	宝亀４/４/11 ～４/13	No. 8	宝亀３/４/２	19/313～314
①（23）	70紙	宝亀４/４/13 ～４/15	No. 11	宝亀３/４/14	19/313
①（24）	71紙	宝亀４/４/15 ～４/18	No. 12	宝亀３/６/15	19/312
①（25）	72紙	宝亀４/４/18 ～４/21	No. 13	宝亀３/６/16	19/311～312
①（26）	73紙	宝亀４/４/21 ～４/23	No. 16	宝亀３/８/28	19/310～311
①（27）	74紙	宝亀４/４/24 ～４/26	No. 15	（宝亀３）７/８	19/310
①（28）	75～79紙	宝亀４/４/26 ～５/15	No. 21 No. 22 No. 25 No. 24 No. 23	宝亀３/９/７ 宝亀３/９/７ 宝亀３/９/８ 宝亀３/９/８ 宝亀３/９/８	19/309～310 19/307～308 19/306～307 19/304～305 19/305～306
①（29）	80～83紙	宝亀４/５/15 ～５/29	No. 30 No. 27 No. 26 No. 28	宝亀３/９/17 宝亀３/９/10 宝亀３/９/11 宝亀３/９/11	19/313～314 19/301 19/301～302 19/300
①（30）	84紙	宝亀４/５/29 ～６/２	No. 37	宝亀３/12/27	19/299～300

食口案D帳			背面		
種別	紙数・断簡	年月日	文書名・月借銭解No.	年月日	大日古 巻/ページ
続々修40－1 ①（31）	85～87紙	宝亀4/6/2 ～6/10	No.33 No.32 No.34	宝亀3/12/1 宝亀3/11/27 宝亀3/12/3	19/298～299 19/297～298 19/296～297
②	88紙	宝亀4/6/11 ～6/12	（空）	—	—
続修29④裏		宝亀4/6/12 ～6/13	仏像彩色料奉請注文	天平勝宝4/ ③/18類聚	12/254
続々修40－1 ③（1）	89紙	宝亀4/6/13 ～6/17	写書所解	天平勝宝5/ 8月類収	13/38
③（2）	90紙	宝亀4/6/17 ～6/20	写書所解	（天平勝宝3） 10/18、19	25/40～41
③（3）	91～92紙	宝亀4/6/20 ～6/25	写書所解案	天平勝宝3/ 10/6	12/162～163
③（4）	93紙	宝亀4/6/26 ～6/29	写書所解	天平勝宝3/ 6/9	12/6～7
③（5）	94紙	宝亀4/7/1	造東寺司解	（後欠）	12/548
③（6）	95紙	宝亀4/7/2 ～7/6	写書所解	天平勝宝3/ 5/21	11/555～556
③（7）	96～97紙	宝亀4/7/6 ～7/7	造東大寺司啓案	天平勝宝3/ 4/21	11/548
③（8）	98～99紙	宝亀4/7/8 ～7/10	造東寺司解	天平勝宝元/ 9/12宣	11/448～449
③（9）	100紙	宝亀4/7/10 ～7/12	写書所残物等進送文	天平勝宝3/ 4/4宣	11/505
③（10）	101紙	宝亀4/7/12 ～7/15	造東寺司奏案	天平勝宝3/ 2/7	11/475～476
③（11）	102紙	宝亀4/7/15 ～7/18	造東寺司返送文	天平勝宝2/ 1/28	11/139～140
続修23①裏		宝亀4/7/18 ～7/21	No.35	宝亀3/12/5	6/423
続修23③（2）裏		宝亀4/7/21 ～7/25	No.36後半	宝亀3/12/25	6/423～425

食口案D帳			背面		
種別	紙数・断簡	年月日	文書名・月借銭解 No.	年月日	大日古 巻/ページ
続修23④（2）裏		宝亀4/7/26～7/30	No.39後半	宝亀3/12/28	6/426
続修23③（1）裏		宝亀4/8/1～8/2	No.36前半	宝亀3/12/25	6/424
続修23②裏		宝亀4/8/2～8/5	No.38	宝亀3/12/27	6/425
続修23④（1）裏		宝亀4/8/5～8/7	No.39.1	宝亀3/12/28	6/426
続修23⑤裏		宝亀4/8/8～8/13	No.40	宝亀3/12/29	6/427
続修23⑥裏		宝亀4/8/14～8/18	No.41	宝亀4/1/25	6/468～469
続修23⑦裏		宝亀4/8/18～8/22	借金申込書b（高向小祖月借銭解）	宝亀4/2/15	6/474
続修23⑧裏		宝亀4/8/23～8/27	No.44	宝亀4/2/30	6/474～475
続修23⑨裏		宝亀4/8/27～9/1	No.45	宝亀4/2/30	6/475～476
フォッグ美術館所蔵断簡		宝亀4/9/1～9/2	(空)	—	—
続修23⑩裏		宝亀4/9/3～9/6	No.46	宝亀4/3/10	6/485～486
続修24②裏		宝亀4/9/6～9/9	No.49	宝亀4/4/5	6/510
続修24③裏		宝亀4/9/9～9/13	No.50	宝亀4/4/5	6/510～511
続修24④裏		宝亀4/9/13～9/16	No.51	宝亀4/4/6	6/511～512
続修24⑤裏		宝亀4/9/16～9/19	No.53	宝亀4/4/6	6/513
続修24⑦裏		宝亀4/9/20～9/23	No.54	宝亀4/4/6	6/515

食口案D帳			背面		
種別	紙数・ 断簡	年月日	文書名・月借銭解 No.	年月日	大日古 巻/ページ
続修24⑥裏		宝亀４/９/23 ～９/27	No.55	宝亀４/４/６	６/514
続修24⑧裏		宝亀４/９/27 ～９/30	No.56	宝亀４/４/７	６/515～516
続修24⑨裏		宝亀４/９/30 ～10/３	No.57	宝亀４/４/８	６/516～517
続修24⑩裏		宝亀４/10/４ ～10/７	No.58	宝亀４/４/８	６/517～518
続修24⑪裏		宝亀４/10/７ ～10/10	No.59	宝亀４/４/９	６/518～519
続修24⑫裏		宝亀４/10/10 ～10/13	No.60	宝亀４/４/10	６/519
続修24⑬裏		宝亀４/10/13 ～10/18	No.61	宝亀４/４/14	６/520
続修24①裏		宝亀４/10/18 ～10/21	No.48	宝亀４/４/４	６/509
続修24⑭裏		宝亀４/10/21 ～10/24	No.62	宝亀４/４/23	６/520～521
続々修40-１ ④（１）	103～104紙	宝亀４/10/25 ～10/27	No.63 No.64	宝亀４/５/12 宝亀４/５/30	22/１ 22/38～39
④（２）	105～106紙	宝亀４/10/27 ～11/３	高橋豊河請暇解 葦浦継手請暇解	宝亀４/９/20 宝亀４/９/21	22/210～211 22/215
④（３）	107～108紙	宝亀４/11/３ ～11/５	（空）	—	—
④（４）	109～110紙	宝亀４/11/５ ～11/10	韓国形見勘経文	宝亀４/９/６	22/188～191

※続々修40-１の第99紙は、表裏空のため西論文では復原案に入れず。これは「写書所残物等進送文」のために２紙継ぎの紙が用意されたが、１紙目で記載が終わったため、２紙目との紙継目付近で切断された残りとみられる。したがって第99紙と見ておく。

古として二次利用されたと考えられる。

このように、D帳には多くの種類の反古が使用されたが、それらはまったくバラバラに使われたのではなく、ある程度のまとまりをもって使用された。たとえば「奉写一切経所経師手実帳」(宝亀三年三月十一日～四月十日、19ノ346～353)は二月十四日～三月二日の部分(続々修40ノ1第9～24紙)に連続して使用されている、などである。

月借銭史料群の反古とそれ以外の奉写一切経所関係の反古とが入り組んで使用されているところを見ると、それらが内容別に分けられてきちんと整理されていたとまでは言えないにしても、ある程度のまとまりをなして存在していたことを推測させる。おそらく関係反古ごとにまとまったものが重ねられたような状態で存在していたと推測される。そのなかに月借銭史料群の束がいくつか含まれており、食口案作成者は、重ねておかれている反古の山から順次使用していったのであろう。

C帳、E帳でも、D帳と同じく月借銭史料群の二次利用はまとまってなされているので、食口案作成者の周辺にあった月借銭解の状況は、D帳作成時と同じようであったと考えられる。しかし、F帳になると様相が異なる。F帳では月借銭史料群一四通が二次利用されているが、C～E帳のように集中することはなく一通ずつばらばらに二次利用されている。また一四通で相互に接続が確認されているものはない。つまり完済された月借銭解の剥がし取りは一通ずつ行われ、数通まとめて剥がし取るということをしていない。また、月借銭解が一通ずつ二次利用されているということは、反古の集積場所に剥がし取られた月借銭解が一通ずつばらばらに存在したことを示す。このことは、月借銭担当者のもとに剥がし取られた月借銭解が留め置かれ、一定期間経過してまとまった数の月借銭解を反古にまわしたのではないことを示す。

一方、食口案に二次利用されなかった№42・77・84の三通は、どのように考えられるであろうか。これらはいずれも奉写一切経所関係の手実や帳簿に二次利用されている。したがって、奉写一切経所の事務局にあったことは確かであるが、他の月借銭解とは別に置かれていたとみられる。

№42は刑部真主・工清成・秦磯上の三人連名の月借銭解で、宝亀四年二月四日のものである。充銭文・収納文・完済記録のいずれもないので、貸付けが認められなかったとみられる。背面が三人のうちの秦磯上の宝亀四年二月六日の墨手実（21ノ266）に二次利用されているところから見ると、これは提出直後に秦磯上のもとに返却され、彼はその背面に手実を書いた。彼はそれを奉写一切経所の事務局に提出し、事務局で「奉写一切経経師請墨手実帳」に貼り継がれ、さらにその手実帳が残ったために№42も残ったと考えられる。

№77は前欠のためにはっきりしないが、宝亀五年四月二十八日のもので、「専受五百木部真勝」や「償」の部分が抹消されている。充銭文もないので、貸付けが認められなかったとみられる。背面を五百木部真勝が宝亀五年五月八日の筆手実（22ノ65）に二次利用しているので、提出後早い時期に彼のところに戻され、彼によって二次利用され、事務局で「奉写一切経経師更筆手実帳」に貼り継がれた。

以上の二点は、月借銭の貸付けが認められず直ちに申請者に戻されたものを、申請者がその背面を手実に二次利用して写経所事務局に提出し、それを貼り継いだ手実帳が残ったために今に残ったものである。二次利用された手実等を貼り継いだ文書や帳簿が残らなければ、残らなかったものである。そうしたものが他にもあったかもしれないことを想定しておくべきであろう。

これに対して№84は少し経路が異なる。これには充銭文・収納文がなく、末尾に「勘知上馬養」という異例の注記がある。また、借用希望銭額の部分と大伴鯛万呂に合点が付されているが（丈部新成、香山久須万呂にはない）、№42・77の例から見て、貸付けが認められなかったのではないか。その背面は「経師充筆帳〈奉写一切経所筆納用帳〉」（15ノ352〜353、正集44⑯裏）に二次利用されている。これは、この前に「奉写一切経所筆納用帳」（22ノ422〜428、続々修34ノ13⑴⑵）が接続するもので、日付ごとに納筆、下筆を記し、各項ごとに上馬養が自署して確認することを原則としている。この点から見て、№84は月借銭の借用希望者側には返却されず、そのまま写経所の事務局に留められ、「奉写一切経所筆納用帳」の一部分に二次利用されたとみられる。№42・77のように月借銭希望者に戻されなかったのは、貸付けを認めないという判断が月借銭の責任者である上馬養にゆだねられたためではなかろうか。「勘知上馬養」という他に例のない書き込みはその決裁を示す。

以上によると、月借銭解が提出されても借用が認められない場合があり、その月借銭解は申請者に返却されることもあれば、そのまま写経所に留めおかれることもあった。返却されたものは、申請者がその背面を手実などに二次利用して写経所に提出することもあった。

4　第四段階

第四段階は明治期の整理である。この段階では、月借銭史料群のいくつかの特色に着目し、個々の月借銭解などが抜き取られて成巻された。各巻の外題には次のように見える。

正集44　（ナシ）
続修21　写経生等以質物請月借銭解文
〃　23　写経生等請月借銭解文
〃　24　写経生等請月借銭解文
〃　25　写経生等請出挙銭解文
〃　26　申進上物解文
〃　46　真養啓以下九種
続修後集20　謹解申請借貸銭云々外十二種　天平勝宝二年六月五日以下

これによると、続修21には質物として布（No.1・3・65・70・74）、家（No.4）、調布（No.5）、板屋（No.17）をあげるものが選び取られて貼り継がれている。質物をあげる月借銭解はほかにも多いが、見本として選ばれたのであろう。続修23・24は月借銭解を適当に抜き出して成巻したものとみられるが、続修23の中に借金申込書b

「高向小祖解」（宝亀四年二月十五日、6ノ474）が入っていることが注意される。これには月借銭の文字はなく「用代銭」とあり、利率が記されていないので、月借銭解ではない。しかし充銭文・収納文・完済符号がそろっているので、続修23の整理担当者は月借銭解の一例と判断して抜き取ったのであろう。

続修25は、まず天平勝宝二年の「出挙銭」の申請書三点を並べたあと、「越前国田使解」（天平宝字二年七月十五日、4ノ275）、「大和国城下郡田地売買券〈松原王解〉」（天平宝字三年六日十日、4ノ368）、「丸子人主月借銭解〈月借銭解〉」（天平宝字五年八月二十九日、4ノ508、奥の余白に異筆書き込みあり）の三点を貼り継いでいる。これらには出挙銭の文字は見えないが、「稲直請銭」「売田、直銭」「商銭、借用銭」などの文字が見えるので、関連するものとして抜き取って並べたのであろう。

続修26には事書部分に「進上」とあるものが集められており、その一つとして「山辺千足解」（宝亀四年六月一日、6ノ522）が含まれている。続修46の冒頭には「氏未詳真養月借銭啓〈月借銭解〉」（天平宝字二年六月二十七日、4ノ273）が配されているが、この巻は「啓」を集めたものであるので、「啓」である借銭文書に注目して抜き取られたのではなかろうか。

続修後集20の外題は、最初の「借貸銭解〈月借銭解〉」（3ノ406）の書き出し「謹解　申請借貸銭事」と天平勝宝二年六月五日の日付をもとにしたものである。それに続けて「上道真浄借銭解〈月借銭解〉」（天平宝字二年二月、4ノ261）・No.6・9・10・関連史料①・No.14・51・66・69・68・71・73の一二通が並べられている。続修21・23・24をうけて、さらに月借銭にかかわる文書を抜き取って整理したと思われる。

最後に正集44には、No.84と「長瀬若麻呂啓」（年欠十一月一日、25ノ245）が含まれる。正集44は同45とともに「その他」を集めた巻であるので[33]、たまたま目についたものを抜き取ったのであろう。「長瀬若麻呂啓」は充銭文・収納文・完済符号がなく利率の記載もないので月借銭解とは言えないが、「官銭」の用語が珍しく、「啓」であることもあって穂井田忠友の目を引いたのではないか。No.84は、充銭文・収納文がなく、典型的な月借銭解とは言い難い。二次利用の在り方も他の月借銭解とは異なっており、特殊な事例と言える。月借銭解の例を示そうと思えば、適当なものは多く存在しているのに、穂井田忠友がなぜこの月借銭解を抜き取ったのか明らかでない。正集にはこれ以外に月借銭解は見当たらない。穂井田は、月借銭解には全くと言ってよいほど関心を示さなかったといえる。

以上によると、江戸期の穂井田忠友にあっては、月借銭解に注目せず、明治期の続修21・23・24・25・46においてて月借銭解や借銭文書を抜き取って整理したが、続修別集の編集時には注意されなかった。しかし続修後集20でさらに抜き取り・整理が行われた。以上によっても抜き取られずに残った多くの月借銭解は未修古文書として仮分類されたあと[34]、続々修として整理された。

むすび

本章では、宝亀三〜六年の月借銭史料群（主として月借銭解№1〜96、月借銭関連史料①〜⑦）を対象として、それらがどのように作成され、どのように幾段階かの事務処理、整理を経て現状に至ったのかを、原本調査の成果を生かしながら検討してきた。その結果を簡単に整理しておく。

1　第一段階（個々の月借銭解の作成の段階）

(1)　月借銭解はすべて一次文書であるので、表裏空の紙が選択された。

(2)　月借銭借用希望者は、月借銭解を作成するにあたって、後に充銭文・収納文が書き込まれることを予定して、それが可能な程度の幅の紙を用意した。まれに二紙継ぎの紙を用意したこともあった。

(3)　複数名で借用する場合など、記載内容が多くなると予想される場合には全紙が用いられた。しかしその数は多くはなく、ふつうは全紙よりも幅の短い紙が使用された。これらは既使用紙の余白部分を切り取った反古と考えられる。

(4) これらの用紙は、奉写一切経所内のおそらく事務局周辺にあった未使用の全紙（表裏空）の集積場所または反古箱（反古コーナー）の反古紙（表裏空）を集積する部分に置かれていたとみられる。月借銭借用希望者がそこから紙を手に入れるやり方はよくわかっていないが、案主等に選んでもらったか、彼らの許可を得て自ら適当な幅の紙を選んだと考えられる。

(5) 月借銭解の作成にあたって、借用希望者はひな形を写したとは考えられないが、おおよその書式の知識を持って書いたと思われる。

(6) 月借銭解は解の形式で作成された。「謹」字を使用するのが普通であるが、古参の写経生などの場合は、これを使用しないこともあった。

(7) 単独で借用を希望する場合は、償人を立てるのがふつうであった。月借銭解には「償」もしくは「償＋氏」まであらかじめ書かれ、償人は氏＋名もしくは名を自署した。償人の自署であることにより保証力が高まったとみられる。しかし、借用希望者がどのように償人を確保するのか、どこでどのようにして自署してもらうのかなど、分かっていない。

(8) 借用希望者は、以上によって書き上げた月借銭解を奉写一切経所の事務局に提出した。

2　第二段階（月借銭の事務担当者による事務処理の段階）

(9) 月借銭解が提出されると、ただちに貸付け不可の判定が下される場合があり、その時は提出者に返却されることがあった。返却されたものの背面は空であるので、その面を用いて手実が書かれ、手実として写経所に提出されることもあった。

(10) 月借銭の事務担当者は、ほとんどの場合、提出された月借銭解を日付順に左から右に貼り継ぎ、月借銭継文を作成した。

(11) 責任者の上馬養は、継目の背面に朱筆または墨筆で「養」の継目裏書を書いた。しかし、宝亀五、六年ごろになると、継目裏書は書かれなくなった。

(12) 月借銭に関する事務は、月借銭継文上で行われた。貸し付け可と判定された場合は、どの財源を用いて貸し付けるかが決められ、執行許可文言と財源を示す語が書かれ、上馬養が署名して執行が正式に認められた（充銭文）。このいずれかの段階で貸付け不可と判定される場合もあった。

(13) 銭を受けとった人は、一定期間後に本利を返済した。複数回で返済したり、利息のみ先に納め本の返済は遅れることもあった。本利が返済されると、事務担当者はその都度収納文を余白に書き込み、完済されれば完済符号を付した。

(14) 現存する月借銭解のほとんどに完済符号があり、それがないものは貸し付けが認められなかったものである。完済されたり貸付け不可の認定がなされたりした月借銭解（すなわち事務処理済のもの）は、一通から数通単位で月借銭継文から抜き取られた。現存する月借銭解は、こうして抜き取られたもののうち現在まで残ったものである。

(15) 抜き取られた箇所は継ぎ直され、継目裏書「養」が書き直された。これにより継目裏書「養」が複数となった。

(16) 多くの月借銭解では、充銭文・収納文・完済符号は、その月借銭解の紙面上で完結するように書き込まれた。これは、個々の月借銭解の完済までの経過を、抜き取った後でも追跡できるようにするためである。

(17) 写経所は造東大寺司に対して、解によって一定期間ごとに月借銭の貸付けリストや成果を報告していた（月借銭関連史料）。また、その案文を用いて月借銭の管理を行っていたとみられる。

⒅　抜き取られたものは、すぐには廃棄されず、ある程度の期間は月借銭担当者の手元にまとめて別置されていたとみられるが、一定の期間が過ぎて問題がないと判断された時点で、まとめて反古に回された。また、造東大寺司への報告文書の案なども、順次反古とされていった。

⒆　前項の反古は、反古箱（反古コーナー）の片面使用済み（すなわち背空）のものを溜める場所に置かれた。ここにはいろいろな反古が集まって来るので、月借銭史料群の反古はそれらの間に何層かの層をなしてたまっていった。

3　第三段階（奈良時代における二次利用）

⒇　月借銭解は№42・77・84の三通を除いて、すべて食口案C帳〜F帳の四帳に二次利用された。また月借銭関連史料、借用申込書も同様である。

(21)　食口案作成者は、反古箱（反古コーナー）の片面使用済み（背空）の紙が集積されている場所から反古の束を取り、それを使用していった。その反古の束は、月借銭解以外のさまざまな事務作業で生じた反古も重なって層をなしており、その中に月借銭史料群の反古の層もいくつか挟まれていた。それを順次使用していったために、食口案に月借銭史料群が続けて二次利用されることが繰りかえされる現象が生じた。

4　第四段階（明治期の整理）

(22)　江戸期の穂井田忠友は、正集の整理に当たって、月借銭解には注目しなかった。

(23)　明治期の正倉院文書の整理では、続修21・23・24・25・26において月借銭解や借銭文書を抜き取って整理した。続修別集の編集時には注意されなかったが、続修後集20でさらに抜き取り・整理が行われた。

(24)　抜き取られずに残った多くの断簡は、未修古文書として仮分類された後、続々修として整理された。

現存月借銭解の性格　最後に、現存する月借銭解についてさらに推測を重ねたい。現存する月借銭解は、完済または貸出し不可認定によって事務処理済みとなったものを月借銭継文から抜き取ったものであった。このことは、抜き取られずに残ったままの月借銭解（完済されていない状態の月借銭解）や、抜き取られたが現存しない月借銭解が存在した可能性を示唆する。現存するもの以外にも月借銭解があったのではないか。このこと自体は中村順昭が指摘している（はじめに(g)）。重要な指摘であるが、指摘のみにとどまり具体的に検討されていない。以下、中村の提起を承けつつ、月借銭関連史料と関連させて検討したい。

①「月借銭請人歴名」と②「経師等月借銭収納注文」には三九人の人名と銭額が記されている。この三九人に対して、現存する月借銭解はわずかに九通で約二三パーセントにとどまる（前掲表6）。このことは、現存する月借銭解は、全体の四分の一弱程度であることを意味する。

同様のことは、他の関連史料からも言いうる。⑤は、宝亀三年九月七日から十二日の間に月借銭を借りた人の名前と銭額、請求のあった日付を記したものである。これと現存月借銭解とを比較すると、前半部分については、八件につき一件が合致する（一二・五パーセント）。後半は一人を除いてすべて合致するが（前掲表8）、たまたま四人（№21）、五人（№22）、二人（№25）の月借銭解が三通残ったので、残存比率が高くなっている。

④「奉写一切経所解」は宝亀三年七月十一日から同十月六日までに返済された月借銭の本利を記したものであるが、一九件のうち合致するのは四件である（約二一パーセント）（前掲表7）。

さらに⑤⑥には八件の月借銭が見えるが、唯一一致するのが、山下有美が指摘するように、№31で大友路万呂が借りた一〇〇〇文のうち、「司出挙之内」を財源とする二〇〇文とみられる[35]。他は現存月借銭解と一致しない。

以上によると、現存しない月借銭解が多数存在したと推定される。現存しない月借銭解としては、抜き取られずに月借銭継文に残ったものがそれごと失われたものや、抜き取られたが現存していないものなどが考えられる。また月借銭継文の作成以前に貸付け不可とされて借用希望者に戻された月借銭解もあったと推定される。月借銭関連史料に対する現存月借銭解の比率はかなり低く、せいぜい二〇パーセント台程度なのではないか。このことは何を意味するか。

表10は、始二部、更二部の写経事業が行われていた各期間に写経に従事していた写経生と、その期間の月借銭の借用者の名前が一致するものを示したものである。厳密に対応するとは限らないが、この対応する可能性のあるものが、かつて存在した月借銭解のおよそ二〇パーセントに相当するとみられる。現存しない月借銭解を考慮すると、ほとんどの写経生が月借銭を借りていたと推測される。

ここで注意したいのが、月借銭借用希望者の中には、表11のように、写経生ではないものが含まれていることである。この表には写経事業に従事していない期間に借用している写経生も示している。このことは、月借銭の運営が奉写一切経所の範囲を超えて、周辺の木工・瓦工・漆工・画師などのいる造東大寺司の別の「所」にも若干の広がりを見せていたことを物語る。

この状況は阿弥陀悔過知識の場合を想起させる。これはかつて検討したことがあるが[36]、光明皇太后の病気平癒を祈願する阿弥陀悔過のために、造東大寺司主典の安都雄足が主導し、写経所案主の上馬養と勝屋主が協力して行われた。彼らの働きかけにより、千二百巻経の写経事業の参加者の全員とそれ以外の安都雄足の関係者が参加したものであった。

これを参考にすると、始二部・更二部の写経事業とかかわって行われた月借銭の運営は、その期間に奉写一切経所の案主であった上馬養が、かつての経験を参考にして、写経所の財源を確保するために主導したものであったと考えられる[37]。案主である彼の勧誘には、多くの写経生は応じざるをえなかったであろう。上馬養は、奉写一切経所にとどまらず、その人脈を生かして、周辺の所（木工所、画所、造瓦所など）の所属員にも勧誘の対象を広げていった。その結果、ある程度の写経所外の人々も応じた。このように見ていくと、宝亀三～六年に

表10　始二部・更二部の写経生と月借銭解

宝亀３年３月25日～12月16日（１）		宝亀３年12月18日～４年３月25日（２）		宝亀４年３月25日～６月20日（３）		宝亀４年６月20日～８月29日（４）		宝亀４年８月29日～10月29日（５）		宝亀４年10月29日～12月24日（６）		宝亀５年１月17日～12月23日（７）	
秦吉麻呂	24・30	念林老人		念林老人		念林老人		念林老人		念林老人		巧清成	85墨抹・88
陽胡穂足	30	荊国足		荊国足		荊国足		荊国足		荊国足		韓国千村	79
音太部野上	16・34	鬼室石次		高向子祖		高向子祖		高向子祖		高向子祖		物部吉麻呂	88
念林宅成	27	山辺千足		鬼室石次		鬼室石次		鬼室石次		山辺千足		音太部野上	88・91
三嶋子公		高向子祖		陽侯穂足		陽侯穂足		陽侯穂足		石川宮衣		石川宮衣	
荅他虫麻呂		陽侯穂足	45	山辺千足	56	山辺千足		山辺千足		大宅童子		荊国足	
敢男足		丈部浜足		丈部浜足		丈部浜足		丈部浜足	68	小治円弟成		山辺千足	
他田建足		石川宮衣		石川宮衣	60	石川宮衣		石川宮衣		秦吉麻呂		桑内真公	79・80・85・88
巧清成	10・35	山部針間麻呂		山部針間麻呂	49・60	山部針間麻呂		山部針間万呂		三嶋子公		秦礒上	
高磯足		大宅童子		太宅童子		大宅童子		大宅童子		桑内真公		物部常石	
物部道成		小治田乙成		小治田乙成		小治田乙成		小治田乙成		出雲乎麻呂		酒波家麻呂	75・85
大坂広川	24・33	壬生広主		壬生広主		壬生広主		秦吉麻呂		他田嶋麻呂		丸部人公	
秦正月麻呂		秦吉麻呂	43	金月足		秦吉麻呂		壬生広主		船木麻呂		念林老人	
若倭部益国	19	金月足		三嶋子公		金月足		金月足		物部常石		占部忍男	72止・85・88・91
秦度守		三嶋子公		坂本東人		三嶋子公		三嶋子公		占部忍男		大友路万呂	72
常勝弟足		坂本東人		桑内真公		坂本東人		坂本東人		大友路麻呂		中臣船麻呂	72・88
箭集笠麻呂	20	桑内真公	40	出雲乎万呂	54・61	桑内真公		桑内真公		他田建足		中室浄人	
鬼室石次	21	出雲小麻呂		他田嶋麻呂		出雲乎麻呂	65	出雲乎麻呂		田部国守		丈部浜足	81・86
石川宮衣	30	他田嶋麻呂		船木麻呂	53	他田嶋麻呂		他田嶋麻呂		大羅嶋守		船木直麻呂	72止・85
尾張宮成		船木麻呂		物部常石		船木麻呂		船木麻呂		秦麻呂		田部国守	
丈部浜足	22・30・32	物部常石		占部忍男		物部常石		物部常石		刑部真主		念林宅成	
大友路万呂	25・31	占部忍男	39	大友路麻呂	48	占部忍男		占部忍男		巧清成		山部針間万呂	
高向子祖	30	大友路麻呂		他田建足		大友路麻呂		大友路麻呂		音太部野上		坂本東人	
大宅童子		他田建足	40	田部国守	50	他田建足		他田建足		五百木部真勝		生江秋麻呂	83・90
古兄人	22・30	田部国守	39	秦麻呂		田部国守		田部国守		漢部佐美麻呂		他田嶋万呂	85・91
山部針間万呂	25・30	秦麻呂		刑部真主		秦麻呂		大羅嶋守	69	坂上諸人		五百木部真勝	77
大羅嶋守		刑部真主	42	工清成		刑部真主		秦麻呂		荅他虫麻呂		刑部真主	85・91
占部忍男	22	工清成	42	音太部野上		巧清成	66	刑部真主		秦礒上		大宅童子	73
船木麻呂	21	音太野上		五百木部真勝		音太部野上		巧清成		采女五百相		高橋豊河	
他田嶋万呂		五百部真勝		漢部佐美麻呂	59	五百木部真勝		音太部野上		高橋豊川		阿刀歳足	83・90
金月足	13	漢部佐美麻呂		坂上諸人		漢部佐美麻呂		五百木部真勝		物部吉麻呂		金月足	78・81・86
桑内真公	22	坂上諸人		尾張宮成		坂上諸人		漢部佐美麻呂	71	香山久須麻呂		陽侯穂足	88
田部国守	30	尾張宮成		箭集笠麻呂	57	尾張宮成		坂上諸人		清野人足		田中倉人	
坂合部浜足		箭集笠麻呂		坂合部浜足		箭集笠万呂		尾張宮成		中室浄人		香山久須万呂	84
秦道形		坂合部浜足		大羅嶋守		念林宅成		念林宅成		秦正月麻呂		栗前五百継	
念林老人	9・15・30	大羅嶋守		念林宅成		大坂広川		大坂広河		生江秋麻呂		鬼室石次	
荊国足	30	大坂広河	36・41	大坂広川		荅他虫麻呂		荅他虫麻呂	71	丸部人公		秦麻呂	
壬生広主	26	荅他虫麻呂		荅他虫麻呂	62	秦礒上		秦礒上		丈部石村		小治田乙成	
物部常石	21	葦浦継手		葦浦継手		高橋豊川		采女五百相		酒波家麻呂		清野人足	
小長谷嶋主		秦礒上	42	秦礒上		物部吉麻呂		高橋豊河		中臣船麻呂		高向子祖	76
荊国足		高橋豊河		高橋豊川		常乙足		物部吉麻呂		栗前五百継		漢部佐美麻呂	
中室首浄人		物部吉万呂		物部吉麻呂		香山久須麻呂		常乎足		建部国長		丈部益人	81
出雲乎麻呂		香山久須万呂		常乙足		清野人足		香山久須麻呂		丈部新成		大坂広川	
坂上諸人	22・39	浄野人足		香山久須麻呂		中室浄人		清野人足	71	丈部益人		葦浦継手	74・88
山部千足		別家足	46	清野人足	62	秦正月麻呂		中室浄人		上真継		三嶋子公	
葦浦継手	20	中室浄人		別家足		采女五百相		秦正月麻呂		辛国形見		壬生広主	88
韓国形見		秦正月麻呂		中室浄人		酒波家麻呂		生江秋麻呂		紀豊人		丈部新成	84
美努石成		采女五百相		秦正月麻呂		生江秋麻呂		丸部人公		置始浄足		岡屋墨縄	
美努家継		生江秋麻呂		采女五百相		丸部人公		大湯坐千国		大伴太比麻呂		采女千縄	88
秦麻呂		上真継		酒波家麻呂		大湯坐千国		丈部石村		大和水通		出雲乎麻呂	
当麻鷹養	18	韓国形見		生江秋麻呂		丈部石村		酒波家麻呂		高向浄成		丈部石村	
常世真吉		大和水通		丸部人公		丈部新成		葦浦継手		小治田宅成		秦正月麻呂	
長谷部寛麻呂		物部子千足		上真継		丈部益人		丈部新成		氏部小勝		大伴部国忍	
大和水通		下沙弥麻呂		下沙弥麻呂		若桜部家公		丈部益人	68	祢石足		足奈公麻呂	
財磯足		紀豊人		韓国形見		上真継		建部国長		大羅嶋守		丈部奥人	
上真継		当麻宅養		大和水通		下沙弥麻呂		上真継		念林宅成		安宿広成	
大友浄人		置始浄足		紀豊人		韓国形見		下沙弥麻呂				大羅嶋守	82・87
置始清足		丈部広嶋		置始浄足	52	置始浄足		韓国形見					
物部子千足		刑部広浜		小治田宅成		紀豊人		紀豊人					
采女五百相		大伴真尋	37	高向清成	64	大和水通		大和水通					
大伴真尋	21	氏部小勝		八木宮主		小治田宅成		置始浄足	70				
氏部小勝		大友路麻呂		上藤麻呂		高向清成		大伴鯛麻呂					
丈部広嶋				刑部広浜		（氏名欠）		高向清成					
忍坂広浜	20			大伴真尋	47	財磯足		小治田宅成					
八木宮主	20・30			氏部小勝	50	八木宮主	67	八木宮主					
刑部広浜						刑部広浜		大伴真広					
						上藤麻呂		氏部小勝					
						大伴真尋							
						氏部小勝							

（1）奉写一切経経師請筆手実帳（宝亀3年3月25日～8月2日、19/418～497）、奉写一切経経師請墨手実帳（宝亀3年3月15日～12月4日、19/353～417）、奉写一切経校生手実帳＋韓国形見解（宝亀3年3月29日～12月18日、19/498～549＋6/308～311）、奉写一切経装潢手実帳（宝亀3年3月30日～12月16日、19/574～595）

（2）宝亀4年3月28日布施申請解（宝亀3年12月18日～4年3月25日、6/486～497、続修後集29(2)）

（3）宝亀4年6月25日布施申請解（宝亀4年3月25日～6月20日、6/523～535、続修後集29(1)）

（4）宝亀4年9月10日布施申請解（宝亀4年6月20日～8月29日、22/195～206、続々修3ノ3①(1)(2)＋正集7①(2)裏＋続々修3ノ3①(3)(4)(5)＋続修別集7⑧裏＋続修別集10①裏＋続修45⑥裏）

（5）宝亀4年10月29日布施申請解（宝亀4年8月29日～10月29日、6/544～556、続修別集11(2)）

（6）宝亀4年12月25日布施申請解（宝亀4年10月29日～12月24日、6/557～566、続修別集11(1)）

（7）奉写一切経経師更筆手実帳（宝亀5年1月17日～5月21日、22/59～178）、奉写一切経経師請墨手実帳（宝亀5年1月22日～7月27日、22/219～278）、奉写一切経経師請筆手実帳（宝亀5年5月22日～7月29日、22/382～414）、奉写一切経経師写経手実帳（宝亀5年7月24日～10月24日、22/429～471）、奉写一切経経師請筆手実帳（宝亀5年7月26日～10月16日、22/473～504）、奉写一切経経師請墨手実帳（宝亀5年8月6日～12月23日、22/504～584）

表11　奉写一切経所の借用希望者で写経事業に従事していないもの

期　　間	No.	人　　名	備　　考
宝亀３年３月25日～12月６日	8	玉作広長	写経生ではない
	11	秦国依	写経生ではない
	12	坂合部秋人	仕丁
	14	能登国依	画師
	17	狛子公	
	17	勾羊	木工
	17	桑原稲買	
	17	大山部妖人	
	17	占部国人	
	17	日下部名吉	
	22	淡海金弓	
	23	物部乙麻呂	瓦工
	23、⑦	唐広成	漆工
	28	行芬	
	29	針間父麻呂	木工
	34	刑部真主	
	⑥	土師諸土	造東大寺司史生
	⑥	多治比真田作	
	⑦	赤染玉宮	優婆夷
	⑦	三嶋船長	
宝亀３年12月18日～同４年３月25日	36	念林宅成	
	38	八木宮主	
	44	茨田千足	舎人
宝亀４年３月25日～同６月20日	51	財磯足	
	55	白髪部節麻呂	
	55	秦広津	木工
	55	日下部名吉	
	58	薬栄	
	63	布師千尋	舎人
宝亀５年１月17日～同12月23日	75	美努船長	
	84	大伴鯛麻呂	
宝亀６年以後	94	丈部長岡	仕丁
	94	大生子敷	仕丁
	94	額田部磯嶋	仕丁

⑥⑦は月借銭関連史料

月借銭を借りた人々は、進んで借りたというよりは、案主上馬養の強い勧誘にやむを得ず応じた人々であったと思われる。(38)

〔注〕

（1）月借銭に直接触れた主なものとして以下の諸研究がある。各氏の研究はこれらによる。
竹内理三『奈良朝時代における寺院経済の研究』第五章経済経営、第一節金融事業（大岡山書店、一九三二年五月）
相田二郎「金銭の融通から見た奈良朝の経師等の生活（上・下）」（『歴史地理』四一―二・三、一九二三年二・三月）
吉田孝「律令時代の交易」（『日本経済史大系　1　古代』東京大学出版会、一九六五年六月、のち『律令国家と古代の社会』岩波書店、一九八三年十二月）
鬼頭清明「八、九世紀における出挙銭の存在形態」（『歴史評論』二一二、一九六八年四月、のち『日本古代都市論序説』法政大学出版局、一九七七年九月）
弓野瑞子「八世紀末の造東大寺司の財政機構について の一考察」（『民衆史研究』一〇、一九七二年五月）
鬼頭清明「上馬養の半生」（『日本古代都市論序説』法政大学出版局、一九七七年九月）
栄原永遠男「奉写一切経所の写経事業―奈良時代末期の一切経書写―」（『追手門学院大学文学部紀要』十一、一九七七年十二月、のち『奈良時代写経史研究』塙書房、二〇〇三年五月）
栄原永遠男「奉写一切経所の財政」（『追手門学院大学文学部紀要』一三、一九七九年十二月、のち『奈良時代写経史研究』塙書房、二〇〇三年五月）
栄原永遠男「都のくらし」（直木孝次郎編『古代を考える　奈良』吉川弘文館、一九八五年四月）
栄原永遠男「平城京住民の生活誌」および「都城の経済機構」（岸俊男編『日本の古代9　都城の生態』中央公論社、一九八七年四月）
中村順昭「奉写一切経所の月借銭について」（『日本歴史』五二六、一九九二年三月、のち『律令官人制と地域社会』吉川弘文館、二〇〇八年七月）
井原今朝男「中世借用状の成立と質券之法―中世債務史の一考察―」（『史学雑誌』一一一―一、

二〇〇二年一月、のち『日本中世債務史の研究』東京大学出版会、二〇一一年十一月）
三上喜孝「日本古代の銭貨出挙についての覚書」（『国立歴史民俗博物館研究報告』一一三、二〇〇四年三月）
奥田俊博「月借銭解における数字の使用」（『九州女子大学紀要』四一―一、二〇〇四年九月）
吉川敏子「借金証文」（『文字と古代日本』3流通と文字、吉川弘文館、二〇〇五年七月）
宮川久美「正倉院文書の訓読と注釈　月借銭解編」第1～7分冊（『奈良佐保短期大学研究紀要』一八～二四、二〇一〇年三月～二〇一七年三月）
山下有美「月借銭再考」（栄原永遠男編『日本古代の王権と社会』塙書房、二〇一〇年十月）
市川理恵「下級官人と月借銭―宝亀年間の一切経写経事業を中心に―」（『史学雑誌』一二二―六、二〇一三年六月、のち『正倉院文書と下級官人の実像』同成社、二〇一五年八月）

（2）ほとんどの月借銭解などには、追記、線による囲い、合点、圏点その他が記されている。これらは、まれに墨で記されることもあるが、ほとんどは朱によって記入される。しかし、朱といっても色調・濃淡が異なっている。墨についても同様である。これは、記入の時間差が原因であることが多い。このため、それを見分けることによって、記入の順序を知ることができる。それによって、貸付けや返済にかかわる事務の取り扱いを解明することができるはずである。

そこで、色調・濃淡の見分けに何らかの客観的な基準を設定できないものか検討した。測色計などによる計測、色彩表・色見本との比較などである。しかし、これらには問題がある。それは、朱墨の墨つぎ直後の書き始めと次の墨つぎ直前の文字とでは、通例濃度が異なる。まして時間をおいて追記されたものであれば、墨のすりなおしや水注ぎ、あるいは朱墨の混合などでどんどん濃度・色調が変わっていく。したがって、極端に言えば、一文字ごとに、または数文字ごとに計測結果が異なることが予想される。これでは本研究のめざすところにあまり寄与することはない。

（3）『平城宮木簡一』七〇号木簡（『平城宮発掘調査出土木簡概報』三五に釈文補訂あり）。この木簡は平城宮SK八二〇土坑から出土した。この土坑は天平十九年（七四七）をそう遠くへだたらない時期に埋没したとされるので、この木簡もそれ以前のものである。

（4）天平勝宝～天平宝字年間の関係史料について、三上喜孝は「借銭文書」と呼んでいる。

（5）「反古箱」の概念については、栄原永遠男『正倉院文書入門』（角川学芸出版、二〇一一年十月、一八五～一八六ページ）に記した。そこでも注意したように、具体的な箱ではなく、反古を保管しておくための棚やコーナーのようなものを想定している。もちろん箱を使用することがあってもよい。

（6）　№75は、後述の点からすると、借用希望者本人（美努船長）が紙を用意した可能性がある。

（7）　続々修40ノ2裏第30紙（№43）の左に空の第29紙がある。しかし、その間には「白い紙」が挟まっているので、二紙継ぎの例ではない。また、『史料目録』によると、№46の左には、米国ハーヴァード大学フォッグ美術館所蔵断簡裏（空）が「ツキ合セ、表裏接続」で接続するという。写真等で確認できていないので断言はできないが、この断簡はかつて№46と一紙であったが、比較的近年切断されたとみられる。したがってこれは、二紙継ぎの用紙の事例ではない。なお、フォッグ美術館所蔵断簡についてでは長島由香氏のご教示を得るところがあった。

（8）　№31・47・64・77・83・86の六点は前欠のため不明である。

（9）　念林老人と念林宅成との関係は不明であるが、両人は関係して史料に見える場合が多いので、血縁者の可能性が高い。月借銭解なしに月借銭が行われるという異例が可能であったのは、後述する念林老人のキャリアと地位によるとみておきたい。

（10）　濃い墨と薄墨の前後関係は『影印集成』による。

（11）　借用希望者と償人との関係については、かつて岡太彬訓と連名で統計学的分析を加えたことがある。Akinori Okada and Towao Sakaehara, "Analysis of Guarantor and Warrantee Relationships among Government Officials in the Eighth Century in the Old Capital of Japan by Using Asymmetric Multidimensional Scaling," in *Advances in Data Analysis, Data Handling and Business Intelligence : Proceedings of the 32nd Annual Conference of the Gesellschaft für Klassifikation e. V., Joint Conference with the British Classification Society and the Dutch/Flemish Classification Society, Helmut-Schmidt-University, Hamburg, July 16–18, 2008*, ed. Andreas Fink and others (Berlin Heidelberg : Springer-Verlag, 2010), 605–613.

（12）　№1のみ「封　養」とあるが、他はすべて「養」である。

（13）　月借銭解が貼り継がれたことは、「はじめに」で挙げた鬼頭清明(c)、中村順昭(e)でも指摘されているが、指摘だけにとどまっていて、具体的に検討されていない。

（14）　左右両端とも欠けている№40については、継目裏書の有無は判断できないので、考察の対象から除外する。

(15)　丈部浜足一人の借用希望であるので、償人が立てられた可能性がある。

(16)　大日古は抹消線とするが、合点とみられる。

(17)　額田部磯嶋については、収納文に当たる銭額の朱の記載がない。丈部長岡の右肩に付された完済符号が、彼のみのものなのか、大生子敷と額田部磯嶋にまで及ぶのか不明確である。

(18)　No.75の左右両端裏には「養」の継目裏書がない。継その日付の宝亀五年三月二十九日ごろになると、継目裏書が書かれないことが多くなるので断言できないが、No.75は月借銭継文に貼り継がれなかった可能性もある。

(19)　No.11・55には「不用」、No.96には「不」とあるが、「此面不用」の意味であり、貸付け不可の判定がなされたことを示すものではない。

(20)　正倉院にある往来の題籤に（表）「息利帳」（裏）「息利銭用」とあるものがある（中倉二二往来三四号、軸部分には（裏）「戸主布師千万呂□　布師太太」（表）「銭銭銭有者見　太大太太太 太太太□」とある）。しかし、これは「息利」の用途に関する帳簿の題籤軸のようである。月借銭継文の題籤には「月借銭」の文字や、いつの時期の月借銭継文であるかを示す記載があってしかるべきであるので、この題籤軸はそれに該当しないと考える。

(21)　No.43の右端裏には朱筆で「人々手有廿五貫一百九十」、No.67の右端裏にも朱筆で「更借廿五貫　未納三千三百廿文 七百卅上 又一百■十六文」とある。またNo.6の右端にも未収であるが朱筆で「十□□□〔四日納〕四百文」とある。これらのNo.43・67・6が月借銭継文の右端に位置していたとは考えられず、これらの端裏書の持つ意味は明らかでない。

(22)　田豊大山は「豊」の横に転倒符号があるので、②と同じく豊田大山である。

(23)　「合廾四貫四百文」の「四」の横に「九」の訂正文字があるが、本利の内訳合計、①との対応から「八」の誤りで、「合廾四貫八百文」であろう。

(24)　末尾の一人は墨痕のみで具体的人名は判読できないが、①との対応から秦道形と考えられる。

(25)　大日古は小長谷嶋主の銭額を五〇〇文とするが、三〇〇文の誤りで①と合致する。

(26)　ただし合計二四貫八〇〇文が借用銭額の合計であるので、細字双行部分の本利の合計がこれに合致するのはおかしい。何らかの帳簿操作の結果とみられる。また利の二貫一一三文は少なすぎ、ある時期までの利の合計なのではなかろうか。

(27)　②の各人に朱筆で付されている日付は、対応する月借銭解によると、当麻宅養（No.1）・石川宮衣（No.2）のものは利を納めた日付、秦度守（No.3）・物部道成（No.6）のものは月借銭解の日付であって記され統一が取れていない。②の朱筆が何時を限って記されたか不明だが、②の最も遅い四月二十四日の前後ごろとすると、その時点では№3・6はともにまだ何の返済も行われていなかった。そこで月借銭解の日付を記したのであろう。

(28)　本利の内訳と合計額の一二貫から一三貫への訂正は朱筆による追記。

(29)　⑥⑦については、弓野瑞子と山下有美の詳細な検討がある。

(30)　食口案については基本的には『史料目録』による。その他、栄原永遠男「「食口案」より見た写経事業の運営と経師等の勤務状況（上）」（『古代史研究』三、一九八五年六月）、西洋子「食口案の復原（1・2）―正倉院文書断簡配列復原研究資料Ⅰ―」（『正倉院文書研究』四・五、一九九六・一九九七年十一月）。

(31)　第5・6紙は空で、それぞれ幅約四九cmである。このような紙が月借銭解に関係するとは思えないので、奉写一切経所関係の反古であろう。

(32)　第88紙は幅約二一cmの空である。月借銭解の余白部分が切断されたとする余地を残すが、やや長いこと、他に空の第5・6紙が存在することから、これも奉写一切経所関係の反古と見ておきたい。

(33)　皆川完一「正倉院文書の整理とその写本―穂井田忠友と正集―」（『正倉院文書と古代中世史料の研究』吉川弘文館、二〇一二年十一月、初出一九七二年七月）。

(34)　未修古文書については、飯田剛彦「正倉院事務所所蔵『正倉院御物目録　十二（未修古文書目録）』（一）～（三）」（『正倉院紀要』二三～二五、二〇〇一年三月～二〇〇三年三月）、西洋子「「未修古文書目録」と「続々修正倉院古文書目録」の対照表（一）」（『正倉院文書研究』一一、二〇〇九年二月）、西洋子・矢越葉子「同（二）」（『同』一二、二〇一一年十一月）、同「同（三）」（『同』一三、二〇一三年十一月）。

(35)　出挙之内を財源とする月借銭解は多く、この⑤にも見られるが、№31の一部のみが対応する理由は明らかでない。これは利息のみが返納され本銭の返納は記されていない。前欠であるので完済符号の有無は不明であるが、奥にまだ余白があるのに記載がない。本銭の未返納が問題で⑤に記されたのかもしれない。

(36)　栄原永遠男「奈良時代の阿弥陀悔過―「阿弥陀悔過知識交名」について―」（続日本紀研究会編『続日本紀と古代社会』塙書房、二〇一四年十二月）。

(37)　山下有美は奉写一切経所の主導としたが、もう少し限定的に考えたい。

(38)　中には月借銭を元手に利殖を図ったり、写経所幹部たちとの関係構築の手段としようとしたりした者がいたことを完全に否定することはできない。しかし、わずか一〇〇〇文未満程度の銭で仮に利殖を図ったとしても、高が知れている。また市川理恵は、月借銭を借りたことが有効に機能して地位をあげたり、何らかの有利な状況がもたらされたりする状況を想定したが、そのような事例は見いだせない。

〔補記〕本章と第一〇章について、森明彦からご批判をいただいた（同氏「月借銭事業に関する基本的問題」『正倉院文書研究』一七、二〇二一年十一月）。拙稿を取り上げていただいたことに深く感謝する。両章はしばらくそのままの形で収録することとする。

第一〇章　月借銭と布施

はじめに

正倉院文書には、宝亀年間では約一〇〇通の月借銭解が残存している。これをめぐっては、これまで幾多の重要論文が書かれ、借用額・借用期間・利率その他の実態、写経生にとっての必要度、写経所側の意図、写経事業との関係など、さまざまな角度から詳細な研究が進められてきた。[1] これを受けて、先に私は、原本調査の機会を与えられたことにもとづき、先行研究の驥尾に付して小考をまとめた。[2]

そこでは、始二部・更二部一切経の写経事業とかかわって行われた宝亀三年（七七二）から同六年の月借銭について、月借銭解の作成・提出からその事務的対応、廃棄、二次利用の過程などを検討した。すなわち事務処理の仕組みの解明をとおして月借銭の実態に迫ろうとしたのである。未解明の点を多々残したが、なかでも個々の写経生たちにとって月借銭がもっていた意義の解明が不十分であった。

前章では、この点について奉写一切経所の案主上馬養の勧誘の要素を重視した。このこと自体は変更の必要はないと考えているが、彼の勧誘に応じざるを得なかった写経生たちにとって、月借銭はどれだけの重みをもっていたのか、という問題が残った。実はこの点こそ、これまで先学が解明に挑んできた重要かつ難解な問題の一つである。本章でこれを完全に解明することはもちろん困難であるが、布施と月借銭との関係に注目することで、なにがしかの手がかりを得ることをめざしたい。

一　宝亀四年「奉写一切経所布施文案」の成立

写経生たちの収入の実態については不明・不確実な点が極めて多いが、その中で布施については、ごくまれにではあるが、一定期間の額を確定することができる場合がある。

宝亀年間の布施関係史料のうち、宝亀三年十二月十八日から同四年十二月二十四日までのほぼ一年間（以下、全対象期間と称する）を対象とする「奉写一切経所解案」五通a～eがほぼ完全に残っていることに注目したい。このようなことは、他に千部法華経の写経事業の場合でも見られるが[3]、その時期の月借銭解は残存しておらず、本章の目的を達することはできない。この宝亀四年の時期のみ、布施申請解案と月借銭解の両方がそろって残っている稀有の期間なのである。

a～eの「奉写一切経所解案」の日付と申請対象期間を整理すると、表1のようである。この五通の「奉写一切経所解案」は、解であるにもかかわらず写経所文書として残り、朱合点（a・b・c・d・e）、墨合点（b）、朱注記（a・b・c・d・e）、朱点（b）、墨圏点（b）、朱圏点（c）が付されている。これらは写経所において、布施支給の事務作業の際に付されたものと考えられるので、a～eは事務作業用の控えである。

これらの控えが時期順に左から右にa～eの順に貼り継がれて「奉写一切経所布施文案」という継文として整理された。aの左端には「宝亀四年」（表）、「四月布施文」（裏）と書いた題籤軸に巻き付けられている[4]。各「奉写一切経所解案」の冒頭には、同筆の朱筆でa「四年三月」、b「六月」、c「九月」[5]、d「十月」とあり、eのみ右端裏に「十二月」と書かれている。これは、左軸で左から右に巻いたとき、eの右端裏が最も外側に来るためである。また、巻き広げる際に、各解案の末尾まで広げなくても時期を把握するための工夫である。

表1　布施申請解案の一覧

記号	『史料目録』の文書名	大日古の文書名	文書の日付	布施算定の対象時期(宝亀)	所属	大日古巻ページ	背面(天平勝宝3年)
a	奉写一切経所布施文案	奉写一切経所解	宝亀4年3月28日	3年12月18日〜4年3月25日	続修後集29(2)	6ノ486〜497	空
b	〃	〃	宝亀4年6月25日	4年3月25日〜6月20日	〃 29(1) 続修後集29(2)ニ貼リ継ガル	6ノ523〜535	空
c	〃	奉写一切経所解案	宝亀4年9月10日	4年6月20日〜8月29日	続々修3ノ3①(1) 貼リ継ガル	22ノ195〜196ℓ8	10月11日奉請文
					同①(2) 続ク(中間僅欠、欠行ナシ)	22ノ196ℓ9〜197	10月8日奉請文
					正集7①(2)裏 接続カ	22ノ198〜200	9月18日奉請文
					続々修3ノ3①(3) 貼リ継ガル	22ノ200ℓ3〜ℓ12	9月2日奉請文
					同①(4) 貼リ継ガル	22ノ200ℓ13〜201ℓ13	9月1日奉請文
					同①(5) 下部接合ス	22ノ202ℓ1〜ℓ12	8月28日奉請文
					続修別集7⑧裏 続ク(中間僅欠、欠行ナシ)	22ノ203〜205	8月14日奉請文
					続修別集10①裏 上部接続ス(表裏接続、中下部中間僅欠)	未収	8月13日奉請文
					続修45⑥裏 続修後集29(1)ニ接続カ	22ノ205〜206	8月16日僧厳智状
d	〃	奉写一切経所解	宝亀4年10月29日	4年8月29日〜10月29日	続修別集11(2) 続々修3ノ3①(1)ニ接続カ	6ノ544〜556	空
e	〃	〃	宝亀4年12月25日	4年10月29日〜12月24日	〃 11(1) 続修別集11(2) ニ貼リ継ガル	6ノ557〜566	空

したがってこれらの朱筆は、継文に整理された際の書き込みであろう。

　a〜eを用いて布施支給ごとに事務作業を行ったのであるから、五通が貼り継がれ題籤軸が付されたのは、点検作業が終わった後のことである。したがって、軸付の継文とされたのは、事務処理済みの控えを整理・保存して、必要に応じて確認するためであった。

　a・bとd・eは背面が空であり、新しい紙を用意して作成されたが、cについては、「奉請文」という継文の天平勝宝三年（七五一）八月から十月ごろの部分の背面を二次利用して作成された。この「奉請文」の継文の中から、数通が天保年間と明治時代の整理過程で抜き取られ、おそらくその際に個々の「奉請文」もばらばらに剥がし取られたため、必然的に背面のcも分解されてしまった。これらは、一部未収のものがあるが、大日古によって復元され、『史料目録』によってその復元が妥当であることが追認されている。

　これらから、この五通は、写経所において宝亀四年分の「奉写一切経所布施文案」一巻として整理され、天保年間までそのままの状態で存在していたらしいと想定される。

これは宝亀四年のものであるが、他の年の分についても同様に整理された可能性がある。(6) しかし、背面が空の場合（a・b・d・eのような場合）は二次利用され、二次文書として作成されたために紙の両面が使用済となっている場合（cのような場合）は、おそらく三次的にさまざまに利用されたために、ほとんど残らなかったと思われる。

二　宝亀四年「奉写一切経所布施文案」の布施額

つぎに、この宝亀四年分の「奉写一切経所布施文案」の内容を、布施に注目して検討したい。

宝亀四年分の「奉写一切経所布施文案」によって、多くの写経生たちについて、奉写一切経所が造東大寺司に申請した布施の額を知ることができる。a～eによると、ほとんどの写経生について合点・圏点・点が付されている。これは、訂正がない限り申請した布施額がそのまま支給されたことを意味すると考えられる。以下、a～eの布施申請額を、注意すべき場合は除いて、布施支給額として扱うこととする。これを整理したのが表2である。

これによって、全対象期間内における布施の受給人数を整理すると、次のようである。

	経師	校生	装潢	題師	合計
1回でも受給したもの	61	13	8	2	84
5回とも受給したもの	34	5	1	0	40
4回以下の受給者	27	8	7	2	44

このうち四回以下の受給者については、布施支給を受けていない時期に他所で働きそこで布施を受けていた可能性がないとは言えない。もしそのようなことが行われていれば、その写経生の年間の布施の受給総額を知りえないことになるので、以下の考察の対象から除外したい。そこで注目したいのが、五回とも布施を受給した四〇人である。彼らについては、宝亀三年末から四年末のほぼ一年間の布施の総額がわかるのである。(7)

次に、布施と月借銭との関係を検討するためには、単位を統一する必要がある。a～eのすべて布施額は調布の長さ（端丈尺寸分）によって示されている。これに対して月借銭は本利とも銭貨（文）で示されており、両者の単位が異なっている。そこで、どちらかにそろえる必要があるので、ここでは調布による布施額を銭貨に換算する。

そのためには、当該期間における調布の値段を知る必要がある。その事例は、管見の限りで次の三例である。

①「高向小祖月借銭解」（6ノ474、続修23⑦）朱合点省略

高向小祖解　申請用代銭事

合壱貫文

右、件銭者、限廾日許、所請如件、

謹以解、

宝亀四年二月十五日

『以同日且下充五百文「以七月十二日返上了」上馬養』雑用之内

「以十六日下調布一端自一切経司請来之内　上馬養」

『以七月六日返上了』

②「置始清足解」（22ノ58～59、続々修23ノ3⑵裏）

謹解　申沽布事

表2　布施額の集計と銭貨換算

布施申請解	a 宝亀3年12/18～4年3/25	b 4年3/25～6/20	c 6/20～8/29	d 8/29～10/29	e 10/29～12/24	布施合計	銭貨換算
	経師49人	経師51人	経師53人	経師55人	経師44人	端・丈尺寸	文
念林老人	5.286	12.103	12	7	2	38.386	7784
荊国足	2.191	6.328	2.1696	4	5	20.268	4127
鬼室石次	4.139	6.21	4.2471	4	—	—	—
山辺千足	4.397	5.365	5	2.21	3.21	21.342	4363
高向子祖	3.1	5.344	4	4	5	22.024	4411
陽侯(胡)穂足	5.053	6.015	5	6	—	—	—
丈部浜足	5.185	4.014	6.0171	6	—	—	—
石川宮衣	3.01	6.042	4.1537	4	2	19.205	3898
山部針間麻呂	4.397	10.381	6	2	—	—	—
大宅童子	7.042	8.116	5.0265	7	5	32.184	6488
小治田乙(弟)成	5.196	6.031	2.2014	3	3	20.008	4004
壬生広主	6.222	5	5	5	—	—	—
秦吉麻呂	2.185	—	8.105	3	2	—	—
金月足	4	5.127	4.3127	2.21	—	—	—
三嶋子公	6.079	8.037	7.0159	6	5	32.131	6462
坂本東人	4.217	4.222	—	5	—	—	—
桑内真公	3.148	5.084	2.1378	4	3	17.369	3576
出雲小(乎)麻呂	5	7.18	6.159	6	4	28.33	5717
他田嶋麻呂	5	7.19	4.159	5	3	24.34	4962
船木麻呂	4.365	6.196	2.265	6	5	24.406	4993
物部常石	2.328	6.291	3.0212	5	2	19.22	4905
占部忍男	5.36	6.265	4.2915	3	5	25.076	5036
大友路麻呂	3.238	7.27	5.0212	2	6	24.109	4852
他田建足	3.259	3.068	3	3	2	19.16	3876
田部国守	5.09	6.127	2.1537	3	2.21	20.253	4120
秦麻呂	2.137	6.053	3.0636	5	4	20.253	4120
刑部真主	7.063	6.153	5	3	3	24.216	4903
工(巧)清成	6.222	6.143	5	2.21	2	22.155	4474
音太部野上	5	9	6	2.21	5	27.21	5500
五百木部真勝	5.1	6.137	5	5	3.21	25.027	5013
漢部佐美(沙弥)麻呂	7.17	5.19	4.2524	5	6.21	28.402	5791
坂上諸人	3.137	7.058	7.0795	4	2.21	24.064	4830
尾張宮成	6.286	5.196	5.1211	4	—	—	—
箭集笠麻呂	3.292	8.169	3	—	—	—	—
坂合部浜足	6.084	3.185	—	—	—	—	—
大羅嶋守	4.202	2.275	—	5	4	—	—
念林宅成	—	4.044	4	5	—	—	—
大坂広河(川)	3.079	4.28	2.0742	6	—	—	—
答他虫麻呂	3	1.339	4.2577	2.21	3	14.386	2984
葦浦継手	3.222	8.005	—	3	—	—	—
秦磯上	6.265	13.063	10.105	2	5.21	37.223	7506
高橋豊河(川)	2	7.015	4.3021	2	1.21	17.107	3451
物部吉麻呂	2.249	9.323	6.2756	5	6	30.007	6003

布施申請解	a 宝亀3年 12/18～ 4年3/25	b 4年3/25 ～6/20	c 6/20 ～8/29	d 8/29 ～10/29	e 10/29 ～12/24	布施 合計	銭貨 換算
常乙(弟)足	—	8.201	4.3498	2	—	—	—
香山久須麻呂	6	7.015	5.1378	5.21	3	26.362	5372
清(浄)野人足	6.185	8.063	5	2	4.21	26.038	5218
別家足	4.344	7.328	—	—	—	—	—
中室浄人	6	4.275	4.159	3	3	21.014	4207
秦正月麻呂	6.09	8.01	5.0636	5	2	26.163	5278
采女五百相	5.169	2	6	4	3	20.169	4080
酒波家麻呂	—	7.031	5	2.21	5.21	—	—
生江秋麻呂	1	7.09	4.1696	5	2.21	20.049	4023
丸部人公	—	3.021	4.0954	5	5	—	—
大湯坐千国	—	—	3.1325	3	—	—	—
丈部石村	—	—	5	2.21	3	—	—
杖部新成	—	—	4.296	5	2	—	—
丈部益人	—	—	7.1378	6	1.21	—	—
若桜部家公	—	—	3.1908	—	—	—	—
建部国長	—	—	—	5.21	3	—	—
中臣船麻呂	—	—	—	—	4	—	—
栗前五百継	—	—	—	—	4	—	—
	校生8人	校生8人	校生10人	校生9人	校生8人		
上真継	9	10	5	8	4	36	7200
韓(辛)国形見	7	9.21	4.21	3	2	26	5200
大和水通	9	13.21	7	7	6	42.21	8500
物部子千足	1.21	—	—	—	—	—	—
下沙弥麻呂	6	8	7.21	8	—	—	—
紀豊人	3.21	12.21	6	10	4	36	7200
当麻宅養	5.21	—	—	—	—	—	—
置始浄足(成)	7	10	10	7	6	40	8000
小治田宅成	—	1	2	6	5	—	—
高向清(浄)成	—	9	4	6	4	—	—
(不明)	—	—	1.21	—	—	—	—
大友鯛(太比)麻呂	—	—	—	6	4.21	—	—
財磯足	—	—	3.21	—	—	—	—
	装潢5人	装潢6人	装潢5人	装潢3人	装潢2人		
丈部広嶋	10	9	—	—	—	—	—
刑部広浜	7	9.21	3.21	—	—	—	—
大伴真尋	8	9	4.21	3	—	—	—
氏部小勝	11	9	9.21	6	8.21	44	8800
大友路麻呂	7	—	—	—	—	—	—
八木宮主	—	15	4.21	5	—	—	—
上藤麻呂	—	8	4.21	—	—	—	—
祢石足	—	—	—	—	6	—	—
					題師2人		
大羅嶋守	—	—	—	—	6	—	—
念林宅成	—	—	—	—	7	—	—

壹端　　直銭弐伯参拾文

右、件布、料給日即在中吉手、将進上、

仍注状、謹以解、

宝亀四年八月廿二日請置始清足

『依員行　上之』

③「常乙足漢部佐美麻呂解」（6ノ539、続修31⑨）朱合点省略

常乙足解　　申請進上布直銭事

合布壹端　　直銭二百文

右、件布者、料給当時、好布則所進上如件、仍注

事状、以解、

宝亀四年八月十九日『九月一日』

『依員行　上之』

漢部佐美麻呂解　　申請進上布直銭事

布壹端　　直銭二百文

宝亀四年九月一日

『依員行　上之』

このうち①は「調布」、②③は「布」で、単位はいずれも「端」である。これに関してa～eは、集計部分にはすべて「調布」、各写経生の内訳部分はすべて「布」と記され、単位は「端丈尺寸分」に統一されている。この点から見て②③の「布」は「調布」であろう。また、a～eは計算しうる限りすべて一端＝四丈二尺で計算されている。[8]

①については前章で検討したように、大日古は月借銭解とするがそうではなく、借金申込書とすべきものと考えた。「用代銭」の意味は不明であるが、高向小祖（経師）が宝亀四年二月十五日に二〇日間の予定で銭一貫文を請求したのに対して、即日五〇〇文が銭貨でわたされ、翌十六日に調布一端が下された。これによると調布一端は五〇〇文に相当することになる。調布の分は七月六日に返上したとある。次の②③で見るように、調布一端＝二〇〇文とし、高向小祖が銭貨で返上したとすると、写経所は二〇〇文相当の調布一端をわたして五〇〇文を回収したことになる。これは利息の発生しない貸し付けであるので、写経所はこのような手法で銭貨を得たのであろう。

つぎに②③は、日付から見てcの請求に対する布施支給に関係すると考えられ、月借銭解ではない。おそらく①のような借金申込みにかかわるものと見られる。②置始清足（校生）のもとに「料給日」に「中吉手」一端があり、同じく③常乙足（経師）のもとに「料給当時」に「好布」一端があり、③漢部佐美麻呂（経師）もおそらく同様であろう。それらの代金二〇〇文を進上したというものである。経師・校生のもとに布があったのは、①のように銭の借用申請に対して布があてがわれたためと考えられ、銭貨で返済することが要求されたと推定される。「中吉手」と「好布」は同様の意味で、わたした布が高級であるという写経所側の主張であり、写経生側としては、布が上質のものであるという写経所側の主張を認めたうえで、それにもかかわらず一端＝二〇〇文でしかないことを主張していると理解できる。これは、①のように、写経所側が上質の布であることを強調して高い値段をつけて収入を増やそうとすることに対する防衛であろう。この線から考えると、②③では写経所案主の上馬養が「依員行」と承認しているので、布一端＝二〇〇文で写経所と写経生の間で折り合いがついたとみられる。

以上の理解が妥当であるとすると、①の調布一端＝五〇〇文は、写経所の一方的な意向による値段であり、相場より高い値段設定と判断される。これに対して②③の布一端＝二〇〇文は、写経所も認めざるを得ず写経生も納得できる妥当な価格であったと考えることができる。

以上の検討に基づいて、この布施布（調布）一端＝二〇〇文という基準によって、表2の五回とも布施を受給した四〇人の年間布施合計額を銭貨に換算したのが、表2右端欄の銭額である。

三　布施総額と月借銭の利息総額との対比

全対象期間の布施総額が判明する四〇名について、この期間内に残っている月借銭解は二三通である。このうち三通（刑部真主、工清成、秦磯上）は抹消されている。これを除く二〇通は一四人の写経生が提出した。彼らについて、布施額と月借銭の本利を整理したものが表3である。

前章では、現存している月借銭解は宝亀年間に提出されたすべての月借銭解の約二〇パーセント台にしか過ぎないと推定した。これによると、この一四人が全対象期間に提出した月借銭は、この二〇通以外にも存在したが現存していないと考えねばならない。これらについて考慮したうえでないと、単純に布施額と月借銭の関係を比較することはできないのである。

そこで本章では、前章の検討を受けて月借銭解の残存率を原則として二〇パーセントと仮定する。現存分の五倍の月借銭解が存在していたと仮定するのである。これは五期の布施算定の対象時期と等しい。そこで思いきって次のように考えたい。これは偶然ではなく写経生は各期に一回ずつ月借銭を利用したのではないか。

具体的には、たとえば山辺千足は一通現存しているが、他にも四通提出したがそれは失われてしまって現存していないと考える。そして現存しているものの利は一四〇文であるが、全対象期間の利息の総額はその五倍の七〇〇文と推測する。また出雲乎麻呂の場合、三通現存しているが、あと二通存在していたとみる。現存三通の利息合計は五五五文であるが、その平均一八五文の五倍の九二五文を全対象期間の利息総額と推定する。

表3　布施総額と月借銭

写経生	布施総額(文)A	月借銭No.	本	利	申込日	返済日	借用期間(月・日)	全対象期間の推定利息総額B	B/A×100(%)
山辺千足	4363	56	300	140	4月7日	7月13日	3・03	700	16
桑内真公	3576	40	500	195	12月29日	4月4日	3・00	975	27
出雲小(乎)麻呂	5717	54	200	90	4月6日	7月9日	3	925	16
		61	300	123	4月14日	7月9日	2・22		
		65	600	231 111	7月9日	9月27日 11月5日	2・17 1・7		
船木麻呂	4993	53	800	360	4月6日	7月10日	3	1800	36
占部忍男	5036	39	500	195	12月28日	4月3日	3・00	975	19
大友路麻呂	4852	48	1000	465	4月4日	7月10日	3・03	2325	48
他田建足	3876	40	200	78	12月29日	4月5日	3・00	390	10
田部国守	4120	39	500	195	12月28日	4月4日	3・00	1298	32
		50	700	323	4月5日	7月10日	3・02		
刑部真主	4903	42	100	抹消	2月4日	—	—	—	—
工(巧)清成	4474	42	100	抹消	2月4日	—	—	—	—
		10	500	183 96	7月11日	9月25日 11月5日	2・13 1・9	1395	31
漢部佐美(沙弥)麻呂	5791	59	1000	450	4月9日	7月11日	3	1475	25
		71	700	140	9月22日	11月6日	1・10		
答他虫麻呂	2984	71	500	105	9月22日	11月6日	1・12	525	18
秦磯上	7506	42	100	抹消	2月4日	—	—	—	—
清(浄)野人足	5218	62	400	150	4月23日	7月10日	2・15	638	12
		71	500	105	9月22日	11月6日	1・12		
置始浄足(成)	8000	52	400	185	4月6日	7月12日	3・03	893	11
		70	800	172	9月21日	11月6日	1・13		
氏部小勝	8800	50	500	225	4月5日	7月7日	3	1125	13

月借銭No.は、本書第九章における番号

このようにして算出したのが、表3の「全対象期間の推定利息総額」欄である。この推定利息総額が布施総額に対してどれぐらいの比率になるのかを計算したのが、「B／A×100」欄である。これによると、その比率は一〇パーセントから四八パーセントまでばらつきがあるが、最大値・最小値を除いて平均すると約二一パーセントである。

以上の検討には、幾重にも推測が重なっていて不確実であることをまぬがれず、また写経生個々人の差も当然想定されるので、それぞれの数値にこだわるつもりはないが、大勢として年間の布施総額の約五分の一程度が月借銭の利息として写経所に回収されていたということが、一応の目安として得られたのではないか。

前章では、写経生は進んで月借銭を借りたというよりも、案主上馬養の強い勧誘に対してやむを得ずに借りた面が強いことを指摘した。これによると、月借銭は布施の約五分の一を回収する仕組みとして、写経所が導入したと考えられる。

むすび

写経生の年間総収入額がわかれば、それと対比して月借銭が写経生の生活に占めていた意義を明らかにすることができる。しかし、それを確定することや、せめて一定程度の推測をしたりすることは容易でない。写経生の位階・官職やその有無を把握して律令的給与や令外の給与との関係を探り、口分田経営の実情とそこからの収入の実態を明らかにし、それら以外の収入の有無を知る必要がある。しかし、その壁はいずれもかなり高い。本章では、写経生にとっての月借銭の必要度を考えるためのささやかな手掛かりを得たが、これに基づいてさらに検討を進めていきたい。

〔注〕

（1）本章では、経師・校生・装潢・題師を総称して写経生と称することとする。

（2）栄原永遠男「月借銭解に関する基礎的考察」（本書第三部第九章、もと『正倉院紀要』四〇、二〇一八年三月）。先行研究もこれに列挙した。以下、前章と称する。

（3）栄原永遠男「千部法華経の写経事業（上下）」（『正倉院文書研究』一〇、十一、二〇〇五年六月、二〇〇九年二月）。

（4）以下、a～eの形状に関する情報は、『史料目録』一・二・四・六による。題籤の文字は、aの対象期間が宝亀四年三月二十五日までであり、布施の支給が四月に行われたとみられることを反映している。

（5）abdeは背空であるが、cのみ二次文書である。cには朱筆の書き込みが多く、初期の計算段階のものであると思われる。しかし他と同じように冒頭に「九月」と書き込まれ、他とともに貼り継がれているので、控えとして扱われて整理された。

（6）写経生の人別内訳部分の断簡がわずかに残っているのは、そのことを示している。たとえば宝亀二年三月二十九日「奉写一切経所解」（6ノ130～133＋18ノ257～258、続後30㉓裏＋続々修25④裏）。

（7）a～eの五期につき、布施の額が極端に少ない時期があれば、その時期内にその写経生が一時的に他所で働き、そこで布施を得ていた可能性を完全には排除できない。しかし、そのような場合はほとんどないので、この可能性は十分に小さいものとして議論を進める。

（8）最近、大隅亜希子「日本古代における布の単位「端」と「段」について」（『国立歴史民俗博物館研究報告』二一八、二〇一九年十二月）が調布と端の関係について検討している。

第一一章　「種々収納銭注文」をめぐる二、三の問題
――盧舎那大仏造顕と知識――

はじめに

正倉院文書には、吉田孝によってA～Fの記号を付された六つの断簡がある。

A「種々収納銭注文」（続々修47帙5②、第3～4紙、24ノ315～316）
B「種々収納銭注文（?）」（続々修47帙5①、第1～2紙、24ノ316～318）
C「知識等銭収納注文」（丹裏古文書39号内包括紙紐、25ノ96～97）
D「人々収納銭注文」（丹裏古文書56号内包裏、25ノ112～113）
E「種々収納銭注文」（丹裏古文書4号外包裏、25ノ69～70）
F「人々進納銭注文」（丹裏古文書41号内包裏、25ノ99～100）

これらには、銀仏、八幡大神、甲賀寺その他に関する、他では得られない貴重な情報が含まれている。このため早くから注目され、さまざまに論じられてきた。特に吉田孝は、後述のようにこれらを全体的に検討し、多くの重要な指摘を行った。しかし、吉田孝説をもってしても、この一群の史料の基本的性格については十分に解明されたとはいえない。そのために問題とされてこなかった重要な点が多く存在する。本章では、この稀有の史料群に関するいくつかの問題を検討したい。

大日古は、上記のように、これらに別々の名称をつけているが、以下「種々収納銭注文」に統一して呼称する。単に「注文」と称することもある。後述する断簡配列に関する検討結果にもとづいて、行ごとに一連の番号を付け、この番号によって問題個所を特定することとする（紙数の関係で全体の掲出は省略する）。なお、以下の引用に当たっては、抹消の線と囲線、合点等は省略し、朱筆は『　』で示すこととする。

一　研究史の整理

「種々収納銭注文」を対象とした論考や、これにふれた論考には、管見の限りで以下のようなものがある。

① 福山敏男『奈良朝の東大寺』（高桐書院、一九四七年四月）
② 堀池春峰「金鐘寺私考」（『南都仏教』二、一九五五年五月、のち『南都仏教史の研究　上　東大寺篇』法蔵館、一九八〇年九月所収）
③ 直木孝次郎「天平十七年における宇佐八幡と東大寺との関係」（『続日本紀研究』二―一〇、一九五五年十月）
④ 直木孝次郎「天平十七年「種々収納銭注文」について」（『続日本紀研究』三―四、一九五六年四月）
⑤ 吉田孝「律令時代の交易」（弥永貞三編『日本経済史大系一　古代』東京大学出版会、一九六五年六月、のち『律令国家と古代の社会』岩波書店、一九八三年十二月所収）
⑥ 直木孝次郎「宇佐八幡と東大寺の関係―正倉院文書の一断簡から―」（『奈良時代史の諸問題』塙書房、一九七八年十一月）
⑦ 木本好信「正倉院文書「人々進納銭注文」と橘夫人について」（『史聚』一七、一九八三年九月、のち『藤原仲麻呂政権の基礎的考察』高科書店、一九九三年六月所収）
⑧ 若井敏明「行基と知識結」（速水侑編『民衆の導者　行基』日本の名僧2、吉川弘文館、二〇〇四年四月）

⑨　栄原永遠男「正倉院文書からみた甲賀寺」（栄原永遠男・西山良平・吉川真司編『律令国家史論集』塙書房、二〇一〇年二月）

このうち福山①は、A断簡を天平十七、八年頃のものとし、A14「銀仏」が千手堂（銀堂）の本尊であることを指摘した。これを受けて堀池②は、A断簡を天平十七、八年のものとし、A14だけでなくA2の「銀」、A8、A9の「金光明寺」も千手堂にかかわることを主張した。(1) 直木③④⑥ではA10の「八幡太神」に注目して、A断簡全体が天平十七年七〜八月ごろのものであるので、そのころすでに八幡神は東大寺と関係を持っていたことを指摘した。また木本⑦はF82〜85の「銅所」「右大臣家」「大納言藤原家」「橘夫人家」「造宮輔藤原朝臣乙万呂」などに注目して、F断簡の時期が天平勝宝元年七月二日から同年十月二十四日の間に絞られるとし、ついで「橘夫人」すなわち橘古那可智が藤原南家と深い関係にあったことを指摘している。若井⑧は、「知識」と記す場合と記さない場合があることに注目し、前者は、諸国・大宰府・宮司・個人によって結成された小知識結による寄進、後者は個人単位の寄進と考えた。また小額の寄進は聖武天皇の大仏造顕詔が実際に行なわれていたことを示すとする。栄原⑨は、A4が「甲可寺」から三回に分けて銭貨が運ばれてきたことを示すことから、三回目の天平十九年五月まで同寺の存続が確認でき、甲賀寺が平城還都後も存続していたことを指摘したものである。

以上は、それぞれ重要な指摘であるが、いずれもどれか一断簡あるいは部分的な項目の記述に関する考察にとどまっている。それに対して吉田⑤は、すべての断簡を対象として「種々収納銭注文」の全体について考察している。

(1)　すべて丹裏古文書として二次利用された。
(2)　金光明寺造物所・造東大寺司の収納銭に関する断簡である。
(3)　A3の数値の内訳がE65〜71に見えるので、A〜Fは二つの注文の断簡ではないかという推定もいちおうは成り立つが、A３の項の上には照合の〇印はないので、すべて一つと見ることもできる。

(4)　A４は天平十七〜十九年の収納銭を合計したものである。

(5)　E・F断簡は、天平二十年ごろ施入された大友国麻呂の知識物の売却の直の記録である。

(6)　F83〜85が併存する時期は天平勝宝元年〜二年である。

(7)　これらの断簡は、(4)(5)(6)から、天平十七年から（少なくとも）天平勝宝元年ごろまでの収納銭を後から整理し記載した注文である。

(8)　EとFは、中間欠失部分を介して接続する。宅地の内訳は欠失していて不明。

(9)　これらの断簡に記された収納銭は、当該時期の全収納銭の一部分にすぎないと推定される。

(10)　中央地方のすべての官司を通じて知識銭があつめられた。

(11)　収納物を売却して得た銭のほうが、銭で収納した分よりも多い。

以上のように、吉田は多方面にわたって多くの重要な点を指摘したが、ほぼ妥当である。これらの指摘と⑦によるF断簡の時期の限定に留意しつつ、いくつかの問題点を検討したい。

二　各断簡の配列

A〜Fの六断簡について、吉田(3)ではみな一つの帳簿に属する断簡と見ている。吉田(1)もこれに適合する。これについて、各行頭付近に朱筆で記入されている『合』の文字に注意すると、A・B・C・D・Eに打たれていて、これらの断簡の性格が共通することをうかがわせる。また吉田(8)は、間に欠失部分を挟みつつE→Fの順に並ぶことを指摘しているが、この点は銭額の計算から妥当である。そうすると、A〜Fの六断簡は、みな同じグループに属する可能性があることになり、吉田(3)の見解は首肯される。

しかし、個々の断簡の配列順序については、これまで吉田⑻のE→Fの順とする指摘以外に見解は提示されていない。そこでまず断簡の配列順序について検討する。このことは、「種々収納銭注文」の性格を考えるうえで重要である。

第一に、A・Cには「従〜奉納」「自〜来」「所進」「自〜奉納」「引集進」「奉納」「進」などの奉納の主体を示す語とともに「知識」「知識物」の銭貨が列挙されている。またDには「知識」等の表記はないが、「自〜来」「所上」「自〜納」「所来」などのA・Cと同類の語とともに銭貨が列挙されている。第二に、A・C・Dには各項目の頭付近に墨書で「内」「甲」「国」「金」「神」「司」「宮」などの銭貨を献納した主体を性格別に分類した記号が書かれている。

これらによると、A・C・Dは一つのグループをなしていると見なしうる。そして、これらには各銭の収納の日付が注記されているが、それは後掲のようにA→C→Dの順であり、断簡の配列もこの順である可能性が高い。前述のように、E→Fの順が妥当であるとすると、残るのはBで、その位置が問題となる。

Bの最初の行は、大日古によると、

B45　廿八貫□百⌈

とされている（合点・記号・注記等省略、以下同）。B45の次のB46〜63は封物の総計とその内訳で、これらで一つの群をなしている。つまりB45はその前の一群の最後の行ということになる。写真によると右紙端の上半部が右上から左下にかけて斜めに破れている。このため、行の下に行くほど破れが大きくなって文字が残っていないが、「廿八貫」は明瞭に読み取ることができ、「□百」の「□」は読めないが、「百」はその可能性がある。

次にDの末尾は、大日古によると、

D44　□□□五百文調布一百端直別二百八十五文

である。これについても写真で確認したいところであるが、Dは丹裏古文書56号内包に書かれたものであるので写真がない。そこで東京大学史料編纂所蔵『正倉院御物丹裏文書　乾坤』（貴11／11）の「乾」とそれを清書した「坤」を検すると、[2]ともに紙の上半部が右上から左下にかけて破れている状況を線描している。また文字や残画を読み取って記しているが、それによると大日古の翻刻で妥当である。また大日古は欠失している三文字について「廿八貫ヵ」としている。このD44はD39〜43とともに総計に当たるD38の内訳をなしているので、計算からもこの復原は妥当である。

以上によると、D44とB45を写真によって照合することは残念ながらできないが、破損の状況がよく似ており、また文字の点でも矛盾がないので、この二行は実は同一の行であるとみてよい。したがって、Dの次にBが接続する可能性はかなり高いであろう。

こうしてA→C→D→Bの配列が明らかとなったが、他方前述のように吉田によりE→Fの配列も明らかにされている。したがって、問題はA→C→D→BとE→Fの二グループの前後関係に絞られることになる。そこでAの冒頭部分を見ると、

A1　合収納銭

A2　六百貫従内裏給出五百貫銀直 一百貫雑用分　『来十七年九月十六日』

とある。A1「合収納銭」の文字は右紙端からわずかに余裕をもって書き始められており、不十分ながら表題とみることは可能である。最初の項がA2の内裏からの給出銭であることも、書き出しとしてふさわしい。一方、E→FがA→C→D→Bより前に来るとすると、A1・A2が途中になることになり、不自然であることは否めない。

以上から、六断簡の配列はA→C→D→B→E→Fの順とみておきたい。[3]このうちD→Bについては接続する可能性があるが、他はいずれも中間欠である。それぞれどれほど欠落しているのかは不明である。記載の大まかな内容は、(1)中央・地方の官司や寺院あるいは個人からの献納銭や献納物の直銭（A・C・D前半）、(2)献

納された封戸物とその直銭（D後半・B・E前半）、(3)いわゆる献物叙位者の献物の直銭（E後半・F前半）、(4)その他の人びと[4]からの献納銭（F後半）、の順に列挙されている。「種々収納銭注文」はいくつかの断簡に分かれ、そのうちA～Fの六断簡が残ったのである。

三　「種々収納銭注文」の時期と作成

「種々収納銭注文」の時期について、①②は特に根拠を示さずに天平十七、十八年ごろとし、③④では天平十七年七、八月ごろとする。また⑦は、Fの時期が天平勝宝元年七月二日から同年十月二十四日の間に絞られるとする。これに対して⑤は、①②を批判して天平勝宝元年より後に成立したとする。

これらの先行学説を一覧するに、注文が作成された時期と、銭が収納された時期とが区別されていない点が問題である。⑤は前者を問題としているが、①②③④⑦は後者に注目しており、議論に齟齬と混乱がある。以下では、後者の銭が収納された時期に注目して検討を進める。

A・C・Dには朱筆・墨筆の両方で年紀が書き込まれている。時間順に示すと次のようである。

A5　『十七年八月廿五日納』
A6　『十七年九月十四日納』
A2　『来十七年九月十六日』
A4　『来十七年十月八日』『第二度十七年十月十四日』『十九年五月廿七日』
A8　十七年十二月八日
C16　『十八年九月』
C17　『十八年九月』

D30　十九年七月三日
D33　十九年九月廿日
D32　十九年九月廿七日

これらは「来」「納」などの文字によると、各項の銭貨を納入した日付であるが、(5)A5の天平十七年八月二十五日が最も早く、同十九年九月二十七日まで及んでいる。E72～76、F77～81の大友国麻呂の知識物の納入は、叙位記事が『続日本紀』天平二十年二月二十二日条にみえるので、そのころであろう。また⑦によると、F82～86の銭貨が進められた時期は天平勝宝元年七月二日～十月二十四日の間ということになる。

以上によると、「種々収納銭注文」には天平十七年八月二十五日から天平勝宝元年十月二十四日ごろ(6)までの収納銭がほぼ時間順に列挙されているとみられる。一つの帳簿としてまとめられたのはそれ以降の時期であることになる。

これまでは「種々収納銭注文」の断簡配列順序について検討されていなかったため、銭貨納入の時期を明確にすることができず、それに対する関心が極めて薄かった。しかし、この銭貨納入の時期は、以下のように極めて重要な意味を持っている。

聖武天皇は天平十五年十月十五日に大仏造顕の詔を発して事業をおこしたが、天平十七年五月十一日に甲賀宮から平城宮に戻った。『東大寺要録』巻一本願章の同年八月二十三日条には、

廿三日、天皇自信楽宮車駕廻平城宮、於大倭国添上郡山金里、更移彼事、創同盧遮那仏像、天皇以御袖入土、持運加御座、公主・夫人・命婦・采女・文武官人等、運土築堅御座、

とある。これは『続日本紀』(7)には見えないが、直前の十五日に行われた無遮大会がこれに関係するので、大筋では認められるであろう。大仏の鋳造については、やはり『東大寺要録』巻二縁起章に引く「大仏殿碑文」に詳しい。それには、

以天平十九年歳次丁亥九月廿九日、始奉鋳鎔、以勝宝元年歳次己丑十月廿四日、奉鋳已了、三箇年八ケ度奉鋳御躰、

とある。これによると、天平十九年九月二十九日に鋳鎔をはじめ、八度に分けて行われた鋳造は天平勝宝元年十月二十四日に終了したという。福山敏男は、次のように造顕の経過を整理している。(8)

天平十九年九月～勝宝元年十月　八回に分けて仏身の鋳造
勝宝二年正月～同七歳正月　補鋳
勝宝元年十二月～同三年六月　螺髪九六六箇を作る
勝宝四年二月～同八歳七月　銅蓮華座の鋳造
勝宝四年三月～同九歳正月　仏身などの鍍金（未了）

また川村知行は、天平十七年八月二十三日からは原形の塑像の製作が始められ、それは翌十八年十月六日の聖武天皇の東大寺行幸のころに完成し、鋳型等の準備が行われ、天平十九年九月二十九日から鋳造作業が開始され、勝宝元年十月二十四日に終了したとし、その他は福山に従っている。(9)

以上によると、「種々収納銭注文」による銭貨納入の時期は、大仏造立が奈良で再開され、原型の塑像の製作、仏身の鋳造が行われた期間にぴたりと当てはまる。この事実が意味するところは重大で無視すべきではない。そもそもこの時期に、「種々収納銭注文」に挙げられているような大量の知識銭や諸物資が献納された契機としては、盧舎那仏の造顕を置いて他には考えにくい。もし諸伽藍の造営や荘厳、諸仏像・仏具等の製作など、東大寺全体にかかわることのためであれば、この期間の前後にも銭貨・諸物資の献納はあったはずである。

このことは、「種々収納銭注文」が金光明寺造物所・造東大寺司の盧舎那仏造顕に関する担当者によって、そのための知識銭、献納銭、献上物の直銭を記録したものであることを示唆する。(10)この考えが妥当であるとすると、ここに我々は、大仏造顕の知識に関する新たな史料を手にすることができたことになる。そこから、いくつかの重要な問題が提起されてくることとなる。

四　知識の額と封物

まず第一に、知識銭の銭額に注目したい。C20下段には『左兵衛□臣大国』の人名、C21・C22下段には「七人」、D33下段には「侍従等所上」、D37上段には「人々」などの注記がある。これらは「知識」とは記されていないが、「知識」であろう。これらを含めて「種々収納銭注文」の「知識銭」を通覧するに、少額の知識銭について記されていることが注意される。一〇〇文未満の事例を挙げると、次のようである。

A7　三〇文此出智識
C20　七二文左兵衛□臣大国、二〇文
C21・22　一四文七人(11)
D33　九〇文侍従等所上
D35　六十一文自大尼公所上
D37　六二文人々

このうちC21・22では七人で一四文とあるので、一人当たり一〇文を下回る知識銭額であったことになる。これを含めてかなり少額の知識銭まで記録されていることは重要である。というのは、聖武天皇が大仏造顕の詔で、

如更有人、情願持一枝草一把土助造像者、恣聴之、

と述べ、ごく少額の知識をも奨励していたことは周知のことである。従来これらは理念的なこととして理解され、天下の人々をすべて知識に包含せんとする聖武天皇の理想の表明ととらえられてきた。

しかし「種々収納銭注文」が大仏造顕のための知識銭等を記した記録であるとすると、そこに現れる少額の

知識銭は、にわかに輝いてくる。若井敏明がすでに指摘しているように、[12] すなわちこれらは、聖武天皇の詔に応じてごく少額の知識銭が実際に献上されていたことを具体的に示す史料として極めて貴重な意味を持ってくるからである。聖武天皇の呼びかけに答えて、実際にわずかな知識物を持ち寄る人々がいたことが確認されるのである。聖武天皇やその意を受けて大仏の造顕を担当している金光明寺造物所・造東大寺司にとって、多額の知識銭・知識物の献上は貴重であるが、少額の献上もそれに劣らず精神的にも聖武天皇の理想の実現として重要な意味を持っていたのである。「種々収納銭注文」に少額の知識銭まで記録されたのはこのためであった。「種々収納銭注文」が盧舎那大仏造顕のための知識銭、奉納銭、献上物の直銭を記録したものであることから提起されてくる第二の点は、封物との関係である。以下のような封物の直に関する記載があることが注意される。[13] 下部の（　）内は後述する。

D36　一貫六百卅二文封茜卅四斤大直斤別卌八文　（五一丁分、一二・七五戸分）
D38　一百八十六貫四百廾文封物直
D39　一百卅四貫四百廾文絁二百匹直　（一二〇〇丁分、三〇〇戸分）
（D39の内訳省略）
D43　廾三貫五百文綿四百屯直三百屯別六十文一百屯別五十五文　（八〇〇丁分、二〇〇戸分）
D44・B45　廾八貫五百文調布一百端直別二百八十五文　（二〇〇丁分、五〇戸分）
B46　一千七百十四貫『三百廾文』六百廾文封物価
B47　七百卌五貫一百七十文絁一千十匹直　（六〇六〇丁分、一五一五戸分）
（B47の内訳省略）
B54　卌貫卅五文綿六百五十五屯価　（一三二〇丁分、三三〇・五戸分）
（B54の内訳省略）

B58　二百十五貫五百廾文糸一千二百九十三斤価　（二五八六丁分、六四六・五戸分）
（B58の内訳省略）
B63　□□五十文馬来田布廾一端価　（八四丁分、二一戸分）

周知のごとく賦役令8封戸条では、封主には調庸の全額と租の半額が与えられることになっていた。また天平十一年五月三十日格（『令集解』）により、租も全給されることとされたので、この注文の時点では、租調庸ともに封主に全額が与えられていた。

封戸の支給対象は大宝令で三位以上とされたが、慶雲三年二月十六日格（『令集解』、続日本紀）にて四位以上に改められるとともに、支給額は正一位六〇〇戸、従一位五〇〇戸、正二位三五〇戸、従二位三〇〇戸、正三位二五〇戸、従三位二〇〇戸、正四位一〇〇戸、従四位八〇戸とされた。このほか品封・職封・寺封・功封もあった。一戸あたりの正丁数は、慶雲二年十一月四日格（賦役令集解八古記）では四丁、天平十九年六月格では五～六人・中男一人とされた（続日本紀）。

「種々収納銭注文」にみえる封物の品目は、茜・絁・綿・調布・糸・馬来田布であるが、養老賦役令1調絹絁条によるとすべて調の品目として見えている。しかし養老賦役令4歳役条、延喜主計式によると、このうち糸・綿は庸の品目としても見える。したがって、厳密にはD43・B54の綿、B58の糸が調か庸かは判然としない。

ここでは、仮にみな調と見なして、それぞれが何戸分に当たるか計算してみた(14)。D36の茜三四斤大は一〇二斤小である。賦役令1調絹絁条によると、正丁一人茜二斤小であるから五一丁分で一二・七五戸の正丁分に相当する。D39の絁二〇〇匹は六丁成疋であるから一二〇〇丁分で三〇〇戸分、D43の綿四〇〇屯は二丁成屯であるから八〇〇丁分で二〇〇戸分、D44の調布一〇〇端は二丁成端であるから二〇〇丁分で五〇戸分となる。B47の絁一〇一〇匹は六〇六〇丁分で一五一五戸分、B54の綿六五五屯は一三一〇丁分で三二七・五戸分、B

58の糸一二九三斤は二〇六八八両、一丁八両であるから二五八六丁分で六四六・五戸分、B63の馬来田布二一端は、望陀布で四丁成端であるから八四丁分で二一戸分となる。

これによると、D38「封物直」、B46「封物価」としてまとめられているが、後者の内訳合計は、B54の綿、B58の糸をすべて庸と見なしたとしても、最も多い正一位の六〇〇戸を超えているので、単独の封主の封物ではないと言いうる。前者も同様であろう。これらは、複数の封主から献納された封物を二回にわたってまとめたものと理解できる。

つぎに、B断簡とE断簡の間の中間欠に注目したい。この部分にどの程度の分量の欠落があるのかは不明である。B断簡の末尾とE断簡の冒頭を示すと、

B63　□□五十文馬来田布廾一端価

（中間欠）

E64　　二百五十段別九十文

E65　一千六百九十四貫九百卅文　糸九千九百七十九斤価

となっている。このうちB63はB46から始まる封物価の内訳の最終行に相当し、E65は次の項目（E65～E71）の冒頭に当たる。そうすると、E64はその前にあったはずの一群の最終行であることになる。「段」という単位からみて、庸布あるいは租布の可能性があり、一群の封戸物の最終行に当たるとみてよい。つまり、BとEの間の中間欠部分には、少なくとももう一群の封戸物が記載されていたと推定される。

これによると、人数や固有名詞を確定できないのは残念であるが、多くの四位以上の貴族たちが封物の一部を盧舎那大仏造顕の費用として献納したことが確かめられる。『東大寺要録』第二「開眼供養会」によると、四月七日に「諸家献種々造花」とあり、大安・薬師・元興・興福の四寺が「種々奇異物」を献じたことが見える。また多くの四位以上の貴族が講師・読師の「迎」に当たり、舞踊者や楽団の「頭」、布施支給の「使」を

務めていることが知られる。彼らは開眼会当日だけでなく、盧舎那大仏の造顕にあたっても封物を献納したのであろう。

以上によると、聖武天皇の盧舎那大仏造顕のための知識参加への呼びかけに応じて、四位以上の貴族層の多くが封物を献じた。おそらくは五位以下の官人層も同様に物品を差し出したのではないか。ここにおいて、大仏造顕の詔による聖武天皇の知識の呼びかけは、単なる理念的な掛け声に過ぎなかったのではなく、実際に上は高級貴族から下は少額の銭貨提出者に至るまで、多くの人々がこれに応じていたのである。

『東大寺要録』巻二「造寺材木知識記」に「奉加財物人」として一〇人の大量献銭・献物者を列挙した後に「自余少財不録之」とある。私は従来からこれに注目してきたものの、その具体的様相を知る手掛かりはなかったが、ここに裏付けが得られたのである。

五　知識銭の目的と私鋳銭

次に「種々収納銭注文」に見える知識銭・収納銭の目的について検討したい。試みに銭の総額を算出すると、

A　合計三五五一貫六三七文＋α
C　合計六九七貫二七文＋α
D　合計一〇一三貫八六一文
B　合計一七一四貫六二〇文
E　合計七一七貫三六〇文
F　合計一五二貫三九二文　　総計七八四六貫八九七文＋α

であり、総計は七八四六貫八九七文＋αの巨額に上る。なおC22・C26・C29の三か所に『止』の注記がある。

この意味は必ずしも明らかではないが、念のためこれらを除いても七三八一貫四八五文＋aの巨額であることに変わりはない。

そこで、これらの巨額の銭貨は何に使用されたのか、大いに疑問となるが、銭貨の使途を示す文言は、残念ながら見当たらない。しかし、次のような売却に関する記載に注意する必要がある。

A2　六百貫従内裏給出五百貫銀直 一百貫雑用分『来十七年九月十六日』
A3　一千六百九十四貫九百卌文糸九千九百七十九斤直
A6　七貫四百文自甲可来功徳絁十匹直所売『十七年九月十四日納』
A11　一千七百六十〔七〕文功徳紙知識紙三千五百五十張直
A12　□四貫七百五十文紙一万張直
A15　卅貫智識物売直便留者　又一貫七百□文
C26　三百六十九千七百十文　六百戸物直
C27　六十九貫九百文卌五貫九百文調布百卅五端直別三百卌文 廾四貫租布二百段直別一百廾文
C28　卅一貫七百廾文綿三百七十屯別六十文直廾二千二百文 布廾八端別三百卌文直九千五百廾文
C29　九十五貫一切経料綿廾七屯直
D36　一貫六百卅二文封茜卅四斤大 直斤別卌八文
D38　一百八十六貫四百廾文封物直
（内訳、D39～D44・B45、絁二〇〇匹直、綿四〇〇屯直、調布一〇〇端直）
B46　一千七百十四貫六百廾文封物価
（内訳、B47～B63、絁一〇一〇匹直、綿六五五屯直、糸一二九三斤直、馬来田布二一端直）
E72　六百九十四貫八百六十文　大友国麻呂所進稲等直

（内訳、E73〜F81、稲四〇七一二束直、宅地直）

これらによると、銀（A2）、糸（A3・B58・E65）、絁（A6・D39・B47）、紙（A11・A12）、調布（C27・D44）、租布（C27）、綿（C28・C29・D43・B54）、布（調布か、C28）、茜（D36）、馬来田布（B63）、稲（E72）、宅地（E76）などの現物が売却されて銭貨に変えられている。すなわち、金光明寺造物所・造東大寺司へは現物で納入された場合が多いのであるが、[15] それらは「種々収納銭注文」による限り、みな銭貨に変えられている。

銭貨に替えられた現物のうち、調布は写経所ではごく普通に布施に充てられる財源である。また絁・調布・綿も衣服料として正倉院文書に頻出する。つまり、現物のままで十分に使用できるものでも銭貨に変換されているのである。

この点からすると、本史料が作成されたころ、金光明寺造物所・造東大寺司では銭貨そのものを集めることを目指していたということができよう。これらは、必要な現物を確保した後の残余を売却したという可能性も考えられるが、その場合でも大量の銭貨が獲得されたことに変わりはない。先に本史料にみえる銭貨の納入時期が、大仏造立の再開から仏身の鋳造が行われた期間にちょうど当てはまることを指摘したが、この点からすると、銭貨は仏身の鋳造に用いる銅の素材として集められたのではないかと推定したい。

この推定が妥当であるとすると、我々は、聖武天皇が呼びかけた大仏造顕のための知識というものを、やや具体的に考えることができることになる。人々は、たとえ少額の銭貨であれ、仏身の一部を造ることに参加しうるという具体的なイメージを抱きつつ、この知識に参加することができた。仏身の鋳造に寄与することができるという意識に基づけば、少額の銭貨でも献納が認められることと相まって、より多額の物・銭を差し出すことを辞さない人も出てきたことであろう。こうして人々は、積極的に大仏造顕の知識に進んで参加したのである。献物・献銭叙位者について、わたくしはこれまで、外従五位下などの位階を得るためとか、国家財政的にみて売位制であるという側面を中心に評価してきた。[16] そのような側面があることは確かであるが、それだけですべてを割り切るべきではなく、盧舎那仏の造顕に寄与せんとする人々の心情を見落とすことはできない。

このように考えた場合、注意されるのが次の記載である。

D34　一貫一百廿文自弁大徳所来私鋳銭者『可問用不』

これには「私鋳銭」という語が見えていて興味深い。「弁大徳」（良弁大徳であろう）のところに私鋳銭があり、それが納入されたというのである。ということは、納入した銭貨が私鋳銭であることが認識できたということである。古代の私鋳銭の実態は不明であり、どのようなものが私鋳銭なのかも判然としていない。

私鋳銭の目的は、私的に鋳造して本来の銭貨に紛れて使用することによって利益を得るところにある。したがって一見しただけでは本来の銭貨と私鋳銭とは区別できないはずだという前提に立つと、この場合の銭貨が私鋳銭であるということは、銭貨それ自体から判別できたのではなく、別の要因によってわかったのではないか。私は、私鋳銭者が摘発された際に押収された銭貨に、私鋳銭であることを示す付け札もしくは紙箋のようなものが後につけられたのではないかと想像する。そのような私鋳銭がなぜ良弁のもとにあったのか不明であるが、良弁が納入したのはそのような私鋳銭であるとみておきたい。

そこで問題は『可問用不』という朱注記の理解である。これは、金光明寺造物所・造東大寺司の側が記入したものである。当初私は私鋳銭であることを踏まえて「正式の銭貨と同様に扱って使用できるか否かを問うべし」という意味に理解した。しかし、銭貨献納の目的が仏身を鋳造する銅地金の提供にあるとすると、別の理解も可能となる。すなわち「私鋳銭を仏身の鋳造に用いてよいかを問うべし」という意味に理解しうるのではないか。犯罪によって作られた私鋳銭を清浄たるべき仏身に混じえてよいか、という疑問である。良弁は私鋳銭であることを隠さずに納入したが、仏身の鋳造に責任を持つ金光明寺造物所・造東大寺司は問題にした、ということである。これらの私鋳銭がどのように扱われたのか判然としないが、この項の行頭には、他の多くと同じように『合』と黒圏点とが記されていることに注意したい。これを重視すれば、この私鋳銭の受け入れは認められた可能性がある。

ここで、この「注文」にみえる銭貨は、盧舎那仏の素材としての銅の総量に対してどの程度の割合を占めるのか、検討しておきたい。

「注文」の銭貨の合計は、前述のごとく七八四六貫八九七文＋α、「止」の項を除くと七三八一貫四八五文＋αであった。当時の銭貨は和同開珎であるが、その一文は、平城宮・京跡出土品の平均で二・六四グラムである。[17]これによると二〇・七トン＋αもしくは一九・五トン＋αとなる。一方盧舎那仏の鋳造に要した金属素材は、『東大寺要録』巻二の「大仏殿碑文」に熟銅七三九五六〇斤、白鑞一二六一八斤とある。養老雑令2度地条によると、銅の重量は大斤によることとされている。古代の大斤一斤は約六七〇グラムとされているので、[18]これによると熟銅は四九五・五トン、白鑞八・五トン、合計五〇四トンと計算される。これによれば「注文」の銭貨を銅素材とみた場合、盧舎那仏全体の四・一または三・九パーセントに当たることになる。これに中間欠部分の銭貨が加わるので、パーセンテージはこれより高まる。[19]盧舎那大仏の銅素材には、周防国長登銅山のものが用いられたと考えられてきたが、それだけでなく聖武天皇の知識の呼びかけに応じて献納された分が一定程度含まれているのである。

むすび

以上、論多岐にわたったが、本章でわずかに明らかにしえたことと、残された問題を明らかにしてむすびとしたい。

(1)「種々収納銭注文」は、金光明寺造物所・造東大寺司の盧舎那大仏造顕に関する担当者が、知識銭、献納銭、献上物の直銭を記録したものである。

(2)「種々収納銭注文」の六断簡は一連のもので、Aが冒頭の断簡である。その配列はA→C→D→B→E→Fの順である。このうちD→Bは接続する可能性があるが、他はいずれも中間欠である。B→Eの間には少なくとももう一群の封戸物の記載があったとみられる。

(3)断簡の配列が明らかになったことにより、記載内容は、天平十七年八月二十五日から天平勝宝元年十月二十四日ごろまでの収納銭を、ほぼ時間順に列記したものであると言いうることとなった。

(4)列記された収納銭は、盧舎那大仏の造顕に対する知識物や、東大寺全体に対する知識物のうちからそれにあてられた知識物（ともに、銭貨そのものの場合と、現物を銭貨に換えた場合がある）である。

(5)聖武天皇は、大仏造顕の詔ですべての人々に対して、大仏造顕の知識への参加を呼びかけた。この呼びかけを理念的な理想の発露としてだけとらえるのは一面的で、実際にこれに応じて、上は高級貴族から下は数文の銭貨を差し出した人々までが知識に参加した。

(6)この「注文」に上がっている収納銭は、盧舎那大仏の銅素材として使用された。その量は、仏身の約四パーセントより多い程度であった。盧舎那大仏の仏身の作成に参加できることが、さらに多くの人々の知識を呼び起こしたであろう。

(7)犯罪によって作られた私鋳銭を清浄たるべき仏身に交えてよいか問題となったが、受け入れられた可能性がある。

以上、「種々収納銭注文」が提起した知識の問題は、献物叙位者の知識銭・知識物の献納に対する理解に再検討を迫っていると考えるが、本章ではそこまで至ることはできなかった。またこの「注文」は、盧舎那大仏の仏身の鋳造を具体的に考えるきっかけとなった。これを直接担当したのは造仏司であるが、仏身の造顕に造仏司が具体的にどのようにかかわっていたのか、それとこの「注文」とがどのように関係するのかという点についても、今後の課題とせざるを得ない。

〔注〕

(1) これは、千手堂を金光明寺の金堂とする考えに基づくものであるが、この点は認められない。

(2) この史料については、野尻忠「正倉院「丹裏文書」の成立と伝来」(『正倉院文書研究』八、二〇〇二年十一月)を参照した。

(3) 東京大学史料編纂所蔵『正倉院御物丹裏文書　乾坤』(貴11／11)では、ヤブレや切断の場合、墨線でそれを示す場合があるが、「乾」「坤」ともF断簡の末尾部分にはそのような線は引かれていない。これは、F断簡の左端が自然に終わっていることを示唆する。ただし、ヤブレや切断を示す線が必ず引かれているとは言えないので、この推定も確実ではない。

(4) 「銅所人々所進」(F82)、「人々政所進」(F87)とみえる。

(5) 直木孝次郎③⑥では、A3・A4の「来」を「予定(期)日」としたが、これは金光明寺造物所・造東大寺司に銭貨が「来」た日付、すなわち収納した日付である。

(6) F87～89はF82～86の次に書かれている。次に書かれているから時間的にも後であるとは必ずしも言えないが、その可能性があることは否定できない。そのため「ごろ」としておく。

(7) 『東大寺要録』巻一の記事の原史料、『続日本紀』との関係等については、栄原「『東大寺要録』の原構造」(『論集　古代東大寺の世界―『東大寺要録』を読み直す―』ザ・グレイトブッダ・シンポジウム論集第十四号、二〇一七年十一月)で詳論した。

(8) 福山敏男「東大寺大仏殿の第一期形態」(『寺院建築の研究　中　福山敏男著作集2』中央公論美術出版、一九八二年十月、もと『仏教芸術』一五、一九五二年四月)。

(9) 川村知行『東大寺Ⅰ〔古代〕』日本の古寺美術六、保育社、一九八六年六月。

(10) 「種々収納銭注文」は、吉田⑴で指摘されているように、みな丹裏古文書として二次利用された。そして丹裏古文書の外包には造東大寺司の内部文書の反故が使用された(野尻忠注(2)論文)。これによると、E断簡は4号外包に使われているので、もとは造東大寺司の内部文書であったことになる。そうするとE断簡と一連の他の断簡も同様に考えられることになる。このことは「種々収納銭注文」が金光明寺造物所・造東大寺司の事務官によって作成された可能性を示唆する。造仏司の事務官による作成の可能性については、造仏司の事務書類が丹裏古文書に使用されたとは考えにくいこと、造仏司は現業・技術官司の性格が強いので、知識銭・献納銭の受け入れ、献上物の換金などまで担当したとは考えにくい。以上から、「種々収納銭注文」は金光明寺造物所・造東大寺司の収納銭を記録したものであるとする吉田⑵の指摘は妥当である。

(11) C21とC22の「十四文七人」は重複である可能性がある。

(12) 若井敏明前掲⑧論文。

(13) このほかC26「六百戸物」、C27「調布」「租布」、C28「綿」「布」、A3・E65~71「糸」も封戸物の可能性があるが、確定できない。

(14) 「注文」に見える献納の期間中に封戸一戸あたりの正丁数の改定があったが、封物の献納時期が明確でないので、慶雲二年格の一戸四丁で計算した。

(15) 吉田孝は銭貨で収納したもの約三〇〇〇貫に対して、収納物を売却して得た銭を約五〇〇〇貫とする(前掲⑤論文)。

(16) 栄原永遠男『日本古代銭貨流通史の研究』(塙書房、一九九三年二月)、『日本古代銭貨研究』(清文堂出版、二〇一一年七月)。

(17) 奈良文化財研究所『平城京出土古代官銭集成Ⅰ』(二〇〇四年三月)に掲載されている和同開珎一二二四点から、写真により一部破損やサビが進行しているものを除く二四八個体を選び出した。このうち最重はNo.391の四・一九グラム、最軽はNo.148の一・四四グラムである。この二例を除く二四六個体の平均は二・六四グラムである。

(18) 松嶋順正「正倉院宝物より見た奈良時代の度量衡」(『正倉院よもやま話』学生社、一九八九年六月)。

(19) 「種々収納銭注文」を作成した盧舎那大仏造顕の担当者とは別の担当者がいたかもしれない。その人物も知識銭の収納や知識物の売却にかかわっていたとすると、知識による銭貨の総額はもっと多く、盧舎那大仏全体の銅素材に対する比率はさらに高まる。

あとがき

大学院修士課程に在籍していた一九六九年（昭和四十四）ごろに正倉院文書の研究にこころざしてから、五〇年以上もの年月が過ぎ去った。その間の経緯は③に記したので繰り返さないが、紆余曲折を重ねつつ、まがりなりにも次の①②③を刊行することができた。

①『奈良時代の写経と内裏』塙書房、二〇〇〇年（平成十二）三月

②『奈良時代写経史研究』塙書房、二〇〇三年（平成十五）五月

③『正倉院文書入門』角川選書55、角川学芸出版、二〇一一年（平成二十三）十月（韓国語版、翻訳李炳鎬、太学社、二〇一二年十一月）

このうち②を刊行してから二〇年もたってしまったが、その間に正倉院文書関係の論文をいくつか執筆する機会に恵まれた。これらはいずれも、その時々に気の付いた問題に取り組んだものであるので、系統だったものではない。しかし今から振り返ると、いずれも個別写経事業研究をふまえたその後の模索であったということができる。本書にはそのなかからいくつかを選んで収録した。

※　　※

第Ⅰ部　正倉院文書研究の意義

第一章　正倉院文書研究の現状と課題

『国立歴史民俗博物館研究報告』一九二（二〇一四年（平成二十六）十二月）

国立歴史民俗博物館は二〇一〇～二〇一四年度の五年間にわたって、人間文化研究機構連携研究「正倉院文書の高度情報化研究」（研究代表者仁藤敦史）を進めた。本章の掲載誌は、その総括報告書である。私はその研究組織の末端に加えていただき、多くの知見を得ることができ、また研究を進めることができた。

この総合研究の一環として、二〇一一年十一月四日にソウルの国立中央博物館において「特別展〈文字、その後〉記念講演会「正倉院文書の世界」」が開催された。本章の原型は、そこで行った同題の講演とその準備ペーパーである（講演会要旨集『正倉院文書の世界』韓国国立中央博物館発行）。本章は、それに補訂を加えたものである。

補論　大阪市立大学における写経所文書研究（原題「大阪市立大学栄原ゼミにおける写経所文書研究」）

『国立歴史民俗博物館研究報告』一九二（二〇一四年〔平成二十六〉十二月）

上記「正倉院文書の高度情報化研究」の三年度目の二〇一三年一月二十六日に「正倉院文書の高度情報化研究シンポジウム」が東大寺金鐘会館で開催され、私は原題の報告を行った。本補論の原型は、そのために国立歴史民俗博物館によって用意された予稿集『正倉院文書の高度情報化研究シンポジウム予稿集　追補』に執筆したものである。

掲載誌の「調査研究活動報告」のコーナーには、東京大学史料編纂所（山口英男）・宮内庁正倉院事務所（佐々田悠）・国立歴史民俗博物館（仁藤敦史・小倉慈司・稲葉蓉子・林友里江）などの正倉院文書研究にかかわる諸機関の活動が報告されているが、それに交じって大阪市立大学における活動の現状を報告したものである。

本補論には、二〇一二年末ごろまでの大阪市立大学をはじめとする関西における研究状況しか記録されていないので、「補記」でその後の状況を簡単にまとめた。

第Ⅱ部　写経所文書の検討

第二章　正倉院文書と続日本紀—国家的写経機関の検討—

石上英一・加藤友康・山口英男編『古代文書論—正倉院文書と木簡・漆紙文書—』（東京大学出版会、一九九九年〈平成十一〉十一月）

本章の発端は、一九九七年一月二十二日に東京大学史料編纂所で行われた「シンポジウム「正倉院文書研究と古代文書論」準備会」における概要報告である。それに基づいて同年六月二十・二十一日に東京大学山上会館で開催された第二回東京大学史料編纂所シンポジウム「正倉院文書研究と古代文書論」において報告した。本章はさらにこれを補訂して成稿したものである。

第三章　華厳経関係経典の書写　新稿

間写経の写経事業を見ていくうちに、華厳関係経典の書写に時期的なかたよりがあることに気づき、ノートを取りながらその理由を考えているとき、たまたま二つの講演依頼をほぼ同時にいただいた。一つ目は韓国のBK21PLUS海外碩学招請特演で、二〇一四年（平成二十六）十一月八日に「日本古代における華厳経関係経典の受容と普及」（成均館大学六百周年記念館）という題で報告した。もう一つは龍谷大学教授藤丸要先生からのご依頼で、「龍谷大学仏教学特別講座」の二〇一四年テーマ「華厳」の公開講座第二十七講として、同年十二月十二日に「華厳経関係経典の受容と普及」（龍谷大学大宮学舎本館講堂）を講演した。本章はそれらの準備ノートにもとづいて新たに執筆したものである。

なお、後者の講演の内容は、藤丸要編『華厳—無礙なる世界を生きる—』（龍谷大学仏教学叢書5、自照社出版、二〇一六年三月）に「写経から『華厳経』関係経典の普及を考える」として収めている。

第四章　写経所の施設とその変遷　『市大日本史』二四・二五（二〇二一年〈令和三〉五月・二〇二二年五月）

本章のはるかな淵源は、二〇〇六年（平成十八）十月二十八日の正倉院文書研究会大会（大阪市立大学文化交流センター）における報告「写経所の施設とその位置」である。その内容は、何度か活字化を試みたが、なかなか実現させることができず、残念に思っていた。

そうした折にちょうど掲載誌への投稿を求められ、執筆を決意した。しかし、この間の正倉院文書研究の進展は目覚ましく、それに学びながら執筆することは苦行であった。史料に対する理解の及ばない点が多いため、冗長かつ晦渋な内容となってしまった。最初の報告の内容は原形をとどめていない。

第五章　日本古代の写経所における紙の文書と木簡

日本語版新稿　『木簡と文字』二六（二〇二一年六月）

本章の原型は、韓国慶北大学人文学術院HK＋事業団主催の研究会（二〇二一年一月二十日、オンライン）における口頭報告である。司会は橋本繁氏、通訳は方国花氏。その後、方氏から慫慂をうけ、さらに翻訳までしていただいて掲載誌に投稿し、査読を経て掲載された。方氏のご厚意にふかく感謝する。その後さらに同HK＋事業団編『木から紙へ―古代東アジアにおける記録文化―』（研究叢書04、二〇二一年十二月）に転載された。日本語による内容は口頭報告としてしか存在していなかったので、今回その報告原稿に若干手を加えて文字化した。

第六章　佐保宅の性格とその写経事業

西洋子・石上英一編『正倉院文書論集』（青史出版、二〇〇五年〔平成十七〕六月）

私は、一九八三年（昭和五十八）度後期と翌年前期の約一年間、皆川完一先生の大学院の東京大学大学院人文科学研究科（当時）の古代古文書演習（いわゆる皆川ゼミ）に幸運にも出席することができた。その後半は大阪市立大学の内地留学として東京に滞在し、史料編纂所の二階の通称「行燈部屋」の使用を認めていただいた。

西洋子さんは当時国立歴史民俗博物館の企画展「正倉院文書展」の準備にかかわっておられ、その関係でよく史料編纂所に来られていた。その折にいろいろと教示をうけた。内地留学が終わったあとも、史料編纂所に行くたびに、そのころは研究支援推進員として五階で勤務していた西さんから、さまざまに便宜を図っていただくことができ、とてもありがたかった。その西さんの還暦をお祝いする論集が企画され、お声がけいただいたので、喜んで参加した。

本章は、はじめ西洋子さん還暦記念論集刊行会編『洋洋福寿―正倉院文書の部屋―』（二〇〇四年三月）に掲載されたが、それをそのまま掲載書に転載した。

第七章　正倉院文書からみた珎努宮・和泉宮

『大手前比較文化学会会報』一二号（二〇一一年（平成二十三）三月）

姫路市史編集専門委員会で長くご一緒させていただいた小林基伸氏からお話があり、第一三回大手前大学比較文化学会にて同題で特別講演をさせていただいた（二〇一〇年十一月三〇日、大手前大学さくら夙川キャンパス）。本章はそれを成稿したものである。

第Ⅲ部　古代銭貨と正倉院文書

第八章　石山寺増改築工事の財政と銭貨

『金融研究』二十四ノ一（日本銀行金融研究所、二〇〇五年（平成十七）三月）

私は一時期、慶應義塾大学鈴木公雄先生にお誘いいただいて、日本銀行金融研究所の貨幣史研究会・東日本部会に参加していた。本章の出発点は、鈴木先生を代表者とする委託研究として、この研究会において同題で報告したものにさかのぼる。このときは松村恵司氏と二人で報告させていただいた（二〇〇一年十二月十九日）。金融論や貨幣理論の専門家が多く列席するなか、緊張して話をしたことを思い出す。

その報告内容は、まずIMES（日本銀行金融研究所）Discussion Paper Series 2004-J-18（二〇〇四年七月）として公表された。その後さらに補訂を加えて掲載誌に掲載された。日本古代史や正倉院文書の専門以外の方々が対象であったため、これらの報告・論文には解説的な部分が含まれていたので、本書に収載するにあたってこれを削除・整理した。

第九章　月借銭解に関する基礎的考察　『正倉院紀要』四〇（宮内庁正倉院事務所、二〇一八年（平成三十）三月）

私は、二〇一三年から二〇一七年までの五年間、毎年秋の正倉院宝庫の開封期間中の数日間、正倉院文書の原本調査を行うことを思いがけず認めていただいた。何を調査したいかと問われて、迷わず月借銭解とお答えした。十一月の中ごろともなると、調査が終わる時間にはすでに外は暗くなっており、人影のほとんどない東大寺のしんと冷たく静かな境内を通って帰った。その時の砂利道や石だたみに響く靴音が今でも思い出される。最初に提出した原稿について、正倉院事務所の方々から有益なご指摘をいただいた。それに基づいて書き改めたことにより、少しは読みやすいものにすることが出来たと思う。とりわけ佐々田悠氏は、表の収載や写真の手配などさまざまにお世話いただいた。記して感謝する。

その後、本章の一部を中心にして、「月借銭のしくみ―古代の官営高利貸―」と題して正倉院展講座で講演する機会をいただいた（二〇一八年十一月四日、奈良国立博物館講堂）。

第一〇章　月借銭と布施　木本好信編『古代史論聚』（岩田書院、二〇二〇年（令和二）八月）

私は、二〇一二年（平成二十四）四月から、渡部陽子・濱道孝尚の両氏とともにShaDa（シャダ、写経所文書データベース）を作成してきた。その過程でしばしば木本好信編『奈良朝典籍所載仏書解説索引』（国書刊行会、一九八九年一月）を使用させていただき、その恩恵に浴するとともに、同書作成の労苦を思った。

同氏の古希記念論集への執筆のお誘いを受けたので、感謝の気持ちを表したいと思った。

第一一章　「種々収納銭注文」をめぐる二、三の問題―盧舎那大仏造顕と知識―

中尾芳治編『難波宮と古代都城』（同成社、二〇二〇年（令和二）六月）

私が中尾さんとお近づきになることができたのは、はっきりしないが一九八一年（昭和五十六）に大阪市立大学に赴任してから間もなくのことであったと思う。難波宮の研究や難波宮址の保存運動などにかかわる中でのことであったはずである。当時中尾さんは、大阪市教育委員会から財団法人大阪市文化財協会に出向しておられた。以来、ちょうど十年後輩の私は、さまざまな機会に中尾さんのご厚誼をいただいてきた。

中尾さんの難波宮発掘調査六十年を記念する論集の刊行が企画され、温めてきたテーマでその企画に参加し、感謝の意を表わさせていただくことができた。なお、この論集には、僭越ながら発起人を代表して「序――中尾芳治さんと考古学」を書かせていただいた。

※　　※

本書の刊行は、『日本古代銭貨研究』（二〇一一年（平成二十三）七月）に続いて、ふたたび前田正道さんにお世話になった。前田さんは的確に事を進めて下さったが、例によって私の校正が遅れたため、多大なご迷惑をおかけしてしまった。出版事情がますます厳しさを増すなか、拙著を刊行していただいた清文堂に深くお礼を申し上げる。

私は、昨年喜寿を迎えた。自分がこのような年齢にまでいたることなど、以前には想像することもできなかったので、ただ驚くばかりである。妻と「二人で一人前」などと言い合っているが、それも次第に怪しくなって、時には娘たちの助けを借りることも出てきている。

本書の刊行は、この節目の年を意識したものではなかったが、たまたま時期的に重なることとなったので、ささやかな記念としたい。研究生活は、妻道子の全面的なバックアップがあって、ようやく続けることができている。心から感謝する。また娘の章子・京子夫妻・晴子は、老いてゆく父母をいつも気遣ってくれている。感謝したい。

最後に、本書の題字と題名についてひとこと述べておきたい。私は、これまで自著の題字を母百代に書いてもらってきた。母の父母すなわち私の祖父母はともに書家で、母も悠甫という号を持っていた。しかしその母は、二〇一三年（平成二十五）六月に亡くなったため、その後はそれがかなわなくなった。
一方、本書の原形となった著書の構想を考え始めたのが何時ごろのことであったか定かでないが、まだ母が健在であったので、その頃に考えていた題名を母に書いてもらっておいた。しかし、その刊行のもくろみは、諸般の事情から進展させることができなかった。その後長い時間をへて、新型コロナ感染症の蔓延のもとで逼塞生活が続くなか、かつての刊行計画を再起動させようと思うようになった。新たに考えた構想は、以前のものとは大きく異なるものとなったが、亡き母の遺墨をなんとか生かしたいと思い、それに合わせて章立てした。このためやや無理のある構成となったが、事情を記してご了解をお願いする。

二〇二四年十月三十一日

栄原永遠男

【マ 行】

【ヤ 行】

【ラ 行】

【ワ 行】

研 究 者

【ナ 行】

【ハ 行】

【タ行】

【サ行】

一　般

【タ 行】

【ナ 行】

【ハ 行】

経典・写経事業・写経所

（花厳経は華厳経として見出し項目をたてた。）

史　料

【タ行】

【ナ行】

史　料

史　料

正倉院文書と日本古代銭貨　索引

栄原永遠男（さかえはら　とわお）

〔略　　歴〕
1946年　東京に生まれ，まもなく大阪に移る
1969年　京都大学文学部卒業
1974年　京都大学大学院文学研究科博士課程単位取得退学
追手門学院大学文学部専任講師，同助教授をへて
1981年　大阪市立大学文学部助教授
同教授，同文学研究科教授をへて
現　在　東大寺史研究所所長・東大寺学術顧問，大阪市立大学名誉教授，大阪歴史博物館名誉館長
京都大学博士（文学）

〔主要著書〕
『奈良時代流通経済史の研究』（塙書房，1992年）
『日本古代銭貨流通史の研究』（塙書房，1993年）
『奈良時代の写経と内裏』（塙書房，2000年）
『奈良時代写経史研究』（塙書房，2003年）
『紀伊古代史研究』（思文閣出版，2004年）
『万葉歌木簡を追う』（和泉書院，2011年）
『日本古代銭貨研究』（清文堂出版，2011年）
『正倉院文書入門』（角川学芸出版，2011年）
『聖武天皇と紫香楽宮』（敬文舎，2014年）
『難波古代史研究』（和泉書院，2022年）など

正倉院文書と日本古代銭貨

2025年１月31日　初版発行

著　者　栄原永遠男
発行者　前 田 博 雄
発行所　清文堂出版株式会社
〒542-0082　大阪市中央区島之内２－８－５
電話06-6211-6265　FAX06-6211-6492
http://www.seibundo-pb.co.jp
印刷：亜細亜印刷　製本：渋谷文泉閣

ISBN978-４-7924-1524-２　C3021